绿色人生路

LüSE RENSHENGLU

谢朝柱 ◎ 著

中国林业出版社

图书在版编目（CIP）数据

绿色人生路 / 谢朝柱著. -- 北京 : 中国林业出版社,

2012.9

ISBN 978-7-5038-6775-0

Ⅰ. ①绿… Ⅱ. ①谢… Ⅲ. ①谢朝柱－自传

Ⅳ. ①K825.46

中国版本图书馆CIP数据核字（2012）第233461号

绿色人生路

中国林业出版社·自然保护图书出版中心

责任编辑：李　敏

出　版　中国林业出版社（100009 北京西城区德内大街刘海胡同7号）

网　址　www.lycb.forestry.gov.cn

电　话　(010) 83280498

发　行　中国林业出版社

印　刷　北京卡乐富印刷有限公司

版　次　2013年10月第1版

印　次　2013年10月第1次

开　本　787mm×1092mm　1/16

印　张　21.75

彩　插　12面

印　数　1～1000册

字　数　356千字

定　价　99.00元

20岁照

40岁照

50岁照

60岁照

78岁照

2011年摄于株洲校区

■ 40岁照

■ 结婚40周年照

■ 1957年结婚照

■ 妻子70岁寿庆照

■ 50周年金婚纪念照

■ 78岁照

■ 1968年于广州全家照

■ 1976年全家与母亲在湘西大江口合影

■ 1963年与岳父、岳母全家合影

■ 2012年5月与妻子弟妹及儿女媳婿等合影

■ 1975年于广州全家照

■ 2007年全家在广州

■ 2005年妻子70寿庆与弟妹、儿女等合影

■ 1984年与岳父全家在株洲合影

■ 2008年与兄弟夫妇在海南合影

■ 2007年亲家与我们同庆金婚

■ 1996年与妻子、孙子、外孙于北京合影

■ 2007年与女儿、女婿在广州

■ 2009年妻子与孙子、外孙在长沙

■ 2010年与二妹全家于道县谢家厂合影

■ 2004年70寿庆与弟妹全家在株洲合影

■ 2013年5月与大妹夫妇等摄于长沙

1998年在广州合影

2007年女儿毕业典礼与导师及旅游学院领导合影

2009年在广州黄婆洞原中南林住宅楼前

2007年春节于广州

1995年与女儿全家在广州合影

2009年1月在广州科学馆

2012年女儿一家在北京鸟巢

1997年参观昆明世博会

■ 2009年春节与儿子在海口

■ 2006年与校友孟祥定（左3）在湖南省政府门前

■ 2012年和儿子在广州

■ 2006年与林培元、杨君立在华农大

■ 2007年春节与吴楚材一家相聚广州

■ 2009年与陈筱娟、杨君立在广州

■ 2006年与校友唐开军全家在深圳

■ 2007年与校友邹万坤（左1）、孟祥定（右1）相聚

■ 2012年与校友原国家环保部副部长祝光耀（右）相聚

■ 2012年与校友中国林业出版社社长金旻相聚

■ 2012年与校友北京碧水源科技股份有限公司蒋飞跃相聚

■ 2012年与校友中国林业科学院副院长黄坚（右）相聚

■ 2012年与校友北京碧水源科技股份有限公司总裁文剑平（左4）相聚

■ 2006年参加深圳校友会活动

■ 2006年参加深圳校友会活动

■ 2012年与国家林业局发展研究中心副主任王剑波相聚于北京鸟巢

■ 原中南林学院在湖南溆浦大江口的旧址（2006年摄）

■ 原中南林学院在湖南溆浦大江口的旧址：对面的农家及梯田

■ 株洲校区校门

■ 株洲校区棕榈林一景

■ 株洲校区校园一景

■ 中南林业科技大学第一任校长沈鹏飞教授塑像

■ 1985年湖南省原省委书记毛致用视察株洲校区

■ 1986年学校领导班子成员与林业部长徐有芳在株洲主楼前合影

■ 1993年中南林学院与日本琉球大学签订国际校际合作协议书

■ 林业部第一期森林防火微机培训班结业

序

谢朝柱同志是我校的老书记，既是我们的前辈，也是我们学习的榜样。如今，他的自传即将出版，写信要我为之作序，这既是对我的一种信任，也是对我的一种期待，更是对我的一种激励。

《绿色人生路》讲述了谢朝柱老书记从一个聪明好学习的懵懂少年到中年时期走上领导岗位，再到晚年退休的人生经历与心路历程，其中重点讲述了谢老自己为祖国林业教育事业以及为中南林业科技大学前身——中南林学院的发展而不懈奋斗的人生历程，事迹感人，催人奋进。

1934年，谢老出生于湖南道县一个偏远的小山村，父母都是勤劳朴实、善良、睿智的农民。父母良好的品德和湖湘文化的沃土滋润他长大，培养了他勤劳智慧、正直善良、热爱学习、善于思考的良好品质。父亲的远见使他在当时受到了较好的教育，为他今后的成功打下了良好的基础。1955年，谢老从长沙林校毕业并留校工作，从此一直战斗在林业教育战线，也因此与中南林业科技大学结下了不解之缘。从青年时代求学开始到晚年，谢老一直学于斯，工作于斯，退休于斯，整个一生都没有离开中南林业科技大学。伴随着年岁的增长，他也从一名普通的工作人员成长为学校的党委书记。可以说，谢书记的一生都在为学校的发展壮大，为国家林业教育事业呕心沥血，辛勤耕耘。从某种程度上讲，他的人生历程也是中南林业科技大学一段时期的历史缩影。

中南林业科技大学的发展过程并不一帆风顺。从1958年我校的前身——湖南林学院筹建开始，到1964年湖南林学院与华南农学院林学系在广州合并组成中南林学院。从1970年中南林学院与华南农学院合并改名为广东农林学院，到 1975 年从广州搬回湖南溆浦重建湖南林学院。再从 1978 年恢复中南林学院校名，到 1983 年从溆浦全部搬到株洲校区。学校分分合合，东搬西迁，中间经历了多少艰难曲折，经历了多少风风雨雨。作为亲历人之一，谢老见证了学校这个时期的发展历史，也为学校的改革与发展做出了突出的贡献。伴随着中南林的发展壮大，谢老也得到了锻炼与提升。他 38 岁走上厅级领导干部岗位，51 岁担任学校党委书记，多年来一直带领广大教职员工共克时艰，在动荡中求生存，在改革中求发展。建设株洲校区，创新办学理念，创办新专业，提高办学品位，提高教师水平，建立国际合作关系，大力办校办产业，走林科教结合的道路……所有这些努力，为学校在新世纪的腾飞做好前期准备，打下了良好的基础。应该说，中南林学院发展到今天的中南林业科技大学，凝聚了谢书记等老一辈中南林人的智慧和汗水。

光阴似箭，日月如梭！蓦然回首，当年奋发有为的少年如今变成了皓首穷经的耄耋老者。古人云：老骥伏枥，志在千里；烈士暮年，壮心不已。谢老退休之后，做到了“退休不褪色，离岗不离党”，仍然发挥余热，亲自倡导并组建了老教授科技协会，积极参加了省委“三讲”巡视，继续为学校的发展和林业教育做出自己的贡献。在他的身上，集中体现了一代又一代中南林人那种无私奉献与艰苦奋斗的精神，也是“心忧天下，敢为人先”的湖湘文化的深刻反映。

“落花无言，人淡若菊”。从 39 年前长沙林业学校一名普普通通的组织人事干部，成长为一名厅局级干部——中南林学院的党委书记，谢老矢志以人民利益为重，以党性原则为准绳。努力做好每一件事，全心全意为学校的发展和国家林业教育事业服务，是他一生的理想与追求。回顾谢老几十年以来的历程，他的每一步都是踏在新中国成立后的急剧变革之中。从红色激情高涨的革命岁月，到“十年动乱”，再到改革开放后以经济建设为中心的新时期，谢老经受住了每一次社会浪潮的拍打与考验，见证了那种扶摇而上的鲲鹏精神，并以其固若磐石的党性原则与道德丰碑，践行了一个人无论身处何种环境下都应保持的作为一个共产党员应有的高风亮节与高贵品质。正是在这种精神与品质的浸润之下，一代又一代的中南林人努力奋斗，夺取了一个又一个的胜利。昔日的中南林学院在经历了谢老等一代代中南林人的努力以后，已经升格成为一所涵盖九大学科门类，具有博士后科研流动站、博士学位授予权和硕士生推免权，进入一本的教学研究型多学科性大学。学校也在2005年顺利更名为中南林业科技大学，更加突出了学科专业方向与地方特色，在地方经济社会发展与建设中发挥着更加积极的作用，在推进人才培养与知识创新过程中做出了应有的贡献。

从谢老参加工作到现在，已是57个春秋。可以说，谢老的一生都献给了中南林，献给了新中国的林业教育与科技事业。在《绿色人生路》这本书行将付梓之时，我衷心希望能将谢老的精神发扬光大，也衷心祝愿谢老晚年生活如意，健康长寿。

周先雁（中南林业科技大学校长）

2013年3月于中南林业科技大学

前言

《绿色人生路》的出版，既是我个人人生的写照，也是中南林*历史的缩影。它不但是我们家族的文化财产，也是属于社会的一份文化财产，是一份珍贵的文献资料。

我是一个农民的儿子，从大山里走出来，从学林到干林，与林业高等教育事业发展结下了不解之缘，和中南林同呼吸、共命运，共同奋斗了近60个春秋。在学校这块沃土上，我度过了激情燃烧的青年，风华正茂的中年，快乐有为的老年。一路走来，我亲身体味了学校发展的酸甜苦辣，深切感触了中南林人奋斗的喜怒哀乐，迎来了阔步壮大的中南林美好的前景，由此感到格外的欣慰。在我人生旅途中的每一步，始终与中南林、与新中国举步同行，不离不弃，走过了山重水复的坎坷，踏上了柳暗花明的坦途，造就了我的绿色人生。我为我的人生之歌、中南林飞跃发展之歌、中国腾飞崛起之歌放声高唱！

回顾80年人生之路，一切历历在目。经受了3年自然灾害之苦，“十年动乱”之痛，40年学校搬迁动荡之难，担起了22年校领导之重任。在我任校领导期间，学校共培养学生1.5万人，其中有60多人已担任司局级以上领导干部，13人已成为大学校长，数百人之多已成为科学家和教授，可谓人才荟萃，桃李满天下，谱写了中南林辉煌的一章。

我有幸加入共产党，是党给予我宝贵的政治生命，揭开了我

---

* 中南林业科技大学原名中南林学院，一般简称“中南林”。

广阔的人生序幕。党的恩情像太阳，指引着我事业前进的方向。父母养育之亲情，血肉相连，超越时空，如潺潺泉水，滋润心田，永不枯竭。夫妻相恋的爱情，是恒之久远的幸福源泉。我们夫妻恩爱如海，既有波澜壮阔的海浪，又有浪漫温馨的港湾。情在平日里沉淀，爱在理解中升华。我的妻子，她是我生命中生死与共的伴侣，是我事业风雨同舟的战友，亲密无间，力量无疆。我们的儿子儿媳、女儿女婿、孙子外孙，他们的孝心无价，像一阵阵春风，时时温暖着我的心，使我备感幸福和温馨。亲情、爱情、友情是月亮，为我的生活添光彩，给我的生命注入了丰富的营养，哺育我茁壮成长。亲情、爱情、友情是我一生的精神支柱，催人奋进的强大动力，给我勇往向前的力量，使穷舍变乐居，坎坷变通途。我的一生拥有一脉相承的亲情、一世相随的爱情、一生相伴的友情，让我的人生旅途充满了温暖和快乐，使我的生活多姿多彩，生命昂扬。

《绿色人生路》经过近两年的孕育，终于要问世了。衷心感谢中南林业科技大学校长周先雁教授在百忙中写序；感谢中国人民解放军国防科学技术大学前政委汪浩将军题写书名，并亲自审阅指导；感谢吴晓芙教授、陈克家教授、鲁孝杰教授、黄山如教授、张互助高工为本书编审提出了宝贵的意见；感谢中国林业出版社金旻社长，热心策划、倾力支持；感谢李敏副编审的精心编辑，加快了该书出版的进程；更要感谢我的妻子和儿女，他们为该书的编审倾尽了心血，书中也凝聚了他们的智慧和才华，功不可没。最后我还要借此机会衷心感谢在我人生旅途中给予我关心、支持和帮助的校内师生和同事、社会同仁及其亲人、好友，没有你们的关心、支持和帮助就没有我的今天。我深深地向你们表示最诚挚地感谢！并致以最崇高的敬意！

夕阳映青山，岁末梅更香。今年我将迎来八十华诞。真可谓：盛世中华铸辉煌，杖朝之年亦健强，国泰民安嘉年华，神清气爽享安康。在此我衷心祝福全天下的人们：让甜蜜伴我们度过每一刻，让平安同我们走过每一分，让快乐陪我们跳过每一秒；无忧无虑，健健康康，一生平安！

踏遍青山人未老，绿色事业奏新章。绿色象征着生命，绿色象征着和平，绿色象征着未来。愿绿色森林遍布全球大地！愿世界未来充满和平！

谢朝柱

2013 年 5 月于中南林业科技大学汇贤居

目录

落花无言 人淡若菊

绿叶素荣　纷其可喜

春夏耕耘　绿色人生

第1章　勤奋创业的家庭

“世代千年久，永振朝庭昌”。这是我们谢氏祖先为后代“行辈字派”定下的两句话。

坐落于高耸的南岭山下，面朝蜿蜒不息的沱江，湘南古镇道州井塘乡的谢家厂村已有200余年的历史。远祖自广东经江西迁居而来。这里气候宜人，物产丰富。村东南侧有一座植被茂密、灵气逼人的小石山，与南岭山脉紧紧相连。由于此山周边多是耕地和低矮的茶山林，更突显其苍翠与神秘。山上奇石嶙峋、古木参天，石洞幽幽、溪水潺潺，真可谓是镇村之宝山。山的南边有一泉潭，水质清冽、四季不断、日复一日地滋润着世代谢氏族人。1934年阴历十月，恰逢红军长征路过时，我诞生于此钟灵毓秀之地。

勤劳睿智的父亲

父亲谢振贵，是谢家厂村谢氏第7代人，有兄妹3人。他9岁丧父，很早就挑起家庭重担。少时，曾以帮地主看牛为生，过着食不果腹的艰苦生活。因家境贫寒，他从未读过一天书，30岁还没成婚。但他天生聪颖，善于谋划。为了自己的人生和婚姻，他挑着货担，以小商贩的身份进入深山瑶乡，把我母亲娶回成亲。从此之后，夫妻同心协力，打拼生计，走上置地立业之路。可以说，父亲硬是用自己的汗水，换取一分一厘，积攒一分一亩。从一个“无立锥之地”的看牛工，最终成为全村拥有十余亩田地的大户。

父亲平日生活极其简朴，终年都是穿着草鞋，哪怕是在下雪的严冬，亦是如此。为了种好自己的田地，他从不雇季节工，不雇长工，全靠自己，以一当十。别人是以“日出而作，日落而息”，而我父亲则是每天天未亮就悄然出门，晚上明月高挂还在田里埋头干活。夜以继日，精心耕作，只求每季都有一个好收成。父亲视土地为命脉、若珍宝，但在新中国成立后的土改中，这些土地却统统被没收，变成了集体所有。他对自己付出了半生辛劳攒积的土地，就像对自己亲生骨肉一样，是那么的深深怀恋和依依不舍。

1957 年，父亲忍不住在原来属于自己的田地里插上写有他名字的牌子，当时却被视为资本主义复辟的典型，被定为“右倾”势力，并用绳子把他强行捆绑起来进行批斗，直到棕绳断裂。那个看似轰轰烈烈的极“左”年代，却让一个生性极为纯朴的农民，在精神和肉体上都遭受了极大的伤害。

一生走来，父亲深深懂得拥有土地的重要性，失去了土地就失去了生存的根基。不仅如此，父亲更加懂得，光有土地没有文化知识，会连自己最基本的合法权益也无法维护，所以文化知识才是家族发展的根本灵魂，这也是他在生活实践中摸索出来的道理。

尽管没有进过校门，但父亲是个非常聪明的人。在年轻的时候，他曾当过谢家厂村留法博士谢海涛的勤务员。据说有两次出差在外，都机智应对了因不识字会闹笑话的情景。一次是别人请他念家信，由于他不识字又不好意思讲，当时灵机一动地说：“我的眼睛进了沙子看不清，请找别人看看。”还有一次他手持文件在看，对面的人说你把文件拿倒了，父亲立即说：“我是给你看的。”这些尴尬的经历，让他深深感受到了没有文化的窘境，所以到了我这一辈，他就常常教导说：“如果你不识字，连契约都不会看，就要吃大亏。”因此，他后来举全家之力，送我们 4 个兄妹读书。这在我们村里来说，算是少有的文化家庭了。若不是父亲深因自己缺少文化之痛，从而更具培养子女的长远目光，就不可能有我的今天。

父爱如山，高大而深沉。那种爱是倾力付出，不求回报的爱。我参加工作后，父亲没有随我们到城里住过一天，没有享过一天儿女孝顺的福。我没能带他看过所谓的城市“风光”。每次我们请他来，他总是以家里事多离不开而推辞。他一生没有给我们留下一张照片，这是我们家永远的遗憾。父亲生前，都是勤俭过日子，平日没有穿过一件好衣，冬天没有穿过一双棉鞋，没有吃过一餐好饭，没有停止过一天的劳动，幸福的生活对他而言，只是一种梦想，而不是现实。他的一生，是生命不息、劳作不止的勤劳一生。

父亲于 1977 年 8 月 23 日不幸去世，享年 76 岁。逝世的当天，父亲上午还到深山高岭上，砍了一担柴回来做饭用。下午他自己杀了一只鸡吃，晚上一觉后，次日清晨，弟弟发现他老人家就这样无声无息地告别了这个世界(那时候母亲还在大江口和我们在一起生活)。老乡们说：“你爸爸去世这样快速、利落，不需要儿女在身边服侍守候，是他的品行修身积德到顶了，才有

回乡为父母扫墓

这样完美的结局。”而平时我没有给他敬过一次菜，端过一次饭，他就这样地离开了。作为长子的我一直没有向他尽孝心，这是我永远感到最心痛的。父亲去世时，我因出差在外，不能赶回家治丧，只寄了 80 元钱给弟弟办理丧事。是弟弟费尽全力，在村后的山头上选择了一块尚风尚水之地把父亲安葬了。后来当我们举家回去为父亲扫墓时，我直接跪在父亲的墓地前，长跪不起，低头说：“父亲：我率妻子、儿子、女儿等来看您了！您是一个伟大的劳动者，一位伟大的父亲，是生我养我的伟大恩人，我永远不会忘记您！我永远感恩您！您在世时我没能敬孝您，您上山时我又没能来为您送行，真对不起您老人家，我实在是愧对您的抚育培养，愧对您不求任何回报之大恩大爱。请您原谅我这个不孝的儿子吧！敬爱的父亲，您好好安息吧！”

慈爱如水的母亲

母亲于 1904 年出生 ，1990 年去世，享年 86 岁。她从瑶乡走出来与父亲结婚后，一生与父亲相伴扶持，承担起养儿育女的重担。母亲集善良、勤劳、贤惠、能干于一身，心灵手巧，煮饭炒菜、缝补做鞋，家务活儿样样能干，是家里的好主管。

敬爱的母亲

我幼时吃东西比较挑剔，不吃肥肉，吃鸡不吃皮，也不吃姜。每逢过节，母亲都会把撕了皮的鸡腿留给我。上小学时，她每天早上给我煮一个鸡蛋吃，以保证营养。在峥嵘岁月中，我深深感受到母亲的爱，是如此的细腻和伟大。“山，没有母亲的爱高；海，没有母亲的爱深”。她含辛茹苦把我们四兄妹哺育成人，功不可没。哪怕我们成家立业之后，母亲的爱仍不减当年。

记得我儿子出生时，正逢国家经济特困时期，全国人民都过着苦日子，食品极端缺乏。而母亲却从家乡带来了 两只鸡和一些鸡蛋，给月子里的妻子补充营养。当时的两只鸡，是何等的珍贵，简直是有钱都难以买到的珍品啊。我们都舍不得吃，想养着它们生蛋。而那时的世界仿佛老鼠都饿疯了，竟把一只鸡活活咬死。母亲暗地里心疼得直流泪，转头却劝慰我们：“别难过，你们正好多吃些鸡肉，补补营养。”

大致算来，母亲和我们在一起相处的时光，总共有十多年。她默默分担了最繁杂的家务，每天忙前顾后，悉心照顾孙儿孙女和全家人的生活，使我们能安心工作，度过养儿育女最困难的时期。

20 世纪 50 年代，我国正处在大革命破旧立新的时期，我们心中只有“革命”二字，对父母不敢有半点私心，对孝文化可以说更是无知，直到进入老年，方知“子欲养而亲不待”的深远意义。有时想想，我真心后悔。母亲在世时没穿过一件好衣服，没吃过一餐像样的饭菜，一辈子我们都没给她做过寿庆。而她在 80 岁高龄，不戴老花镜还能一针一线给我们做鞋垫，还特地从老家送到我们手里……这一幕幕回忆起来，每次都让我忍不住泪流满面。

1990 年 9 月 29 日，母亲不幸病逝，享年 86 岁。当时我一心扑在双牌县的工作上，当得知母亲去世的噩耗，匆忙借了点钱回乡治丧。母亲走得很快，头天发病，第二天去世。病时，弟弟给母亲炖了一锅鸡汤，她只吃了一点，不久就安然去世。双牌县委和政府非常重视，派副县长吴东元同志陪我回家治丧，并代表县委和县政府送了花圈。母亲能享受到县政府的尊重厚待，这是她老人家的福气。在治丧的几天里，几乎天天下雨，或许老天爷也在为我母亲的去世悲伤落泪吧。但在入土的当天，却又艳阳高照送她老人家上山安葬，仿佛老天爷又在保佑着母亲的在天之灵。除了妻子因出差福建未赶到外，儿子、儿媳及孙子，女儿及准女婿，都参加了母亲的安葬仪式。母亲的墓地选在高坡上，背靠青山，面对潇水，视野开阔，是一块风水宝地。

我那时工作很忙，等母亲走了，我才猛然意识到，她老人家无法再活生生、笑吟吟地站在我身边，而我今后也没机会再开口唤妈了……那一刻，我多羡慕所有母亲健在的亲友同事！

如今，我已满头华发，同样站在人生第八十个台阶上。与父母往昔相处的点滴，却愈发清晰。人生匆匆百年，何其短暂，尽孝道要趁早，对父母的爱是最最等不得的！该说爱的话就要马上说出去，该孝敬的事一定要马上付诸行动，千万别“等等，再等等”，也许，那一等，就成为终生的亏欠和遗憾。

善良朴实的兄弟姐妹

我家共有四兄妹，2 男 2 女。

大妹，是 20 世纪 50 年代的高中生，在当时来说，可算是高学历了。她高中毕业后，出嫁随丈夫转战青海、辽宁、湖北，在石油行业生活了一辈子，育有两个女儿。大妹为人特别善良，她自己遇到困难挫折，几乎从不向外伸手求援。而一旦得知兄弟姐妹有难处时，她却千方百计、尽最大努力给予帮忙，并时不时嘘寒问暖。她信奉基督教，心态很好，知足常乐，家庭幸福。

小妹，出嫁随丈夫生活在道县一军工厂。她生性朴实，育有 5 个儿女，大半辈子勤恳持家，为孩子们操心劳力。

弟弟，初中毕业后，就与父亲相伴为生。育有 2 男 2 女。新中国成立不久，我就离家外出学习和工作，弟弟秉性忠孝，主动承担起照顾父母，为他们养老送终的义务。父母过世后，他更是年年扫墓拜祭，时时把父母的恩情记在心中。他为孝敬父母做了大量的事情，是晚辈学习的榜样。弟弟继承了父亲的优良品质，善于学习知识，敢于吃苦创新，几乎做什么成什么：种柑橘，柑橘丰收，品优、质好，深受市场欢迎；养鱼，鱼满塘；养蜜蜂，蜜高产。他还曾是赤脚医生，为百姓治病，大大方便了当地农民。现如今他全家搬到了道县县城居住，生活水平大为改善，在县城和海南省海口市都购有自己的物业，是一个子孙满堂、幸福美满之家。

2004年与弟弟在株洲合影

1995年，随着改革开放的春风，时年52岁的弟弟，满怀激情离开了家乡，来到海南省创业，从事植树造林工作，一干就是十几年，于2006年成立了自己的专业公司。那些年的风风雨雨，他走遍了海南的高山峻岭，造林17万亩。他自己说：人老了，头白了，山绿了，人乐了。这就是他在海南植树造林的人生体验。

植树造林是一件非常辛苦而又危险的工作，一般人难以承担。造林现场往往山高路远，远离城市，没有相应生活设施，交通靠步行、住房靠工棚、买米买菜靠肩挑。年复一年、日复一日。加上海南山区蚊子又大又多，毒蛇随处可见，山蚂蟥更是防不胜防。尽管弟弟小心防范，但还是有次被蚊子叮咬而染上疟疾，赶到长沙救治才最终得以死里逃生。

弟弟为人宽厚，乐于助人。他善待体恤员工，不管自己承担怎样的压力风险，却从不克扣拖欠工资。凡是他帮助过的人，都视他为恩人，念念不忘。当地一名员工说："在我们这里，没有一个人会说谢老板的坏话。"可见他的为人口碑，早已在海南扎下根，就像当地著名的黄花梨木一样，正生机勃勃地成长。

我们兄弟相处时间很少，但感情却非常深厚。想当初，我在高校工作，他在田头耕耘，两者生活水平有一定差别。农村生活非常艰苦，弟弟却很少伸手向我求援。等他事业有一定起色后，还反过来关心我和我们全家。就像我近年因心脏病两次安装起搏器，他都给予了重金援助。这份血浓于水的手足深情，使我感动不已、永难忘怀。

在我眼中，弟弟更是一位难得的好父亲。他对待儿女费尽心血，毫无怨言。从小到大，都在为他们不断谋划发展前景，搭建平台，帮助他们立业致富。他不仅对儿子考虑长远，对女儿也是尽父亲之责，做到了别人做不到的关怀照顾。他对儿女们的关爱，无法斗量，是做他儿女的最大福气。

贤惠能干的妻子

妻子生于1935年7月28日。岳父李溪堂共养育5男3女，妻子为家中老大。

1955年，我和妻子分别从长沙林校和长沙女子师范学校毕业，当年8月，中央布置在全国开展干部审查“肃反”运动。妻子受委派来到林业部（今国家林业局）长沙林校参加审干工作，我们因此相识。当时我在长沙林校第9班学习，全班都是男同学，没有一个女同学。妻子读的是女子学校，没有一个男生。人生的初次恋爱，纯真、质朴而又热烈。相识相恋两年多，到1957年12月，一切水到渠成。我们在湖南幼师附小的教室里，举行了简朴的婚礼。我们新房就是在教室的一侧，用木板隔出1间，又分成2间供2个女教师住。2房之间只一层薄板相隔，而且只是隔一半，上半部是空的，只要是一个高个子就可立足看到对方房间。没有任何装饰和摆设，在这间仅有1个木床和一条新棉被的房间里，我们成亲了。

说到这桩婚事，我很感怀岳父一家。岳父一生从事工商业，新中国成立前城里有商铺，农村有土地（土改时被定为工商业地主）。新中国成立后所有一切都收归国有，几十年的财富积累瞬间化为乌有。岳父为人厚道，待人善良，自己做得一手可口的好菜。他非常爱自己的故土，当年曾有人动员他去香港，他坚持在长沙迎接祖国解放。岳父对儿女的爱像一座山，高大威严；像一湖深水，深藏不露。岳父对我与妻子的婚事极为赞成，说从两人的气质上看，很相配，一定是对恩爱夫妻。他甚至在80岁高龄时，还将他一件最好的呢大衣送给我作纪念，可见内心对我厚爱有加。

记得当年，岳父和岳母带着弟妹一家人参加我们的婚礼，只是吃了几个糖果和橘子就回家了。岳父岳母内心极疼妻子这个长女，但更理解我当时困窘的经济状况，事后只暗自轻叹："姑娘出嫁，我们连一碗面都没有吃到。"这件事，每每后来想起，对当时的无知无礼，我们都心中极为愧疚。

2005年妻子与儿子、女儿及外孙在长沙合影

岳母潘淑纯是个非常勤劳贤惠的中国妇女，一生主持家务，相夫教子，日夜操劳，晚年中风卧病不起，不幸于1977年12月21日病逝，66岁就走完了她辛劳的一生。岳母是中国典型的贤妻良母，她对人十分善良，相夫教子，尽心尽情直至走到人生的终点。她一共生了10个儿女，其中只有8个子女养育成人，她一生就是为儿女哺乳、洗衣、煮饭，日夜干个不停，无怨无悔把一个个儿女养大成人，真是功德无量，是一个伟大的母亲。她对我这个女婿，如同亲儿看待，说话和蔼亲切，面带笑容，我从未见到她生气的面孔。性格之好，品德之高尚，实属少见。由于一生劳累成疾，她不到60岁就中风失语瘫痪、长期卧床不起，全靠我内弟李宪明侍候、护理。岳母去世后，妻子悲痛万分，以致引发腰病不能起床。处于当时的政治背景，妻子又身为子弟学校校长，没能回家探亲治丧，给我们留下了永远的遗憾，但她老人家留下的宝贵精神财富让我们至今受用。

妻子的弟妹们都是勤劳善良、朴实本分的人，生活虽平凡但很知足，家庭和睦幸福，他们的下一代也都非常孝顺且事业有成。令人痛心的是小妹英年不幸早逝。

我和妻子从相识相恋、相伴、相依到今天，已走过56个风风雨雨、春夏秋冬。自结婚后，妻子料理家中一切，事事用心。从洗衣打扫卫生到下厨煮饭炒菜，从主食到副食，从大菜到小炒，无所不能，是我家的烹饪能手。

与妻子、孙子在一起

2013 年春节与儿子在一起

她不但善于做泡菜，做甜酒，还善于烹调臭豆腐（被外孙誉为是“世界上最好吃的食品”）。

妻子为人善良，热情友好，乐于助人，是我们家的形象大使。她平日积极参与社会活动，能歌善舞，退休之后表现尤为活跃欢快。她感情丰富，最易动真情，每当亲朋好友去世，她同样大声痛哭，比他 / 她的亲人悲痛有过之而无不及。她心直口快，想要说的话就像竹筒倒豆子——直来直去，因此她也容易得罪人。她对子女、孙儿、弟妹之情厚爱有加，从物质到精神，尽力做到关怀备至。她总是把最好吃的东西留给儿女、孙子，共享生活的甜蜜。她对儿女的关心、热情和细心远胜过我这个做父亲的，时刻把后辈冷暖挂在心上，充分体现了母性无私的伟大情怀。尤其生儿子和女儿时，国家正处特殊困难时期，从怀孕到分娩、哺乳，她忍受物质短缺和精神打击，极尽母亲之责。令我这堂堂七尺男儿，都心生敬佩。1960 年经济困难时期，我们携手走过来了；“十年动乱”的冲击，我们又携手挺过来了。不管是在经济困难面前，还是在政治风暴面前，不管风云如何多变，我俩始终风雨同舟，同甘共苦。

妻子前半生从事中小学教育工作，从 1963 年调入湖南林学院担任学校子弟小学校长，到广州后任中南林学院小学校长。后来该校合并入广东农林学院后，她出任挺进学校校长。1975 年学校从广州迁到湖南溆浦大江口，她又出任子弟中学校长。1977 年全国恢复高考，学校子弟即将迎来中断 10 年的第一次高考。事关学生前途大事，妻子几乎把全部精力都投入到了高中复习班的教学上。她积极组织大学部的优秀老师担当高中生数理化的老师，自己又经常到几百公里（1 公里 =1 千米）之外的省城长沙，学习高中教学的先进经验和信息。

工夫不负有心人，1977 年学校子弟高考取得喜人的成绩，高中毕业班 50% 的学生考上了大学，列为全县第一。在当时考大学难度大，人数多，竞争激烈，真是“百里挑一”。而子弟学校录取率之高，这成绩的确来之不易，凝聚了她精心组织的智慧和心血。

从 20 世纪 70 年代开始，中南林学院加大了研究生扩招的力度，组建了研究生科，她被任命为第一任科长。从中学校长到研究生科长的转变，她深感责任重大，日常更敬业勤勉。在妻子和同事的努力下，中南林到 80 年代初，已从开始只有 4 个研究生，很快发展到 100 多人，仅从研究生数量来说，这在当时湖南高校排位来说，还是相当靠前的。研究生增多，为此学校成立了研究生党总支部，她任专职副书记（副处级）。她经常深入学生中间，像母亲对待孩子一样地关心他们。想学生之所想，急学生之所急，学生病了甚至亲自做饭。很多研究生离校多年后，对这位可敬可亲的书记，还是感激不已。

如今妻子已退休 20 多年，进入高龄老年，但她仍然站在家务的第一线，支持我从事社会工作和写作。每当我在写作时，她时而送上一杯茶水，时而送上一个苹果，使我灵感更加活跃，心生无限甜蜜。当我生病时，特别是好几次因心脏病引起的剧烈咳嗽，使我夜不能寐。但我只要一声咳嗽，她就立即坐起来给我捶背，陪我度过了无数的不眠之夜。

2011 年 2 月我在广州南方医院住院，重病监护室规定，家属一律都不能在身边陪伴。我感到格外孤单，手脚整天被医疗器械固定着，两眼只能望着天花板，那种与世隔绝、度日如年的感觉，特别需要亲情的关怀，特别想念自己的老伴。因此使我懂得一个道理：幸福家庭不仅要有一定物质基础的硬实力，而且同时还需要有丰富的亲情这个软实力。两力相融，才能产生巨大的生命力。在此，我要深情对妻子说声：“老伴，我这一生感谢有你，你真的辛苦了！”

奋发有为的儿女

我们生有一对儿女，正凑成个“好”字。现在他们长大了，各自都有了幸福小家庭。

一、儿子儿媳

20 世纪 60 年代初，儿子出生于长沙。他的出生，给我们家带来了极大的欢乐。哪怕给他取的名字，也蕴含着子承父业的无限期待。但那时正处国家经济最困难时期，食品物资尤为缺乏。儿子生下来竟有 4 公斤（1 公斤 =1 千克）重，全靠母乳喂大。幸运的是，妻子奶水充足，还能满足嗷嗷待哺的小家伙。但她自己终因透支营养，同时缺乏补充，体重急剧下降，头发大量脱落。令我看了心疼不已。

孩童时，儿子长得特别结实可爱，我们经常用竹拖车带他回外公、外婆家。路人看到他长得白胖又结实，无不立足称赞。只要有空，我就喜欢让他骑跨在我肩上，尽情玩耍。3 岁之前，我们住在学校宿舍里。因当时食品缺乏，我们主食通常都是红薯。肚子饿了的儿子，自己会到锅里拿起红薯就吃。4 岁时，儿子随我们到广州生活。当时我们和两户人家，挤住在一栋由日本侵华时期的仓库改建、带有隔潮层的独特宿舍里，大家共用一个厨房。6 岁的儿子，就已学会承担起 3 家的煮饭任务。各家上班前把米洗好、放到盛好水的锅里，大人们下班前，他就会用柴火把饭煮好，异常懂事。

从童年起，他就在风雨中不断成长，经历了因国家政治风暴带来的动荡、父母被批被斗的浑沌时代。特别是有一次，当时的红卫兵游斗他母亲到住家附近，强行将他和奶奶一同拽出家门，逼他观看站在不远处脖子上挂着批斗牌、弯腰弓背的母亲。但他小小年纪就知道高昂着头、紧闭双眼，表现出一副不屈不挠，誓要和红卫兵抗争的样子（最具讽刺意义的是，那块挂在妻子脖子上的牌子后来竟成了我们家的擀面板）。儿子从小学到高中正逢“十年动乱”时期，教育体制十分不健全，因此他失去了许多掌握知识的时光。高中毕业后，他响应国家知识青年到农村去的号召，下到湘西偏远山区接受贫下中农再教育。后来他又应国家之征，远赴祖国西域卫国守疆，经历了对越自卫反击战（期间因战争原因，音讯断绝，我们整日忧心忡忡，无时无刻不担忧着他的生死，祈祷着他的平安）。在军队的大熔炉里，他经受了磨炼，为祖国无私奉献了他最宝贵的青春。时至今日，我仍自责儿子入伍时，我因出差没到车站送行。而他整个从军期间，我也没去探望过，没尽到父亲之责。

20 世纪 80 年代初，儿子退伍回到我所在的高校工作。为了适应教学工作，提高业务素质，他通过刻苦努力，考上了学院风景园林设计专业并顺利毕业。在高校工作期间，他曾参与了国内多个著名风景名胜区的规划设计工作，业务能力有了很大提高。90 年代初，他离开教研室，到校办企业及社会上的多家企业担任高层管理工作。海阔凭鱼跃，天高任鸟飞。他才华显现，受到在职公司的充分肯定。儿子经历坎坷，阅历丰富，工农商学兵旅游等多个行业无不留下了他的足迹。他不喜应酬，烟酒不沾。他为人诚实、厚道、低调，做事踏实认真，从不以我的身份、地位、荣耀去获取自己的利益。勤勤恳恳工作，清清白白做人，表现出高度的自立、自主精神，传承发扬了我们家族的优良传统。

儿媳是一个美丽大方、率真善良、开朗豁达的人。从出生到如今，她有着不同凡响的人生经历。在求知路上，她从边关小镇到省城名牌大学，再又跨入国内知名学府荣获硕士学位。她勤学苦读，汲取积累了深厚的专业知识。在工作历程中，从公司小职员到企业高管董事，这一路，全凭着她自己聪慧机敏、坚强自信的优良品格。不愧为女中之豪杰、商界之精英。更难得的是，她日常处处与人为善，对待家人亲友，真情流露，大爱于心。她时刻给家庭及周边的人群带来阳光、带来欢笑。凡与她相处过的人，都很喜欢她。

儿子儿媳，对双方父母都非常孝顺。他们虽然远在广州，却经常打电话回家，嘘寒问暖。比如我们上年纪后，曾多次因病住院，尽管他们工作事务繁忙，却始终把我们的身体康复放在心上。每次不仅在医院里跑上跑下、忙前

2012 年与妻子、儿子、儿媳于长沙合影

儿子儿媳合影

顾后，而且还在家里给我们精心熬药等等。又譬如我们从广州回长沙，他们总怕我们年高路远，出现闪失，差不多都是亲自护送，确保我们途中平安。关怀无微不至，处处都见浓厚亲情，令我们感动欣喜。有这样懂事尽孝的儿子儿媳，我们感觉很宽慰。我们也衷心祝愿他们的未来，更加美好幸福。

二、女儿女婿

女儿，20 世纪 60 年代中生于广州。她出生在“十年动乱”的最惨烈时期，所以她名字也深深烙下了历史的印记。妻子当时任子弟学校校长，被列入走资本主义道路的当权派（简称走资派），属于被打倒批判对象。她临产发作时还在上课，幸而同事们立即把她送到中山医学院得以分娩。医院的造反派问我妻子是不是走资派。陪同去医院的陈筱筠老师立即应对：“她不是走资派，让她快生下吧！”在那个荒唐的年代，女儿竟是一个不准出生的人。把女儿生下来之后，妻子仍被关进“牛棚”。当时正值“文化大革命”批斗高潮，她被要求赤脚在校内游街示众，接受造反派批斗。哪怕每次回家喂奶，都要经造反派批准。从某种程度上说，我这女儿尚在襁褓，就遭遇种种现实不公，真是生之不易。但女儿的到来，算是我们这个凄风苦雨的家庭最大的收获，也给我们带来不少欢乐。

女儿自幼长得面目清秀，活泼可爱。我们对她喜爱有加，从未骂过她一句，更没打过一次，视她为家中宝贝。女儿一直以母乳为生，竟喝奶到 2 岁，所以特别依恋母亲。为了断奶，我把她带到广东省政府机关大院。她竟整晚未睡，大声哭叫“妈妈”，使我心痛不已。无奈之下，天亮后我又把她带回学校家中，她马上破涕为笑。母女情深，可见一斑。

女儿自幼好学习，爱劳动，是一个学习、生活和工作能力比别人强的女孩。她在子弟学校读完小学、初中后，高中进入株洲二中，后又考入湘潭大学，毕业分配到长沙铁道学院工作，2000年晋升为副研究馆员，现在中南大学从事文献信息检索及教学工作。她写作和表达能力俱佳，是同行翘楚。曾参与《现代领导智慧》一书的撰写出版，发表相关专业学术论文多篇，并多次获得各类奖项。在日常教学中，她备课认真、板书清秀、口齿伶俐，深受学生欢迎。无论是本科还是研究生的课堂，都可以看到她的身影。为了不断提高自身素质，她工作之余，还积极攻读了中南林业科技大学生态旅游方向的硕士。为做好毕业论文，她深入走访并调查了长沙市的几十家“农家乐”，论文理论联系实际，有血有肉，受到导师吴楚材、吴章文教授的一致好评。不仅如此，女儿还承担起相夫教子、主理家务的重任。她勤快贤淑，做事麻利，把家里收拾得一尘不染，整洁美观。不论你什么时候走进家里，丝毫没有零乱之感。她们家里种植的花草品种繁多，四季常青，可称之为生态家庭。

女儿、女婿婚后夫妻恩爱、家庭和睦，育有一子，被社区授予“五好家庭”。女婿是个善良孝顺，性格幽默、开朗大气的人。他热爱生活，关爱家庭，勤快能干；他待人热情大方、真诚友好、宽容豁达；他有强烈的事业心与责任感，遇事沉稳，工作认真，不断学习，踏实进取。

俗话说，父母是孩子的第一任老师。女儿女婿对孩子的教育与培养，总

2007年妻子与女儿

2007年女儿全家在广州合影

女儿（左）与导师吴章文教授

是身体力行，谆谆引导。女儿在中学和大学时代就养成不乱花钱的好习惯，当时我们每月给她30元生活费，她还把节省的钱存起来，用于帮其他同学解困之用。结婚后，她和女婿两人勤俭持家，善于理财，很快买了房和车，生活过得美满幸福。

在日常生活中，女儿、女婿对家里的4位老人，总是全力尽孝顺之心。尤为感动的是，他们还为我们在长沙购买了新房，并亲自负责装修，从定方案、买材料、挑家具到现场跟进工程进度，件件都是辛苦活，他们全都亲力亲为。真难为女儿、女婿，为我们晚年生活，考虑安排得如此细致周到。

“莫道桑榆晚，人间重晚晴。”我和老伴起落操劳一辈子后，如今能拥有儿女媳婿四位孩子的爱，真心感到幸福满足。这是我们晚年收获的最大财富。唯知福、惜福是也。

好学求知的孙辈

一、孙子

孙子生于20世纪80年代末，时逢农历龙年，昵称龙龙。孙子自幼聪明机警，有种特殊的亲和力。嘴巴很甜，逢人便叫“叔叔阿姨好”“爷爷奶奶好”。记得在幼儿园时，“六一”儿童节表演节目，他扮演拔萝卜的老头，演得惟妙惟肖，现场气氛高涨，深受好评。

孙子小时候的饮食，时常是由其父母精心安排，特别讲究营养搭配。譬如吃的奶粉都是进口名牌，尽管当时价格很高（每月要拿出近一半的工资来买奶粉），但他父亲仍千方百计地满足幼儿的需要，希望他健康成长。孙子那时年纪小，却很善解人意。譬如，他看到我经常伏案写作，就会对我说：“爷爷，你别辛苦了，我帮你写。”其实他还没上学呢，只能用笔在纸上画一排排别人看不懂

孙子（左1）在幼儿园表演节目“拔萝卜”

孙子　（摄于深圳）

的符号。哪怕我如今写作累了，想起当年这些小插曲，都会觉得很温馨。

孙子起初喜欢踢足球，后在我的引导下，改为打篮球。他体质好，加上领悟能力强，球艺进步很快，后来被校队选中，经常代表学校参加比赛。

高中毕业，他到湘西凤凰旅游，玩得很开心。回家时，竟给我们每人都带了一份纪念品，表达对长辈回报之情，真是格外懂事。

不久，他父亲考虑到当时国内外教育水平的差异，以及孩子独立能力的培养和未来发展，经反复思量，与我们协商后决定让孙子到国外就读深造。我们全家支持，这样孙子就成为了我们家第一个留洋学生。

满怀父母的希望，孙子只身飞往国外，就读国际经济贸易专业。初到海外，人生地不熟，一下车就遇到了麻烦——校方竟没派车来接新生，但孙子凭着机智的应变能力，顺利抵校。

一个在异国他乡求学的青年，都要过生活、语言两道关。孙子就读学校所属国家是世界超级大国，物价水平是出了名的高。为了节省开支，孙子很快掌握了一套基本生活技能。买菜、做饭、洗衣、理发等等，样样皆通。他做出来的饭菜，在留学生群体中很受欢迎。回国探亲时，他甚至还小露一手，亲自给我们做了 6 道香气扑鼻的拿手菜肴。

要真正融入大学生活，吸收多元文化知识，外语能力非常关键。为此，孙子打破中国留学生易“抱团”生活的规律，反而选择和外国同学住一个宿

2010 年孙子在国外留影

舍。他还利用课余时间去打工，目的就是争取多与当地人打交道。一段时间下来，他外语水平突飞猛进，为更好学习专业知识打下了坚实基础。

他们班的同学来自很多不同国家，堪称小联合国。热情大方的孙子，结交了不少朋友，这些都无形中也开拓了他的国际视野。本科毕业后，孙子考入了当地国际著名的大学攻读硕士研究生并获得硕士学位。

实践证明，孙子出国学习深造是一个正确的选择，是由其父智慧决策所决定的，是一种长远目光、国际视野，是一种无私大爱之情的集中体现。为保障孙子在国外的学习生活，他父母无论在物质还是精神上，都付出了很多。而孙子在国外生活的本身，就是在读一所人生的大学。因为在国内，他可以有很多依靠，难以快速成长。但出国后，环境迫使他懂得了生活要靠自己创造，“学会生活，学会做人”是第一要务。正如我们期望的那样，孙子也渐渐成熟起来，学到了许多在国内、在书本上学不到的知识。

世界很大，道路很宽。父母所有的艰辛努力和无私付出，无非是希望后代能站在自己肩膀上，看得更远、走得更好，明天更加灿烂辉煌。希望孙儿明白这些道理，当下能学业精进，今后能知恩图报，成为一个对家庭、社会都有担当的人。

二、外 孙

外孙出生于 20 世纪 90 年代初。那时我在北京开会，回来时，特意给他带了一件玩具，以示外公的关怀之情。由于医院管理不善，他出生之后，身上起了水疱。好在有惊无险，再加上出院后奶奶精心养护，很快就痊愈了。

满月后，外孙被接到我们株洲的家，同时我还把弟弟的女儿接来，帮助一起照顾外孙。外孙的出生，给我们晚年生活增添了无限快乐。尽管我那时还未退休，但每天下班回到家里，都要抱他尽情玩耍，给他喂饭，这些显然已成为我的专利。我喂他的饭，是一口一匙，一碗饭很快吃完了。不像别的孩子喂一口含半天，一餐饭半天都吃不完。他也不太喜欢别人抱，唯独我除外。他小时经常天真地说，长大了我要和爷爷结婚。可能在他心中，这样可以永远不分离。他一直亲热地称我们二老为爷爷奶奶，至今仍不改称呼。

说来也奇怪，外孙幼时不喜言笑，常常保持一种孩童少见的庄重。所以，我当时为他另取一个小名为“少校（笑）”。2 岁时，他回到自己妈妈身边生活。爸妈稍有照顾不周，就自己拨打电话到株洲向我们“告状”，令他妈妈哭笑不得。或许在他当时心里，我和老伴是和他更亲、更有安全感的人吧。

外孙长得结实，很少生病。平日里很安分，守规矩，不调皮，不乱来。他不管是玩还是读书，注意力都很集中。玩一部小汽车，或看一本《黑猫警长》故事，他都专心致志，心无旁骛。我初觉外孙脾性偏文静内向，但后来发生的一个小插曲，改变了我的看法。入学前，我曾教他背诵《唐诗三百首》，以增加中国古典文化的修养。结果有一次，他妈妈带他去商场，商家正举行招商活动，号召顾客上台表演。此时的外孙只有 3 岁，竟主动冲上台，在众人面前，大声朗诵起“床前明月光，疑是地上霜。举头望明月，低头思故乡”，赢得满场热烈掌声。最后，主持人还奖励给他一个玩具熊。原来，“少校”还蕴藏着这样棒的临阵表演潜能。这份落落大方、自信出众，令我们满心欣喜。

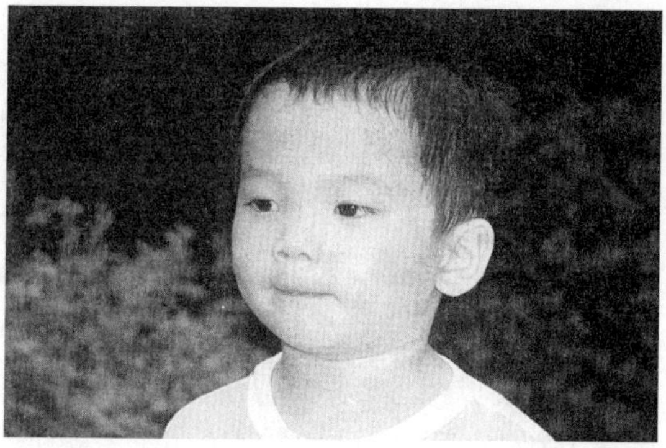

外孙幼儿照

与外孙生活照

更值得一提的是，女儿、女婿对外孙从小就精心培育，言传身教，教子有方，使他从小养成了良好的生活习惯和品质。小时候，他每天睡觉前都会把脱下的衣服整齐叠好放在床头，起床时又有序地把衣服穿好。他自己洗脸漱口后，还会帮爸爸妈妈的漱口水打好，并挤上牙膏，以便他们起床后直接使用。不仅如此，他每天还会在锅里煮3个鸡蛋，供早餐之用。与别人家的孩子不同，外孙没有贪吃零食的习惯，尽管家中水果、饼干应有尽有，而他却从不主动伸手去取。出外做客更是斯文懂事，表现出大人那种彬彬有礼的风度。

1997年，我和老伴携手带着孙子、外孙去山西、北京旅游。一路上两兄弟俩亲热无比，高兴地爬长城，登天安门，品小吃，人生第一次享受到首都旅游的乐趣。旅行时，外孙只有5岁，却总是争着背行李包，骨子里流露出尊老和不怕吃苦的精神。特别令我们感动的是：一天到餐馆吃午饭，我们要了一只北京烤鸭，外酥里嫩，香味扑鼻，令人食欲大增。然而这时的外孙，心中仍不忘妈妈，当即说："烤鸭太好吃了，我要留点给妈妈吃。"如此年幼，却知感恩孝顺父母。难能可贵。

外孙小学就读于长沙市大同小学，初中在长沙市一中，高中考入雅礼中学。这些都是名校，人才荟萃，竞争尤为激烈。他学习刻苦，成绩一直名列前茅，年年被评为校级三好学生。他最擅长语文和英语，写得一手好文章，英语成绩堪称优秀。在紧张忙碌的学习之余，他还拥有许多兴趣爱好。从小学习二胡（获得全国音乐等级考试十级）、绘画（多次获得全国大奖），培养了他较强的艺术修养；他热爱打篮球，在播音主持方面也得心应手。不仅普通话考试达到国家一级乙等水平，而且还参加雅礼中学诗朗诵大赛、英语风采大赛，均有不俗表现。其后，更作为湖南省中学生代表，参加了湖南卫视国庆60周年特别节目的录制，在诗朗诵节目中担任领诵。其浑厚独特的嗓音条件、俊朗大方的风格，获得许多老师的好评。2012年他如愿考入了华中科技大学，开始了他崭新的大学生活。

2011年外孙在北京留影

外孙从小就有一颗感恩之心，孝顺父母，敬重老人。每年逢父母生日，都要表示祝贺，或送花，或写诗，传颂着一曲曲亲情之歌。2009 年他写给母亲的诗摘录如下：

感谢您，让不喜欢叠被子的我有一个整洁温馨的房间。

感谢您，让不按时回家的我在第一时间享用热气腾腾的饭菜。

感谢您，督促我多喝水、少看电视、多读英语。

感谢您，教导我做一个诚实、正直、努力的人。

感谢您，十数春秋为我们父子所付出的一切一切。

感谢您，日日夜夜为这个家庭所做出的无私奉献。

感谢您，让我生活在一个幸福美满、充满亲情的家庭之中。

感谢您，永远呵护我、惦记我、宽容我、体谅我、疼爱我的母亲。

字字句句，充满对母亲的深爱，闪耀着亲情之火。做人首先要从感恩开始，他已深深懂得这个道理，并积极付诸实践。在我 76 岁生日之时，他因学习紧张未能赴宴，更特为我作藏头诗一首，以表祝贺：

杨柳垂枝凤凰游，
谢府英豪迎大寿。
祝辞传情将心邮，
贺公更上一层楼。
外圆内方先天愁，
公正无私翰墨留。
七里香风祛忧惆，
六福临门贤妻侍。
大爱无疆老不朽，
寿与天齐乐悠悠。

第2章 乡村滋润的少年

我生在农村，长在农村，流淌的是农民子弟的血。母亲怀我时，时逢中央红军实行战略转移。1934 年，中央红军第 6 军团 2 个师 6 个团共 9700 余人，在党代表任弼时、军团长萧克、政委王震率领下，9 月 1 日路过谢家厂。这是谢家厂具有光荣历史的标记。生在此时的我，也就随着红军长征，迈开了自己人生的漫长之路。

故乡沃土风情

乾隆四十九年（即 1784 年），我们的开村始祖谢世文，率全家从江西南康县迁到湖南道县立宅谢家厂，从此以厂棚为居，辟地立业。

新中国成立前，谢家厂曾走出两位历史名人。一位是谢家厂谢氏家族的第 3 代，即开村始祖谢世文的长孙谢年康，他是清政府的五品官。另一位是谢海涛，系留法博士，当过短时的耒阳县县长。新中国成立以后，人民翻身做主人，受教育的人更多，层次也更高。我受益于此，是村上谢氏家族目前唯一的正厅级干部，在高校领导岗位达 22 年之久，直至退休。

好山好水好地方。我成长的村庄，土地肥沃，物产丰饶。山上遍布能榨最佳食用油的油茶树，水田里种有水稻，旱地上种有甘蔗、西瓜、黄豆、花生等。尤其是每年秋天，瓜果成熟，一片飘香。

我在孩童时，最喜欢吃甘蔗和嗑瓜子。本地甘蔗很甜，是用来榨糖的好原料。道县的红瓜子，更是扬名海内外。我们村就最盛产红瓜子。通常，西瓜瓤用来喂猪，只取瓜内的红瓜子。红瓜子晒干后即可鲜吃，不伤喉、不上火。嗑红瓜子，对唇、舌、齿三者技术配合要求很高。不会吃的人，只能连壳带肉都咬碎。在我看来，简直是暴殄天物。我从小学会嗑红瓜子的技巧，到现在仍能吃。我的牙齿到老年还这样好，或许应归功于少年的这些磨炼。记忆中，我大概到初中才学会用牙刷。那时，由于生活条件较差，农村更没有讲卫生的习惯。我们祖辈的生活习俗是从不喝茶和开水。口渴了，直接舀一竹筒冷井水喝下去，即使冬天也是如此，老人、小孩已成为习惯。直到改革开放后，这种生活习惯才逐步得以改变。

农村生活虽原始简陋，却丝毫不妨碍年少的我，收获最朴素的快乐。我们村东南侧的小石山，为喀斯特地貌的碳酸盐岩石结构，山上古木参天，布满溶洞，人可以在内穿越玩耍。进入岩洞后，既可以看到在内栖居的鸟类，也可以看到千姿百态的钟乳石。由于没有灯，我们只能打火把进入参观，无形中平添一份野性和恐惧之感，既兴奋又害怕。到了春夏季节，漫山遍野都是蘑菇。我每天天未亮就要上山，否则蘑菇会被别人采走了。当看到蘑菇一朵朵、一丛丛地立在树林间，我兴奋的劲儿，简直就像挖到宝藏。山上种的油茶树很多，每当开花之后，油茶树上就会长出油茶泡（耳状似的）果儿，可以当水果吃，清爽可口。

村前的沱江，更是我们少时玩乐的去处。河水清澈见底，游鱼可数。我在呛了无数次水后，竟也自学会了游泳，什么仰泳、蛙泳等姿势，都游得有模有样。值得一提的是，我白天常在河边细沙地上，耐心寻找甲鱼的脚印，顺藤摸瓜找到一窝窝的甲鱼蛋。甲鱼蛋不大，如葡萄般大小，一窝有 10 多个。到了晚上，和小伙伴去河里捉鱼，更是别有风趣。我们通常在河边弯道处，划一个区作为诱鱼区。然后到山上，把蚂蚁窝砍下来用火烧得香气扑鼻，作为捕鱼的诱饵，把它插入河中诱鱼区。河中鱼儿闻到香味，竞相游来吃食。我们估摸着情形，不久后就将鱼进出口处堵塞。接着，把油茶枯饼烧熟捶碎，放入河中洗涤。这碎末被浸泡后，会很快产生一种无毒的短暂麻醉物质。鱼儿变得很呆，只能任我们拣入篓中。有时一次，甚至可捕到 10 多斤的小鱼。这些鱼肉质细腻，味道鲜美。这种捕鱼的方法，是我们祖先传承下来的，既方便又有效。他们很聪明，善于在实践中摸索、改善人们的生活方式。

人生第一课

在我成长过程中，以天地为母，以父母为师，以农村为课堂，这是我启蒙教育中不可缺少的组成部分。天地是人类之母，没有天就不会下雨，没有地就不能长庄稼，没有庄稼人类就无法生存。同样，没有父母也就没有自己，没有父母的爱和付出，也就没有温馨的家。从呱呱坠地，到慢慢学会讲话、走路、生活。我很感谢自己人生的第一任老师，那就是我的父母。在他们无声的行动中，使我学会了观察，学会了思考。

时间之珍贵，寸金难买寸光阴。这是我从小就在心头铭刻的记忆。父亲经常说“早起三日当 一日工。早起三天可以做一天的事，要一日当十日，争取多干活、多做事，才能发家致富。”

父亲珍惜时间的观念，差不多影响了我一生。我自知根器不足，只有善于把空闲的时间利用起来，多学多看多想，笨鸟先飞，才能不断积累增长知识。至今，我仍旧保持着早起、早读、早练的习惯。我深深体会到，今日事要今日毕，切勿明日复明日。人生有限，若不抓紧，将万事成空。

父亲是家中唯一劳动力，一人独扛十多亩田地的农活，任务异常繁重。他辛勤耕耘，早出晚归，寒暑不辍。做到不请零工，更不请长工，走的是一条自主勤劳致富之路。因此才幸免在“土改”中被进一步划为地主阶级，逃过了后来“十年动乱”更残酷的厄运。

劳动创造世界，劳动改天换地。“劳动”这个词的份量，在我心中，是沉甸甸的。就像父母婚后几年，仍非常贫困。我记得我们住的是老祖宗留下来的一栋四户的泥砖房。我家只分到其中两个房间，加起来不到 40 平方米。一间为卧房，一间为厨房，煮饭、吃饭都在这里进行。没有灶台，只有一个火炉，中间是一个三根铁棍支撑的架。没有烟囱和排烟管，一烧柴火，全屋烟雾缭绕，里外都熏得黑乎乎的。到了冬天，全家只能围着火炉取暖。睡的是木板床，因为没钱买棉被垫，底下铺的是稻草，垫的是竹席。一年四季，哪怕是冬天也不换。家人几乎没穿过棉衣，下身只穿单裤，脚穿草鞋，度过一个又一个严冬。平日吃的是稀饭和红薯，真可谓食不果腹。为改变贫困现状，让妻儿过上好日子，父亲几乎是拼了命地在田间劳动，又格外地省吃俭用，最后才能把钱聚集起来买田置地，成为全村拥有土地的大户。

而我的外婆家，各方面条件更为艰苦。她家在横岭乡的高山上，是瑶族聚集之地，地处石灰岩区。那里的农田，几乎都分布在石缝中，人们只能见缝插针，种上几棵玉米，作为全家主食。小时候，每年父亲都背着我上山到外婆家走亲戚。我们家地处山边，但土地平坦、物产丰富。一到外婆家，对比就格外鲜明，这里尽是高山峻岭，遍地是石头，地无一分之平。而勤劳的瑶族人，祖祖辈辈生活在这里，与天斗，与地斗，为生存而奋斗，用劳动哺育自身。我仍清晰记得外婆家的门上墙上，都挂满了玉米，是一道独特的风景。

在父亲言传身教下，我也参与一些力所能及的劳动。收割稻谷，背禾桶，种黄豆，挖红薯，各种农活我都干过。我切身感受到，水利是农业的命脉。农民最怕是旱灾，大旱如火，使庄稼颗粒无收，生计难保。我们村同样是怕旱灾来袭，无力抗拒，只好挨饿。如果老天爷风调雨顺，就五谷丰登，平平安安。每当久旱不下雨，父亲就日夜不安，整晚都要守在稻田里，以免别人偷水致稻谷失收，使全家生活受困。虽然村前面对一条潇水大河，但是由于缺乏抗旱的设备和条件，只能望河兴叹。直到后来，父亲到 3 公里之外的金鸡洞村，买了 一亩水旱无忧的稻田，全家口粮才得以保障。抗旱无能的状况，一直困扰着全村农业的发展。

庄稼一枝花，全靠肥当家。家里有 10 多亩田地，平日需要大量的有机肥，其来源主要有三：一是种绿肥 ；二是养猪牛，用猪牛粪肥田 ；三是人畜粪便。那时父亲交给我一个任务：即每天清早起来，挑着粪箕到全村，收捡狗粪做肥料。村里土狗很多，主要是为看家防盗养的。我目睹着父辈的辛劳，自己做事也愈发勤快。这小任务日积月累，竟也大大增加了家中有机肥的来源。

年少的务农生活，让我懂得了“时间”“劳动”“水”“肥料”与人类生活息息相关的重要性。“春种一粒粟，秋收万颗子”。“夜半呼儿趁晓耕，羸牛无力渐艰行。时人不识农家苦，将谓田中谷自生”。“锄禾日当午，汗滴禾下土。谁知盘中餐，粒粒皆辛苦”。每每读到这三段古诗，我都心有戚戚，感慨万千。时至今日，我仍然坚持一手提笔写作，一手拿锄头种花种菜。这人生第一课的深远影响，间接贯穿了我一生。

开蒙识字

据现有文字史料考究，开村始祖谢世文是一个有文化之人。他为谢氏家族排辈用的“世兴千年久，永振朝庭昌”两句话，更深深寄托了他对谢氏家族未来发展的美好憧憬和愿望。他生有 7 子，享年 86 岁。他的子孙，不断繁衍壮大，成为当地一个庞大的家族，但渐渐地，这家族也产生了两极分化，有的有钱、有地、有文化，有的无钱 、无地 、是文盲。我是祖先谢世文的第 5 个儿子谢兴亮传承下来的后代。我的祖父谢永馨，生有 2 个儿子,1 个女儿，小儿英年早逝。

父亲深知自己没文化的苦处，望子成龙、望女成凤，一定要把自己孩子，培养成有文化的人。我上小学的时间很迟。初级小学是在本村岳王庙办的小学就读的。岳王庙是为纪念民族英雄岳飞建的庙宇，背靠古树密布的石山，面对沱江，地势高台，庙前设有广场和戏台，是一个办学的好地方。但后来1958年，这岳王庙被拆除夷为平地，甚为可惜。在读初小前，我还读过一年的私塾，主要是死背课文。背不出来，老师就要用竹篾片打手板50～100次。记得那竹板是裂开的，打起来更痛。幸亏我那时努力，记忆也好，没受过这皮肉之苦。

在当时，很多农家子弟读完初小，学习就此止步。少年逐步成为家中的劳动力，要主持农务活动了。唯独我父亲以长远的眼光，支持我继续学习深造。尽管当时家中急需一个劳力助手，来缓解父亲背负的生计压力。但他一想到自己这辈子目不识丁的苦处，就更坚定了他的主张。读高小就意味着要辞别双亲，赶赴远离家门20多公里的四马桥中心学校。我仍深深记得，那时父亲挑着50多公斤重的大米，一步一个脚印，将我送到学校住宿读书。一路上父亲很沉默，但看我的眼神，心事重重，仿佛里面都是话。就这样，我第一次离开父母到外地学习，学会独立生活。读了一年后，父亲又把我送到县城附近的一个小学学习，直到1949年完全小学毕业。

道县第一中学

1950年，在欢呼道县和平解放声中，我走进了道县第一中学初中部55班学习。其实当初学校沿用的名字，还是湖南永郡联立濂溪中学。道县，古称道州。而提起濂溪，人们会立即想到宋代大哲学家周敦颐。他是儒家理学派的鼻祖，也是湖湘文化的源头。大名鼎鼎的朱熹，正是他的再传弟子。周敦颐世称濂溪先生，是道州楼田村人，濂溪乃是他故里的一溪名。现濂溪河仍在，岩壁上刻有“圣脉”两个大字，是来道县旅游的必到之处。这个周姓村子人才辈出。从《绍兴县志》中可以查到，鲁迅（周树人）是周敦颐的第31代孙；周恩来比鲁迅小一辈，也是周敦颐长子周焘的后裔。

那时的初中部，设在文庙（今县招待所）内。四周建筑古色古香，庙前的石台阶布有精雕的五龙图。石马、石牌坊等，星罗棋布。1952年学校更名零陵地区区立中学。1953年更名为道县第一中学，沿用至今。在1981年，被评定为全省55所重点学校之一。

从农村首次进到县城，对少年的我而言，那种心灵震撼，难以言喻。这座历史悠久的县城，保留了那么多完整的古建筑，寇公楼、石牌楼、文塔等等，不胜枚举。尤其值得一提的，城里还有一条威武的古城墙，经过岁月浩劫，却依然屹立。

县城内有一条很长的街道，贯穿南北。街上行人如织，门庭若市。在沱江由几十只船组成的浮桥，也让人觉得格外新奇，当年的红军队伍就走过这条桥。街上、河边的米豆腐店、小饭馆等，生意兴隆。那时的道县，盛产桐子李，形状如油桐果大，味美脆甜，也是我们最喜欢吃的水果之一。但 1958 年回家探亲时，却再也找不到了。道县还曾是橘子之乡，盛产的柑橘闻名省城。

道县是个盆地，气候温暖，土地肥沃，所产的蔬菜品种、产量更为惊人。30 厘米长的韭白，1 米长的豆角和丝瓜，屡见不鲜。而当地产的红萝卜，外红内白，肉质细嫩，历代都是专供皇帝的贡品。如今，湖南省已将道县列为城市蔬菜生产基地。

壮观的古建筑，繁华的闹市，新鲜的水果，美味的小吃，特色的蔬菜，都给我一生留下了难忘的记忆。从乡村到县城，在我的生命中，就是一个新世界，是我新生活的重要开端。

新中国成立后的道县一中，处处充满活力和生机。除了日常的知识学习，师生政治热情极为高涨，积极参与社会活动，关心帮助百姓生活。譬如 1951 年春，当地农作物遭受虫害，情况告急。为确保农业丰收，我们在县财政科长石秀华的带领下，赶赴田间地头，联合消灭害虫。这是我第一次参加支农活动。为了改善城内外交通条件，我们还参加了城西门的拆除工程劳动，打通了城内与城外的通途。1950 年在全国掀起的抗美援朝运动，我们更发挥特长，积极参与宣传。

在如火如荼的革命建设氛围中，我 1951 年加入了共青团，成为了一名光荣的共青团团员。此后我更加处处以身作则，逐渐成为学生群体中的骨干。

进入零陵农校学习

建国初期，全国处于百废待兴、百业待举的状态。经过 3 年国民经济恢复，从 1952 年起开始实施第一个五年计划，急需各类专业人才。所以个人服从组织也成为行动的最高准则。我这个出身于大山的人，最后还是选择了从事以林为业的人生路。

我带着父母的期待，从道县来到永州。零陵农校位于冷水滩，离永州北上还有 30 公里。冷水滩城镇不大，只有沿河的一条街，是永州地区唯一通火车的城镇。这也是我有生以来的第一次看到新奇的火车，跑得快，拉得多。

班上同学来自永州各县。为什么学林？学林干什么？在我当时头脑里，还是一片空白。

那时参军是大热门，年轻人普遍都心神向往。一天，我们几个同学私下商量后，竟一起直奔部队去参军。有意思的是，部队亦欣然接受。但学校知道了，立即到部队把我们追了回去。我们这次弃学从军的行动，以失败结束。

在零陵农校学习了 一年多，寒、暑假都要回家。冷水滩离我家有 200 多公里。虽说那时去道县的公路都已开通。但由于缺乏汽油，客车多是用木炭做动力的。为了节省路费，我常和宁远同学结伴，不坐汽车，十多人一齐步行回乡。途中要住宿 3 晚，走 4 天才能到家。因我当时年轻力壮，气势高昂，谈笑风生，一路走来，竟也不觉辛苦。这是我学习生活史上，值得纪念回味的往事。红军万里长征的艰辛，未曾经历。但这 4 天 3 晚的步行，对我是一种难得的锻炼，受益匪浅。

长沙林校成立

新中国成立后，国家对林业发展很重视，积极发展林业教育，各地纷纷建立林业院校。1953 年 4 月，省林业厅成立长沙林校筹委会。1954 年 2 月 18 日，长沙林校正式成立。它由长沙农校、津市农校、零陵农校、郴州农校、安江农校的林学科组成，由林业部直属管理。当时共有学生 448 人，教师 33 人，职工 43 人，占地 1020 亩。

我们班的学生和老师由冷水滩迁入长沙林校，编为第九班，共有 50 人，全都是清一色男同学，没有女同学。

刚来学校，办学条件非常艰苦。两旁道路尽是黄泥，交通不便，进城全靠步行。学校的林荫大道，是我们当年手持镐头挖坑种植的，因土质太硬，手掌都磨起了血泡。学校建设一切从零起步，新教学楼、新宿舍、新礼堂、新家具，学校在新起点起跑，充满着青春活力。在当时，长沙林校、长沙农校、长沙地质学校和长沙有色金属学校，被称之长沙四大中专强校，赫赫有名。那时的长沙街道上车辆很少，学校唯一的以货载客的捷克车，时不时穿行于城区，特别耀眼夺目。我们坐在车上，进城到五一广场，自豪感便油然而生。

长沙林校的成立，对中国的中等林业教育，特别是湖南的中等林业教育，具有里程碑的意义。由五个学校合并组成的林校，师资力量雄厚，大多数专业任课老师都是中山大学等名校的毕业生，教学设施完善，建筑布局合理。在全国林校中也是较强的，由林业部直属管理，是部属四大学校之一。

从冷水滩一个小城镇来到省城长沙，这是历史性的跨越。从一年级到三年级，学习内容由浅而深，由基础到专业逐步升华，慢慢理解了为什么要学林，学林学些什么内容。在长沙林校的第九班学习，学生都是零陵农校的原班人马。班长为周公正，我任团支部书记。我学习成绩处于中上水平，但数学比较弱。体育方面，打篮球是我的强项，还被选为校队队员之一。在班上，积极参与集体活动，事事都不落后于人。在组织培养下，1954 年我被批准加入中国共产党，当时学生党员的人数很少，更有一种光荣感。

时间飞逝，学习进入到 1955 年上学期，我们迎来了中专毕业走向工作岗位的关键时刻。当年全国掀起了建设祖国的新热潮，“到边疆去”成为毕业生选择的首项。我积极报名要到新疆去，但最后仍被安排留校工作。

我们林九班的同学，有四个同学志愿到新疆，其他人都在省内工作。走上工作岗位之后，他们工作努力，为湖南的林业建设作出了重要贡献。特别是我们班上造就了两个厅级干部和一个知名教授，周公正是我们的班长，一直在林业厅工作，曾担任林业厅纪检组组长（副厅级干部）。他是名副其实的公正干部，一身正气，两袖清风，令人敬仰。吴楚材是中南林业科技大学的知名教授，博士生导师，国家级专家。

2006 年与吴楚材教授在长沙合影

第3章　城市哺育的青年

我的人生之路，共经历了三次跨越：第一次跨越是1950年16岁由农村进入城市；第二次跨越是1964年30岁到广州；第三次跨越则是指1979年45岁到株洲。

什么叫做城市？城市的内涵又是什么？在融入城市60多年的生活中，我慢慢悟出了一些简单却又深刻的道理。人们为了更好的生活来到城市，并居留在城市。城市是历史、文化的积淀，是政治、经济、文化、科技的中心体，是地域综合实力的标志，是社会文明进步和发展的代表。我19岁进入长沙，21岁在长沙参加工作，所以，从某种意义上来说，我的青春岁月是从长沙开始的。

走上工作岗位，收获爱情婚姻

难忘的1955年7月，我被长沙林校批准留校，成为一名教育工作者。

新中国成立之初，巩固政权、加强干部建设，是全党的大事。从1955年开始，在全国内开展肃清反革命分子的大审查活动，简称“肃反”。各级党委组织专门班子，对干部的历史进行审查。学校把我作为专职干部，抽调到办公室工作。我在学生时代主要是学文化、学专业知识，现在干的是政治工作，一切要从头学起。

在办公室工作，主要负责内查外调工作。但凡发现问题，就要到外地调查取证落实，最后做出结论，为组织培养使用干部提供历史证明。所以，出差成了常事。我第一次出差是到河南乡下。人生地不熟，语言不通，生活方式不适应，吃不好睡不安，度日如年。那时出差都是一个人成行，碰到困难无人商量，无人相助，全靠自身能力处理。出差时特别节约，不乱花1分钱，从不游山玩水，一心扑在工作上。每次出差，都是由学校直接到火车站，或从火车站直接回学校，不会在城里旅社住宿。当时学校地处南门外属于偏远的郊区，新中国成立初期是镇压反革命的场地，没公交车，只能步行，深夜步行到学校，真有点不寒而栗。两年多的“肃反审干”工作，使我经风雨，见世面，政治见识和综合分析能力大为提高。

通过这两年的工作实践，我不仅增长了见识能力，而且还收获了如珍似宝的爱情。我和妻子，当初同在一个办公室工作，经常见面交流。两人都到了谈婚论嫁的年龄，自然产生爱恋之情。如果说我们的相识具有偶然性，而我们的结合则是爱情的必然性。不仅是机会，而是一种缘分。情是生命的支柱。“爱情要纯，亲情要深，友情要广”，才能情深似海，力量无边。爱情要纯，这是我们一生最切身的体会，“纯”是一种伟大的力量。

我们两人都是初恋，一个来自农村，一个来自城市，异性相吸，理想同向，事业同心，生活同处。“情人眼里出西施”，她不嫌弃我是农村人，而我喜欢她脸上的青春痘。尽管我们结婚之后条件、地位、环境变了，但我们仍恩爱如初。虽然在生活中，我们有时也会争吵，但是夫妻不记隔夜仇，经受住了岁月各种考验。我认为恋爱的关键在“恋”。“恋”有两个含义：一是思恋；二是考验。恋爱过程是一个感情深化的过程，恋爱恋爱越恋越爱。我们从相识、相知到相恋，思恋之情日渐日浓，到了“一日不见如隔三秋”之感。那个年代，写信是谈恋爱的主要方式，写信和阅信最能增强沟通，加速爱情的升华。当时，我们几乎每两天一封信，还乐在其中，倍感幸福。因此，幼师附小的范老师后来就在我们信封上，写上“一日三秋”四个大字。回想起来，他也算是我们青春热恋状态的见证人。

通过两年的交往，我们的爱情终于瓜熟蒂落，于 1957 年 12 月 20 日举行了婚礼。虽然爱情至圣，但我们还是坚持一切以工作为重。结婚第二天，妻子就带着学生参加比赛去了。为了不影响工作，我们结婚三年之后才生下儿子。害得当时的双方父母，都为我们久未生育而焦虑、担心。

20 世纪五六十年代，政治运动接连不断，一拨接着一拨。大家白天工作，晚上开会，夜以继日地忙个不停。我们根本没时间、精力照顾儿女，有时甚至只能把他们锁在房间里，让他们顺其自然地学习和生活。细究起来，我们竟是没尽到父母应有的责任。

1957 年党中央开展“整风运动”。有人借此机会反对共产党的领导，最后把“整风运动”转变成了反右派斗争。从中央到地方，各行各业都有划右派分子的指标。现在看来，反右派斗争确实是扩大化了。就像当时的长沙林校，总共只有几十位教师，但错划右派分子的竟达九人之多。其实，不少都是有识之士，只不过向领导提了些略微激进的意见。“反右”扩大化的后果，挫伤了知识分子的积极性。因此，正确处理好人民内部矛盾和敌我矛盾，始终是社会主义革命的大课题，必须正确应对。

1958 年，全国掀起“大跃进”运动，“大干快上，超英赶美”，成为全民的口号和行动。从城市到农村，从工厂到学校，无一例外地大办钢铁厂，砸锅打铁，户户点火，处处冒烟，大炼钢铁，力图实现年产钢铁 1600 万吨。学校也不例外，各单位日夜奋战，我们都参加了砌高炉、拾废铁的活动。那时浮夸风一片盛行，各行各业都在吹牛“放卫星”，还大办公共食堂、急着割资本主义尾巴。然而这样拔苗助长，终究是违背事物发展的规律。结果可想而知，一切以失败告终。

喜迎湖南林学院成立

1958 年是全国高等教育大发展的一年，各省大都创办了林学院，掀开了林业高等教育的新篇章。

湖南林业高等教育始于省原农业专科学院的森林系，后合并到湖南克强学院森林系。新中国成立前，在校学林总人数为 90 人。林业高等教育之落后，由此可见一斑。新中国成立后，特别是从 1958 年开始，加快了建设社会主义的步伐，掀起了高等教育大发展的热潮，各地大学不断涌现。为了适应湖南林业迅速发展的需要，1958 年 6 月 10 日，经中共湖南省委批准，湖南林学院筹备委员会正式成立。它由湖南省林业厅厅长欧阳迁、湖南农学院院长张风彩、湖南农学院党委书记蒋怀玉、湖南农学院林学系主任孙章鼎、长沙林校校长谷曼、湖南林业厅干部处处长田保林组成。校址设在原长沙林校校区内，占地面积 800 亩，建筑面积 1.5 万平方米，图书资料 6 万册，设备 50 多万元。而原来的长沙林校，则成为新学院的附属中专部。同时，委员会还整合了全省在长沙的林业资源，将湖南林业科学研究所、湖南林业机械厂并入湖南林学院。在各司其职的基础上，加强了统一领导。1958 年 11 月 7 日，湖南农学院林学系师生由原来南门枫树山上，迁入烂泥冲的校区。1959 年 1 月 1 日，湖南林学院正式宣告成立，梁书文为学院党委书记，湖南林业厅副厅长王雨时兼任学院院长，夏林、白英贤为副院长。学院设林学系和森工系，下设两个专业。两系共有 58 位教师，其中教授 4 人，副教授 2 人，讲师 12 人，助教 42 人。

湖南林学院的成立，是全国高等林业教育发展的大事，更为中国林业大发展做出了历史性的贡献。以后其他省林学院大多被撤并，唯独湖南林学院以顽强的生命力，几经搬迁，历经风雨，在调整中生存，在动乱中发展，在改革中起飞，在竞争中开拓，跨过了一道道的坎，越办越强，成为今天中国林业高校的四大强校之一。成就确实来之不易，这是几代中南林人共同奋斗的结果。

从长沙林校步入湖南林学院的我，也被历史推上了人生更高的起点上，始终与学校同步同行，同心同向，战风雨，同呼吸，共命运。我那时被分配到党委组织部任组织干事，从事党务工作。组织部部长郑昌明，是南下的老干部，虽然文化水平不高，但他的革命品质和亲民作风，给我留下深刻印象。每次开会，他都是首先认真听取意见，一条条记在笔记本上，最后总结发言逐条回答，非常认真敬业。同时，他日常待人接物，更自带一种亲和力。他一直称呼我为“小谢”，哪怕到退休之后相见，仍不改往日称呼。他生活亦很简朴，连一根香烟都要分两次吸。他能正确对待名和利，在来学院工作之前，就已是长沙郊区党委书记。他在林学院任组织部部长为正处级干部，前后长达28年之久。虽然职务一直没有提升变化，但他始终任劳任怨，尽忠职守。我在他领导下，在组织部待了整整10年。从他身上，我学到了很多东西。令我受益匪浅，怀念惦记的，还有两位在学校领导岗位上的工农革命老干部——梁书文和杜雷老前辈。他俩都是学校的党委书记，德高望重，在教职工中有很大的影响力。他们对我的帮助也都很大。

共渡生活难关

因自然灾害和人为因素，从1960年起，国家进入物质短缺的困难时期，一切物资均按计划分配。从布票、粮票、油票、肉票、煤票到肥皂票、火柴票……发票到人，按月供应。粮食每人每月12千克，肉250克，油100克。在农村，许多人纷纷饿死。城市稍微好些，但照样有不少人因食品缺乏而患上水肿病和急性肝炎。对于患病者，国家每月补助黄豆0.5千克。为照顾高级知识分子，政府每月有少量补贴肉和油的供应，以示关怀。

苦日子的突然来临，对每个人都是严峻考验。那时的年轻人，普遍因营养缺乏而面黄肌瘦，而有些女同志则月经停止，严重者导致无法生育。我和妻子结婚后，分居长沙市的北门和南门外。两地相隔10多公里，我们只好各自生活，在集体食堂就餐。为了体现公平，每餐吃的是钵子蒸饭，吃的菜是“无缝钢管”，即通心菜。由于没有油水，肚子饿得发慌，上午十点就想吃午饭。晚上饿得睡不着觉或半夜惊醒，更是常有的事。那时，人们想尽办法，增加食物充饥，什么人造肉、再生饭，以菜代饭，纷纷问世。有一次，我随岳父到大托铺去拾菜叶回家作主食，以菜代粮，结果把一条呢绒的围巾弄丢了，妻子为此后悔不已。不知怎么的，一夜之间，世上的物质似乎都看不到了。想要什么，它就缺什么。什么是幸福？能够大吃一顿，吃饱饭，吃到肉，那就是最好的享受，最大的幸福。有一天，我们几个年轻人在食堂吃早餐，有人提议吃馒头比赛。结果，我一口气吃了16个馒头，仍不感到饱，人到饥饿之极，竟把两天的粮食一餐都吃了。

面对如此艰难的生活，我们夫妻算得上是一对幸运者。我们既没有特殊的供应，仅凭各自身体素质，幸免于水肿病和肝炎，健康地走过来了；而且那时妻子身怀六甲，20世纪60年代初生下了肥胖的儿子，更是让我们欢喜无比，苦中添乐。妻子是在一家私人诊所分娩的，生下孩子后，我立刻到杨裕兴面馆买了一碗肉丝面给妻子吃，这算是当时最好的食品了。儿子生下来后，既无鲜奶供应，又无鸡鸭可吃，妻子仅靠一餐的三两米饭，竟也满足了婴儿母乳之需，这确实是一件不简单的育儿奇迹。

为了哺育儿子，我们把母亲请到长沙。母亲只身一人，历经千里，我到长沙火车站去接她，却未接到，而她自己竟找到了我们在幼师附小的家。一个大字不识、来自大瑶山的妇女，能在当时交通极为不便的条件下顺利到达，这充分显示了我母亲的机敏才智。

那三年的苦日子，是我们夫妇共同度过的第一道坎，也是心中永远不能忘记的痛。我们眼睁睁看着多少人用健康甚至生命的代价，上了一堂深刻的社会主义教育课。懂得了为什么国家发展要以农业为基础；懂得了“手中有粮，心里不慌”的道理。同时，我们由衷体会到，精神力量在度过艰难岁月时，起了多么关键的作用。我们夫妻俩以苦为乐，保持健康的心态，终于熬过三年生活困难时期，迎来国家经济调整恢复的曙光。

革命家陶铸倡议建中南林学院

在革命家陶铸同志的倡议下，经中央批准，由湖南林学院和华南农学院林学系合并组成中南林学院，于1964年7月在广州挂牌成立，是林业部直属四大部属院校之一。

时任中共中南局书记陶铸同志，可谓是中南林学院的奠基者和创办者。他对中南林情有独钟，以政治家的战略眼光，思想家的无穷智慧，教育家的无限情怀，从宏观到微观，从选址、红线确定到校区规划，从校名题写到办学方向，关心备至。创办中南林学院并非易事，是在中央“调整、巩固、充实、提高”的方针指导下，而力争创办的。对办好学院，陶铸同志寄予期待，说道：“立足中南，面向全国，面向东南亚。中南林的领导同志应该兢兢业业，与广大师生员工一起，把中南林办好，要在一定时期内达到国际水平。”

中南林的成立，给湖南林学院和华南农学院林学系的发展提供了更广阔的空间，注入了强大的活力。那时，新学院发展规模达到学生 2600 人，投资 1200 万元，合并后共有教职工 682 人，其中教学人员 315 人，内含正副教授 21 人，讲师 47 人，助教 247 人。革命老干部梁书文任党委书记，著名林学家沈鹏飞教授任院长。学校设林学系和森工系，共设 6 个专业，其中经济林和亚热带林业专业为全国唯一的特色专业。1965 年还面向越南招收 20 多名留学生，这些学生回国后，都成为越南国家林业高层的领导干部。

学校建设的教授宿舍，设计美观大方，适合居住，是当时广东高校较为领先的一处风景。教学、科研、基建等各项工作，都在有条不紊地展开，使得学院处处呈现一片欣欣向荣的景象，令人振奋。但好景不长，从 1965 年开始，中央要学院搬离广州到乐昌建校，紧接着又是“十年动乱”的冲击。屋漏偏逢连夜雨，学院始终处于动荡之中，当然这些都是后话了。

根据当时学校的部署，1964 年 1 月，我们一家三口随着学校整体搬迁来到了沿海城市广州。住在新校区马路旁（现白云山风景区西北门进入后约 1.5 公里的地方）一座仓库改建的宿舍中。宿舍共住三户，每户两间加起来约 20 平方米，中间是用纤维板隔开的，非常简陋。三户人家共用一间小厨房，没有厕所。我的工作仍然在组织部工作，妻子在子弟学校任校长。从长沙初来广州，对我们来说感到什么都很新奇，仿佛进入了一个新世界。广州属于大城市，商业发达，交通设施和文化建设都比长沙好。譬如到广州后，我第一次看到电车，第一次到南方大厦坐上了电梯。在这里，我经历了人生中许许多多的第一次，终生难忘。

广州气候温暖，但台风天气很多。记得刚从湖南到广州，就碰到台风袭击，印象中是地动山摇，房屋似乎要倒塌。深受一次惊吓后，我方知台风的厉害。学校地处白云山脚下，林木密布，山里有很多蘑菇，下班上山即可采摘一篮，我们全家当时也因此吃了很多新鲜的蘑菇。山上树木枯枝很多，平时我们都到山上去捡拾，特别是台风刮过后，我们就更忙活了。我们做饭炒菜烧的都是柴火，煮饭用的是砂钵，生活方式非常原生态。那时，自行车是唯一值钱的家产，也是出入的主要交通工具。进城里，下农村，去购物，一家四口坐在单车上，风里来，雨里去，迎着太阳，风光浪漫，充满青春活力，其乐无穷。广州的南方大厦、中山五路、下上九等商业闹市，是我们经常去的地方。到新市、江村去买农副产品，也是常事。

初到广州，不懂广东话，跟出国似的。我上街买东西，闹出了很多笑话。买甘蔗问广州人怎么卖？“根”和“斤*”口语分不清，交了5分钱，拿起1根甘蔗就走，被老板叫了回来，其实是5分钱1斤，不是1根。有次到饭店吃午餐，对服务员说要一碗汤，结果她送上一碗糖，啼笑皆非，果真是“牛头不对马嘴”。因为校内主要是外省人，大家以讲普通话为主，所以广东话我一直不会听也不会讲。在20世纪60年代，街上讲普通话的人很少，加上有种排外的情绪，不会讲广东话，上当受骗的情况也时有发生。但随着时间的推移，在生活中逐渐体验到广州优于湖南的地方，这里气候温暖，与香港、澳门接壤，热带农产品和水果多，很适合安居立业。我们有幸来到广州工作和生活，确实是一个令人感激的机遇。从1964年到1975年，我们在广州生活了11年，正值风华正茂。

中南林学院的校址设在原广东林学院内，地名为黄婆洞。它位于白云山西北侧，靠近老白云机场，依山傍林，是游人从北侧上白云山的必经之路，离市中心10多公里（现广东外语外贸大学校区所在址）。校内有一栋六层楼高的教学楼，在当时是很风光的，这是广东林学院时所建。但基础楼、教授宿舍、学生宿舍、单身楼为中南林之后所建。可惜建设不到三年，这一切因“十年动乱”而被迫中断，很多基础项目尚未开工。当时党委系统的办公室，仍设在山边旧仓库改建的平房里。我们组织部共有4个人，部长仍是郑昌明，3个干事，我是主管组织工作的干事，负责党建工作。在学生中发展党员是

* “斤”是旧的度量单位，是非法定计量单位。1斤等于500克。

我的工作重点，培养学生积极分子，上党课，政治审查，办理审批手续，统统都是我的事。我坚持一边工作一边学习，不断提高自己的思想政治和业务水平。在20世纪60年代，党中央号召全党全民大力学习毛泽东著作；学习雷锋，做好事，干实事，助人为乐，也成为我自己的自觉行动；争当先进的劲头十足，学习和工作不落人后。为人民服务的人生观更加日益巩固。“听党的话，永远跟党走”，在我们这一代人身上深深扎下了根。

“十年动乱”时期

1966年中央“5•16”通知发表，全国立即掀起了“十年动乱”的浪潮，势不可挡。全国第一张大字报“炮打资产阶级司令部”在北京贴出之后，各地纷纷响应。中南林6月2日出现第一张大字报，红卫兵成立，战斗队如雨后春笋般涌现出来，破“四旧”“打倒走资派”“打砸抢”之风盛行，各级党委靠边站，造反派夺权，中南林处于严重的动乱之中。在广东各地出现了造反派和保守派两大群众组织，造反派简称“红旗”，保守派简称“东风”，两派严重对立，直到“十年动乱”结束。中南林从造反派的角度来看只有一派都属于红旗派，但组织有2个对立的群众组织，即东方红和红色造反者。红色造反者大多数思想偏于保守一些，但其学生领袖观点极“左”，它所创办的“红色暴动报”，共出30期，每期3万份，在当时造反派中起了推波助澜的作用，是极“左”观点的总代表。在极“左”思潮的推动下，学校凡是带“长”的大小领导都列为走资本主义道路的当权派，教授、副教授和拔尖的学术带头人划为资产阶级反动学术权威，通通被打倒。他们被戴高帽，挂黑牌，剃光头，打赤脚，游街示众，关进“牛棚”，严加看管，不准乱说乱动。

我在“十年动乱”初期，无法理解，特别不赞成把领导通通打倒，不赞成打砸抢、搞武斗，因此，我积极参与保卫党的机密活动。我是一般干部，本应不受冲击，但1966年11月，学校一个造反组织，以清理“黑材料”为名，扬言要冲档案室和机要室，我和大家一起，坚持三天三夜在办公楼处守护。过了几天，学校造反派就把我划为了“铁杆保皇派”。我被挂上牌子，站在敞开的货车上，与组织部负责人等一起被迫游街示众，游遍广州高校。回到家里，我大声痛哭一场：为什么要抓我游街示众？我有何罪？犯了什么法？妻子劝导我要想宽一点，不要放在心上。当时我们最怕听到广播，因为广播是造反派发号施令的工具。一旦听到勒令通知，我们就胆战心惊。那时，造反派还经常到家里抓人批斗。为此，我常把门窗打开，一旦有情况，我就跳窗出逃。为避开斗争锋芒，我采取了回避的策略，当起了逍遥派，什么组织我都不参加，但我有自己的观点，反对极“左”的做法，忠于党的思想信念不动摇。学校停课闹革命，我在家逍遥自在，经常到明珠楼的水库钓鱼。我自制鱼竿，钓的是非洲鲫鱼，每次都颇有收获，少则几条，多则几公斤，为混乱压抑的生活增添了意想不到的乐趣。那时我还用老家一种叫做“壕”的工具来捕鱼，它是用竹篾织成网状、前面较大像个喇叭（有近 1 米宽），后面是长圆形橄榄状的装鱼空间，鱼从喇叭口进去，因进口处有倒装的弹性竹箭，鱼进去后就出不来了。每当要下雨时的傍晚将其放在小河沟里，喇叭口朝着上游方向，第二天早上就能收获到满满的一壕鱼了，让人甚为欣喜。

1967 年下半年，妻子因参加劳动抬水管时不幸扭伤了腰，之后有半年时间卧床不起。我只好用自行车载她，到广州市内大医院看病治疗。病情虽有好转，但经常复发，一直到 80 年代，这折磨人的腰疼才基本消失。

经过两年多的“无政府”动乱，1968 年 10 月 7 日中南林革命委员成立，由 19 名委员组成。军代表牛正明同志任主任委员，张宏光同志任副主任。1970 年 7 月 29 日广东省教育革命委员会批准，任命刘鸿雁为政工组组长(未到职)、黄剑虹和我为中南林政工组副组长，周晓烈为教育革命组组长，朱卓为后勤组组长。我被任命为学校政工组副组长，这完全出乎我的意料。一是我一直没有当官的想法；二是我不是造反派。“十年动乱”以来，不少的人出尽风头总想搞个一官半职，而我始终保持常态，不愿参加造反活动，反对搞打砸抢，坚持做一个诚实的共产党员。从任职开始，意味着我的政治生命又重新起步，走向更加复杂的明天。

那时的“十年动乱”，仍处在不可控制的动乱之中，难以预见何时会结束。我从逍遥派一跃成为学校的中层干部，几乎都是时代的推动。身处那个年代的人，总是有一些身不由己的恍惚感，仿佛自己的命运跟这个时代的脉络，也有某种神秘的关联。既然组织对我寄予厚望，那我今后行动就更要以人民的利益为重，以党性为准绳，做好每一件事，全心全意为人民服务。

中南林学院并入华南农学院

在“十年动乱”中，高校被视为资产阶级的堡垒，成了不折不扣的重灾区。而中南林则是重灾区的重灾户。

中南林学院刚在广州成立不到一年，就遇诸多麻烦。1965年2月，中南局就中南林搬迁问题作出三点指示：①中南林办在广东；②办在乐昌或坪石；③搬迁时间明春开始。1966年5月13日，林业部正式下文，决定中南林全部搬出广州，校本部设乐昌，湖南鲤鱼江为分院，后因“十年动乱”整体搬迁中止。1969年从战备的角度出发，根据广东省领导的安排，学校从广州运了14个车皮的教学设备到湖南鲤鱼江以防万一。中南林从成立就受到农林院校要搬到农村去的困扰，从湖南到广州，几经搬迁，从未间断。当然，在“十年动乱”期间，更是达到顶峰。

“十年动乱”的第四年，1970年10月，因为时任广东省革委会主任的一句话——“中南林学院只办一个林业专业就行了”，于是“省革委”做出决定：将中南林学院与华南农学院（今日的华南农业大学）合并，改名为广东农林学院，并向全体师生宣布，“理解要执行，不理解也要执行，限10天之内搬完”。当时从省到基层都是军管时期，主要领导班子人员是由军人担任。在军人的指挥下，军令如山，10天之内就完成了由黄婆洞到石牌的搬迁任务。中南林搬迁时，解放军部队以换营的理由，要求设备和家具全部留下不准搬走，厨房灶边要放好火柴和木柴以便来人可立即煮饭。当时，学校“革委会”主任牛正明同志腰疼需要一把藤椅，把它搬到了华南农学院，最后也被勒令退回。那时中南林的人，真像现役军人一样服从命令，结果一夜间全都成了“无产者”。从学校角度而言，刚新建好的4万平方米校舍，全部无偿交给了广州外语学院。从湖南带来的教学和生活家具，全部采用传统工艺制作的樟木设备，也统统都失去了。对我个人而言，来到华南农学院，床和家具顿时没有了，只有两条木凳加上两块竹木板的简易床。宿舍大都是集体宿舍，集中在六一区，宿舍没有厨房，没有厕所，与原来的生活条件相比，相差甚远。中南林属于林业部部属学校，华南农学院是省属院校，物资条件和管理均有差别，但华南农学院是一所老牌大学，具有很多知名教授。我们被分配到六一区3栋13号的一间15平方米隔成两小间的平房里，我们四口之家一住就是五年。当我被提升为学校革命委员会副主任之后，学校要我搬迁到一栋一户的别墅式教授房，我坚持住在原处没去，直到离开广州回湖南。

搬迁到石牌后，妻子在挺进学校当校长；儿子10岁，在挺进学校读书；女儿4岁，上校内幼儿园。妻子教学任务特别繁重，每天深夜才回家，在校内开会和批改作业。于是，我就成了家务主管，买米买煤做饭都是我的事，只等她回来吃饭。我们一排平房住了十几户，都是两校的原有干部和教师，相互了解之后亲如一家。一家做菜家家香，互相交流，别有风味。有时相邻的几家人联合一起做饺子，大人小孩热闹非凡。特别是过年时，当地的同事都有一手做油角之类食品的技术，做出的油角既好看又好吃，在那食品单一的时代，是最美味的食品。后来回到湖南之后，我们每逢春节还坚持做油角。远亲不如近邻，5 年的生活，让大家逐渐都成了朋友，分别时都依依不舍。那些温暖关爱和真情相助，成了这段岁月里最难忘的记忆。

下放乐昌林区劳动

“十年动乱”，涉及之广，影响之深，是空前的。大江南北，长城内外，处处在动，人人在动。无处不在变革，无人不在转身。青年打先锋，中年紧跟上，老年不示弱。

1968 年，毛主席发表“5·7”指示，“五七”干校立即在全国各地兴起。1968 年 12 月，全校教职工 375 人，集体下放到英德县茶场“五七”干校劳动，一家老小携全部财产离校下放，准备在农村安家落户度过一生。去到“五七”干校，不分职务高低，不管是教授还是工人，都要从事农业生产。有的种田，有的种菜，有的养猪，有的做木工，有的做泥瓦工，按班、排、连军事单位组成。他们日出而作，日落而息，一干就是两年多，直到 1970 年才开始陆续回校。而此前，我们为了准备下放，特意买了布做了棉衣放在一口皮箱里。但因白天人都上班去了，结果箱子被窃贼入室盗走。这是我们生平第一次遭遇这事。当时组织上给予了一些布票补助，缓解一时之难。由于妻子当时要在小学任课，我被暂时留校工作，没有下放到英德“五七”干校劳动。

1971 年学院要在乐昌建设教学基地，要派一批教师和干部去搞建设，实质也是另一种形式的“五七”干校。当年春天，校领导决定，由我带队，组成 20 多人的队伍，教师有胡芳名、杨一飞、吕天赦、黎盛隆、陈宇宽等，干部有赵文卿、林培元、全宏美等，医院还有吴医生和程医生，来到广东最北与湖南交界的乐昌县九峰山下开始建设干校，全部人员都住在由三间平房组成的基地里。

我和林培元同住一个屋。一切都要白手起家，房子要自己建，猪牛要自己养，菜要自己种，电要自己发，饭要自己煮。我把他们组织起来，各尽所能，各尽其责，同甘共苦，成为一个互相关心、相互帮助的集体。当时基地没有电，我们就把保存在鲤鱼江的柴油机运来发电，使压抑漫长的黑夜充满了光明，给生活增添了希望。没有柴烧饭，我们就组织力气大的男同志上山拾木头，这是一件非常辛苦繁重的体力劳动。一些木材被砍伐之后，被丢在公路的山脚下，我们要一根根从山脚搬上公路，从早到晚花上一整天，才能把满满一车木头运回基地。当时也没有自来水，我们就从深山的竹林里把楠竹砍下来，一根根连接起来作为水管，把山泉水接到宿舍和食堂。上山砍竹容易，但要把它从山上背下来，却非常麻烦。平常我们深山徒手走路，都觉得吃力。更何况竹子细长，山路弯曲，一不小心，就会摔出路边。

从城市到农村，在建设基地的过程中，我们学到了不少新知识。而医院来的两位女医生，原先一直生活在大城市，初来到深山林区，却差不多吓得哭起来。她们看到牛分不清公母，因为两者肚子都是一样大；看到羊照样分不清公母，因为羊都有胡子。什么是韭菜？什么是麦子？城里人分不清并非奇事笑话。基地有几亩田，需要用牛耕作，所以养了四头水牛，由一位教体育的张老师负责看养。有段时间，水牛身上开始长虱子，张老师就用农药打在牛身上，结果，四头水牛不幸中毒死亡。张老师因这一件意外事故而受到学校记过处分，其实这完全是由于不懂科学而造成的。基地办的食堂，要由我们自己轮流做饭。平时对饭菜做得好与否可品头论足，但轮到自己就不知所措了。火大饭焦了，火小煮出来的是夹生饭，这火候很难掌握。在基地，我们还动手建了一座平房，自己到河中取沙，到县城运砖，然后平整土地，挖基础，砌砖墙，盖屋顶，都是我们自己动手完成的。杨一飞老师，原是从事木材加工的教师。在基地建设中，他亲自动手安好圆锯，把大木头锯成木板。一年实践胜读十年书。不管是男同志还是女同志，不论是出身农村还是城市，大家都在劳动生活中学到了很多新知识。

我们20多人的工作生活，几乎都在一起，共享同甘共苦的生活乐趣，值得回味。那时，基地养了一只人人喜爱的黄狗，作为保安之用。它日夜坚守在基地，为我们的安全站岗放哨，见到基地人或从广州来的学校人，就摇头摆尾，亲昵如家人；但凡外地陌生人进入，它就十分凶猛，使你无法靠近，只能远远避开。白天它经常上山，时而抓一只野兔，时而抓一只野鸡，拖回基地食堂，给我们改善一下生活，吃上一餐野味。它以人为伴，与基地人为善，其行为如通灵性的亲人。要是那黄狗能讲话，我猜它是不是要说："你们从广州而来，我要为你们的安全守家防盗；你们生活艰苦，我要为你们猎取野味改善你们的生活。"这是一只多么善解人意的好狗啊，成为基地每个人依依不舍的伴侣，是人与动物和谐相处的典范。

生活在林区，物资供应特别是肉食供应短缺，每当过节尤感头疼。1971年迎来了国庆节，学校武装部黄万点同志从广州过来，他到山上看到一头野猪，即举枪猎之。大家把野猪抬回来，一称竟有50多公斤。基地所有的人欢天喜地饱饱吃了几天，过了一个丰富满足的国庆节。我曾为此感慨万分，这些穷知识分子从大城市来到大山沟，也有时来运转之时。托天地之福，间或总有些小插曲，给我们带来下放劳动的生活乐趣。

时逢37岁的我，正是年轻力壮之时。下放劳动不仅是回农村再学习的好机会，也是锻炼自己组织和领导能力的好平台。基地规模不大，但"麻雀虽小，五脏俱全"，加上远离学校，更需要综合能力来支撑。人员来自各单位的方方面面，需要组织磨合，减少离心力。面对白手起家的基地，我们从零起步，克服了物资短缺、生活寂寞的困境，安心愉快地度过了一年半的劳动生活，超过了预定一年的期限。1972年7月，我们回到了广州。一年半的时间，在时间长河中只不过短暂一瞬，但它给我留下的记忆，却永生难忘。

走上厅级领导岗位

广东农林学院的问世，是"十年动乱"的产物。合并后的它，仍在艰难地求生存。因为原来两个学校之间的组合，更多是一种外在形式，并非内在实质的结合。华南农学院是历史悠久的百年老校，其前身是中山大学的农学院，拥有众多的农学家，校园占地面积达8500亩之多，是一所人杰地灵的高校。中南林学院则是唯一一个肩负着中南地区培养林业高等人才的大学，承担起生态文明建设的重任，时代赋予她的使命任重而道远。两校合并之后，名也改了，家也搬了，班子也组合了。然而这都是人为强行的组合，真正的融合远没有开始。合只是暂时的，分则是必然的。

下放劳动回校不久，学校领导宣布，我任广东农林学院革命委员会副主任，军代表牛正明为革命委员会主任，杜雷为第一副主任，梁书文、张宏光、陈敏、雷天一、王全夫、郭辉、王玉明、赵善欢、李沛文同为副主任。在领导班子中，唯有我的资历最浅、年龄最轻。他们都是老红军、老八路、革命领导干部的杰出代表，赵善欢、李沛文则是华南农学院颇有成就的大教授。在众多久经考验的老同志和优秀年轻干部中，唯独把我这个没重要经历、也没靠山的小伙子推上重要领导岗位，这又一次完全出乎我的意料。当时，革命委员会的各级领导班子也有年轻人的面孔，但都是“十年动乱”中革命群众组织的头头，而我什么都不是。经多方思考，我想自己之所以被推进领导班子，有三个重要决定因素。第一，是时机。提升需要机遇，机遇是第一位的。毛主席当时提倡领导班子要实行“老中青”三结合，吸收青年干部进领导班子是一个大政策。我时年 38 岁，正处年富力强之时，所以成了广东高校青年干部进入领导班子的第一人。第二，是条件。经过“十年动乱”的考察和考验，组织和领导逐渐发觉认可，我是一个比较稳重、不激进、勤于学习、努力工作、作风正派的青年人。第三，是实践。经过下放劳动一年半的锻炼，一个出身三门的干部，开始具有独立工作的能力，可以继续培养做更多更重要的工作。但如何当好学校重要领导？在我头脑中是一片空白。既没有经历，又没有组织培训，就这样走马上任了。当时我分管宣传和思想政治教育工作，学生及共青团工作、知青下乡等都是我负责的工作范围。政治学习一直是我的长项，边学习，边积累，知识量不断丰富，理论水平也在不断提升。上任不久，在六一礼堂第一次向教职员工做国内外形势的时事报告，内容丰富，材料翔实，观点鲜明，语言生动，受到大家的热烈欢迎。自此以后，学校的中层干部学习会和学生大会，就经常邀请我讲话。而每次我都认真准备，次次都获得听众的好评。学会讲话，学会做报告，学会做群众工作，这是进入领导角色的第一步。

1972 年是“十年动乱”进行的第六年，仍没有任何结束的迹象。“十年动乱”的主要矛盾仍在中央，“风头”在北京。从 1972 年到 1975 年的领导经历中，“批林批孔”和农学院搬到农村去等问题，是学校一切工作的中心。林彪叛党集团的出现，在当时是惊天动地的大事。这事发生在“十年动乱”中，发生在党中央，发生在毛泽东主席确定的接班人身上，可见斗争的复杂性和危险性。如果毛泽东这样伟大的革命家，在选择接班人上同样失察，将给党造成不可挽回的损失。中国有句古话说：“路遥知马力，日久见人心。”说明要彻底认识一个人，往往是需要很长时间的。而检验一个人的试金石，也应当是时间，虽说可以伪装，但狐狸总会露出尾巴。在“十年动乱”中，周恩来总理始终成为“四人帮”的眼中钉、肉中刺。“四人帮”以“批孔”为名，其实是批周（周恩来），揭示了当时斗争的复杂性。我们从下看中央，如同雾里看花，总是看不清，有时只能跟着潮流走，往往上当受骗，误入歧途，还不知真相。大约是 1973 年的一天，学校领导接到省里通知，凡校级领导干部，都要到中山纪念堂听报告，由谁做报告，讲什么内容，保密而不知，非常神秘。入座之后，我们才发觉是江青走上主席台作报告。那时江青正担任中央政治局委员，是中央“十年动乱”领导小组负责人之一。我们能听到她的报告，差不多是一种特殊的政治待遇。在报告中，她提到一点她想见毛泽东主席却很困难的家事，令我们印象特别深刻，因为她是毛主席的妻子啊。妻子见丈夫为什么是难事？为什么分居？当时很不理解，直到打倒“四人帮”之后，才似乎明白了一些。

1971 年 9 月，为了贯彻全国教育工作会议精神，学校党委召开了 20 多天的扩大会议，提出了八大措施，其中第二条是坚决把农林学院搬到农村去。“十年动乱”以来，农林学院搬到农村去的政治压力越来越大，全国农林院校无一幸免。中南林刚刚合并到华南农学院，而华南农学院在新中国成立前就在这里建校，学校拥有 2000 亩的实习农场，是办农学院最好的地方。但极“左”压力的强势逼迫，让广东农林学院也不例外。1972 年 7 月，学院搬迁领导小组正式成立。由广东省文教办公室主任王衍铎任领导小组主任，省计委张敏武、韶关地区革命委员会张铭、学院革命委员会牛正明为副主任。以翁源县桂头为总院，开始进行征地基建，为学院搬迁积极准备。其实广大教职工都是反对搬迁的，是领导层的极“左”思潮在作怪，不分青红皂白，一律照办。中南林的人，一提起搬家，都有深受其害之感。来到石牌屁股还没有坐热，又要搬家，心里感到惊恐不安。无奈之下，只能是以消极对抗极“左”的政治压力，能拖就拖。最后，我们终于顶住了压力，坚持在石牌办学不走。打倒“四人帮”，特别是改革开放之后，学校更迎来了前所未有的发展机遇，产生了翻天覆地的变化。

1958 年之后农林学院的搬与不搬，一直成为高校两条路线斗争的焦点。在我看来，在农村还是在城市，并不是问题的关键。其本质问题应当是：教育是不是面向社会，面向实践，实施为社会服务的功能。大学不是农村生产队，生产队必须在农村，否则无立身之地。大学是文化、科技、经济的综合体，是先进文化和先进科学技术的集散地，把它办在农村受诸多条件的限制，是难以办好的。大学的主要任务是为国家培养高级人才，它不像农场。农场主要任务是培育稻麦生产粮食。人和水稻，学校和农场，两者不能同一而语。这 20 多年的搬与不搬之争，挫伤了人们的积极性，延缓了农林院校发展的步伐，这是极其深刻的历史教训。

高校的教学改革，是永恒的主题。这在“十年动乱”中，显得更加突出。从招生制度到就业方案，从专业设置到考试机制，从课程安排到教学方法，都成为大破大立的改革范围。一切都要重新开始，先破后立，否则都要受到批判。那时朝阳农学院的办学经验，是“四人帮”精心炮制的一个样板。学生实行“社来社去”“上好阶级斗争一门主课”，把学生培养成为“头上长角，身上长刺”的造反人物。从 1970 年开始，大力推行工农兵上大学的制度。学生对大学进行“上管改”(上大学，管大学，改大学)，把教师等广大知识分子置于批判对象的地位，工农兵学员成为学校的主力军。自从学校停课闹革命，一切教学活动停止，结果一停就是四年。1970 年在试点班的基础上，招收普通班学生 98 人。1972 年扩大招生规模，招收学生 135 人，一直延续到 1976 年招生为止。工农兵学员文化程度参差不齐，大多数文化程度相对偏低，但也有一些优秀生，毕业后成为骨干。像 1973 年招收的林学系工农兵学员罗富和，是广东的知名人士，现任全国政协副主席，兼任华南农业大学林学院教授，是全国林学界进入政协高层的唯一代表，值得母校为他骄傲。但话说回来，这样的人毕竟是少数。其实，不论去到怎样的岗位，从事怎样的职业，如果能精于自己的专业，热爱所在的岗位，在平凡日子里干出了成绩，都是值得赞赏的。

在广东农林学院任职领导三年多里，政治运动繁多，我就在运动中学、在运动中干，逐渐学到一条真理：人民群众是真正的英雄，为人民服务是领导者的本色。运动运动，没有群众支持，什么都不能动。历史功过群众自有评说。密切联系群众是我们党的最大优势，脱离群众是我们党执政后的最大危险。每一个共产党员都要把人民放在心中最高位置，拜人民为师。我是初出茅庐的青年刚走上领导岗位，要做到“是官而非官”，保持一个普通老百姓的本色。领导，是权力的象征，但权力的本身影响力是有限的，只有它的非权力即思想影响力才是无限的。我从任领导职务起到 1983 年前，一直是个升官不发财的干部。担任校级领导职务初期的 11 年，我仍拿着一般干部的工资，每月不到 50 元，四口之家住在不到 20 平方米的简易房。处处与群众保持密切的联系，因为他们是最好的老师。

在“十年动乱”中，群众对某些领导干部养尊处优、不学无术、盛气凌人的思想和生活作风非常反感，批斗的火力猛，大字报特多，可以说是深恶痛绝。我看在眼里，记在心里，引以为戒。在战争年代我们党依靠群众打天下，在和平时代我们一定要依靠群众治天下，这是一条颠扑不破的真理。担任领导之后，生活上不脱离群众，思想上不忘群众，工作上依靠群众，成为我坚持的底线。我在学校领导岗位上任职 22 年，我没有安排一个亲朋好友在学校工作。除按政策享受的生活待遇外，无任何特殊享受。真正做到了不为钱所惑，不为利所动，不为色所害，干干净净做事，清清白白做人。有时暗自回想，我之所以能走到今天，还是得益于 20 世纪 70 年代走上领导岗位之时所学所思所求所立的人生目标。纵观历史，横看东西，70 年代和我同时上车的年轻领导干部随着时代列车的前进，好多在途中被淘汰出局下车了。有的下得早些，有的下得迟些，能够坚持到站退休的为数不多。我是幸运中的一个，虽然也历经风雨，但还是挺过来了，顺利到达终点，画上了完美的句号。饮水思源，广州是开启我领导生命的城市、是我领导生涯的启蒙城市，我衷心地感恩这座具有悠久历史的文明城市。

后来因学校变动，我终归要离开可爱的广州。得知这消息后，我心情十分复杂，处在欲离还留，想走又不舍的纠结之中。走是大势所趋，政治所逼，不得不离，而分分合合，东搬西搬，使我心里面感到痛苦难受，因为每一次搬迁都意味着从零开始，舍弃一切，从头再来。而林学院应该有一个安稳独立的办学环境，不受政治因素所干扰。为了求独立、求稳定，只好离广州而去。别了，高楼林立、风光绮丽的南国都市；别了，郁郁葱葱、繁花似锦、四季如春的美丽羊城；别了，誉满全球的广州美食。在离开广州前夕，我们全家四口在校园的红满堂前合影留念，作为我们在广州的历史见证。现在看到这张照片，百感交集，岁月无声地于指尖滑过，这就是我们年轻的一家，非常幸福的一家。

1975 年全家摄于广州

第4章 奋发实践的中年

时间在“十年动乱”中飞逝，青春不在已东流。1975 年我 41 岁，步入人生的中年。中年是人生最成熟的时期，理想更加务实，步伐更加稳重。而我的中年，正是从广东农林学院和湖南林学院协商分家之时开始的。

重建湖南林学院

农林学院的历史，是分分合合的历史，有合必有分。由中南林学院和华南农学院合并组成的广东农林学院，成立已有 5 年。随着时间推进和时代发展，两校分离似成必然。1973 年，湖南省委书记张平化，到山西任职后又重回湖南工作。他对湖南林业发展历来高度重视，主动问起林学院现在去向。他得知中南林学院已撤销，就有意恢复湖南林学院，并积极与时任广东省委书记的王首道协商，并向国务院科教组呈述报告请示。1973 年 12 月 29 日，国务院科教组通知广东省高等教育局，同意将广东农林学院（原湖南林学院）部分调回湖南，重新组建湖南林学院。1974 年 1 月，中共湖南省委书记于明涛、李振军主持召开了专门研究恢复湖南林学院会议。参加会议的有广东省高等教育局、中共湖南省宣传部、省计委、省农林水办公室、省林业局和广东农林学院负责同志，印发了《湖南林学院搬迁问题协商纪要》，并决定成立搬迁工作小组。由湖南省教育厅黄滨副厅长为组长，成员由湖南省林业厅副厅长刘宗舜和学校领导梁书文、张宏光、雷天一、张长炎同志组成。

一、兵发大江口

在重建湖南林学院的过程中，湖南和广东两省，农林学院的广东和湖南双方，围绕湖南林学院校址、人员分配和物资分配三大问题，多次协商后，终于达成一致：凡原湖南林学院部分的员工，加原广东农林学院森工系和中南林学院时期新进的教师、基础部中南林学院新进的教师分配给湖南，共 272 人，其余留在广东。教学设备和后勤物资的分配，也很快有了方案。唯独校址问题，由于受到要搬到农村去的严重干扰和巨大政治压力（毛泽东关于农林院校搬到农村去的指示）而举棋不定。初定为长沙，但最后还是选择到了湘西大江口。湖南省教育厅副厅长黄滨，当时为搬迁问题到广东，曾对我们承诺说："林学院的校址在长沙，除非发生第三次世界大战。"他的表态，令搬到湖南去的同志减少了一些担心。1974 年 10 月 22 日，湖南省革命委员会发文，确定湖南林学院校址在原天际岭林场，并立即开展筹建工作。但当时湖南造反派正得势，很快把这决定上告中央。被"四人帮"把持的国务院科教组，立即打电话给湖南省委。在"四人帮"的强大压力下，湖南省委立即改变原有的决定，当时的省委主要领导一句话定音："兵发大江口"。

重建的湖南林学院，最后落户在湘西溆浦县大江口，这是"四人帮"极"左"路线的产物。他们假借毛泽东之名，行极"左"之实。林学院和林场不能同一而论。林学院是涵盖三大产业，多学科为林业培养高等人才的学府；林场主要是植树造林，植树造林属于第一产业。植树造林只是林学院的一个专业而已，不能以此代替第二、三产业和多学科。林学院办在一个林场内，不可能满足教学、科研的基本要求，一个林区，一个林场具有很大的局限性，不可能做到面向世界、面向现代化，只能阻碍林业高等教育的发展。极"左"思潮又一次把湖南林学院推到崩溃的边缘，进入山穷水尽的胡同。

1975 年 6 月，启动搬迁。我是年轻的校领导，率先带领森工系的"工农兵学员"136 人，承担起主要任务。由于多次流转，学校的干部和老师对搬家已很擅长，其水平已超过专业队伍。有的开玩笑说："中南林可以设立一个搬家专业。"林学院从湖南到广东，从黄婆洞到石牌，又从广东到湖南，从大江口到株洲，从株洲到长沙，3 年一小搬，5 年一大搬，已成为中南林的常态。盛夏天气甚热，学生在老师的带领下，把一个个货运火车箱装满发至大江口，每箱的东西都很重，学生不怕苦不怕累，从汽车抬到火车箱内，没有请一个装卸工。参加搬迁所有师生，都发挥了无私奉献的精神。那时既没有加班费，也没有什么福利，3 餐饭自付，学校每天每人只发给汽水 1 瓶，面包 2 个，但大家还是干劲冲天，顺利完成了搬迁任务。是年 9 月，湖南林学院在大江口正式宣布开学。1976 年 1 月 22 日，中共湖南省委任命张宏光同志为学院党委书记兼院长，我和雷天一同志为副书记兼副院长。之后，宋长荣调入任副书记，刘仲基、胡芳名同志提升为副院长。

二、渡过生活难关

湖南林学院从广州大城市搬到山区大江口，对学校是一场大灾难，对教职工是一次大考验。学校的设备搬空了，学校队伍的人搬散了，教职工搬老了，生活搬苦了。中南林原有教工 684 人，最后只有 272 人来到湖南，2/3 的人员留在广东，图书资料减少 50%，设备减少 30%，家具减少 95% 以上。人才的流失，名教授急剧减少，给学校造成不可挽回的损失。按政策规定应来湖南而滞留在广州的，竟有 30 多人。当时湖南省委采取高压政策，但凡滞留人员，一律停发工资 3 年。但很多人都不愿走，最后留在了华农工作。

广州紧靠港澳，气候温暖，商业发达，生活条件好。而新校址位于湘西溆浦县大江口新田岭大队，离县城 35 公里，离怀化市 100 多公里，离长沙市 500 公里，是一个车到山前没有路的山旮旯。那里地无三尺平，所有建筑都分布在两个山头上和两条山沟里，交通极端不便，生活物资供应贫乏。面对如此困难的办学环境，对已经来到大江口的教职工，真是一个严峻挑战。

重建后的湖南林学院，首先要过的第一道坎是生活困难。学校所在地是原来第五机械工业部没有建成的机械厂，路不平，灯不明，在校区行走四面环山。开门见山，出门爬坡，到学生宿舍更是要爬 300 多个石阶。

1975 年到大江口的第一个冬天下了大雪。由于家属宿舍在山坡上，到教学楼和办公区去上班教学都要走陡峭的山坡，因此不少同事老师因地上的冰雪纷纷跌倒受伤，苦不堪言。那里物质生活条件比广州更是差远了，既没有肉、粮供应，买农副产品也没有市场，有时甚至连蔬菜都买不到。思来想去，还是得自己学种菜，自力更生才是唯一出路。所以当时学校大多数人家，都纷纷开辟了自己的菜地，种点南瓜、豆角等蔬菜。

那时我们家除儿女外，还有母亲和侄子，共有 6 口人，工资很低，生活水平也极低。我们住在家属区的桂花村（因不远处有几株上百年的桂花树而得名），位置偏远，紧靠子弟学校。宿舍正门口两米外就是农民的水稻田。我们在宿舍西侧的台地上开辟了几小块菜地，因住房内没有卫生间的配套，我们还在菜地里用石棉瓦和稻草搭建了一小间简陋的厕所，准确的说应该叫茅坑，这既方便了全家的出恭，又为种菜提供了很好的有机肥料。母亲每天辛勤的为菜地淋水施肥，解决了家里的菜篮子问题，使我们能集中精力搞好工作。特别有意思的是在住房边上乱石堆里长出的几株野桃树，经儿子通过知青点上的生产队技术员对其进行嫁接改良，使我们家及左邻右舍每年都能分享到上百斤清甜味美的鲜桃。每到收获季节，那种站在桃树底下吃着自己亲手摘采的果实的感觉，真是惬意极了。

1976年与妻子、儿女摄于溆浦大江口住宅门口

为了改善学校师生的生活水平，学校还特地养了猪、牛、羊，并发动大家种南瓜，为猪提供饲料。为在山区过好第一个春节，教职员工每家都将广州过年做油角的风俗带到了这里，油角成为了过节的美食珍品，大家互相品尝各家做出的不同风味的油角。学校的文化生活很单调，除了每周放一次电影外，没有什么活动。春节期间，学校领导率有关部门负责人，挨家挨户地拜年，问候平安，祝节日快乐，你来我往，欢声笑语，好不热闹，不像现代城市人同住一栋楼老死不相往来的生活。一种新型的干群关系和人群关系悄然兴起，给山沟里的大学带来了活力，充满了浓浓的人情味。学校家属宿舍分布在两个山头上，一个看似简单的春节拜年活动，也要几天才能走完。因为每到一家都要坐下闲谈一阵，品尝主人做的油角风味，以示热闹。虽然身体感到有点劳累，但是心情却异常快乐。后来，同事相互到家拜年也成为习惯，常见三五成群地在家属区相互走访，无形中填补了在山区生活情感的空间，同时振奋了精神，一切呈现出和谐相处的大家庭景象。回忆这段历史，令人感叹。

另外在这山沟里，其他物资都短缺，唯独水果又多又好。溆浦县是水果之乡，柑橘、桃子、柿子、板栗等，个大味好，价格便宜，柿子只要8分钱

1 斤，深受师生欢迎。学生以粮票换柿子，互惠互利，学生和农民双方都很高兴。算是给艰苦的生活增添了乐趣。

三、恢复教学活动

面对山区，湖南林学院要恢复办学，一切百废待兴。除了要过生活关，更关键的是要过教学关。试验室要重建，家具实习工厂要白手起家。森工系的老师，在夹皮沟一个厂房内，自力更生，自己动手，做成了几件家具。为今后家具厂的建设，乃至家具专业的创立，树立了一个先导性的典范。

"十年动乱"仍在继续，教育革命刚刚起步，学朝农*之风刮遍全国。学院的教育革命如何搞？学朝农是"四人帮"主政的导向，学院也不能逆潮流而动。学校党委决定，组织学习朝农参观团，由我带队，学校部处、系级主要中层负责人及教师代表共 20 多人，分别到江西共产主义劳动大学、辽宁朝阳农学院和河北学大寨先进单位砂石峪大队学习参观。为节省开支，从湖南到江西、河北、辽宁，都没有买卧铺票。大家途中困了，轮流睡在座位底下，醒来时脸上一片漆黑，像个挖煤工人似的。值得一提的是，我们在途中竟神奇地避开了 1976 年唐山大地震。在大地震的前一天，我们参观团一行还逗留在唐山市。结果我们转身离开唐山市不久，大地震将我们住过的旅馆，全部夷为平地。我们全都幸免于难。这是一件幸事，否则，我们湖南林就成为全国学朝农的新闻了。因为 20 多天的旅途劳累，我在小便时失去知觉昏倒在地，但醒来又平安无事。之后又发生过 1 次，我到医院看医生，被诊断为神经系统问题，吃了十几副中药，以后再没发生。学习参观回来后，我们加大了招收工农学员的规模，增加了教学实践的学时。

学校从大城市搬到大山区，元气大伤，如同人患了重病似的。面对艰苦办学的条件，确有一种麻袋绣花底子太差之感。学院要发展必须从拓展平台、创造机遇和改善条件入手，围绕工资、校名、恢复原来领导体制、恢复招生考试制度、师资队伍建设、搬回城市等问题展开。学校从广东沿海地区搬到内地山区，属于整体搬迁，职工的工资应保持原有地区的工资待遇，即广州地区的工资要高出湖南地区 18%，这是国家早有明文规定的。而当时没有执行国家规定的政策，减少了教职工的收入。为维护教职工的合法权益，

---

* 指当时的辽宁朝阳农学院。

*1970 年农业部和林业部曾合并，改名为农林部。

我们特派出代表杨必贵老师上北京农林部*诉求。农林部的有关负责同志认为，大家要求是合理的，立即批文给湖南省有关部门，终于解决了恢复广州工资待遇问题。这对当时坚持在山区办学的教职工，是一个很大的鼓舞。

四、恢复中南林学院校名和领导体制

打倒“四人帮”，给高等学校特别是农林学院带来了发展的新机遇。深受其害的湖南林学院又开始焕发青春，看到振兴的希望。全校上下，要求恢复中南林学院校名和由农林部直属管理的呼声非常强烈。学校党委领导张宏光书记指定我和办公室主任肖雄武同志到北京农林部汇报，协商相关问题。

这是我第一次到北京。在农林部招待所一住就是1个多月。初到农林部，因为不认识一个人，所以到传达室讲要见罗玉川部长，人家就把我们拒之门外。我当时感到特别悲伤，来北京不容易，要见部长更难。要怎么办呢？我们两人商量给罗部长写信要求接见。第1封信没有反应，接着写第2封，1周写1封信。时间过得很快，来京将近1个月还没有见到部长的面，真有点失望。若扫兴而归，又怎么向校党委汇报呢？正当失望之时，我们欣喜接到农林部通知：罗玉川部长同意接见。同时接见的还有湖南省林业厅副厅长陈祖仁一行（来京汇报工作的，他们说林业厅陈厅长也等了好久，今天一起接见）。罗部长首先让我们汇报情况。我把学校发展的现状、成绩和问题，以及要求恢复中南林学院由农林部直属管理领导的请求一一做了汇报。罗部长听了很高兴，赞扬学院师生艰苦奋斗、自力更生的精神，在特殊时期为林业高等教育的发展作出了贡献。罗部长历来对林业高等教育非常重视，但由于当时农林两部的机构设置尚未明确，对学校是否恢复由中央管理没有明确答复。但我们的要求，已在他心中留下深刻印象。

1978年，国家林业总局成立。1978年6月20日，国家林业总局、教育部联合向国务院写报告，请示调整湖南林学院的领导体制，由原来归湖南省领导改为由国家林业总局和湖南省双重领导，以国家林业总局领导为主。鉴于湖南林学院是中南地区唯一的一所林学院，一直为林业部直属学校，只是在“十年动乱”中近几年才改变原有体制，所以经中央领导批准，1978年7月11日，国家教育部和国家林业总局联合发文，通知湖南省革命委员会，中央同意调整湖南林学院领导体制，并恢复中南林学院校名。经过7年的风风雨雨，中南林学院以顽强的生命力，战胜了“十年动乱”的创伤，又回到林业部的怀抱，回到了原有领导机制的轨道上，为中南林发展带来了新的机遇，并增添了巨大的活力。

五、恢复中断10年的高考制度

1977年是一个具有里程碑意义的年份。这一年，否定了“两个凡是”，一切开始拨乱反正，充分肯定了新中国成立后17年的教育成就，也充分肯定了知识分子的革命地位。这一年，7月恢复高考制度，根据招生计划，1977年中南林学院招生400人，学生来自全国各地。当时在校学生，均为工农兵学员，从广东搬迁而来的森工系工农兵学员136人，1975年在湖南招收的工农兵学员293人，1976年招生397人，合计为826人。加上1977年招生396人，1978年招生490人，在校学生很快达到1712人，创造了在校学生的新纪录。

学生人数的急剧增加，为山沟带来了无限生机。1977年和1978年招收的学生是沉积10年的优秀学生，经过高考，百里挑一，从全国各地来到中南林学习。他们非常珍惜来之不易的学习机会，琅琅的读书声，在大山沟里回荡，终日不息，令人振奋不已。在大江口毕业的学生共1972人，分批走出中南林，走出大山沟，在全国各地展翅飞翔，成为林业战线的雄鹰。1976年毕业的6位工农兵学员，张蕾、曾贤钦、杨湘洪、周亚非、易哲、夏阳被选送到林业部和中国人民大学工作。这是“十年动乱”后第一批被分配到北京工作的学生。为表示关心，学校要我亲自护送到北京。值得欣慰的是，这6位学生在林业部都充分发挥了自己才干，为母校争了光。从此中南林的学生，在林业部建起了良好口碑。尤其1977年后，我们每年都有学生分配到林业部工作。只要听说是中南林毕业的学生，各司局都抢着要。我们的学生知识扎实，作风朴实，能力超群，笔锋出众，一直深受用人单位称赞。根据学校统计发现，目前至少已有37名毕业生在北京提升为司局级干部。刘拓、封加平、金旻、李向阳、曹清尧、李世东、喻云林、丁福林、何小宁、吴德礼、张蕾、刘孟龙、狄升、杨湘洪、文跃平、成晓平等等，都是在京有名的司局级干部。赵东花更是升任到了全国妇联副主席。在大江口校区毕业任大学校长的有1977年林机专业毕业的陈新（广东工业大学校长），77级经济林专业毕业的刘惠民（西南林业大学校长）。77、78级林学专业毕业的曾思奇（现任中南林业科技大学党委书记）、吴晓芙（现任中南林业科技大学正校级督导），中南林毕业任大学副校长的有曹福祥、任湘郴、谭益民、欧阳伯苏、刘元、范志超、蔡玉梅等人。担任湖南省和广东省林业厅副厅长的有李定一、唐苗生、文振军、周光辉、王惠恒、谭天沐、蔡刚强等。广东著名桥梁设计专家梁立农、华南植物园著名科学家周国逸，上海中国科学院首席科学家李来庚，广西政协副主席刘君，都是喝过大江口的水而成长起来的。有的还出国留洋，成了旅居他国的名教授。这些莘莘学子，从大山沟里的高校走出之后，奋发努力，所思所为所行把“中南林学院”这5个大字，烘托得闪闪发光。中南林在山区艰苦办学的8年，培养出了一批精英，这是最大的闪光点，为中南林的历史增添了光彩。

六、积极扩大师资队伍

教师是立校之本，是办好学校的关键。1975年7月学院从广州搬迁到湖南溆浦大江口，最大的损失是人才流失，骨干教师所剩无几，在134名教师中，其中只有教授2人，副教授4人，讲师22人，师资力量奇缺。随着学生人数迅速增长，教学任务日益繁重，急需加强师资队伍建设。学院党委站在百年大计、教师为本、师资立校的高度，从3个方面加大教师队伍建设的力度。一是面向林业部门招聘，3年内择优调入87人，充实教师队伍，解决了教师缺额，使教学工作能正常运转。二是从在校学生中，即从1977年和1978年招生的学生中，择优抽调77名学生，到全国17所知名大学定向培养，按需学习专业知识。经过4年培养，他们1982年陆续回到学校任教，成为师资队伍最活跃的主力军。这种具有长远战略眼光的做法，在全国高校堪称首创，抓得准，抓得早，很多兄弟院校都称赞不已。三是从大学毕业生分配中选择优秀者来校担任教学工作，坚持年年分配一部分毕业生充实队伍，迅速扭转了师资力量不足的局面。到1985年，教师队伍增加到481人，为1975年教师总数的3倍，基本满足了教学需要。从长远而言，师资队伍建设始终是关系学校发展的头等大事，千万不能松懈。

七、为搬回城市办学而呼唤

1976年粉碎“四人帮”后，全院师生欢呼雀跃，要求搬回城市办学的要求日益高涨。在山区办学的条件非常艰难，远离城市，孤立在几个山头上，是办不好大学的。从长远看，它不但不能吸引教师来校工作，而且连招生都会陷入困境，拉大与兄弟院校的差距。教师纷纷向林业部和湖南省反映。林业部教育司派刘平教授（北京林业大学借调到教育司工作）到大江口学校调研，听取广大教职工的呼声，亲眼目睹到学校所处的周边环境，的确如大家所言。她十分同意大家的意见，表示回到部里如实汇报，力求早日搬回城市办学。刘平教授回到北京不久，林业部就研究同意了搬回城市办学。为此湖南省文教办公室把学校领导班子成员请到长沙开会，讨论中南林搬迁问题。最后主管教育的湖南省副省长刘亚南做总结讲话。讲话的大意是：中南林搬出大江口办学是一件好事，林业部出钱，株洲市欢迎，何乐而不为！会议之后不久，湖南省委对中南林的领导班子进行了调整，张宏光同志调任湖南省林业厅副厅长，周晓烈同志调任湖南农学院任副院长，湖南农学院副书记钱聚道任中南林党委书记。从此，拉开了中南林搬回城市的序幕。

确定了搬迁，但校址搬到何处，仍是悬念。是广州、长沙，还是株洲？这是大家所期盼的问题。最好是回广州，但涉及两省的利益格局，湖南不可能同意再回到广州。其次是长沙，回到原址，当时湖南省的主要领导仍受极“左”思潮影响，始终将中南林挡在长沙的大门外。株洲市是一个新兴的工业城市，急需一个大学进驻。加上时任株洲市市长吴占魁同志向省里表态，热烈欢迎中南林来株洲建校办学。迁到何处办学的问题，终于尘埃落定，新建校址的城市已经明确。1979 年年底株洲征地工作开始启动，回城的希望终于变成行动，离开大江口的时间不远了。

八、继承和发扬大江口精神

中南林学院在大江口办学的 8 年，是艰苦奋斗的 8 年，是恢复元气的 8 年，是困难中求进取的 8 年，是凝聚人心振作精神的 8 年。中南林人的精神，在这里表现得淋漓尽致，归纳为 4 种精神。

1．无私奉献的精神

“教而不忘校，学而不求私”是这种精神的体现。“教而不忘校”——学校就是教师的家，学校到哪里，就跟到哪里。272 位教职工为了学校的生存，放弃在大城市的优越生活条件，告别亲朋好友，毅然来到湘西山连山的农村。特别是原广东林学院森工系的教师，他们携家老小为了学校发展大局，不留恋故乡，彰显了“丈夫志四海，万里犹比邻”的精神，境界高远，精神可敬。其次是学生为了求学，不远万里，汇聚湘西，“书卷多情似故人，晨昏忧乐每相亲”“学而不求私”——为了学习，舍弃各种私心欲望，把书当成故人，把书视为亲人，聚精会神地读好书。人生重要的不是所处的位置，而是所朝的方向，做到“晨昏忧乐每相亲”。把握努力学习的方向，立志成才就有希望。

2．和谐共处的精神

“同心同向，同行同步”是这种精神的集中展示。不管是来自广东还是湖南，也不管是哪一派组织，更不管是领导还是群众，为了学校的生存和发展，我们走到一起来了。放弃过去那种亲亲疏疏，恩恩怨怨的隔阂，视和谐高于一切，视团结重如泰山。特别是在整个社会仍处在“十年动乱”中，派别意识强烈，而我们走到一起，相处在一个困难的环境里，亲如家人，团队精神特别好。初到大江口，师生关系亲密，学生把老师当亲人，重活脏活争相而做，为老师生活排忧解难。老师视学生为兄弟儿女，无论是学习上还是生活上的困难，尽力相助。人与人之间的关系显得亲近，特别过春节相互问候拜年，更有一家亲的感觉。这种和谐、团结的精神，面对当时社会上家人之间都相互告发的残酷政治斗争，能做到同心同向，同行同步，其境界难能可贵。

3．艰苦奋斗的精神

“人比山高，脚比路长”。这是大江口建校的精神。初到大江口，我们面对的是重重困难：满目石山路不平，头顶浮云眼不明，眼前是一座未建成的军工厂，厂房星罗棋布在山间。没有教室，没有实验室，更没有图书馆。我们以“没有枪没有炮，我们自己造”的精神，改车间为教室，建试验室，办工厂，从无到有。6月搬家，9月开学，如期上课，以“只争朝夕”的精神，使教学活动正常展开。当时的办学条件，作为一所正规的普通高校，可以说是当时世界上条件最差的学校了。条件之差，生活之苦，难以用语言表达。当我们1983年撤走移交时，面对7万多平方米的家产，居然没有一个单位愿意来无偿接收，附近的湖南维尼伦厂不要，连劳改局也不要，最后只好闲置在山间，被农民把一栋栋房屋拆除当废品卖，直至消失。中南林人在这里一待就是8年，把宝贵的青春年华献给了山区，可见艰苦奋斗的精神是多么的高尚。

4．奋发图强的精神

当时来到大江口的272人，每个人面对未来都有股子竹子般的精神。自古以来，竹是中华文人高风亮节的象征。中南林人，像青翠的山竹，如郑板桥诗“细细的叶，疏疏的节；雪压不倒，风吹不折”地立在新田岭的山上，以“雪压竹低头，低头欲沾泥；一轮红日起，依旧与天齐”的气势，为学校明天的发展，献出自己的智慧和力量。1975年，在“四人帮”的政治压力下，我们只好低着头来到了湘西的山峦之地；1976年，打倒“四人帮”，一轮红日起，我们又抬头与天齐，仰望天空，满怀激情走向未来。中南林人能屈能伸的意志，在大江口的8年，表现得更加耀眼夺目。

正是这4种精神，汇聚成一种巨大的力量，战胜了一个又一个的困难。我们以百折不挠的精神，回师城市，像一株参天大树，雄立于高校之林。井冈山精神和延安精神，是中国人民的宝贵财富；而大江口的精神，则是中南林人的宝贵财富。在大江口精神的激励下，完成了改名，恢复由林业部领导的体制，扩大了师资队伍，迎来了全国恢复高考的第一批学子，统一了回城的思想，奔向“而今迈步从头越”的大道。

奉命建设株洲新校区

1979年，中南林学院株洲新校区建设，在当地龙头铺樟树下开始启动。学校党委成立株洲新校址基本建设领导小组，由我任组长，过继芝、张俊才同志为副组长。1979年11月我满怀全校师生的期望，带着基建办十几位同志，进驻离新校区不远的知青点，一栋没有电灯的简易楼房，作为我们的临时办公、生活用房。没有自来水，吃的是山塘水。但我们心中有梦想蓝图，一切苦难甘之若饴。

基建工作是一个系统工程，集设计、施工、材料为一体，上下左右、近期长远、乡镇农民搬迁安置等都要统筹兼顾，不能顾此失彼，要周全细致。对我这个外行来说，这完全是一个新任务，既是巨大的压力，又是巨大的动力，更是人生难得的挑战。建设得好与否，是事关学校发展的大事。其设计是否合理，功能是否齐全，材料是否优良，安全是否可靠，必须全盘考虑，不能有所失误。基建工作更是一个形象工程，布局是否合理，设计是否新颖，建筑是否壮观，大门是否宏伟，绿化是否美观，都必须精心规划，精心设计。建设好一个新校区对我来说是一生千载难逢的机会，也是对我的品行、智慧和能力的一个严峻的挑战和考验。我必须从头做起，边干边学，变压力为动力，变挑战为机遇，紧紧依靠群众，共同去完成时代赋予的历史使命。

在林业部和株洲市委的高度重视下，从选址到征地，从方案设计到施工图设计，从“三通一平”到全面动工，从资金投入到施工管理，进展非常顺利，可以说是一个速度快、质量优、布局美、效益好的工程。1979年底征收土地，1980年8月5日破土动工，1983年1月学院全部由溆浦大江口迁至株洲新校区，实际建设时间只有3年。这3年，共投资2000多万元，建筑面积7万多平方米，从教学用房到生活用房，从子弟学校到幼儿园，从水电设施到道路铺修，设施基本齐全，建设初具规模。建设速度之快，效益之好，多次受到林业部和株洲市的好评。林业部部长罗玉川、杨钟、雍文涛、高德占、徐有芳，副部长张磐石、刘琨、杨延森、刘广运、沈茂成、董智勇、梁昌武等12位正副部长都亲自来校视察，都称赞不已。1985年8月9日，中共湖南省委书记毛致用率省委常委全体同志，由株洲市委书记曹伯

1981 年正在建设中的教学主楼

1984 年在学校主楼前留影

纯、市长周吉太陪同来校指导工作，视察之后称学校布局好，具有现代建筑的风格，几年之后一定是一个园林式的高等学府。湖南省原副书记刘正、刘夫生、万达等领导也都先后视察了株洲校区。宽广雄壮、气势恢宏的校门，雄伟壮观的教学主楼，整齐林立的学生宿舍和家属宿舍，标准化的田径运动场，高大的雪松，序列于教学楼前，整个校园植物与建筑，交相辉映，构成一幅美丽的画面，现如今它更像是一个绿树成荫、鸟语花香、空气清新、美景如画、宜学宜居的生态园了。

株洲校区的一砖一瓦，一草一木，都凝聚着中南林人的智慧和汗水。一栋栋新楼，一棵棵绿树，都是中南林人用双手和汗水，使它从无到有，从小到大，绿树变成林海。学校领导及战斗在第一线打前站的十多位基建办的同志，倾尽了人生的智慧和能力，奋战 3 年，才换来株洲校区的新面貌。在这 3 年中，付出的辛勤劳动，建设起的崭新校园，凝聚的高尚精神，做出的历史贡献，是建校史上光辉的一章，也是中南林人宝贵的精神财富之一。

一、领导重视是关键

领导重视是搞好基建的关键。20 世纪 70 ～ 80 年代仍然是计划经济的时代。基本建设投资全部由国家负责。我们是部属学校，从规划设计、方案设计、扩初设计、施工图设计到总投资、年度投资都要由国家计委和林业部批准才能生效。国家计委和林业部的重视，是搞好基建工作的关键。

第一次到北京中央部委去汇报工作，深感门难进，脸难看，事难办。为了要国家计委审批设计任务书，我和过继芝、张俊才同志一行到国家计委，经过武警守卫的传达室大门，好不容易进到国家计委，一位姓王的处长接见我们，他一开始就自己说个不停，表态暂不同意审批，根本没给我们说话的机会。我看情形不对，必须主动说话："王处长，我们今天 3 人，特别是过处长是年近花甲、满头银发的老干部，我们从湖南来向国家计委汇报，是鉴于中南林处在山区办学的困难，急于回城办学，敬请中央尽快批复，以便开工建设。"林业部计划司年度处，每年负责年度拨款，是我们直接的上司。说实话，钱是基建的生命，没有钱寸步难移，什么事也办不成。要想要到钱，而且要到更多的款项，必须采取多汇报、多接触、多交往的方式，以情感人，以理动人，由生人变熟人，由工作关系变朋友关系，日久生情，谈计划，要拨钱款，就相对顺利了。值得一提的是，那时中央机关风气很正，不准请客送礼。我们后来陆续要了几千万投资，也没请过一次饭，没送过一次礼。只是有次，我以个人名义给一个长远计划处处长送了一斤黄花菜。她还是我们湖南老乡，但仍拒不接受，把它退了回来。可见当时廉政之风，是多么的严正和高尚。

为争取拿到更多资金，我们采取由下而上的工作方法，从办事员到处长、司长，由下而上层层汇报，尊重每一个人，不越级，不要用领导的批示，逼着下面办。把建设照片送上去，把主管领导请来看现场，这种工作方法，效果特别显著。每个项目的立项，每一批拨款的审批，只要首先向具体办事的工作人员提出申请，就能如愿以偿，不需要找司长，更不需要找部长了。每年一到年终结算，中南林的基本投资数均列部属院校第一。所以时任林业部部长雍文涛说："中南林不是重点的重点了。中南林的人，能够把钱要得来，而且年终又要按工程进度把钱花得出去，不上缴财政，实属不易。"当时有个与我们同步建设的兄弟院校，基建速度远不如我们，问题就出在年度拨款不到位。他们校领导要钱的方法是由上而下，每次到林业部要钱，首先找部长，而不是处长，虽然部长批了，但到了下面没有办法落实。最后那校领导气得晚上从床上滚了下来。后来，西南林学院的主要领导看到我们成绩，大为赞叹，特别邀请我和张俊才处长到昆明，给他们介绍经验并现场指导。

中央的大力支持，是起步执行的关键。而地方领导重视，同样是非常重要的保障。株洲市委和政府高度重视中南林的基本建设，列为全市的重点工程。在选择校址的问题上，株洲市领导主动陪同学校同志到各地考察。有的同志提议到朱亭，或者是马鞍山，这 2 个地方都离株洲市太远，初定在明照公社明照大队刘家坡建校，后因拆迁赔偿要求过高、阻力很大而否决。学校基建办同志考察龙头铺乡樟树下适宜建校，市委立即同意并上报国家计委批准。龙头铺樟树下，是龙头铺和荷花乡的交界处，是老长株公路的必经之地，即现在的云龙示范区，长株高速从校门前穿越而过，是一个交通十分方便的地方，宽阔的迎宾大道直通株洲市区，现在是一块求之不得的风水宝地，发展前景无限。

征地是基建最难的事，当时市长吴占魁同志，亲自主持征地会议，要求乡镇干部、大队和生产队干部大力支持学校建设，一定要在今日把字签好，不签字不散会。在市长的督促下，当天都签了字，高速完成了征地的关键手续。为了减少学校负担，市里还帮助解决征地后续问题，学校不用承担安排农民就业，这又是一个特殊的政策。我们当时算了算，那次征地成本很低，每亩平均价为500元，860亩的土地加上拆迁补偿，才总共投入75万元。这一切，充分体现了地方政府对学校建设的大力支持，以及农民兄弟的无私情怀。从征地到施工的过程中，没有出现任何阻工闹事的现象。

为了加快建设进程，统一领导，便于指挥调度，市里决定由株洲市建筑公司负责承建。市公司集中优势力量，投入学校建设，按质按量如期完成了各项建设任务。甲乙双方相互配合，相互支持，把建设好学校作为共同的任务。在建设过程中，株洲市的主要领导经常到学校检查指导工作。学校有什么重大问题需要市里支持的，无论找到哪位市长，他们都热情接待，当场拍板给予支持，用实际行动为我们排忧解难。我们远离市区，引自来水到校，要铺设很长的管道，我们只投入40万元就解决了用水的问题，自来水公司给了我们很大的支持。电力紧张一直困扰着国家的发展，为保证学校用电，电业局为我校架设了2条专线实行双保险，做到学校不停电。这在当时的条件下，对学校又是一种特殊的照顾，全省高校都为此羡慕不已。

二、设计是基础

规划设计是基本建设的基础。抓好规划设计是基本建设的重要环节，有什么样的设计，就有什么样的建筑。中南林株洲新校址的设计，由林业部林产工业设计院负责规划设计。从平面布局到扩初设计编制，从单项设计到给排水设计，做到甲乙双方密切配合。设计前先踏察，后设计，再讨论，最后确定方案。在设计中，做到近期和长远、传统和现代、美观和适用相结合，融入现代元素。例如，电路设计，教学主区电缆放在地下，路灯是采用橘黄灯不是白炽灯等；校门设计采取开放式不是封闭式的，一目了然，视野很好，气势恢宏，花岗岩筑台，步步登高，中间有植物配置的“学习好”3个绿色大字，十分气派。阶梯两旁种植白玉兰和雪松，高楼和大树交相辉映，蔚为壮观。校铭牌设在地上，当时这种设计较为鲜见，它的寓意是大地为母亲，把校铭牌放在大地上，象征中南林学院根深叶茂，永远繁荣昌盛。校门前左右侧两个耸立的构筑体，采用抽象艺术的手法设计，可以从多种视角，去理解它的文化内涵，既象征中南林人才辈出，又象征大树撑天、森林如海。在校区平面布置上，运用轴线的布局，以大门为中线引向教学主楼，两旁设配楼，“品”字型设立。主楼后面的远处东西分别布置学生宿舍和家属宿舍，两者之间设置田径运动场。教学主楼前有花坛，后有水池，景观相互对应得体。教学区、生活区、运动场区、工厂实习区、子弟学校、幼儿园区、树木园区，布局有序，功能独立，既互不干扰，又互为关联，形成一个完整的房屋建筑系统和景观生态系统。即使是30年后的今天，看中南林的平面规划布局还是科学合理的。唯一遗憾是总面积偏小，因为当时是按2000名学生规模征地，预留发展空间不大。另外设计标准过低，特别是家属宿舍的标准是国家规定的标准，不准超标。家属宿舍的室内设计，是北方传统的模式，不适合南方。

规划设计思想是通过设计图纸体现出来的。我们始终坚持先设计后施工，先做概念设计，后做方案设计。规划设计也在实践中不断完善的。学校的规划设计到1985年前，做过3次调整。1979年规划设计投资1500万元，学生规模2000人，建筑面积7万多平方米，到最后调整投资到4100万元，建筑面积为11.15万平方米。

三、材料是质量的保证

材料是质量安全的首要条件，把好材料关是安全的根本保证。我们在基本建设中高度重视材料的质量，砖、水泥和钢筋是建筑的主体材料。据我们调查，株洲市当时所有的建筑中，通通用的是煤渣砖。它的最大缺陷是用它砌的墙体都开裂，而且是很大的裂缝，给人们一看就是危房，不安全。用煤渣砖这是市政府的规定，建设单位不得用其他砖代替。但是，我们学校建设决定不用煤渣砖，因为学校的建筑非同一般，是事关百年树人的基业，事关师生生命安全的大事。为此，我们专门向市政府请示，市领导立即批示，中南林不用煤渣砖可用红砖。当时株洲市生产的红砖数量少，而且质量不达标。我们只好从洞庭湖畔的南县，以每块砖0.08元的高价，用船运到株洲，最终保证了砖的质量。现在这些建筑已经过30年的风风雨雨，主体质量还是十分完好。木材也是由林业部专项批的，都是江华杉木，是全国最好的建筑用材。水泥用的是高标号的湘乡水泥，也是中国驰名品牌。安全是基本建设的根本要求，百年大计。安全第一，从材料质量抓起，这是我们在基建工作中一个非常深刻的体会。

四、绿化是林业高等学校形象的象征

植树绿化是基本建设的华章。建校必建屋，建屋必建绿，这是一般项目建设的常规。绿色植物是良好生态环境最基本的元素，是人类生存的必须。以树为书，以树木育人，这是林业高等教育必须坚持的宗旨。中南林的植树绿化非同一般的基建绿化，不是点缀，而是校园整体的组成，要把绿化摆在为教学服务的高度，摆在建设学院形象的高度；坚持两手抓，一手抓土建工程，一手抓绿化工程。在土建工程未动工前，我们首先辟建苗圃，为专业教学创建树木园，同时组织专门班子到各地收集珍贵树种和苗木，为校区绿化及未来教学储备资源。经过 3 年的收集，600 多种树木植于树木园山上。苗圃里栽满了各地收购来的珍贵苗木。每到春天，全校师生分片承包造林任务，你挖坑，我植树，他浇水，热火朝天干个不停，一块块的荒山地变为绿地，一棵棵行道树茁壮地立在路旁，为人们遮阳挡风。年复一年的绿化，使学校成为“春有花，夏有荫，秋有香，冬有绿”的花园；校在林中，路在树中，房在绿中，人在景中，鸟语花香，如诗如画，令人流连忘返。这就是今天株洲校区真实的写照。

五、绿化改变环境

中南林的大江口精神，在株洲建校中发扬光大。“艰苦奋斗、自力更生”的精神已成为传家宝。株洲校区的绿化工程是自力更生，自己打造的一个经典工程。株洲校区绿化工程，是一项投资少、产出高、效益好的工程，绿化投资总计不到 10 万元，却换来一片森林绿海，一座碳汇库，一座大氧吧，一座价值连城的生态校园。今天的绿化成果，应归功于负责绿化设计和施工管理的沙钱孙教授和徐泽民等一批同志。正是他们当初为校园绿化的精心设计和管理，才使得中南林后来能被多次评为湖南省和株洲市园林式单位。凡是从外地来到学校的人员，身临其境，均叹称不是公园胜似公园。

株洲校区的绿化成就是“树木树人”理念的集中体现。绿化改变了环境，绿化改变了人生。如今这里是一座生态的大校园。校内绿化面积 45 公顷，绿地率 84.9%，树木覆盖率为 82.6%，绿化结构合理，实行乔、灌、草相结合，常绿树和落叶树相结合，以乔木为主，以常绿为主，下不见黄土，上不见到天空，林相长势喜人。植物、生物品种多，共有 82 科 261 属 574 种，其中国家保护树种21个；兽类8种，鸟类100种。校区主要行道树品种40个2049株，木材蓄积量 770 立方米，平均胸径 30 厘米。经过 30 年的绿化已初步形成了植物、动物和微生物的完善生态系统，一改昔日荒坡山冈的面貌。在生态循环中最为明显的特征是鸟类的迅速增加，老鼠相对减少，树木的病虫害也没有以前严重，这都是生物链在起作用。生物的多样性，改变了人工林“地上无草，天上无鸟”的现象。林下也生长着不少的草本和藤本的药用植物，是百姓治病的天然药库。

园林是城市的一种资源，一种促进城市发展的推动力。据美国专家研究，园林资源是国家的不动产，随着时间推移，不断增值。每株树木的价值为 544 ～ 1714 美元，美国城市树木价值为 8000 亿美元。1 万株树，可以省电 300 亿度，减少开支 20 亿美元。树木可使房地产增值 15%，据中南林业科技大学老科协 2009 年调查显示，校区共有乔木树木 8309 株，按美国每株最低值测算，树木景观价值为 3100 万元，加上生态价值 7.5 亿元，合计可达 8 亿元之多。

如今这里是一座宜居的大氧吧。在校园内，大山小山，山山有林；大路小路，路路有树；春夏秋冬，季季有景。绿色黄色相映生辉，奇花异草斗艳添秀。春天的万物生机，夏天的苍翠绿荫，秋天的桂花飘香，冬天的雪松挺拔，令人如痴如醉，宜居宜乐。根据树木的光合作用原理计算，1 公顷的阔叶树，可吸收二氧化碳 1 吨，释放氧气 0.73 吨。株洲校区树木每天吸收二氧化碳 36.7 吨，释放氧气 26.79 吨，可以满足 3.6 万人的供氧量，是一座天然的大氧吧。樟树是校区绿化的主体，遍布校园，共有 6204 株。樟树是产生精气的优良保健树种。樟树的精气内含有 158 种化学成分，有助于人的保健作用。只要人们一走进校园，就有一种清香扑鼻的感觉，空气格外新鲜，这就是樟树放出的精气的作用。负离子被称为空气中的维生素，它是一种带负电荷的气体离子，是生命健康不可缺少的物质。它对扩张血管、改善心功能、扩大肺活量、降低血糖、提高免疫力具有很好的保健作用。据测定，城中闹市区的空气中，每立方米只有负离子 40 ～ 50 个，森林里的负离子是最多的地方。株洲校园的负离子含量每立方米 1600 ～ 2000 个，与长沙市岳麓山的含量持平。一株大树，在夏天的降温效果相当明显，树荫下凉爽宜人。

如今这里是一座育人的大课堂。绿化育人，环境育人；这是林业高等学校的重要任务。中国第一任林业部部长梁希说得好：“无山不绿，有水皆清。四时花香，万壑鸟鸣。替河山装成锦绣，把国土绘成丹青。新中国的林人，同时也是新中国的艺人。”绿化的过程就是育人的过程。在绿化过程中读书，以树为书，从树读起，改变人生，陶冶情操，做一个高尚的人。人生要有理想，要像大树一样，把理想的翅膀升向天空，把信念的根子扎在地下，根深叶茂，长盛不衰。人生要有钢铁般的意志，要像铁树一样千年也要开花。人生要正确对待名利，要像梅花那样，俏也不争春；闲看花开花落，漫观云卷云舒。人生要朴实无华，要像荷花一样“出污泥而不染”。校园的一树一木，一草一花，一亭一阁，一条小路，一池湖水，一排坐椅，是校园文化的展示，都是绿色艺术的缩影，是动人的诗，是奇妙的书，给予人启示，给予人激励。

在这样如诗如画的环境中学习和生活，日复一日地陶冶，学生不仅会成为中国的林业人，而且会成为中国的艺人。株洲校园绿化的设计者，集生态性和艺术性为一体，巧用地形、园路、山石、园水、植物、建筑等要素，突出以树木为主的设计理念，充分展示树木的障景、夹景、漏景、框景的功能，一走进校园就有一种树木立天下之感。树是中南林的象征，揭示中南林在森林中崛起。生态文化的含义尤为深远。森林是知识的海洋，树木是一本博大精深的生命词典，它是一座人们学习的大课堂，这里有574种树木，每一种树木，都是林业工作者必读之书，从树的身上学到很多很多的知识。人与自然和谐相处，建立一个和谐的社会，让幸福之花常开不败。

六、精神是灵魂

精干的基建队伍是搞好基建的组织保证。精神的境界决定队伍的本质，人的精神指导人的行动。株洲校区的基本建设，速度之快、效益之好，得益于中央、省市的正确领导，更得益于有一支能干事、能吃苦的基建队伍。以我为引领，张俊才、彭逸民负责综合计划，过继芝、杨必贵、吕天赦、钟淳铁、李又芳等负责技术，蒋肇银、于首生负责征地，罗德奎、王炳辉、李桃阶、张祝才、庄宗满负责材料供应，苏开国、李志庚、廖学梅负责预决算，郑师惠、过仲芬负责财务，组成了一个团结、勤奋、廉洁的班子。不为名而累，不为利所动，不为钱所惑，以工作为重，以苦为乐，是一支可信可用可敬的队伍。过继芝同志是一个年到花甲的老八路，具有资深的革命经历，已是满头银发，只身在学校工作，工作职务没有上去，最后仍然是科级干部。但这些都毫不影响其工作，他每天仍是充满激情地忘我工作，充分表现了一个革命老干部的无私情怀。张俊才同志于20世纪50年代参加工作，担任过学校团委书记，处级待遇长期未解决，仍尽心尽力地工作，毫无怨言，表现了一种顾大局、识大体的共产党员风尚。李桃阶同志在新中国成立后就参加了工作，对革命事业勤勤恳恳，不争功，不求名，一直是一个普通干部，进入基建办公室到退休，都与长字无缘，表现了一头老黄牛的精神。还有其他所有的同志，都是立足本职，出色地完成自己的任务，为学校的建校工作做出了历史性贡献。

特别能吃苦的精神，在我们的身上表现尤为突出。为公为民，出差旅行、住房食饭、室外工作，都是敬业尽力，艰苦创业。到北京出差，跑“部”“钱”进，是我们的常事，每年有2～3个月的时间在北京，到了年终

11月就要启程出征，我和张俊才、彭逸民同志结伴而行，坐火车赴京，落脚农业部招待所。我没开过单间，3人共住一个普通房。为节省开支，还住在了地下室。招待所在万寿路，离和平里坐汽车要1个小时。冬天很冷，车内没有暖气。一早我们身穿棉装，迎着寒风，赶到林业部手脚都冻得麻木了。每天都是风里来雨里去，直到完成任务才高兴而归。后来住林业部招待所，每天都在林业部招待所食堂用餐。初时食堂经营得不好，主食和副食单调，全是北方的风味，没有油水，被我们称之为北京的减肥中心。为了增加食欲，我每次出差，一瓶辣椒是少不了的必备品。由北京回株洲，我们都像一头骆驼，大包小包，里面装的是卫生纸、棉布鞋、糖果、果脯之类在湖南买不到的东西，背在身上上车下站，压得透不过气来，苦不堪言。有一次到了过年时，硬卧买不到，我只好坐着回湖南，耗时30多个小时，把坐卧铺省下来的补助费在河南漯河站买上1只烧鸡，回到家里作为慰问礼品，令全家人都高兴不已。在几年出差途中，我们没有坐过飞机，在北京没有打过的士，尽量为学校节省开支。基建工作是一个苦差事，经常在外，晒太阳，迎风雨，没有什么福利可言，顶多发一顶草帽，以做遮阳之用。株洲市建设银行的同志说，像你们这样艰苦的建设单位真是少见。

廉洁自律，坚持劳而不怨，欲而不贪。两袖清风，一心为公的精神，是我们基建办始终坚持的行为准绳，不能超越的红线。展望今天，基建成为腐败的高发之地，“倒在高楼下，毁在红包中，烂在红灯酒绿里”，新楼建起来，一批干部倒下去。忆昔日的历史，我们特别感到自豪和欣慰。问心无愧，清清白白做事，堂堂正正做人，身正不怕影子歪，半夜敲门心不惊。在几千万投资的经济活动中，我们严格遵守纪律，没有用公款向上级单位送过一次礼，请他们吃过一餐饭。在与施工单位的交往中，我们也没有吃过他们的一餐饭，收过他们的礼品，都是公事公办，毫无贪财之心。现在回想，在那几年的基本建设中，我们的同事确实做出了自我牺牲，却没有得到应该享受的福利，是我当领导的没尽到关心同志的责任，内心一直不安。退休之后，我有时想起这件事，觉得真对不起他们。后来有次求助别人捐赠，为大家每人买一床空调被作为纪念品，内心才平静一点。本应早做的，等到大家都退休了之后才补上，真是太晚了。回顾起这段经历，中南林人的高尚品德，廉政为公的党性，吃苦耐劳的作风，是中南林的宝贵财富，我们应该把这种精神发扬光大，一代一代地传承下去。

书写后勤改革的新篇章

1983年学校全部迁往株洲新校园办学，学校的基建主体已经完成，学院党委对我的工作有所调整，要我主管大后勤工作，包括基建、财务和后勤工作。做后勤工作我确实是个外行，过去没有搞过。这是组织给我的一次学习机会，同时又是一场考验。当时后勤工作是学校的一个薄弱环节，矛盾重重，困难多多，师生意见很大，严重影响学校稳定，成为阻碍学校发展的瓶颈。面对广大师生的期待，我和时任总务处处长张俊才同志谋划，决心承担起这副重担，团结广大后勤职工，解放思想，锐意改革，重塑后勤的新形象，开创后勤工作的新局面。

一、锐意改革，重塑后勤新形象

改革前的后勤，是计划经济的集中体现。大锅饭、铁饭碗的管理机制，使后勤缺乏活力。在职工的头脑中，服务意识、经济意识和竞争意识都非常薄弱。后勤员工因社会地位低、工资待遇差，工作积极性不高。食堂办得不近人意，往往成为学生闹事的导火线。炊事员和师生的矛盾时有发生。不按时开餐，服务态度不好是常事。有次到就餐时间食堂不开餐，引起师生不满，直问炊事员："你们是干什么的？"炊事员立即回应："我是喂猪的"。对立情绪表现如此激烈，可见后勤工作的难点和问题，急需要用一种新办法去应对。

改革是推动发展的动力，搞好后勤改革，是办好现代大学的保证。教育改革首先要从后勤改革抓起。后勤改革的成效，直接关系到教育改革能否顺利进行，是搞好教育改革的有效保证。

如何改革？我们以实现后勤管理现代化和科学化为目标，实行3个转变，从以物为中心转变到以人为中心，由经验管理转变到科学管理，由被动服务转变到主动服务；建立4种机制，在经济上建立自我发展的动力机制，在服务上建立自主经营的决策机制，在人员管理上建立能上能下的调节机制，在承包上建立自我调节的风险机制。实行承包制，责、权、利融为一体，落实到人，极大地激发了后勤活力，调动了职工的积极性和创造性。学校的后勤工作一跃成为全国全省高校的先进单位，先进人物辈出。1986年膳食科被评为湖南省高校"三文明"建设食堂管理先进单位，教工食堂、学生食堂被评为湖南省高校红旗食堂；张俊才、赵华英、陶长隆、黄培珍被评为湖南省先进个人；郑能礼被评为湖南省高校后勤学雷锋标兵；1990年总务处被评为全国高校后勤管理先进集体，中南林学院的后勤工作因此扬名于高校，成为后勤改革的排头兵。我撰写的《努力实现后勤管理科学化和现代化》《把握新机遇，跃上新台阶》《加强思想政治工作，深化后勤改革》等文章分别发表在《中国林业教育》《湖南高等教育》《广西高校后勤研究》的杂志上，从理论上和实践上阐述了后勤改革的意义、目标、措施及其经验，在全国高校产生了热烈的反响，看到了后勤改革的生命力。

二、后勤改革要从更新观念入手

观念指导行为。解放思想破除旧传统，更新观念，是后勤改革的先导。传统观念认为，后勤工作就是做一些吃、喝、拉、撒、睡的侍候人的工作，总是处于“群众骂娘，地位低下”的被动地位。必须破旧立新，树立服务观念、科学观念、经济观念、群众观念和创新观念。服务是每一个工作人员应尽的责任和义务，是人生价值观的集中体现；全心全意为人民服务，是品德高尚、一心为民的必然要求。从产业角度看，后勤工作属于服务业的第三产业。第三产业特别是现代服务业，在产业发展中具有龙头的先导作用，所占的比例越来越大，是国家大力提倡的战略性产业。如果没有现代服务业，国家发展就少了一条腿，一只手，不能健康地快速发展。服务业越发达，国家越富强。在一个学校，如果没有人去做饭，没有人去开车，没有人去送水送电，没有人去治病，教学科研活动就难以启动，教学秩序就难以维持。因此后勤工作同样是学校发展不可缺少的重要组成部分，是大有作为的，做后勤工作是很光荣的。

后勤工作是一门科学，而且是一门综合性的科学。它涉及社会科学和自然科学，文理交融、心理学、行为学、美学、医学、电学、食品学、会计学等，每一个岗位，都是专业性很强的，需要以科学为引领，才能把工作做好。没有文化，没有知识，是做不好后勤工作的。

后勤工作是一项经济活动，因此必须树立经济观点。要按经济规律办事，要有强烈的市场意识和效益意识，坚决反对做事不搞经济核算，花钱不讲效益的做法，提倡少花钱，多办事，办实事，办好事。要把提高后勤经济活动的质量看成是后勤工作的生命线。后勤所有的活动都离不开钱，把钱管好用好，把钱用在民生的刀刃上，达到效益最大化的目的。我们采取奖罚制度，控制亏损不超过 1%，防止亏损风险，超过 1% 就要扣发奖金。

树立群众观念，是做好后勤工作的关键。一切为了群众，一切要依靠群众，这是后勤工作的出发点和落脚点，要以群众满意不满意作为检验工作的标尺。后勤工作特别是食堂，是寒暑表，反映特别敏感，饭量少了，菜里的肉太少，包子馒头小了，菜里有虫子，意见如雪片纷纷反映上来。作为后勤主管领导，要经常掌握群众心理动态，顺民意，解民忧，给民利，聚民心。从我的实践中，感到做思想政治工作要立竿见影，几乎不太可能，效果总具有滞后性。而后勤工作不同，可以做到立竿见影。群众对某个问题不满意可以骂娘，只要马上采取措施进行整改，群众脸上马上就露出了笑容。改革前食堂是师生意见最多的单位，品种少，质量差，价格高。通过解放思想，更新观念，端正态度，改变管理，调动了后勤职工的积极性，被动变主动，工作干劲空前高涨。品种由几个增加到几十个，主食有米饭、包子、馒头、葱饼、面条、米粉等，副食有肉、鱼、鸡、鸭、蛋、豆腐、白菜等，任消费者挑选，而且味道好，品种多，价廉物美，学生十分满意。毕业之后，学生都称赞学校食堂办得好，吃得好，吃得香，留恋不已。

三、带着情感和责任去做好后勤工作

情感和责任是做好工作的动力。做任何工作，只要带着感情去做，带着责任去做，就会有志者事竟成，旧貌换新颜。情感是一种推动力，责任也是一种推动力，两力相加，就会焕发出一种激情，使你无限热爱工作，热爱群众，视群众为亲人，视工作为战场，勇往直前，去开创新局面。

情感是心理活动的一个过程，情感是在认知基础上产生的，有所知，才有所感。或喜或忧，或爱或憎，情感对人的行为具有决定性的作用。带着感情去做工作，就是要以后勤工作为荣，以为人服务为乐，把自己与群众融为一体，动之以情，晓之以理，导之以行，急群众之所急，想群众之所想，需群众之所需。把群众的喜、怒、哀、乐、生、死、病、伤放在心上，感同身受，关怀备至。他人的痛苦就是自己的痛苦，他人的困难就是自己的困难。为群众办事就会招之即来，或不招而来，为人排忧解难。水管坏了，电灯熄了，就可以马上赶到现场。只要知道学校停水停电，我都是第一时间打电话或到现场采取措施尽快恢复。对群众提出的各种合理要求，按照轻、重、缓、急，做到件件有着落，事事有交代。在工作中也总结了一个心得：教学科研的大事要先办；重大危急的事要急办；直接影响生活的事要当场办；一时难以处理的事要商量办。把长者视为先辈，把同龄视为兄弟，把晚辈视为子女，尊师爱生，尊重劳动，尊重人才。经过我们的努力，后勤部门和其他部门的关系大为改善，相互理解，相互支持，和谐和气，蔚然成风。在后勤内部，精神焕发，团结相助，创优争先，是一个充满凝聚力和亲和力的团队。学校每逢重大节日文艺表演，后勤都是以人员最多的队伍、最整齐的阵容、最响亮的歌声出现在舞台上，受到观众经久不息的掌声欢迎。总之，后勤真是一支了不起的队伍。

带着责任去做后勤工作，这是时代赋予我们的责任。一个有责任感的人，他就会心怀对工作负责的态度，无论是白天或夜晚，无论天晴或下雨，无论是大事或小事，无论是乐事或难事，都会尽心尽力去做好。炊事员深更半夜能准时起床到食堂去做饭，汽车司机准点去开车，水电工深夜去抢修，都是一种有责任感的表现。想到要保证教学科研的需要，想到师生生活的困难，就会自觉地承担起责任，把个人的困难置之度外。

我和张俊才处长，配合默契，想在一起，同甘共苦，使后勤工作从困难中走出来了，成为全国全省的先进集体。为了办好食堂，我们倾尽心血，培训厨师，谋划配菜，创新品种，培育品牌，评比展销等，无不精心策划，细心操作，让群众满意，对群众负责。我坚持每天到厨房走两趟，早上上班一次，下午下班一次，及时掌握食堂的动态。张俊才处长更是深入第一线，与食堂工作人员处理一些难事，商量办好食堂的新措施。强烈的责任感推动我们，必须撑好船，掌好航，乘风破浪，到达彼岸。决不能因后勤工作失误，激发矛盾，造成社会不稳定，学校不安定，这不仅是经济问题，而且是一个重要的政治问题。因此，要站在政治责任感的高度，去做好各项后勤工作。

四、按后勤规律办好后勤

任何事物都是按照自身的规律运动发展而发展的。后勤工作同样有自身的规律，只有按规律去办，才能得心应手，起到事半功倍的效果。首位规律，是后勤工作必须遵守的第一规律。后勤工作的内容很多，概括起来为10个字：食、衣、住、行、卫、钱、物、气、电、水。民以食为天。食为10字之首。正如恩格斯指出：人们首先必须吃、喝、住、穿，然后才能从事政治、科学、艺术、宗教等。食是人的生理的第一需要，没有吃，不能吃，就会影响生命的延续。也可以说，食是天下民生的第一件大事，切不可轻视。我们以办好食堂为中心，举全后勤之力，尽量使师生吃得饱，吃得好。在品种上，要花样翻新，品种繁多，色、香、味、形融为一体，别具一格。做到粗菜细作，细菜精做。在时间上，由一日3餐改为5餐，增加课间餐和夜宵，设有小食、小炒部，全天开放。食堂今天能做到这样，其动力来自食堂的内部机制改革，由原来的单纯行政型和服务型逐步转变经济核算型和经营服务型，采取半企业化管理形式，用经济手段管理食堂，职工所得与服务成果挂钩，使食堂管理的内涵发生了很大的变化。将福利型食堂逐步向经营型食堂转变，开展有偿服务，使其逐步成为独立核算、自主经营、自负盈亏、具有自我发展能力的经济实体。这就是食堂深入改革的实质和内涵。通过食堂的初步改革，实行食堂承包制，把责、权、利落到每个人身上，把服务成果和职工收入挂钩，从而调动了大家办好食堂的积极性。在改革中，我们坚持服务和育人、优质服务和有偿服务的统一，把握改革方向不偏离，通过服务共同完成时代赋予的任务，培养更多更好的社会主义建设者，达到“三服务两育人”的目标。反对在承包中，以包代管，以钱代管的纯经济观点，对没有完成任务的实行亏一罚一，对超额完成的，实行超一奖二，保证了优质服务和有偿服务落实到位，精神文明和物质文明同时推进。

需要规律是推动后勤工作全面发展的强大动力。按照行为学的理论，需要是人类生产生活的动力。人的一生是不断产生需要，不断满足需要，又不断产生需要的一生。从整个社会而言，人类需要的层次越高，社会发展越繁荣，生产水平就越高。人的需要有千万种之多，但归纳起来就是两大类：即精神需要和物质需要。美国心理学家马斯洛将人类需求分为 5 个层次：即生理需要、安全需要、社交需要、尊重需要、自我实现的需要。后勤工作是人的第一需要，是维持生命和生存的需要。马斯洛说：“对于一个处于极端饥饿状态的人来说，除了食物，没有别的兴趣。”“在这种极端状态下，写诗的愿望，获得一辆汽车的愿望，则统统被忘记或退居第二位，充饥成为独一无二的目标。”这段话淋漓尽致地阐述了需要的重要性和后勤工作的极端重要性，以满足教职工和学生需要，就是我们共同的工作目标，也就是改革需要达到的目标。满足人们的需要，这是后勤一切工作的出发点和落脚点。把群众的需要放在心坎上，尽量满足“求廉、求实、求美、求新”的要求。把“吃得营养，穿得漂亮，住得舒适，用得方便”的需要，作为后勤工作总要求。每逢重大节日来临之时，就组织各种丰富的物质供应，食堂举行食品展销会，尽人选购。学生的生日，就为他们做生日蛋糕，煮生日面条，祝生日快乐。设有小炒专卖部，根据自己的需要，随到随炒，像市场上特色的小吃店。学校食堂设有糕点制作部，有蛋糕、面包、饼干等，学生想吃什么就买什么，非常方便。在运行后勤规律时，我们重点抓好3个字：狠抓一个“改”字，落实一个“包”字，突出一个“好”字。“改”就是大胆改革传统管理办法，由行政管理转变为经济管理，由吃大锅饭转变为按劳分配，多劳多得，各尽其能；落实一个“包”字，实行岗位承包制，责权利落实到人，人尽其力，以组核算，落实到人；“好”在质量好，经济效益好，关系协调好，服务育人好。

五、靠提高本领赢得社会尊重

后勤工作既是一门职业又是一门专业，需要技术和文化，需要一支识大局、会管理的专业队伍。人才是搞好后勤的关键。要打破传统的“有德有才搞政工，有专有才搞业务，庸人无才搞总务”的人才观。列宁指出：“任何管理工作都需要有特殊的本领。”要管理就要有内行，后勤工作也不例外。随着后勤改革的深入，建立一支专门化的队伍，摆在我们的面前。在传统人才观的影响下，后勤在社会中地位低下，被视为“伙夫”“屠夫”，工资低，不被人尊重。为了提高后勤的地位，我们从培训技能入手，成立业余技术学校，对职工进行专门培训，使技工达到三级以上水平。用现代技术和现代管理的知识，武装后勤职工队伍。我和后勤处长，亲自坐镇指挥，效果很快显现出来。我们把膳食科作为重点，把培训重点放在培养厨师上，组织他们学习烹饪技术，采取请进来、走出去的办法，进行岗位练兵，组织参加全省高校的厨师技能比赛。第一次在长沙铁道学院举行，我和张俊才处长跟班在铁道学院1个星期，直到比赛结束。经过技术考试，先后有10人分别晋升特级和中级技师，其中2人为特级技师。新的厨师队伍的形成，大大提高我们学院接待外宾的水平，重要来访贵宾包括国外的代表团，主要宴会都在食堂举办，烹饪的菜肴色、香、味、形，特色鲜明，深受好评，位居全省高校的前列。同时，我们经常组织后勤出外参观，扩大视野。当了解到有一个新品种的菜问世，就组织有关人员，把技术学回来，成为学校餐桌上的品牌菜。通过多种途径，提高关键岗位的人员素质，形成了中南林的能干事、能吃苦的后勤队伍。后勤员工做出的成绩，被广大师生认同；他们的政治地位和经济地位大大提高，受到社会的尊重。在学校房屋分配中，特级厨师按科级干部评分而分得了新房。经学校党委批准，从后勤一般工人中，挑选5名优秀工人，先后聘任为科处级干部，其中副处级3人。在全校产生了强烈的反响，从无为到有为，从挨骂到受尊重，从无地位到有地位，后勤的社会地位发生了根本的变化。这种来之不易的变化靠的是改革，靠的是人才，靠的是政绩，靠的是本领。它不是天上掉下的免费馅饼，而是凝聚了后勤人的智慧和汗水，用自己的双手创造出来的成果。我从3年的后勤实践中体会到后勤的劳动是非常辛苦的，后勤人员的精神是可敬的。后勤员工是有能力的主人，作为后勤工作的引领者，只要坚持“从群众中来到群众中去”的方法，就可以使自己由外行变成内行，共享后勤改革的丰硕成果。又一次学习，又一次获得了新的收获，书写了后勤改革新的一页。

肩负中南林重任

1985年是赋予我历史使命之年。11月25日，这是我一生难忘的日子。这一天，中共林业部党组决定任命我为中南林学院党委书记。于是，我成为了中南林的第七任书记。自1972年进入校级领导班子，经过在广州3年的启蒙实习，10年的湖南考验，终于走上了学校领导班子一把手的位置，其心情是百感交集。当上一把手，又一次出乎我的意料，毫无心理准备。从广东回到湖南后，湖南省委任命我为学校二把手，在党委书记、院长张宏光之后，

中南林学院第三次代表大会全体代表合影

我深感才疏学浅难以胜任。1983 年学校有人反映我是造反派起家的，因此 1984 年我被分配主管后勤，排在院领导的最后一名。面对排名的步步后退，我心里非常坦然。我不为名所惑，埋头努力工作，毫无灰心懒意之念。锐意改革，用改革的力量，改变了后勤面貌，书写了新的一章。在我对后勤工作情意正浓时，组织又委以我重任，我真诚地感激上级组织对我的信任，感谢群众对我的支持。“雄关漫道真如铁，而今迈步从头越。”如果说我任副职的 12 年是小考，那么这次荣任书记则是一次大考了。成绩是及格还是不及格，是一般还是优秀，那就看我自己的努力了。

一、新官上任三把力

继往开来，勇于创新，面向未来，是历史赋予我这位新任领导的使命。在继承的基础上发展，在发展中创新，谱写中南林发展的新篇章。在重视历史的同时，更要注重发展的未来。要随时了解新信息、新技术、新特点，把握时代的脉搏。做官首先要学会做人，树立是官不像官的第一印象，对群众要极端的热忱，对工作要极端的负责，放下架子，深入群众，处处体现爱民、亲民之情，尊民如同父母，爱民如同子女，亲民如同手足，将心比心得人心。要树立正确的权力观，勤政为民，廉政为公，不为金钱所动。“近河不得狂使水，近山不得狂烧柴，有权不得乱胡来”，以此作为我上任的座右铭，走过了后面 10 年的任期，瓜熟蒂落到光荣退休。我没有因犯罪被公安局抓下台，也没有因群众反对被轰下台，更没有因色情问题跌倒而掉下台，而是光荣地走下台，从而结束了我 22 年的领导生涯，回归到平凡的生活之中。

别人是新官上任三把火，我是新领导上任三把力。具体就是要增强党委的凝聚力、驾驭力和影响力。

1．一把凝聚力

凝聚力是领导力的第一推动力。有凝聚力的领导才是成功的领导。高校党委是学校的领导核心，发挥领导核心作用，首先是增加凝聚力。古人管仲曰：“政之所行，在顺民心，政之所废，在逆民心。”孟子曰：“天时不如地利，地利不如人和。”毛泽东说：“欲动天下者，先动天下心。”得人心者得天下。这是普天下皆知的真理。目标凝聚人心，这是增加凝聚力的外动力。

1987 年 3 月 28 日，学院召开了第三次党代会，这是十多年后的一次党代会，出席会议的代表 144 人，列席代表 18 人。这次会议的主要任务有三：①审议工作报告；②通过关于加强思想政治工作的决议；③选举新的领导班子。我被高票当选为书记，许家骅为副书记，刘仲基、胡芳名、李去惑、杨必贵、袁天艮为委员。这次代表大会的闪光点，提出了中南林的发展目标是：以林为主，理工结合，文理兼有，建设富有特色的多科性大学，以多科性和特色凝聚人心，激励斗志，为建成以林为特色的多科性大学而奋斗。

需要产生动机，动机产生行为，行为指向目标，这是人的心理和行为活动的规律。目标是激活精神的强大动力。英国一个教堂墙上写道："干活如果没有远景就会枯燥无味；有远景而没有实干是一个空想；有远景加实干就成了世界的希望。"可见远景和目标的重要，理论是统一思想和行动的强大武器。加强凝聚力，必须以党的指导思想为指针。我们创建了党委中心学习小组，党委成员和部处系主要领导干部参加，每月集中学习两天，这是建设学习型政党的先行实践。其实早在 1986 年 5 月，中南林就创办了第一个业余党校，由许家骅副书记任校长。到 1991 年时正式成立党校，由我任校长。通过中心学习组、党校的多种形式，学习马列主义毛泽东思想、邓小平理论，学习党的新政策，宣传党的奋斗目标，为实施学校的发展目标，发挥了不可替代的作用。

情感凝聚人心，是增强凝聚力的内动力。情感，这是从内心深处发出的巨大的力量，形成磁场效应。情感是区别关心与怜惜、帮助与施舍、称赞与奉承的试金石。情感是不能施舍的，它是内心的一种感受，以情感人，首先要做到真心了解人、尊重人、关心人、体贴人。落实知识分子政策，推行职称改革，帮助教职工解决工资待遇、夫妻分居和子女就业等问题，是当时关心人、尊重人的首要问题。提升职称职务可以提高工资，增加收入，改善生活。据 1993 年统计，正院级、正教授人均月收入 561 元，比上年增长 175 元；副教授人均月收入 501 元，比上年增长 165 元；正处级人均月收入为 511 元，比上年增长 165 元；讲师人均月收入为 447 元，比上年增长 155 元；正科级月均收入 427 元，比上年增长 155 元；助教、一般干部人均收月收入 403 元，比上年增长 145 元；工人人均月收入为 409 元，比上年增长 145 元。从领导干部到工人，从教授到助教，工资普遍有了较大的增长。在职称改革中，行政系列慢于教学系列，我们通过林业部提前评审了 13 位高级工程师。当时受干部提升条件"55 岁不提，58 岁不任"所限，有一批资深的干部，先后被提升为院、处级非领导职务调研员的有 10 人，其中院级 1 人。首先解决一些资深干部的政治待遇和生活待遇，这在全省高校中我们首开先河，深受群众好评。夫妻分居两地和子女就业问题，也成为学校教职工最大的民生问题。学校党委主动采取措施，通过近 10 年的努力，解决夫妻两地分居的共 142 人，其中调入 108 人，调出 39 人，使他们安心工作。为解决职工子女就业问题，学校特地成立安置办公室，创建了劳动服务公司，与株洲市技工学校签约分配招生指标，面向广东企业就业等途径，使学校职工的子女 95% 就了业，共安置了 249 人，受到湖南省政府的表彰。通过排民忧、解民困的工作，大大改善了党群关系，在领导与群众之间架起心心相印的桥梁，增强了党委的凝聚力。从这里我们体会到，感情虽不是物质也不是商品，却是用金钱买不到的无形资产，它焕发的力量也是无比的，使干群关系如鱼水，亲而不离，信而不疑。

以德凝聚人心，这是时代必然的选择。德的内涵是指人的品质、才华，包括正直、大度、宽容、谦虚、清廉、诚恳、无私、无畏、坚毅、热情、体贴、慷慨等。道德是一种伟大的力量。“其身正，不令而行；其身不正，虽令不从。”一个领导者，要有威信，要有号召力，让人们从内心里敬佩你，主要靠自己的优秀的品格、宽阔的胸怀、廉洁的作风、出色的能力。要求别人做到，自己要比别人做得更好。总结古往今来的治国经验，共有德服、才服、力服治国三种办法。其效果是德服为上，才服为中，力服为下。才服是以智慧和才能引导别人服从自己的意志。力服是以权力或暴力强迫对方服从自己的意志。德服是以自己的高尚道德影响别人的思想和行为，从心理上服从自己的意志。

我一生既不好酒，也不好色，不抽烟，不进歌舞厅，不沾恶行，生活不赶潮流。我没有以权谋私之心，没有在学校安排一个亲朋好友的工作，包括临时工。在经济上清清白白，干干净净，不做违法乱纪之事。1988 年妻子主管研究生思想政治工作，为了给学生做一点勤工俭学活动，为教职工代买了几台电冰箱。后有人告发到株洲市纪委，被列为大案重点审查。我在处级干部大会上表态：“依法查处。”经过市纪委调查，最后找我谈话说：“经我们调查，买冰箱问题，既没有违法，也没有违纪。”席卷全校的买电冰箱风波，终于平息。

俗话说：“人在一个单位久了狗都嫌”。我在林学院工作一辈子，在领导岗位 22 年，活到现在快 80 岁了。以校为家，以师生为友，我们鱼水相亲，血肉相连，朝夕相处，友谊长存，我为此感到特别欣慰。心理活动是最为复杂的现象，心善可以办好事，心齐可以办大事。我是这样要求自己的：要有善心，多行善事，用善规范自己的领导行为，以圣贤之德，做好一个领导者。中华宗教文化交流会会长叶小文说得好：“存好心，诚意菩萨好运到；心有圣贤，就像良田收成好；说好话，慈悲爱语如冬阳；做好事，举手之劳功德妙；服务奉献，就像满月高空照。”著名学者易中天概括了当领袖的素质：“一个人同时具有孔子的爱心、孟子的正义、墨子的实践、韩非子的人生、老子的智、庄子的慧、荀子的自强，一定成为领袖。”在领导素质中，“德”是居首位的。

2．一把驾驭力

驾驭全局的能力，是一个领导者必备的素质。驾驭力是集影响力、指挥力、控制力为一体的领导能力。面对瞬息万变、人际关系错综复杂、利益矛盾凸现的时代，提高领导的驾驭力尤为重要。“以史为镜，可以知兴替；以人为镜，可以明得失”。古往今来的成王败寇，究其成败原因，大都在于领导的驾驭力。三国时，刘备大器晚成，善于用人，有超常的领导驾驭力。明朝崇祯皇帝，身为一国之君，一人独霸，不善用人，导致众叛亲离，上吊自杀而身亡，成为中国历史皇帝治国的败笔。高等学校是一个文化多元化和思想多元化的场所，是各种思想的集散地，学校矛盾和社会矛盾交织在一起，容易引起政治风波甚至动乱，影响社会稳定和长治久安。作为高等学校党委，在20世纪80年代，面对如此严峻的政治环境，提高领导驾驭力是当务之急。

首先，要提高理论的说服力。恩格斯认为，“一个民族要站在科学的最高峰，就一刻也不能没有理论思维。”马克思说：“理论一经群众掌握，就会变成物质力量。”为了提高领导的理论水平，我们成立党委中心学习小组，每月坚持学习2天，受益匪浅。在学生中倡导成立马列学习小组，1989年10月经济林系第一个马列学习小组成立，1991年发展到57个，1000多名学生参加学习。

其二，要提高精神的号召力。以先进人物为榜样，组织师生深入开展学雷锋活动。1990年学校党委做出开展学雷锋的决定，使学雷锋活动制度化和常态化。每年3月5日，举办学雷锋一条街活动，组织学雷锋为您服务小组，当时人头攒动，像农村赶集一样的热闹，反响强烈，意义深远。用雷锋的精神，教育人，激励人，做好事，欣然成风。1990年统计，有3000多学生参加，做好事上万件。大大促进了精神文明和校园文化建设。

其三，提高组织的控制力。社会要稳定，学校要安定，目标要实现，必须要加强行为的控制力。充分发挥党支部的战斗堡垒作用，发挥党员的先锋作用，是提高组织控制力的关键。“创先争优”活动的开展，掀起了“创建先进党支部，争当优秀共产党员”的热潮。“为党争光辉”“党在我心中”“讲团结、讲纪律、讲奉献”等各种活动在全校展开。1987 年开展活动 52 次，参加人数 625 人。林学系学生党支部走出校门到株洲市内 6 路公共汽车站打扫卫生；林工系学生党支部到荷花乡敬老院打扫卫生、洗衣、送节日礼物，深受老人们的欢迎。教师党员中的大多数同志担任了教研室主任，在教学科研中发挥了先锋模范作用。经济林系教授何方，是经济林学科的创始人和奠基人之一，在教学和科研上成绩显著，1989 年被评为全国优秀教师，林业部优秀科技专家。

其四，提高决策的预见力。党委是决策的掌舵者。学校重大问题均需党委集体研究决策。决策要具有科学性、前瞻性的眼光，避免失误。从实践看，我校家具设计专业和森林旅游专业的创建、第一个博士点的建立和林科教工程办学模式的成就等，都体现了党委决策的预见力，看到了发展的方向，展示了领导的决策能力！

其五，统战的协调力。统一战线是我们党的三大法宝之一。打天下要依靠统一战线，治天下同样要用统一战线。学校的统战工作由我亲自主管，民主党派各种活动，我差不多都亲自参加。中南林的民主党派之多，活动成效之好，在 20 世纪 80 ～ 90 年代走在全省高校的前列。1993 年 10 月 22 日中共湖南省委高教工委，在我校召开全省高校统战工作会议，我在大会上作了《加强和改善党的领导，做好新时期的统战工作》的发言，引起强烈反响。我们以民主党派工作为纽带，以“肝胆相照、荣辱与共”为宗旨，团结广大党外知识分子，做到在政治上导，在组织上帮，在工作上扶，使民主党派有了较快的发展。由 3 个民主党派发展到 6 个，人数由 20 人增加到 88 人。学校 6 个民主党派的负责人，大多数担任了株洲市民主党派的负责人，参加株洲市政协的委员有 6 人之多，为株洲市的统战工作做出了贡献。学校党委统战部的吴豆泉、蔡玉梅部长，他们既是共产党做统战工作的代表，又是统战工作对象的好朋友，具有很大的亲和力和影响力，为学校统战工作做出了重要的历史贡献。

其六，思想政治教育的指挥力。在20世纪80 ～ 90年代，国际风云突变，苏联解体，加之改革开放，西方资产阶级思想不拦而入，多元化的思潮汹涌而至，不少人产生了信仰危机。我校党委站在战略高度，在第3次党代会上做出了《关于深入进行坚持“四项基本原则”教育，切实加强思想政治工作的决定》。其内容包括：①进一步明确思想政治工作的作用和任务；②以坚持“四项基本原则”教育为主要内容；③不断改善思想政治工作方法，提高有效性；④切实加强政工队伍建设；⑤加强对思想政治工作的领导。党代会后，1986年我们成立思想政治研究会，组织学术交流，我任会长，每年召开一次会议交流经验，出版了2本文集。1990年3月21日学校党委决定成立学生工作领导小组，许家骅任组长，李去惑任副组长，从组织上加强对学生工作的领导，并充分发挥共青团、学生会、工会在思想政治工作的作用，形成了教书育人、管理育人、服务育人的共管机制。在党委的统一指挥下，党委宣传部、学工部、团委、马列部发挥了主力军作用。宣传部长朱增华、曾清裘，学工部长李昌楚，团委书记韩健、刘君昂等同志，为了加强学生思想政治工作，精心谋划，做了大量的细致工作。

其七，紧急问题处理的应变力。1989年发生的政治风波，在高校历史上，是一件政治大事。学校党委高度关注，因势利导，将发展形势控制在一定范围内，防止过激行为的产生。从1989年的4～10月，我们始终以中央反对动乱的精神，召开党委会议和处级干部会议学习，统一思想，统一行动。学生上街游行，不支持，并尽量大力劝阻。在校内，我们学生没有发生抢广播、砸东西的过激行为。政治风波结束后，在组织处理上，对学生采取非常慎重的态度，处理面非常之小。可以说我们是有效地冷静应对，防止了事态的扩大，使学校很快恢复了教学秩序。

上述7种力的汇聚，形成了党委驾驭全局的能力，保证了高校的政治航船，沿着社会主义道路的方向，破浪前进。

3．一把影响力

领导者的影响力包括权力影响力和非权力影响力。权力影响力是有限的，铁打的江山，流水的官，一去不复返。非权力影响力是无限的，没有时间和空间的限制，可以扬名古今中外。当学校一把手的我，由于学历不算高，时常感觉各种压力很大。“山不在高，有仙则名；水不在深，有龙则灵。”岗位打开机遇窗，专长铺就成功路，加强自身素质的修养，我决心以此为契机，坚持终身学习，加强自身素质的修养，深入研究，在“写”字和“口”字上下工夫，形成自己的领导风格和魅力，强化非权力的影响力。我以社会为学校，以岗位为课堂，以群众为师父，以实践为笔，以大地为纸，写了100万多字的文章和专著，努力使自己成为一个学习型的领导者。从20世纪80年代初开始，对林学、思想政治教育和管理科学进行专题研究，取得初步成果。第一篇论文《森林的兴废与国家的盛衰》发表在中南林学报1982年的第2期，先后被中国科学院《农业现代化探讨》、林业部《林业工作研究》全文转载。广东省林业厅主办的《滴翠》杂志，1985年分5期刊载。编后语说："这篇文章值得一读。作者从森林与经济繁荣、森林与生态灾难、森林与环境保护、'潜力在山，希望在林'4个方面，列举了大量的资料，阐述了森林与人类的关系，给人们以有益的启迪。本刊分期连载，以飨读者。"论文发表3年之后，《广东林业》杂志予以刊登，证明了该论文的价值。该文获湖南省教委科技成果三等奖。我的第一篇科普论文《让城市绿树成荫风景如画》，1983年3月11日发表在《湖南日报》上，1985年全国科普杂志把全文作为范文发表在第5期上。文章前是这样评价的："《让城市绿树成荫风景如画》一文，贯穿着'绿化城市一门科学、技术和艺术相结合'的主题思想，揭示了城市绿化和美化的辩证关系。读后不仅懂得了科学种树的基本原理方法，而且给人以美的享受，仿佛置身于绿树成荫、鸟语花香的胜境。看过文章使你对林业的认识有一个飞跃和升华。由此可看出，作者不仅具有丰富的林业科学知识，而且对建筑设计、工艺美术等方面也颇有见地。不失为一篇思想开阔、构思新颖的好作品。"评价之高，完全出乎意料，后被中国林学会评为二等奖。我的第一本专著《行为管理学》1988年10月由国防科技大学出版社出版，至今已20多年了，但只要在网上一查，出版商仍把它列为现代管理必备书，全文在网上刊载，各图书馆藏书和校长发展网上均显著标出，推荐读者阅读，至今学者在研究论文中，仍然时有引用，可见此书的学术价值仍在广为传播。《高度关注应对气候变化的森林》2009年发表在北京林业大学的学报上，研究关注森林的碳汇作用，这是当前研究的前沿课题。《建设森林城市，发展林业碳汇》是为长株潭城市群建设两型社会提高理论支撑力的一篇文章，获湖南省长株潭城市群研究会、湖南省社会科学院颁发的特别奖。

至今为止，共出版专著《行为管理学》《现代领导智慧》2本，并主编了《中国现代竹业概论》《国情教育概论》《中外合资企业管理导论》。《现代领导智慧》2002年由湖南大学出版社出版，书一上市，销售一空，十分抢手。《中国现代竹业概论》一书，由湖南省省委书记周强作序，高度评价这本书的出版意义，在序言中他写道："全书从文化、技术、产业、贸易等各方面，对竹业进行了全面系统的介绍，充分体现了老同志难能可贵的'竹精神'，对于我们大力弘扬竹文化、开发竹产业、发展竹经济，具有重要的理论和现实意义。"

从20世纪80年代初起，迄今我共发表论文100余篇。我写论文的特点是集逻辑性、思想性和前瞻性为一体，重在前瞻性和新颖性，立题新颖，结构严谨，观点鲜明，材料翔实，晓之以理，具有启迪性。

身为领导者不仅能写而且还要能讲，把自己的观点用语言表达出来，为别人所接受，并影响他人的思想和行为。语言是人类交际的工具，是思维的物质外壳，是信息的载体。眼睛可以容纳一个美丽的世界；嘴巴可以描绘一个精彩的世界。古人云："一言之辩，重于九鼎；三寸之舌，强于百万之师。"舌头、金钱、原子弹被视为现代的三大武器。语言能起到"不战而屈人之兵"的作用。领导者的非权力影响力，表现在语言艺术上更为重要。要把领导者的意志变为群众的意志，首先要从语言开始，宣传自己的主张，才能使人明，使人信。我从第一次在广州作报告后，开始学习讲话，学习作报告，日复一日，年复一年，就形成了我自己语言的风格和魅力。我在学生中做报告常常最受欢迎，毕业之后他们对我报告中的讲话还记忆犹新，觉得受益匪浅。把握报告内容的主题明确极为重要，要突出时代性、科学性、艺术性和教育性，运用艺术的技巧，集讲与演、声与形、理与情为一体，声形同步，以声带形，台上台下互动，声音的抑扬顿挫，语言的幽默风趣，给人一种美的享受。报告的内容要为时代呼唤，为大众鼓劲，用自己的情感之火去点燃听众的情感之火，拨动听众的心弦，引起共鸣。这是报告的出发点和落脚点。报告的结构分开头、主体、结尾三大部分，要突出主体，头尾相呼应。要以相声般的幽默开头；讲到主题时，要以小说般的形象、戏剧般的冲突，把报告引向深入，推向高潮；结尾时，要以诗歌般的激情结束演讲，像钟声一样传至远方在空中回荡，回音久久不停。在实践中，我的体会是，报告一定要精干，观点鲜明，材料翔实，思路清晰，用排比的语言，强化讲话的力量，不重复，不拖沓，在听众情绪高涨时结束，欲听而停，效果最好。

在我任职书记的10年中，党委的凝聚力、驾驭力和影响力大为增强，改革和发展顺利推进，党群关系、师生关系融洽，各项工作欣欣向荣。1994年中共湖南省委、湖南省人民政府授予"中南林学院党委党建工作和思想政治工作成绩显著”先进单位称号，并颁发奖金2.5万元，以资鼓励。从我个人而言，10年书记的任职期，是一次大考。我始终坚持积极学习，没有被时代淘汰出局；在行为和决策上，也没出现大的失误，影响党委的威信；更没有导致学校实力下降和学校财产损失及发展受阻。考试成绩不算优秀，亦可称是一个合格的一把手。令我感到欣慰的是，我的作品、论文、专著其影响力至今尚存。我已退休近20年了，专著《行为管理学》《现代领导智慧》仍是现代管理和现代领导的必读之书。《行为管理学》是我20世纪80年代研究的管理学成果，《现代领导智慧》则是退休之后对我领导经历和经验的总结与升华，具有普通的规律性、指导性和有效性，是一本通俗易懂、可以操作、有效的好读物。当书记的10年，胜于我读了10年大学，相当于完成本硕博学习的任务，交了一份合格的答卷，收益颇丰。

二、为学校的改革发展把好脉、掌好舵

我上任书记之时，正是20世纪80年代中期学校迎来发展的新机遇。学校经过几年的调整，恢复了元气，但是我们学校离北京林学院、东北林学院、南京林学院三大林业院校*还有很大的差距。要想赶上或超越他们，这副重担就落在我们这届班子的肩上了。讲资历我们没有他们深，讲实力没有他们强，我们靠什么力量实行赶超的目标，缩短其差距、办出特色水平呢？面对全国改革开放的大好形势，我们班子认为：只有依靠改革和创新才有出路。一是要靠改革，二是要靠创新。实行弯道超车，使学校教学上水平，科研上台阶，产业上规模，办学有特色，迈上发展的快速之路。

三、提高办学品位，创建首个博士点

学校发展的方向实行普及和提高相结合，以提高为主，由一元化向多元化转变，形成“多形式、多规格、多层次”的办学格局。改革开放前，我们学校主要是本科教育，而且是封闭式的教学方式。学校发展上水平，关键是提高办学层次，大力发展研究生教育，扩大硕士点，创建博士点。我校的研究生教育，起步于1978年，由2个学科硕士授予权，学生4人，扩展到7个学科，到1993年扩展到11个，在校学生100名之多，共招收研究生242人。1985年，研究生招生数为32人，1986年招生42人，以后国家调整每年招生

---

* 该三所林业院校后更名为北京林业大学、东北林业大学、南京林业大学。

数下降，保持在20名左右。在发展研究生教育的过程中，强调外语能力和实践动手能力的培养，从而提高了教学质量。学生毕业后走向社会，他们的工作能力受到社会好评。

学术地位决定学校地位。学术地位高，学校在社会中的地位相应也高。所以，我们在发展硕士研究教育的基础上，一直都努力向博士教育层次冲刺。经济林学科是我校的特色学科，与北京林学院的风景园林，东北林学院的采运，南京林学院的林化可相提并论，代表四大林业院校的专业学科特色。1993年我们向国家学位委员会提出申请，经济林学科为博士授予权点。当时博士点审批严格，处于收缩阶段，几乎不在新设的学校布点。基于中南林经济学科的特殊地位，经专家评审通过，授予中南林经济林博士点，从而打破了中南林无博士学位教育的纪录。在湖南是继中南大学、湖南大学、湖南医科大学、湖南师大、湖南农大之后第6个获得博士授予权的学校。这是一个来之不易的发展平台。站在这个平台的起点上，拓展了学科发展的空间。有了当初第1个博士点，才有今天的3个博士后流动站，27个博士点，67个硕士点，在校研究生达1000多人。

四、办好特色专业、创办新专业

专业是连接产业的纽带，是学生走向社会的桥梁。专业设置是否得当，对社会而言关系到产业的发展；对学校而言，关系到学校的生存和发展，关系到招生的数量和质量。我们是以林业产业为主的高校，既要立足林业设置专业，又要跳出林业围绕林业延伸的产业设置专业。林业产业是基础产业，集第一、第二、第三产业为一体的综合性产业。在办好原有林学和林产工业两大类的专业之后，还要设立新的专业，以适应新的形势需要。改革开放以来，家具产业已成为林业的支柱产业，产值已达8700亿元之多。为适应家具产业快速发展，1980年我们开始筹备，从办短训班、办专科开始，到1988年经教育部正式批准，成立家具设计专业，成为林业院校最俏的专业之一，显示出了强大的生命力。从1980年以来，我们为全国家具行业培养近8000名学生，遍及全国各地。尤其是珠三角地区，凡成建制的家具厂都有中南林的毕业生。其中近500名毕业生已成为企业所有者、高级管理者、高级设计师。2004年发布的《中国家具白皮书》将中南林业科技大学誉为“中国家具行业专业人才的摇篮”。我校家具专业的创始人胡景初教授，被誉为“中国家具设计教育之父”。以家具设计与制造为核心的“工业设计”专业为国家级特

中南林学院家具八九届毕业留念

色专业，全国仅清华大学和我校等 4 所高校获此殊荣。

学科是基础，专业是载体。以学科带专业，用专业促学科建设，实现学科与专业双丰收。现在家具与室内设计工程学科为国内唯一的博士学位授权点学科。家具学院成为独立的二级学院，在校学生近 2000 人。编辑出版具有国际影响的专业杂志《家具与室内装饰》。学校设有省级家具、家饰工业设计中心。拥有雄厚的师资力量。为全国近 100 家企业提供技术服务，创造的经济效益达 300 亿元之多。从家具专业的创立，到家具专业的发展，可以充分证明 30 年前学校的决策，是多么具有前瞻性和正确性，才赢得了今天我校在家具设计行业的领先地位。

森林旅游专业是我校 20 世纪 80 年代末率先创办的又一个新专业。当时我对森林旅游颇有兴趣，恰逢吴楚材教授倡议，学校向教育部申请成立森林旅游专业，并得到批准。经过十几年的发展，森林旅游已成为生态旅游的时尚，并还在持续升温，成为林业新的增长点。2009 年统计，全国共有森林公园 2458 个，其中国家森林公园 730 处，接待旅游者 3.3 亿人次，门票收入 225 亿元，社会旅游总收入 1700 亿元，占林业产值的 10%，森林旅游已成为最活跃、最有生命力的产业。中南林创办森林旅游专业，对森林旅游的发展功不可没，直接培养了几千名学生。现在我校的森林资源保护与游憩已成为国家级的特色专业，拥有 2 个博士点和 4 个硕士点，博士、硕士在读生 107 人，本科 495 人，专科生 500 人，成为培养森林旅游人才的摇篮。从发展现代服务业来看，森林生态旅游将是最具有竞争力的产业，发展前景广阔。旅游业的强劲发展，决定了森林旅游专业的发展地位。

法律专业是 20 世纪 90 年初建立的一个新专业，这是中南林在林业高等院校中最早建立的法学文科专业。针对林业系统政法干部的需要，突出环境生态法特征，是在“马列部”下属设立的一个本科专业，成为林业院校的新闻。马列主义教研室周训芳教授成为这个学科的带头人。他敢于创新，编写了《环境法学》《环境刑法》等著作，打造了中南林法律专业的特征。在专业创新上又增加了一支生力军。

五、编写新教材

学科建设是学校的灵魂，专业是连接社会的桥梁，而教材则是智慧的窗口。教材的新与旧，好与差，是决定教学质量的关键。在教材建设中，要敢于破旧立新。一部新教材就是一门新科学，一项新技术和新信息的传播，能使人的眼睛更充满智慧。从 1985 ～ 1993 年中南林教材建设取得了有史以来的丰硕成果，公开出版 25 本，自编教材 179 种。在公开出版的教材中，有 3 本是代表时代脉搏的著作，在全国具有引领的作用。一是由徐国桢、黄山如教授主编的《林业系统工程》，1992 年中国林业出版社出版，开创了全国林业系统工程的先河。该书运用系统论的原理和方法研究林业系统的发展和对策，作为高等林业院校的教材，传播和运用系统论的原理和技术，创造了森林经营的一种新方法。二是欧润贵教授编写、1989 年中国林业出版社出版的《林业遥感》，书中运用现代遥感技术，清查森林资源的方法，与传统的方法相比是一个巨大的进步。林业遥感技术是一门崭新的科学，是林业科学的新发展，该教材由我院率先出版，是林业科学发展的重要成果。三是由我编著的《行为管理学》，1988 年由国防科技大学出版社出版。在 80 年代，行为科学作为一门新的管理科学，在西方国家已广泛运用。我运用行为科学的原理，结合中国实际，编写出具有中国特色的行为管理学，对人的行为进行控制和管理，体现了以人为本的管理方法，在本科和研究生中讲授，颇受欢迎。此外，特别值得一提的是，由于家具专业系我校在全国首创的新专业，所以全部专业教材均由我院老师自己编写，使家具专业的专业教材系统化和科学化，为家具学科的发展作出了开创性的贡献。

六、开门办学 面向实际

实行理论与实际相结合、教育与生产劳动相结合，是高等教育改革的主题。学校党委认为，加大开门办学的力度，是教育改革的当务之急。林学系在开门办学、提高教育质量、推动林业发展等方面，做出了巨大成绩。从20世纪80年代开始，他们组织学生利用教学和毕业实习时间，到广西、福建、湖南等地，进行大规模的森林资源清查，完成了几百万亩的森林资源清查任务。1989～1990年林学系为炎陵县完成二类清查森林资源70多万亩，并荣获省质量一等奖。结合实际完成了15个县的速生丰产林规划设计和10个国家级森林公园的设计任务。通过上述生产实践活动，大大增强了办学活力，实现由封闭性办学向开放性办学的转变，密切了学校和生产单位的联系，提高了学校的知名度。同时增加了经济收入，改善了师生的福利待遇。林学系教职工的优厚福利，向来为其他单位所羡慕。更重要的是这样一来，直接提高了学生的思想政治素质和专业素质，为国家培养了一批素质高的林业人才。他们吃得苦，能动手，会管理，深受用人单位青睐。林业部林业规划设计院是国内最高设计单位，他们用人首选的是中南林的毕业生。中南林的毕业生在林业部是一支日益崛起的力量，成为国家各部委的重要骨干，司局级干部达40多位。

七、增强科研活力

我校科研长期处于难立项、缺资金，大项目少，子课题多，老教师项目多，青年教师项目少的困境。为了改变这种状况，学院党委决定，从1991年起建立青年科研基金，每年拨款5万元，从而调动了青年教师科研的积极性。对广大教师而言，组织教师面向经济建设，在服务地方经济中找课题，加大横向科研的力度，收效明显。教师纷纷走出校门，下工厂，到林场，找米下锅，把科技成果转化为生产力。1991年，全校共有19项科研成果通过鉴定，其中12项得到推广，产生经济效益1.5亿元。在“七五”期间，1986～1990年共开展课题研究149项，比“六五”增加10%。其中有43项获得科技进步奖。其中林业部一等奖1项，二等奖6项，三等奖22项。在1985～1993年之间，学校获得最高奖的是吴楚材教授和田大伦教授，先后获得国家科技进步二等奖。吴楚材教授和单圣涤教授被评为国家级专家，为中南林赢得了荣誉。潘维俦教授和祁承经教授先后当选全国人大代表。

八、创办《高教研究》杂志

高等教育研究是高校工作的重要组成部分，是改革和发展的基础性工作，是改革和发展的先导。我校的高等教育研究起步晚，以前没有机构和人员从事这项工作，是学校工作的一个薄弱环节。为了加强高教研究，学校决定创办《高教研究》杂志，1987 年 2 月 1 日《高教研究》创刊号正式出版发行，院长刘仲基撰写了《把我院高教研究工作推向一个新阶段》的发刊词。刊物由党委委员袁天艮任主编，王锡忠、胡景初、朱忠保任副主编；中南林第一任书记梁书文题写刊名。

《高教研究》从 1987 年创刊以来到 1993 年，共出版发行 16 期，总计约 250 万字，共发表文章 499 篇。《高教研究》的创刊，发表的文章，引起了教育界的高度关注。王周撰写的《对高等教育科学期刊质量的思考》，受到上海高教局、上海高教所的高度评价和充分肯定。在湖南省 1988 年首届高等教育成果评奖活动中，我校获得 3 项奖。其中《中南林学院校史》获二等奖，我撰写的《把握高等学校改革和矛盾》，李勋南、王锡忠撰写的《围绕培养目标改革教育思想和教学方法》获三等奖。杂志的发行，在林业高校首屈一指，是林业高等教育办得最早的刊物之一，具有举足轻重的作用，得到湖南省教委、林业部教育司领导的高度关注和肯定。新颖的封面，精心的编辑，充实的内容，高品位的文章，凝聚了王锡忠同志的心血和智慧。刊物办得好，质量高，为教育界同仁所称赞。这是在中南林高等教育研究史上书写的光辉一页。

九、培养教师新对策

从 1976 年到 1994 年 18 年的师资队伍建设，在数量上有了很大的发展。形成了 60% 青年教师为主体的师资队伍。面对此现状，学校决定在质量上下工夫，具体采取了两大措施。

一是加强基础知识，提高学位，实行院内和院外相结合，国内和国外相结合的办法。在院内举办新技术培训班，如电子计算机、模糊数学、网络技术等专题培训班。助教进修班 30 人，院内在职研究生培训 38 人。送教师到兄弟院校进行专业对口进修，先后共派出 31 位年青教师到中山大学、武汉大学、复旦大学等 31 所著名大学进修，时间均在 1 年以上。并委托兄弟院校代培研究生，先后共选派 21 名教师，到北京林业大学、华中科技大学、四川大学等大学，攻读研究生学位。1991 年统计，拥有研究生学位的教师占教师总数的 22.7%，高于 15.2% 的全国高校的平均水平。我们从 1985 年以来，先后派出 22 名教师，到美国、意大利、日本、德国等 14 个国家攻读硕士和博士学位，先后有 15 位学成归来，成为学校的骨干教师。在青年教师中，拥有硕士、博士学位的教师，占教师总数 30.1%，比全国高校平均数 16.3% 高出了 13.8 个百分点。在晋升职称中，我们采取向青年教师倾斜的政策，1992 年和 1993 年两年青年教师晋升副教授 34 名，占教师晋升的 85%。年龄最小的李来庚副教授，当时只有 31 岁。

二是提高外语能力。面对开放的中国，提高教师的外语水平尤为重要。为了迅速提高教师的外语水平，采取长短结合，内外结合的办法，在院内分别举办了教师英语班 4 期，日语班 2 期，俄语班 1 期，参加学习的教师近 410 人，同时还选派 20 多人到广州外语学院和上海外语学院等学校攻读日、德、法、俄等语种。从 1985 年起的 8 年中，有 112 人参加了国家教委组织的出国人员外语资格考试，平均通过率达 75%。为教师出国深造打下了基础。通过近 10 年的努力，我校师资队伍的业务水平与过去相比，从总体上看，确实有了很大的提高。学校党委所采取的措施，把青年教师培养作为重中之重，这是非常正确的。教师决定学校的地位，教师强学校兴，教师弱学校衰。青年教师是学校的未来，只有把青年教师培养好，学校发展才有希望。

从 20 世纪 80 年代到 90 年代，我校师资队伍建设形成了老中青相结合的队伍，涌现出一批教学和科研骨干，基础部的张应春、鲁孝杰、仇复汉、刘邦中、方旦谷、谢裕民、马新为、唐大武、刘琢；外语部的周道鸣、梅荣涛；体育部的余剑林、朱光耀、范群、刘佳；马列部的朱增华、徐金声、何燮元、王季林、周训芳；林学系的潘维俦、祁承经、田大伦、徐国桢、曹世恩、欧润贵、李际平、曾思奇、吴楚材、吴章文、王淑芳、王问学、吴光金、林雪坚、黄建屏、谢宝多、胡日利、朱忠保、周佑勋、陈永密、陈锡文；经济林系的胡芳名、何方、余祥威、彭幼芬、谢碧霞、刘显旋、邓毓芳、赵世东、沙钱孙；森工系的刘松林、郑睿贤、蒋远舟、胡景初、邓背阶、唐开军、刘文金、单圣涤、陈洁余、许芳亭、陈克家、曾维明、巫珍佛、李正光、龚静午、蒋开苏、刘长生等，他们有的被评为劳动模范、全国优秀教师，有的是人大代表、政协委员，有的是国家级的专家、部省级的中青年专家等等，享受政府特殊津贴，为学校争得了荣誉。特别是 80 年代出国学习，以吴晓芙、何平为代表的优秀青年老师，放弃国外优厚的待遇，回到母校任教，为学校师资队伍带来了无限的生机和希望。

十、走出国门建立第一个国际校际合作关系

改革开放，给高等学校发展创造了新条件。教师可以走出去，也可以请进来，进行广泛的学术交流。1982 年的石明章副教授、1983 年的胡芳名副教授，1985 年的潘维俦副教授，开始走出国门，到印度、美国、德国等国家进行国际学术交流，随后院长刘仲基随林业部考察团前往芬兰考察，1989 年 11 月出席捷克森林水文国际会议，加快了对外开放的步伐。

1993 年 3 月 6 日，是中南林对外开放的一个重要日子，第一次走出了国门，与日本琉球大学签订了合作协议书。1993 年 3 月，以院长刘仲基为团长，我为副团长，科研处处长刘介平、院外事办主任冯革非为团员一行 4 人，访问了日本琉球大学。访问期间，参观了琉球大学的农学部、工学部、图书馆、演习林场、标本馆及有关实验室，还参观了冲绳县林业实验所及 3 家民间公司，拜会了市长助理，游览了仙人掌公园。签订了两校校际关系协议书，取得了积极成果，拉开了中南林与国际高校开展合作的序幕，具有开创性的历史意义。从此之后，两校高层和教师来往更加密切。

1993 年访问日本琉球大学，与校长交换纪念品

这次到日本出国访问，是我在任职期间唯一的一次出访活动。琉球大学位于冲绳县的一个岛屿，岛上的建筑风格和文化，仍显现中国的痕迹。琉球文化的祖源其实是中国文化。在交流中，日本同行告诉我们，冲绳的建筑方向都是朝向中国，可见它与中国的关系是有着特殊历史渊源的。日本的城市管理有序，文明程度高，街道干净卫生。

汽车行驶有礼，见人马上停车，“让路人先走，汽车再行”已成为行车常态。日本人非常注重礼节，见面就鞠躬90度，热情而真诚。住在酒店，服务员大都是中老年的妇女，她们都是跪地热情相迎，也给我留下了深刻的印象。日本人的生活方式，与中国人相比的确不同。在饮食方面，以生吃为主，生肉生鱼都不煮，切成片状蘸点酱油芥末就吃。鸡蛋也拿来生吃。早餐，桌上摆几个生鸡蛋拌饭吃，我不愿吃，叫他们煎熟才吃。日本人吃饭喜欢坐在坑上，席地盘腿而坐。我们也不适应这种坐的方式，建议他们改为中国式的餐桌吃饭，盘腿而坐有两点不好，一是要脱鞋，如果脚臭，味道难闻，将会十分尴尬；二是坐姿不舒服，久坐难起，如果身体过胖，就更难爬起来了。

十一、兴办校办产业开新篇

高等学校发展校办产业，起源于20世纪80年代末。兴办校办产业是教育改革的组成部分。校办产业有利于教学、科研、生产相结合，有利于将科学技术人才优势转化为经济优势，为学校开发新的财源，缓解资金不足，改善办学条件；有利于直接参与市场竞争，把握科学技术发展的趋势。中南林发展面临三大困难：一是资金不足，财政拨款仅保人头工资就高达80%，其余所剩不多，经费成为学校发展的瓶颈；二是实习基地越来越困难，工厂、林场不愿接受学生实习，而且收费很高；三是科研产品缺乏中试场所，拖延了时间。鉴于这种情况，在改革大潮的推动下，学院党委决定从1989年开始兴办校办产业，先后办起了家具厂、计算机公司、竹胶板厂等，到1993年时，学校兴办经济实体26个。学校设立了科技开发总公司，下属计算机公司、华厦模板公司、家具厂、竹材工业公司等。1992年完成产值1500万元，上交学校利润66万元。中南林的校办企业之多，产品的影响之广，誉满三湘四水，堪称湖南高校产业的一枝花。

实践显示，通过办校办产业有三大收获。

第一，提高了学校的知名度。家具厂的产品，如办公家具获湖南省一等奖。家具厂依托家具专业的人才和科技优势，生产出的家具，具有设计新颖、选材精细、结构严实、造型美观的特点，成为湖南省的品牌，产品供不应求。那时要想买一套中南林家具厂的家具，必须得找关系才能买到。产品不仅在湖南销售，还远销广东等地。到社会上，一提起家具，无人不知中南林生产的家具好，大大提高了学校的影响力。竹胶板厂生产的竹胶板，是林产工业系赵仁杰教授研制的新产品，具有强度高、弹性好、耐磨性强的特点，达到了国际模板水平，广泛运用于建筑、包装、汽车等行业，一推向市场，就受到用户好评，很快在全国形成了 300 多条生产线，竹胶板厂如雨后春笋般地出现在全国各地，成为竹业开发的闪光点。学院的计算机公司，于 1988 年创办，公司以科技为先导，以市场为依托，走出服务一条龙的经营之路，推广计算机技术，战胜了强手如林的对手。1991 年公司邀请美国 IBM 公司、王安公司、惠普公司、香港金达电脑公司、北京联想集团的计算机专家到株洲来讲课和学术交流，使公司的影响力大增。同时计算机公司技术含量高，也是青年教师最青睐的公司，由过去的 3 人增加到 20 多人。学校的机械厂是供教学实习的工厂，过去规模小，仅供学生实习之用，没有产品，更没有活力。在改革浪潮中，大学毕业的侯巨拉任厂长后，锐意改革，勇于创新，生产配套产品 12 种投入市场，增强了经济活力。为了适应农村运输市场的需要，工厂生产一种农用汽车，价廉物美，销售到湖南全省和沿海地区，深受农民欢迎。

第二，增强了经济活力。校办企业的兴起，增强了自主创收的能力，改善了福利，稳定了队伍。林学系生态研究室，面对的是科研经费缺乏，教学任务不足，奖金福利为全系最低水平，教师中有 3 人因此离开了生态室。田大伦教授主持研究室工作，以改革的精神，组织教师走向社会，为经济服务，增强自主创收的经济能力，搞活了生态研究室。1998 年他们承担了始兴县林业立体模型的研制，并以此成果作为一种技术产品推向市场，先后完成了 6 个单位的立体模型创作任务，收入 8 万元，大大改善了生态室的研究条件。

第三，培养了一批企业经营人才，发挥了人尽其才的作用。学校校办企业的兴起，分流了一部分教师、干部、工人到企业工作，减少学校人员过多的负担，并为社会提供很多就业的岗位，一举数得。机械厂厂长、华厦模板公司总经理侯巨拉，1977 年毕业、学校的讲师，后转到校办产业上，敢于改革创新，他所研制的竹钢模板，畅销全国各地。高速公路、高层建筑等，都可见到他的产品，至今已 20 多年，仍畅销不衰。他一直坚持自己办企业的理念，走发展之路，现在他已是一个成功的企业家。原家具厂厂长戴荣是一个工人，任厂长之后，把家具厂从小做大，打造了办公用品家具的品牌，显示了他的组织能力和经营能力。

回顾这段校办产业的过去，确实是一段辉煌的历史。中南林在短短的时间内，打造出了中国第一块竹胶板，闻名全省的办公家具，深受农民欢迎的农用汽车，这些都展示了中南林的科技产品的实力。当时在高校各种活动中，一讲到我们校办产业，几乎都为其他高校所称赞。我本人也深感到自豪。时过20多年的今天看校办产业，仍具有深远的现实意义，校办产业仍是高等教育事业的一部分，对学校的发展具有良好支撑作用。

十二、创建办学新模式，走林科教结合之路

林科教工程的创建，这是中南林于20世纪80年代推出的改革创新的战略之举。林科教工程是将林业教育、林业科学和林业产业融为一体的工程，是兴校富县的民生工程，是科教兴林的经典创新工程。自1987年创办以来，经过20多年的实践，取得的成果十分显著，耀眼夺目，光芒四射。中央四大报纸头版报道，被誉为“科教兴农”的创举，1993年林科教工程被湖南省教委评为优秀教学成果一等奖，2004年国家教育部组织教学水平评估，中南林因实施林科教工程成绩显著，特色十分鲜明，从而获得最高级别“优秀”的殊荣，为学校赢得了最大的荣光。我作为林科教工程的组织者、指挥者和参与者，回忆往事，历历在目，欣喜有加，感叹不已，这是我人生中最值得回忆的一章。

1．林科教之路，是改革创新的产物

林科教工程在改革开放中诞生，在改革开放中发展。林科教工程的新理念，在解放思想中诞生；林科教工程的新模式，在改革创新中建立；林科教工程的新机制，在改革创新中实施；林科教工程的新成果，在改革创新中巩固，以改革为推手，以创新为动力，把林科教工程不断引向深入。这就是林科教工程经验的高度概括。

2．创建林科教工程的新理念

理论指导行为，观念推动创新。解放思想，更新观念，是开展林科教工程，走林科教之路的先导。没有新理念，就没有新目标。“林科教”是一个新名词和新理念，把三个不同含义的名词连结一体具有系统性，把林科教结合并升为林科教工程，其含义更为深远。工程从时空上看，更具有持久性和长远性。1987年林学系主任吴楚材教授，深入双牌县考察，做了很多调研工作，深感高校要走出校门面向林区办学，增强服务意识，而林区急需高校的人才和科技成果，因此学校加强了和双牌县的联系，为县校联姻打下了基础。1991年2月，我和组织部长杨必贵、林学系主任一行10人，应邀参加双牌县三级干部大会。我在大会上作了一次关于林科教工程的意义、内容、目标、措施的讲话，反响特别热烈。他们认为这是一个解放思想、改革创新的动员会，是一个富民强县、科教兴林的动员会。我在报告中强调指出：要实现县委发展的目标，要以“林科教”为突破口，走科教兴林之路，建立林科教系统工程，树立战略的观点、系统工程的观点和改革创新的观点。双牌县经济的兴起，要以林业为头，科技和教育为两翼，商品经济为主体，呈“飞鸟”型前进。具体而言，要做到“四化”：一是林科教一体化，要把“教育为基、人才为本”放在首位。教育发展了，就有了人才，有了人才，发展林业才有保证。治山治林首先要治愚，育林先育人，大办职业教育，开展多层次、多形式的教育形式，提高人才的素质。二是“种养加”一体化，把种植业、养殖业、加工业融为一体，形成立体化的生产结构，利用地下、地上和空中的区域，种树种药种粮，养羊养鸡养鱼，并将林产品和农产品进行深加工，增值增效。三是林工商一条龙，无林不兴，无工不富，无商不活，集林工商为一体，以商促工促林，用市场手段搞活林产品市场，促进林业的大发展。四是名特优一流化。提高质量，打造品牌，形成特色，做到人无我有，人有我优。我在双牌县三级干部会议的讲话，统一了全县干部的认识，激发了共建的热情和决心。县长刘庆义在县林业工作会议上发出号召：“我们双牌的林业，今后走的路是‘林科教、林工商、种养加、名特优’的路子，外地称农科教，我们称林科教。把12个字联系起来，是一个相互联系、相互渗透的整体。光有林科教不行，还要通过‘林工商’实现，通过‘种养加、名特优’来走活一盘棋。”县委书记吕芳村在签字协议会上说：“县校合作是现代经济发展的需要，是经济、科技、教育体制改革的需要，是现代化林业建设的战略之举。”在取得共识的基础上，1991年4月3日，双牌县委率县人大、县政府、县政协四大家的机关负责人，来到学校共同签署合作协议书，我和院长刘仲基、双牌县县委书记吕芳村，县长刘庆义，分别在协议书上签了字。从此林科教工程进入实质性的运作轨道，沿着“目标共识、合作共步、功能共振、利益共享”的目标前进。从根本上改变了过去林业缺科技、科技缺人才、教育缺载体的局面，给林业发展注入了强大的活力。为此，刘庆义县长有感而发幽默地说：“我们经过几年的恋爱，今天领取结婚证正式完婚了。”喜悦之情，尽在言中。

3．创建林科教工程的新模式

马克思主义认为，教育与生产劳动相结合，不仅是一种方法，而且是一种方针。教育从产生那天起，就是和物质生产结合在一起。随着阶级社会的产生，教育成为统治阶级的工具，随之与生产分离。在新的历史条件下，怎样才能在教育和经济之间架起一座桥梁？怎样为经济建设服务？一直是我们急需探索的课题。新中国成立以来，教育虽经多种形式探索，仍未找到一种好模式。而林科教结合这种模式具有开创性的意义。它把三者有机地捆在一起，使教育、科技、经济同时发展，是一种可持续发展的模式。特别对高等学校而言，更具有里程碑的意义。改变了过去打一枪换一个地方的游击战略，以一个区域的经济发展为目标，用打阵地战的战术，去攻克经济发展的难关。

经过长期的实践，我们总结出林科教结合的模式是：以区域经济发展为目标，以党政领导为核心，以专家组为依托，以项目为杠杆，以“四共”为动力，全方位、多层次、持久地合作共建，不断把林科教工程引向深入。这种模式最大的不同有两点。一是强调以专家顾问组这种形式，代替过去一个教师搞一单项技术的推广，或派一个科技副县长指导的做法，突出团队精神，群体的智慧，系统的力量。整体的功能大于局部之和，个人的知识是有限的，团队的力量是无限的。我们第一次派出的专家顾问组 11 人；第二次派出 19 人，都由吴楚材教授担任组长。专家组汇聚了各个学科的专家，集中精力参与双牌县重大项目的建设，当好参谋，科技咨询，科技服务。第二个不同点是以项目为纽带，通过项目来实现共建目标。开发一个项目，推广一项技术，培养一批人才，创造一批财富。项目是关键，没有项目的共建，实践就成了空中楼阁，没有任何意义。

第一批确定了 15 个项目。徐国祯教授主持的紫金山系区域总体规划，沙钱孙教授主持的双牌县风景园林规划，赵思东教授主持的柑橘丰产项目，邓华锋研究生主持的林业项目，沈中翰教授主持杉木人工林丰产的项目，刘显旋、张美琼教授主持的楠竹开发项目，文定元教授主持的森林防火建设项目，唐永裕教授主持的竹材开发项目……作为开发双牌县的首批项目，从而开创了林科教工程的新局面。1991 年县人大常委会主任周光保在慰问大会上说：“今年县里和专家顾问组 3 次赴省进京汇报，得到上级林业主管部门的支持，在林学院的帮助下，制定出致富山区、振兴林业的科技兴林方案，以及紫金山系开发等 15 个方案，为去冬今春 10 万亩造林大战、30 万亩经济林改造、笋竹两用建设、现代森林防火建设项目，所有这些，无论是理论还是实践，在双牌县历史上都是没有过的，用双牌人民的话说，‘双牌山区的春天到了，振兴林业的春天到了’。这些项目无疑都凝聚了中南林的集体智慧，都凝聚了学院领导、专家顾问组全体同仁的辛劳汗水，我特代表双牌县人民向中南林的领导、专家、教授表示衷心的谢意。”由此可见，他们对林科教工程建设初见成效的喜悦之情。

4．创建林科教工程的新机制

林科教工程，之所以能坚持下来逐步引向深入，并取得新的成果，完全靠的是运作的机制，包括领导机制、管理机制、资金机制、会议机制和奖励机制。根据校县双方的实际情况，我们建立了“党政领导为核心支撑，以专家组为依托，以项目为杠杆，以规范管理为准则”，由松散型向紧密型、粗放管理向目标管理转变，由单项合作到全面合作的跨越，做到目标同向，合作共步。双牌县领导发出肺腑之言：“请把双牌当成你们的一个系来建设，你们的书记、院长可以换届，但两家的合作要白头到老。”如何使合作白头到老，我们首先从建立领导机制和管理机制入手，校县双方分别建立领导机构和办事机构。学校成立林科教工程领导小组，由副院长胡芳名为组长，刘介平、吴楚材为副组长；下设办公室，刘介平为主任，吴天松为副主任。双牌县成立林科教领导小组，县委书记吕芳村为顾问，县长刘庆义为组长，秦燕、吴冬元、赵清茂为副组长；下设办公室和专家办公室，主任刘锦坤。为了接待好学院的专家，他们设立专家办公室，安排了专家楼、专家车，在生活上和工作上做了周密的安排。建立了林科教工程建设的校县联席会议，就林科教工程的重大事项，进行协商统筹安排。第一次联席会议于1991年5月29日至6月1日在双牌县召开，学院参加会议的有我、胡芳名、肖雄武、刘介平、吴楚材等15人。县党政领导参加会议的有吕芳村、周光保、李运富、蒋韶、秦燕、赵佑铭、唐先文、吴冬元、唐绩祚、曾凡云、盘新花、赵清茂等。其主题思想是：重教育，兴科技，治穷山，奔小康，围绕如何开教育沟，引科技水，灌双牌地、结丰硕果，把科技成果转化为生产力，把人才优势转化为生产优势，把资源优势转化为经济优势等一系列实质性问题开展讨论，畅所欲言，催人奋进，会议开得成功。会议成果由双牌县政府以1991年8号文件，发至各单位参照执行。

5．创建了林科教工程的新成果

林科教工程之花，在校县双方精心的培育下根深叶茂，叶绿花红，硕果满枝，获得了大面积的丰收。最重要的是改革开放意识、服务意义、科技意识、人才意识和创新意识，都得到了大大增强。高等学校在改革开放中要从高楼深院中走出来，奔向经济建设主战场，主动为经济建设服务。

为了总结推广中南林和双牌县合作共建林科教之路的经验，湖南省教委于1992年5月7～10日在双牌县召开了科教兴农（林）校县挂钩现场会。参加会议的有湖南省43个县（市）的县长、教委主任，29所高校的党委书记、校长等等，国家教委和林业部的科技司和教育司负责出席会议指导。湖南省副省长曹伯纯在会上作了书面讲话。湖南省教委主任季益贵、党组书记冯象钦、副主任高珊曾、陈光亮，省科委副主任周明生，省林业厅副厅长吴鹤鸣，中国教育报副总编郭振有，零陵地委副书记邹金鹜、副专员曾昭薰，我、院长刘仲基、副院长胡芳名，双牌县委书记吕芳村、县长刘庆义等共200多人参加会议。我在会上作了《校县联姻，科教兴林》的经验介绍。这是一次科教兴农盛会，汇聚中央、省、地、县的党政主要领导，推广双牌县经验。1992年6月9日，《中国教育报》在头版头条刊登评论员的文章，以“科教兴农的创举”为题，向全国推广双牌经验；1992年11月14～18日在北京京西宾馆召开全国高教工作会议，我被邀参加会议并介绍了双牌经验。1992年8月4日《光明日报》又以头版头条加编者按的显著位置，报道校县合作的经验。《中国科技报》《中国林业报》《湖南日报》都先后在头版予以报道，成为教育新闻的热点，中南林的名声大振，双牌经验广为传播。会议之后，湖南的平江、安化、炎陵、资兴等10多县市，以及广西的河池、广东的始兴、湖北的宜昌、江西的宜春都排队前来要求与我校建立合作关系，我们从中选择了双牌、炎陵、资兴3个县（市）签订了长期的林科教工程协议书。校县合作进入了一校多县合作的新阶段。

我校和双牌县合作共建的林科教工程，具有系统性、科学性、创新性和可持续性的特点，全方位、多形式、范围广、管理严、效果好，校县双赢、利益共享。从学校而言，林科教工程的实施，给学校带来了前所未有的成果。首先，促进了学科、专业的建设，使老专业得到改造，焕发出新的活力。采运专业是学校的老专业，到20世纪80年代森林资源遭到过度采伐面临资源枯竭，因而采运专业亦进入困境，必须进行专业方向调整，向起重机运输转向，后又瞄准物流方向，最后调整为物流工程专业。同时申报家具设计专业和森林旅游专业，均获国家教育部批准招生，成为林业高等院校最时尚的专业，考生济济。第二，林科教工程为我校提供了实习基地，成为培养教师和学生的实践平台。林科教基地就是我们教学实习基地。刚分配来校的青年教师，第一年都要去双牌县下放锻炼，到第一线上好实践课。学生在实施林科教工程项目中，学知识，长才干，提高动手能力。几年来，学校有 200 多人到双牌县讲学，300 名毕业生、研究生和青年教师到双牌县实习，参加社会实践活动。双牌成为实践的大学校。第三，加速了我校科技成果的转化，提升了学校办学的实力。

1987 年以来，我校与合作县（市）合作开展研究的项目和成果推广项目达到 187 项，成果转化率从 25% 提升到 52.5%。1991 年，中南林有 4 项国家推广的重点科研推广项目，其中“杉木无性繁殖技术”和“竹木薄面贴面”都放在双牌县推广，均取得了良好的效果。这样一来，使学校已取得成果的项目有了“安身之所”，而且找到了很多新课题，解决教师“等米下锅”的问题。仅双牌县在短短几年中，就推广和开发新技术项目达 36 项，取得了显著成绩，其中有 4 项获省、部科技进步奖。第四，提高了学校的知名度，增强了学校的影响力，为招生就业走出了一条新路。从 1982 年以来，我们从双牌、炎陵、资兴就招收了 412 名全日制本科生，定向专科生 1200 多名。我校先后有 2000 多名毕业生走上了 3 个县（市）的各条战线，成为他们建设的新生力量。

对地方而言，林科教工程发挥了富民强县的作用。第一，发挥高校培养人才的优势，为地方培养“永久牌”人才。人才是林区县发展最大的瓶颈。分不进，留不住，专业人才十分缺乏。要治林，必须治愚。在我们的帮助下建立了职业学校，并联合举办定向大专班，先后共为双牌县培养专科生 630 名，职业培训农民技术人员 13.5 万人次，大大提高人才的素质。大中专毕业生 3000 多人，占全县人口的 2.3%。第二，科技兴林，用科技成果促进地方经济发展。双牌县引用我们的科技成果 53 个，开发新产品 16 项，推广成果 37 项，共计新增产值 3.2 亿元，创税 5000 多万元。森林蓄积量增加 100 万立方米之多。应用柑橘低改技术，建立 16 个示范点 2100 亩，扩种面积 1.5 万亩，1994 年产值达 3000 万元。双牌县生产的猕猴桃，规模达 1000 亩之多，年产 30 万公斤，成为当时市场上的大受青睐的时鲜水果。1987 年双牌县财政收入仅为 10683 万元，到 2003 年达到 82890 万元，增长 7.7 倍，平均增长 13.3%。

资兴市与我校合作共建林科教工程以来，运用我校的科技成果 48 项，产生经济效益5.1亿元。在沈中翰教授的指导下，建立了2800亩的桉树生产基地，成为湖南省长势良好的样板林。建立的刨花板生产线，能耗低，质量好，销售价提高到了210元/立方米。由于运用科技成果成绩显著，1999年10月，资兴市被国家科技部等单位评为全省唯一的国家级可持续发展试验区，并顺利通过全国科技县的验收。1992年，资兴市财政收入仅有4786万元，是湖南省的贫困县，2003年达到2.88亿元，增长6倍，平均增长17.7%，资兴市一举跨入小康市行列，2003年综合排名跃居全省第7位，2004年居全省第5位，综合竞争力已进入全国县市级百强。从双牌县和资兴市的巨变，雄辩地证明，科技是第一生产力。

6．林科教之花是校县双方汗水和智慧的结晶

林科教工程之所以能取得举世瞩目的成绩，应归功于校县双方的党政领导，归功于中南林学院的专家教授。没有党政领导的谋划决策，林科教工程无从谈起；没有教授专家的无私奉献，林科教工程只是昙花一现，无法落实。

双牌县位于湖南南部九嶷山下，平均海拔600米，是一个“九山半水半分田”的山区县，也是全省22个以林为主的重点县之一。为发展林业，双牌于1969年建县，人口16万。县城很小，在两山夹一沟的山谷里，只有一条500米长的街道，到了晚上街道没有路灯，商铺早已关门闭市，显得非常冷清。这就是我们初到双牌县的印象。但双牌县的林业占全县总产值的23%，人均林地16亩，森林覆盖率为62%，居全省之冠。当时县委书记吕芳村，县长刘庆义，以改革开放的战略眼光，谋划双牌县发展的未来。双牌县过去以林业立县，现在要以林业富县。要建立一个现代化的林业县。发展林业，必须走科技兴林之路，要依靠高等学校的科技优势和人才优势，把双牌县的资源优势转化为经济优势。他们两人是双牌县发展的引路人，从大山里走出来，进学府，上皇府（北京），谋划林科教工程的创建，付出了辛勤的汗水和无穷的智慧。吕芳村书记，身为县里第一把手，有智慧，有魄力，是一个说一不二的领导，敢于拍板，敢于创新，敢于冲破阻力，为林科教工程鸣锣开道。县长刘庆义是一个很有文化品位的人，说话富有哲理，语言生动形象，做事干净利落，是林科教工程的引导者和参与者。主管林科教工程的副县长吴东元，是具有丰富林业知识的学者型领导，尽心竭力，为林科教工程做出了历史性的贡献。林科教工程的重大事项，都形成权威性的红头文件，以县委和政府的名义下达，遵照执行，以扫清前进中的障碍，加快工程的进程。零陵地委时任书记秦光荣同志，亲自到双牌县听取我们的汇报，并拿出资金支援双牌县水库网箱养鱼。省委组织部对我们以专家顾问组的形式支持双牌发展经济，特别赞扬，并专发一期简报，予以推广。如果没有县委和政府、省委和地委的坚强领导和强力支撑，就不可能有今天的辉煌。

中南林的党政领导和系部处负责人，特别是专家教授为林科教工程尽心尽力，用自己的智慧和才华，把论文谱写在双牌大地上，造福人民，立下了丰功伟绩。时任林学系主任吴楚材教授，是两届的专家顾问组组长，是林科教工程的先行人，为林科教工程的产生和发展倾尽了心血，是林科教工程的功臣。赵思东教授，上高山，爬大岭，不怕苦，不怕累，为双牌县的柑橘生产和猕猴桃的生产推广作出了示范，深受农民的称赞。赵思东教授后来到资兴市任科技副市长，也把林科教工程搞得红红火火，大有后来者居上之势。时任科研处副处长唐永裕教授，为双牌县的林产工业发展，做出了开创性的贡献。他在担任刨花板厂顾问期间，产、供、销一起抓，刨花板产品由 1 个发展到 7 个，其中一个获省优产品称号。他指导开发的薄刨花板，由年产 5000 立方米扩展到 1 万立方米，年产值 800 万元，利税 100 多万元，3 年收回建厂投资，成为双牌县的最大林产工业企业，创造了经济效益最好的历史纪录。

我对林科教工程情有独钟。我把双牌县视为第二故乡，把林科教工程视为学校改革开放的试验田和样板地，举全校之力，倾自己之智，开教育沟，引科技水，灌林科教之地。我从理论和实践上，勾画出林科教工程的蓝图。在理论上就林科教工程的内涵和设想，撰写了几篇文章，从县到省到中央的各种会议宣讲，并发表在《科教战线》等刊物上，“四化”“四共”是林科教工程的关键词。把构想变成现实，更需要实践的参与，进而把握林科教工程发展的规律。

我每年至少 4 次亲自到双牌县第一线。每次去，我都从未单独开过小车，而是随大家同乘学校破旧的面包车，照样奔波 500 公里，辛苦坐一天车才能达到双牌县。我的老家在道县，与双牌县只是一山之隔，但很少回家探望高龄的老母亲。母亲 1984 年由株洲回到道县，主要是因为她觉得自己年纪大了怕拖累我们，同时也希望要落叶归根。我每次到双牌县都是日夜奔波，为林科教的事忙个不停，没有时间回家看看，为母亲尽孝。现在想来，仍难以原谅自己。

因林科教与双牌来往的 7 年，我与当地人民结下了深厚的友谊，且也爱上了那里的山清水秀，她俨然成了我的第二故乡。这是我人生最大的收获之一，是林科教之花，结出的又一个金色夺目的硕果。

头一回喜庆华诞

1993 年是中南林 35 年的华诞。在风风雨雨、动动荡荡的 35 年中，我们学校一直没有相对稳定的环境庆华诞。第一个 10 周年校庆，正值 1968 年“十年动乱”高潮。第二个 10 周年——1978 年，刚到大江口，学校正处在困难时期，也谈不上校庆。1993 年学校早已进入“三十而立”，在株洲办学已有 10 年，正是学校崛起之时，为了展示成绩，凝聚人心，振作精神，弘扬文化，我提议经党委决定举行 35 周年校庆，成立校庆筹备领导小组。由我负责领头，下设宣传、联络、院史编写组等办事机构。1993 年 12 月 17 日的《中国林业报》，开专版宣传中南林 35 年的巨大成就。

为了探访校友，我们分组赶赴人员比较集中的几个省份。我和王满仁、朱光耀、梁元坤同志一行 4 人，负责到广东各地探望校友，联谊叙旧，受到校友热情接待。校友是学校发展的一种资源，更是学校的最好名片。做好校友的工作，使他们热爱母校，感恩母校，是校庆的一个重要工作，是关系校庆成功与否的关键。每到一地我们都表达 4 层意思：一是我们是代表学院来看望你们，并对你们走向社会后所取得的工作成绩表示祝贺；二是介绍学院 35 年取得的成绩，学科专业发展很快，株洲新校址基本建成，具有现代大学的风格；三是今年学院举行 35 周年校庆，欢迎同学们回母校参加庆典；四是号召校友积极募捐。我们所到之处，无不受到热烈欢迎。我们通过采访、通信、广告等各种形式收集信息，编成了第一本校友录。这是非常珍贵的资料，反映了校友的现实信息动态。为搞好庆典，学校做了大量的组织工作，同时编辑校史，邀请贵宾欢迎校友回母校参加庆典活动。

12 月 23 日，风和日丽，这是一个十分隆重的庆典日子。学院在大操场隆重举行中南林建校 35 周年庆典大会。1400 多名来自祖国各地和国外的校友代表、5000 多名师生和家属代表出席了庆典活动。我主持了这次庆典，林业部副部长王志宝在大会上作了热情洋溢的讲话，代表林业部向中南林表示热烈的祝贺。参加大会的有林业部、湖南省、株洲市等领导，以及湖南省高等院校、林业部部属院校的代表等 40 位贵宾应邀坐在主席台上。

为校庆题词的有林业部部长徐有芳、副部长沈茂成、祝光耀，湖南省人

35 周年校庆学校领导与校友理事会成员合影

中南林业科技大学 50 周年校庆株洲校区烂泥冲老同志合影 (2008.9.27)

大常委会主任刘夫生等。

向校庆发来贺电的有日本琉球大学校长砂川惠伸先生，法国国家科研中心教授波里约先生、留澳学生莫建华、祁雅林、何林根、李亦兰等。留法学生彭长辉，还特意亲自回校参加庆典活动。

校庆之日，车水马龙，彩旗招展，举校欢腾。学校收到各种礼品和现金110万多元。为学校校庆捐款1万元以上的单位有湖南省林业厅、广东省林业厅、湖南人造板厂、株洲林业局、邵阳林业局、常德林业局、长沙林业局、资兴林业局、双牌林业局、广东德庆县政府、德庆中密度纤维板厂、德庆林化集团等12个单位。校友个人捐赠最多的是长江生态科学院的匡淑英夫妇，捐赠20000元，表达了对母校的感恩之情，德庆县副县长黄仲楷、肇庆市绿化办主任何镜才、肇庆住宅公司总经理陈铿夫妇、湛江市委常委赵东花、深圳鹏城公司黄喜佳、农业部沼气研究所长刘英等校友，捐款均在1000元以上，为母校的生日，献上了厚重的爱心。在这里，没有多与少的对比，只有对母校华诞的祝福；在这里，没有轻与重的差别，因为在所有校友的心中母校最重，大家共同祝愿母校永远繁荣昌盛！35年的庆典，是一个欢乐成功的庆典，7000名师生欢聚株洲，去迎接母校更加灿烂的明天。

考验的10年，发展的10年

从1985年至1994年，正是我任党委书记的10年，也是学校从大江口迁至株洲办学稳定的10年。改革的雨滴滋润了株洲校园，改革的春风吹绿株洲大地。中南林人迎来了千载难逢的发展机遇，以从未有过的步伐，从未有过的情怀，走在改革开放的大道上，创造了前所未有的佳绩。教学、科研、后勤改革全面推进，学术地位的提升，博士点的创立，新专业的设置，全省党建工作先进称号的荣誉，林科教工程的成效，校办产业的兴起，排球全省五连冠的殊荣一件件的喜事展现在眼前，使中南林人为之振奋，信心满怀。

10年弹指一挥间，我们可以从下列数字里看到变化。从1984年到1994年，学院教职工由964人增加到1300人，正副教授由35人增加到265人，讲师由195人增加到378人。学生在校人数由1088人增加到3200人，成教本专科学生由32人增加到1379人。专业设置由11个增加到30个。在此期间，研究生毕业192人，本科生2596人，专科生4900人，培训地区林业局局长、国有林场场长、工程师技术人员2934人。科学研究有144项通过鉴定，其中有130项获得省、部、市的奖励。校办产业从零起步，年产值达到1500万元，利税150多万元。上述数字的列举，粗看使人心感枯燥无味，而且只能一般描述10年的变化。回顾10年的历程，是一个由量变到质变的过程，由表及里，由浅入深的过程，在这10年里学校发生了哪些根本变化？做了哪些前人没有做过的事情？让我们再回过头看看翻过去的历史一页吧！1993年中国第一个经济林博士点的创立，1988年全国第一个家具设计专业和1992年森林旅游专业的设置，1987年中国第一个林科教工程办学新模式的诞生，中国的第一块建筑竹木板的问世，中国第一本《家具设计与室内装饰》杂志的出版，湖南品牌的办公家具、农村适用运输车的推广，《高教研究》杂志的发行，第一个国际校际关系的建立，35年华诞的庆典，学生排球全省五连冠的辉煌，都是在这10年中发生和发展的，为学校在社会上树立了新的形象。中南林是一个虎气生生、正在崛起的学校，来势很好。在当时全国林业院校有“南有华南虎，北有东北虎”的美誉，而华南虎指的就是我们学校。

这10年，是学校稳定的黄金10年。面对改革开放的新机遇，身处环境优美的新校区，和谐稳定的新环境，聚精会神抓改革，一心一意促发展。做大做强成为师生共同奋斗的目标。建校以来，从来没有像在株洲这样稳定过，能吃到好饭，睡得好觉，安安稳稳地生活，聚精会神地做学问，再不为东搬西搬所折磨，再不为政治动乱而痛心。深感稳定是压倒一切的头等大事，没有稳定的环境，生活不安定，工作无劲头，前途没奔头。从这个意义说，稳定就是幸福，稳定就是力量，稳定就是发展，稳定就有前途。只有稳定才能做大做强。这是我跟随学校风风雨雨50多年，发自内心的感叹。过去学校的分分合合，搬来搬去，年年动荡不安，给学校造成的伤害极大。1958年农林院校的大搬迁，90年代高校的大合并，以至后来的大扩张，都是一种不稳定的集中体现。从长远看，对学校的发展十分不利。1985～1995年，这10年是稳定的10年，发展的10年，黄金的10年，为学校长远发展打下了坚实的基础。

这10年是考验的10年。学校党委班子经受了各种严峻的考验（80年代政治风波的考验，改革创新的考验，名和利的考验），大家相互团结，相互支持，党委成为学校改革和发展的火车头。院长刘仲基，副院长胡芳名、李去惑，副书记许家骅，党委委员袁天艮、杨必贵同志，他们都尽力敬业，为学校的发展发挥了核心作用。学校党政主要职能的负责人，党办主任李谌、院办主任肖雄武、组织部部长杨必贵、宣传部部长朱增华、教务处处长许芳亭、科研处处长刘介平、计财处处长廖健、总务处处长张俊才、学工部部长李昌楚、团委书记韩健和一大批中层骨干，他们都是中南林的栋梁之材，是党委的得力助手。党办副主任张互助同志，是中南林写作的后起之秀。他思维敏捷，文字能力强，写了很多有分量的文章，在校内外颇有名气，是一个相当难得的人才。

这10年对我本人而言，更是大考验的10年。考验我的政治立场和品德，考验我的智慧和能力。我学历不高，却要承担起领导和管理一个大学的历史使命，任重而道远。从上任的那天起，我就决心以此作为新的起点和机遇，而今迈步从头越。在这10年里，我倾尽全力工作，闲余时间几乎都用在了学习和研究上。1984年我就已检查出患高血压病，但我一直没有放在心上，不看病、不吃药，直到1994年底进入60岁之际，我高血压突发，住院长达4个月之久。那时正值林业部党组已批准我退位，不再担任书记职务。我病倒住院后，才深感身体的重要。在住院期间，学校领导和群众共有200多人到医院看望，我深感欣慰。我的老伴日日夜夜守护在我身旁，使我度过人生第一次生病的痛苦之旅。

我除了积极提升自己专业素养外，还以廉政治校、创新治校、改革治校为理念，首先从我做起，做到勤政为民、廉政为公。我的办公室，是和副书记共用的一个办公室，面积只有10平方米，学校领导6人共乘唯一的一辆北京吉普车，没有为个人配专车。住房面积按当时国家规定的建筑面积为89平方米，30多年未变。工资在1985年以前拿的是一般干部的工资，每月只有40多元，1985年以后才拿职务工资，没有奖金，没有岗位补贴，与大众同甘共苦。退休时我的工资每月只有800多元。可以说，到离职时，我家中都没啥储蓄存款，是个既无内债又无外债的清贫之家。等到后来房改时，别人都有能力买商品房，而我只能望房兴叹。

在廉政为公的问题上，这10年来，我始终坚持正人先正己，只有正己才能正人的原则。位不在高，廉洁则名；权不在大，为民则荣。奉行鞠躬尽瘁的品格，做到了不仁不义之事不做，不义之财不取，不正之风不沾，违法的事不干。用道德和廉洁的力量感召群众，引领群众。在勤政为民的问题上，我以想干事、会干事、干好事为理念，以敬畏之心对待“权”，以进取之心对待“事”。不在于做官，而在于做事，做事要劳而无怨，为学校的改革和发展出谋划策，用改革的劲头打破发展的瓶颈，用创新的精神引领中南林发展上台阶、上水平。

从学校而言，我们坚持勤俭办学，艰苦创业，坚持收支平衡政策，没有贷款，没有赤字，不断提高学校的经济实力。据当时统计，20 世纪 80 年代末，我校平均每生事业费 2694 元，居全省第 4 位，高于中南工业大学和湖南大学；平均每生固定资产金额为 19884 元，为全省高校第一；平均每生建筑面积 71.36 平方米，为全省第 3 位；平均每生图书为 318 册，为全省第一。在以上 4 项指标统计中，中南林学院有 2 项位于全省高校第一，充分展示出学校 80 年代在全省高校中的实力。当时全省只有 16 所高校，而中南林是几经搬迁，先从广州后到大江口再搬到株洲办学，在短短的 10 年中发生如此巨大的变化，一跃至全省前列，实属不易。这是中南林人一心为公、不谋私利的集中展示。

在用人问题上，我始终坚持任人唯贤，搞五湖四海的原则，没有地方派别之分。重文凭更重水平，尊重知识，尊重人才。单圣涤教授是一个敢于创新、敢于实践的学者，我对他的索道理论研究自始至终采取热情支持的态度，使他在实践中做出了贡献，成为国家级的专家。在工人中，我时常对那些优秀的工人给予优惠政策，提升到科长或处长岗位上来。团结一切可以团结的人，调动一切可以调动的积极因素、营造了一个生动活泼的和谐局面。这就是廉洁生威的力量。

总之，经过 10 年的大考验，我交了一份合格的答卷，在 22 年的领导生涯中，画上一个完美的句号。

中国科技大学原校长朱清时有一句名言“做校长，重要的不是我做了什么，而是没有做什么。”此话对我颇有启发。在领导生涯的 22 年中，特别是任书记的 10 年，今天看来，虽然做了很多工作，促进了学校的发展，但还有很多应该做的而没有去做，或做得不力。特别是在培养接班人上，对校级班子的接班人，缺乏主动性和预见性。抓学术梯队建设更是不力，造成现在很多学科后继无人，失去了在全国的领先地位。在改善职工福利方面，力度不大，处于中间水平，有一些年轻教师处于不稳定状态，选择离开了学校。从我自身来看，领导的理论水平还不高，缺乏主动性，没有做到先知先觉，事半功倍。

领导既是一门深奥的科学，又是一门精湛的艺术，只有用现代的领导科学理论指导，才会成为有效的成功的领导者。特别在高校，它是高级知识分子的场所，是为国家培养高端人才的学府，更需要领导者具备高素质和高水平，才能把一个高校永远立于强校之林。

中南林再迁　更名大提升

2005 年 12 月经国家教育部批准，中南林学院正式升格更名为中南林业科技大学。2003 年 6 月主校区从株洲迁往长沙市原湖南林学院校址，实现了历史性回归。转眼中南林的发展已是 54 个春秋，回顾 54 年的历史，令人难忘，令人感动，令人鼓舞。这 54 年是风雨飘摇的 54 年，是前进曲折的 54 年，是快速发展的 54 年，是难以忘怀的 54 年。从它的诞生到今天，每一步都印记着老一辈中南林人的深情与奉献。正是老一辈中南林人的艰苦努力、坚忍不拔的付出从而奠定了中南林业科技大学的今天。在 54 年的征途中，学校经历了风风雨雨，分分合合，坎坎坷坷的旅程，历尽搬迁动荡之苦，饱受严冬之寒，终于迎来大发展的春天。在改革开放的大道上，实现了由大动荡到大发展，由单科性到多科性的跨越，一个日新月异、朝气蓬勃的中南林正在湘江河畔崛起。

54 年办学实践令人启迪：稳定是前提，改革开放是兴校的发动机，特色办学是强校的力量源泉。只有稳定，才能发展；只有改革，才能兴旺；只有开放，才能跨越；只有创新，才能超群。稳定、改革、开放、创新给中南林业科技大学注入了强大的活力，现正沿着科学发展观的道路，向全省高校“五强”目标挺进！中南林业科技大学，我们老一辈的中南林人向你致敬！祝你高歌猛进，勇往直前，再创辉煌，桃李满天下！

第5章 快乐有为的老年

老是生命的必然。人的生命是一个发展过程，幼年、童年、少年、中年、老年，环环相扣，每一个生命过程，各自都有独特的风貌。年轻人可以领略青春花季的灿烂，老年人也可以享受成熟季节的风韵。有网贴曰：“人生上半场，按学历、权力、职位、业绩、薪金比上升；人生下半场，以血压、血脂、血糖、尿酸、胆固醇比下降。”这是对人生升降的一种表述，也是对人生变化的一种形象比喻。朝阳初出的少年，如日中天的壮年，夕阳夕照的老年，人生的各个阶段有着各自的精彩。因而，老年人不必叹老，不必悲秋，应该尽情享受老年特有的潇洒人生。

退休之后天地宽

1995 年 4 月，经林业部批准，我正式退休。

很多人对退休有一种失落感，而我感觉到的是一种发自内心的快乐。退休是人生的一种解脱，意味着进入人生自由之年。俗话说得好，无官一身轻，退休更是一身轻。“人生六十是神仙，烦事琐事不沾边”。如今，17 年的退休生活已经过去，我的体会可用一副对子来概括：“没钱没权没人找，无忧无愁无烦恼。”横批：“洒脱精神好”。潇洒人生就是超脱不拘，悠然自得，进入一种自由的生活状态。

自由是人生追求的一种至高境界。老年是一个人所经历的最好时期。不再做时间的奴隶，不再看别人的脸色，不再担心被炒“鱿鱼”，不再苦恼各种关系的平衡。遇事敢于直言，敢讲真话，不讲套话，正如哲学家佛罗姆所说：“人们在晚年表现的实际品质，比他在职时不得不强颜欢笑，不得不谋求工作，不得不保住饭碗等所有表现，要真实得多。”在自由的时间里，自由选择自己喜欢做的事，或著书立说、或科技开发、或办学育人、或唱歌跳舞、或健身益寿、或旅游观赏，所有一切都可以根据自身特长爱好，在人生舞台上大显身手，实现人生的最高境界。

退休是一种人生体验，也是一种实践的回忆。从生理上说，任何人在生死面前是平等的，赤条而来，赤条而去。从人生的过程来看，人从生到死，不是等同等价的。人生充满着各种各样的体验，只有酸甜苦辣相交织，喜怒哀乐相交汇，方能达到心灵的升华。“战争年代拼死拼活，建设年代苦死苦活，‘十年动乱’中斗死斗活，退休之后的不死不活”，这样的描写虽然有共性，但经历的人不尽相同，获得的感悟也千差万别。

“人生七十古来稀”。退休之后，我的任务就是要好好活着，快快乐乐过好每一天。形色匆忙不再有必要，权力、名誉也都要推到后边，相反要把以前常忽视的健康快乐，排在最前面。现在社会流行一句名谚：“高官不如高薪，高薪不如高寿，高寿不如高兴。”寓意深远，喻理深刻。“无权无势无烦恼，有情有义威望高”。

退休是人生的新起点，进入再创辉煌的人生之春。退休之后是人生的第二个春天。喜迎春风，沐浴春雨，枯木逢春叶更绿。经历了“而立”“不惑”“耳顺”之年，进入随心所欲的人生之境。不要有退休万事休的念头，要从“知识退化、器官老化、思想僵化、等待火化”的无奈情绪中走出来。在“老”中找回失落的青春，在“老”中寻到人生的辉煌。夕阳西下，云霞满天，太阳的光辉洒满大地，水光山色，秀丽多姿，晚景宜人。老年需要激情，不然就会颓废；老年需要意志，不然就会凋零；老年需要智慧，不然就会平庸。老年的人生，是激情、意志、智慧的人生。正如联合国前秘书长安南所说：“老年人是连接过去、现在和未来的桥梁，他们的经验和智慧构成了名副其实的社会命脉。”老人因多识而沉默，因多智而慈祥，因情感丰富而高尚，因内心充实而宽容，因屡经坎坷而慎行，因曾经绝望而不再绝望，因深知诉苦无用而笑口常开，因行将辞世而懂得珍惜，因属于“过去”而越发关心未来。这就是老年人高贵品质的结晶。每个老年人，都有自己的“激荡百年史”，都是那个时代的丰碑；每个老年人都是阅历深久的活化石，都是一部厚重的百科全书。所以有人说，一个老人故去，等于一座大型博物馆坍塌了。中国老龄协会原会长李宝库指出：“他们的睿智，他们的经验，他们的成就，是先进生产力和先进文化不可缺少的组成部分。”“‘霜叶红于二月花’。他们是国家难得的宝贵财富。”

“老骥伏枥，志在千里。烈士暮年，壮心不已。”这是曹操广为传播的名句，激励老年人要老当益壮，为社会再做贡献。北宋诗人王安石的绝句：“岁老根弥壮，阳骄叶更荫。”阅历越久，根基越牢，年龄越大，锐气越增。“老有所为乐晚霞，夕阳高照天地宽”。这是我后来对组建老科协老有所为的深刻体会。

组建老科协　晚霞尚满天

1995 年退休之后，作为一名共产党员，怎样做到“退休不褪色，离岗不离党”的问题摆在了我的面前。在退休人员中有很多顺口溜:“40 岁处处吃香，50 岁发愤图强，60 岁告老还乡，70 岁搓搓麻将，80 岁晒晒太阳，90 岁躺在床上，100 岁挂在墙上。”“退休一张纸，失望一辈子；悼词一张纸，了结一辈子。”集中反映了退休万事休的思想。这是一种失落情绪的发泄。我要由“失落”变“拾乐”，在“老”字中找到老有所为的乐趣。后退一步天地宽。退休之后是一个广阔的天地。我是 60 岁退休，前 60 年是 21900 天，如果活到 90 岁，后 30 年还有 10950 天，占我人生的 1/3。在退休后的 30 年还可以做很多事，不断拓展生命的长度和厚度。

一生为革命奔波不息的人们，突然从岗位上退下来，这是人生的一个大拐点。退休之后是退出社会还是融入社会？是闭门养生还是开放养生？是万事休还是有作为？每个人都要做出选择。对我来说，在学校组建老科协，既是机遇又是挑战，既是使命又是责任。说实话，在位和退位的含金量，的确有天壤之别，在位有权有钱有名，退位是无权无钱无人知晓。我也漫步进入“下台后我真正认识了很多人”的平民时代。在组建老科协 15 年的历程中，我深深感受到“什么都可有别有病，什么都可缺别缺钱”的哲理，饱尝组建老科协的酸甜苦辣，前进路上的喜怒哀乐。中南林退下来的老教授、老同志，他们是中南林的精英，国家的脊梁，社会的宝贵财富，怎样把他们组织起来？怎样白手起家又办出水平？怎样使领导大力支持？怎样使年老多病的身体坚持工作而不负众望……一个个问题摆在面前，需要我用智慧去应对。在学校党委的领导下，在省、市老科协的热情关心下，在全体会员和工作班子及老伴的支持下，我常怀“老而不忘责任重，退而不失公仆心”的情怀，在艰难中起步，在创新中发展，使老科协从无到有、从小到大，成为湖南高校老科协的排头兵。我在位时所取得的一切成绩、力量来源于一个“权”字：权为民所用，大行其道，勇往直前。退休之后我组建老科协所取得的成果，可以归纳为一个“情”字：情为民所享，情感产生力量，情感天地，情感百姓。我常怀青春的人生情怀，脚踏实地做好每一件事，要做一定要做好。常用感恩之情，关心每一个会员的冷暖，为他们评职称送温暖，为他们祝寿送快乐，为他们长寿送健康，为他们有为建平台，使老科协成为“有为老科协、智慧老科协、学习老科协、幸福老科协”，成为老同志的风雨港湾。15 年来，我们始终带着情感和责任坚持用情感凝聚力攻坚克难，坚持以人为本造福民生，以科技创新、组织创新、活动创新为主线、全方位地推出建学校、办花圃、育新人、献睿智、科技服务、自我保健的兴会之举，生气蓬勃，有为有位，有情有味。展示了“六十是神仙，老有所为度百年”的风采。“车到山前必有路”“柳暗花明又一村”，中央办公厅 9 号文件的问世，迎来了老科协事业发展的春天。

15 年的老科协经历，是我由官到民的转变过程，也是自己老年人生不断提升和完善的过程。做老科协的事，从某种意义上说，是自找麻烦、自找苦吃的苦差事，但也是我在职时未竟之志的延续，能再为人民做一点有益的事。从经济层面看，同样得不偿失，只有付出，没有回报，没有工资，没有补贴，电话费都要自己埋单。从人格角色层面来看，是一个由官到民的转变过程。过去我是学校一把手，学校的教职员工由我指挥派遣。现在我是退休职工的一员，做任何一件公益的事，都要向在职领导（包括一般干部）请示，要看他们的态度行事。人间的冷暖，只有退休之后才能真正体会到。但是我对 15 年的老科协人生，无怨无悔。老科协 15 年的人生，是丰收之旅，快乐之旅。它使我的老年人生更有意义，更加充实，收获颇丰。老有所为，乐在其中，收获了快乐，这是其一。其二，结识了很多新朋友，他们是我老年人生的良师益友。其三，提升了我的学习和读书境界，对“读书到老心如月”深有体会。不断耕耘，看书立论，收获多多，受益匪浅。

一、受命组建老科协

1997 年株洲市原副市长、市老科协会长李路派常务副会长邹修立同志找到我说：“株洲市老科协要在中南林内组建老科协，想请你出山。”我思考之后，答应他们负责组织筹备。我从政治、经济、科技和应对老龄社会的挑战等多方面思考后，认为在中南林建立老科协是必要的、及时的。成立老科协是中央的号召，江泽民总书记于 1990 年 2 月 4 日为老科协题词：“团结广大离退休科技工作者为科技进步、经济繁荣、社会发展和民族振兴再做贡献。”2005 年中央办公厅发了第九号文件，就老科协的地位、作用、任务和政策做了明确的规定，以推动老科协事业的发展。老干部协会，特别是老科协是我国老年群体具有独特地位和作用的群体。中央把老干部工作放在党和国家全局的高度来考虑，是党的干部工作的重要组成部分，做好老科协工作对于我国的科技进步、经济繁荣、社会发展、民族振兴具有不可估量的作用。据 2009 年统计，全国离退休干部 1722 万人，其中离休干部 102 万人，占全国老年人的 1/10,有党员 968 万人，占离退休干部总数的 56%。这是一支规模宏大的队伍，把这支队伍凝聚好、服务好、使用好，对于推动科学发展、促进社会和谐、维护社会稳定、创新社会管理形式具有极其重要的意义。中南林是高级知识分子集中的地方，教授专家众多，是国家的宝贵财富。他们陆续从岗位上退下来，急需一个大家认可的组织形式，这就是老科协。老科协是团结、和谐、有为之家，是人生快乐之旅的舞台，在这里可以大显身手，展示你的智慧和才华，再创人生的辉煌。

二、老科协在艰难中起步

中南林老科协，经学校党委批准于 1997 年 5 月 23 日正式成立。成立大会在图书馆报告厅举行，株洲市老科协会长李路、学院党委副书记肖子来参加大会，并在大会上作了重要讲话。大会选举我为会长，刘仲基、吴晓芙为名誉会长，刘琢、刘义忠、刘介平、刘显旋、朱增华、安福胜、李春庭、李勋南、杨光任、沈中翰、张俊才、欧润贵、黄晓光等为副会长，谢宝多为秘书长，杨遗裕、吴镇南为副秘书长，吴晓芙副校长为主管领导，许家骅、杨必贵、肖雄武等 11 人为顾问。中南林老科协的成立，汇聚了中南林离退休干部中的精英，是中南林老干部工作的一件大事和喜事。

老科协是在改革开放中涌现出的新事物。对一个新事物的出现，开始总是难以被人认同。学校老科协在艰难中起步，白手起家，困难不小。没有办公用房和办公用具，经费一年只拨 1000 元。为了要办公用房，我们曾多次向学校领导申请，但却困难重重。后经过多方努力，我们终于在学校体育场看台上，找到一间 10 平方米的小房间作办公用房。没有办公桌，我们只好求助华厦模板公司总经理侯巨拉，他给我们新制了 4 张办公桌，总算可以启动办公了。“生命在于运动，社团在于活动，资金在于流动，朋友在于走动”。老科协必须开展活动求发展，活动就需要钱，钱成为老科协的瓶颈。面对极少经费的困境，我们只好放下身段，求助学校各处各系支援。还好有不少热心人，为老科协开展活动提供了有力的支持。特别是侯巨拉，他以高度的政治热情，以尊老敬老助老的无私情怀，在经济上给我们雪中送炭，老科协要什么就给什么，有求必应，使我们老科协能正常运转。当我会庆祝 10 周年之时，侯巨拉又解囊资助 2000 元，真是支持老科协工作的模范。1999 年 10 月 10 日，学校老科协举行“助老答谢”会。就在这个会上，吴晓芙副校长私人捐助 1000 元，表达了他对老同志的深深敬意。

1997 年 11 月 4 日，中南林老科协主办的《老科协通讯》创刊号出版。它是对内对外宣传的窗口，是联系会员和对外交流的载体，至今已办了 59 期，在校内外颇有名气。它记载了中南林老科协风风雨雨 15 年的发展历史，留下很多老教授的名言佳作。我校知名资深教授张应春，身患癌症 20 多年，在我会《老科协通讯》第 3 期上，他撰写的第一篇保健文章《我的保健长寿观》，是一篇非常有价值的文章，总结了他长寿的经验。文章最后吟诗一首：“退休何用卜行藏，得失情怀早已忘。未肯徧溪称钓叟，只凭周易遇文王。屡经劫难知凶吉，剩有童心识否臧。放眠盈门桃李树，春来枝叶越宫墙。”表达了他高尚的人生观，读后令人感叹不已。

三、老科协在创新中前进

众人拾柴火焰高。老科协在多方面的力量推动下，在艰难中发展，在发展中壮大，教书育人、科技开发、建言献策、自我保健等各项工作，全面推进。振华科技学校、花卉中心、应用技术研究所、专家听课组、素质教育团相继成立。建言献策的专刊《参考与建议》1999 年 6 月 8 日正式创刊。中南林第一个建言献策专题建议“加快中南林学院发展的建议”，登在第 2 期上，受到时任湖南省副省长唐之享的高度评价，被湖南省老科协评为优秀的建言献策。我们先后向学校提出了“加强师资队伍问题的建议”“强化特色办学的建议”和“做好招生和就业工作的建议”等，为学校的发展积极建言。十多年来，我们撰写了 46 份建言报告，其中向省市建言 16 份。其中“湖南竹业发展对策”“创新城市理念是株洲发展第一推动力”等，受到省市的好评。株洲市委书记陈君文看到我的建言之后，认为是一个很好的建议，特派市长助理蒋涤非教授到学校向我表示感谢。长株潭城市群研究会，是专门从事为长株潭建设两型社会的智囊团体，我们从 2008 年参与活动，每年提供一篇对策建议，“发展低碳经济，建设低碳社会”“长株潭建设生态文明的理论思考”“发展森林碳汇，建设森林城市”“打造千亿竹产业，建设两型社会”，都被收集到长株潭城市发展蓝皮书中，其中“发展森林碳汇，建设森林城市”获特别优秀奖。

2000 年 11 月 10 日，学校老科协组织 12 位老教授到广西开展科技服务，历时半个月，行程3000多公里，先后到河池市、百色市、南宁市、北海市、桂林市等进行科技服务和学术交流，受到当地领导的热烈欢迎。2003年10月，学校老科协组织36名老教授、老干部到攸县参观学习，受到县委书记王建之、副书记胡湘之的热情接待，达到了“三学三看”的目的：一学革命老区的优良传统，看人才辈出的风采；二学攸县改革创新的思路，看攸县山川秀丽的风光；三学攸县实践“三个代表”的经验，看全面奔小康的巨变。2005年5月19日学校老科协组织20人到宁远县参观学习和科技服务，受到县委、县政府的热情接待，召开了座谈会，县校双方在会上发了言。县政府王县长介绍了宁远县改革和发展的基本情况，我和几位教授就宁远的发展提出了建议。这次参观学习感想颇多，受益匪浅。不仅看到了宁远县现代化建设的新面貌，更受到了一次中华传统文化、弘扬舜帝道德文化的教育。县委专门安排向舜帝祭祖的仪式，为我们讲述舜帝的高尚品德事迹，使我们身临其境地上了一堂深刻的道德教育课。2006年学校老科协与株洲市石峰公园联合开办的职工培训班开学，由我主讲了《中国园林概论》第一课。2007年在石峰区老科协的大力支持下，组织专家5人，到株洲市九郎山进行考察，撰写了“关于开发九郎山森林公园的建议”专题报告，送到株洲市有关部门，为九郎山的开发提供了科学的规划大纲。拉开了为地方经济科技服务的序幕。

退而不休，教书育人，又谱新章。很多老教授登上讲台，为学生授课，指导研究生，参与教学实习。上课时数达2万多学时。肖育檀教授，退休之后，上过6个班的课，教过5门课，学生300多人，包括专科生、本科生、硕士生和博士生，深受学生好评。专家听课组的老科协会员，共听了申报各类职称教师的课2463课时，公正准确地写出了2463份评分表，审查教案、教学大纲、学生作业上万份，为我校职称评定提供了科学的材料，是湖南高校职称考核的一个创举。“素质教育讲师团”是老科协配合学校进行素质教育组建起来的。几年来，为学生开设讲座118次，内容丰富，形式多样，教育学生学会做人、学会做学问，深受学生欢迎。资深教授陈克家，退而不休，一直为教学倾尽心血，他把自己一生的教育经验撰写了《启发式教学法的探索与实践》一书，以13个字概括并提升了启发式的教学方法，实现了虚与实、理与情的统一，是一本难得的高等教育教学方法的好书。

1998年3月21日，林业部副部长刘于鹤、人教司副司长李葆珍同志亲临振华科技学校考察，充分肯定了老同志退而不休的精神。1999年7月19日，湖南省老科协会长、国防科技大学前政委汪浩将军，副会长牛生祥，副秘书长万南圃一行3人，专程来我会指导工作，在校党委副书记李去惑和我的陪同下，考察了夕阳红花圃和振华科技学校，他们一致认为，中南林老科协工作具有活、新、实的特点。

为了解决历史遗留问题，调动老教授老有所为的积极性，根据中国老科协的部署，我们在会员中开展了职称评定工作。1998年我们向省老科协高级职称评审领导小组报送22位由副高晋升正高的材料，经省评审领导小组审核批准，朱增华、王季林、何燮元、谢朝柱、沈中翰、鲁孝杰、欧润贵、张全仁、肖育檀、刘显旋、沙钱荪、方文彬、刘义忠、石明章、谢宝多、文定元、黄玲英、杨光任、蒋开苏、邓毓芳等晋升为教授。1998年9月22日上午举行发证大会，科研处和离退休处负责人参加了会议并讲了话。这些老教授都是中南林的资深教师，并有专长，见识丰富，因当时名额和年龄所限未能晋升，如今老科协经专家严格评审，批准予以晋升正高职称，这是对老教授心理上的慰藉，他们都为此深为感动。先后共有40多人获得正高级职称的资格，对他们再作贡献是一个很大的激励。

校老科协坚持以人为本，加强自身建设，实现人性化的服务，无微不至地关心会员。2005年10月9日上午，校老科协为满70岁、80岁的离退休人员举行祝寿会，应邀参加会议的有任湘郴副校长、组织部部长蔡玉梅、株洲校区管委会常务副主任童显德、人事处处长陈鹤梅、离退休处处长李强、科研处副处长赵坤；任湘郴副校长做了热情洋溢的讲话。老科协为每个寿星颁发了人生奉献奖，任副校长代表学校送了一个6层宝塔形的大蛋糕，株洲校区管委会为寿星设了寿宴。幼儿园小朋友致贺词。这是中南林老科协第一次举行集体的祝寿会，场景格外感人肺腑。从此以后，每年老人节我们都要举行祝寿会，成为一种制度。尊老敬老，让人间充满爱。参加寿庆的寿星们无不高兴。忆往昔，看今朝，幸福无比。彭文彬同志80华诞参加祝寿会有感而发，作诗表心情：

晨曦踏雾聚株洲，须叟鹤发亮风流。
回首往事更是多，喜逢今朝乐悠悠。
盛世盛会歌盛事，答谢科协共祝寿。
和谐社会重晚情，延年益寿乐春秋。

老科协主办的金霞书画社于2000年4月成立，由鲁孝杰任社长，彭兴邦为副社长。书画社的成立，对弘扬中华文化，提高大学文化品位具有历史性的意义。鲁教授专长书法，别具一格，是中南林传统文化的独特风景。书画社成立后，深受大学生的欢迎，举办多次讲座，对弘扬中华文化发挥了重要作用。对一个以理工为主的学校来说，大大增加了中华传统文化的品位。参加书画社的作品，在全国性的比赛获得过金奖，为学校赢得了荣誉。

中南林老科协的创建，引起了兄弟高等学校的关注。湖南农业大学、长沙理工大学、株洲工学院的老教授，先后到校与我们交流，在我们的经验启示下，湖南农业大学率先在长沙成立第一个高校老科协。长沙理工大学、株洲工学院先后都成立了老科协。国防科技大学、湖南文理学院的老教授，也都驱车来校学习组建老科协的经验。为了推动长沙、株洲、湘潭地区的高校老科协事业的发展，由我校倡议成立湖南省高校老科协联谊会，于 2005 年 11 月 2 日在株洲校区专家楼会议室举行成立大会。参加会议的有湖南农业大学、长沙理工大学、湘潭大学、湖南科技大学、湖南工业大学和我校的老科协负责同志，湖南省老科协会长汪浩，副秘书长万南圃也出席会议。汪浩会长在会上做了重要讲话，中南林章怀云校长代表学校致辞。这是一次联谊会，又是一次经验交流会，开得非常成功，在欢乐中结束。从此以后，每年由各高校轮流举行。中南林老科协日益壮大，受到各级领导的热情关怀和亲切指导。

四、振华科技学校精心育桃李

振华科技学校是校老科协创办的一个实体。学校于 1993 年由谢裕民、鲁孝杰、张俊才同志创办。张俊才任校长，谢裕民、鲁孝杰为副校长。原定名为株洲市成人高级中学，后改名为振华科技学校。下设旅游服务管理、机电设备维修、计算机应用、商务文秘等专业。十多年来共培养学生 5000 多人，其中大多数到广东一些大企业就业，成为企业的骨干，连续 4 年被评为株洲市社会力量办学优秀学校和湖南省社会力量办学优秀学校。被湖南省老科协授予先进集体称号。他们办学的优秀事迹，被媒体记者采访，刊登在《株洲日报》上。十几年来，他们坚持以学生为本，始终依靠中南林的人才资源，以市场为主体，以“快三步”的教学模式严格管理，把学校办得红红火火，成为株洲民办学校的领头羊。民办学校与公办学校相比，条件相差甚远，在无资金、无校舍、无生源的情况下，自找出路，租房子、集资买设备，无条件创造条件上。没有优质生源，他们就四处招收学生。来校学习的学生一般都是文化素质差，而且学习上缺乏自觉性，不发奋读书，好玩耍，有的学生

湖南省老科协汪浩会长(右5)出席联谊会合影

是因家长无法管教才送到学校的。管理任务重，升学压力大。学校领导班子以“老骥伏枥，志在千里”的精神，以学校为家，风风雨雨、日日夜夜为学生操劳，实行封闭式管理，教学质量不断提高，成人高考升学率达84%，中专生就业率达90%以上。振华科技学校的教学理念和治学精神，深深感动了学生，成功地教育了新一代学生。学生彭文芳是这样歌颂振华的：“校园不大，但很美丽；楼房不高，但很整齐。迈进振华，心底产生一种成为真正振华人的自豪感和幸运感。振华确实有一种独特的精神，这就是求索、拼搏地学习；勇敢、向上地生活；真诚、真正地做人。这种精神，是一届又一届振华人共同智慧的结晶，是振华人的骄傲和梦想。选择振华，不为别的，就为那句校训：‘立志、奋斗、成才’。”振华科技学校10年办学的成功，不仅是培养了5000多位国家需要的建设者，更重要的是彰显了以张俊才校长为代表的振华人的高尚精神。这种精神是金钱买不到的，愿振华精神永放光芒。

五、夕阳红花圃育花又育人

夕阳红花圃是中南林老科协创办的另一个实体，由11位老教授、老干部组成，10年耕耘，10年辉煌，是中南林一道亮丽的风景线，令人感叹且留恋不已。

艰苦创业建花圃。花圃的前身为花卉组，成立于1996年，起初由我妻子组织几位老干部花卉爱好者在一起养花。老科协成立后，于1998年秋正式成立夕阳红花圃。第1任组长为沈中翰，副组长为邓毓芳、漆龙霖；第2任组长为曹铁如；第3任组长为邓毓芳；第4任组长为张美琼。在花圃成立前，花卉组的场地没有固定场所，先在林学楼室外东头，然后搬至北区宿舍空坪，再到学校苗圃内。建立花圃是需要资金投入的，没有经济来源，每个成员自筹出资 200 元，作为花圃的活动资金。花圃的 11 位老同志为建立花圃付出了艰辛的劳动，没有专职园林工，锄地、除草、施肥、浇水等体力活，都是自己亲手干，十年如一日。为了增加花圃的活动经费，他们经常去摆花摊，挣几十块钱来弥补经费不足的困境。花卉组承担了学校的工厂美化的业务，摆放花卉盆景，赚点服务费。这些老爷爷、老奶奶不顾年高体弱，经常用板车把花卉从夕阳红花圃拖到工厂去换盆，展示了老教授、老干部的忘我精神。为了扩大花圃的实力，培育出一批批美观秀丽的品种，他们忘记了年龄，忘记了病痛，一心扑在花圃上。经过 10 年建设，花圃成了一个拥有 300 多个品种的四季有花、红绿相映的大花园。

景观宜人迎客忙。在老教授、老同志的哺育下，夕阳红花圃，成为教学、科研、观光、休闲的场所，成为师生争相而去的乐园，人来人往，皆流连忘返。花圃是老有所为者的天堂。特别是对花情有独钟的老同志，视花圃为家，不怕苦，不怕累，去长沙，到株洲，跑市场，拿锄头，拖板车，一切为了建设花圃。把一株花视为孙儿一样，精心呵护，使其茁壮成长。学校有些同志对花圃的人整天忙个不休不理解，你们究竟为哪般，何必用钱买辛苦。“半世苦耕耘，育得桃李花千树；闲来建园圃，赢得福寿乐百年”。这是贴在夕阳红花圃的一副对联，集中反映了花圃人的精神世界。虽然他们付出了一身的汗水，但获得的却是一生的快乐。每年老人节每人自做一个特色菜，大家携全家老小到夕阳红花圃相聚一堂，佳酿美食，欢歌笑语，度过愉快的一天。他们在辛勤的劳动中，学到很多新知识，成为养花的行家。他们双肩挑起育花又育人的重担，让花更红、人更乐。这就是花圃人的出发点和落脚点——创造一个鲜花灿烂的世界，让人们去休闲享乐。

夕阳红花圃是学生实习的天然大课堂。花圃种植了 300 多种奇异花卉，又有经验丰富的老教授当指导老师，是一个很好的学生实习基地，是一个天然的第二课堂。老教授们专门为学生编写《夕阳红花卉和观赏植物简介》《夕阳红花卉图谱》，给学生对照阅读。在现场，老师亲自为学生解惑答疑，手把手地教学生如何操作，如何识别花卉，使学生受益匪浅。98 级园林班的全体学生特别致信感谢，他们在感谢信中说：“值此金秋送爽的国庆期间，你们不畏辛苦，不图名利，自筹资金，培育出一盆盆娇艳美丽的花朵，给全院师生送来了一个心旷神怡的国庆假期，不仅给国庆花展添枝加叶，而且方便了相关专业的学习，特别是园林专业在花卉方面的实习，更是获益匪浅。在此，98级园林班全体学子向你们衷心地道一声，老师，你们辛苦了，谢谢你们的无私奉献，更谢谢你们为我们提供了第二课堂。”

夕阳红花圃是学校校园风景的大观园。平时，老师、学生，子弟小学的小学生，幼儿园的小朋友，都是三五成群结队而来，在花圃里休闲、游玩、赏花。节假日，特别是国庆花展期间，更是人流如织，热闹非凡。每到国庆节夕阳红花圃都要举行一次大型花卉展览，目前已成功举办过8次，接待客人达6000多人次，其中还有很多外省游客。在国庆旅游黄金周期间，夕阳红花圃成为师生们就地旅游的首选，无论品茶、赏花，皆是人们休闲的不二乐园。对学习园林花卉的同学们而言，是一个学习的好机会，可以学到培育花木的知识，感受到千姿百态的奇花之妙，人和大自然的和谐之美。其魅力也感染了媒体。2001年10月31日,《中国绿色时报》副总编辑李树明一行5人，满怀热情地参观了“夕阳红花圃”，近300余种千姿百态的奇花异草，令他们感叹不已。当即李树明副总编辑挥笔题词：“育得桃李后，再展夕阳红。”11月23日，《中国绿色时报》记者郝育军撰写的长篇报道《11位老教授的花样年华》，发表在《中国绿色时报》的第3版上，盛赞了花卉组11位老同志创建花圃的动人事迹，其影响远播全国各地。

10年的花圃史，是老有所为和老有所乐的交响乐章。它所产生的经济效益是微不足道的，但它所创造的知识价值和精神价值是无法用金钱衡量的。“年年岁岁花相似，岁岁年年人不同”。“无可奈何花落去”，随着花卉组成员年龄的增大，学校搬至长沙，住地更加分散，昔日辉煌的夕阳红花卉组，随着大江东去而不复返了。但它的10年辉煌历史，如同万丈的光辉永留人间。

六、踏遍青山乐为民

老科协的老教授们，以壮志不减当年的风采，奋斗在科研第一线，踏遍祖国的山山水水，洋溢着科技开发的芬芳。方文彬教授，把老有所为作为人生一大乐趣，继续开展科学研究，积极为社会服务，取得了重大成果。他所主持的《栽培措施对短周期工业材材性影响规律的研究》，达到了国际领先水平，1999年获国家科技进步二等奖。课题历时5年，他先后对辽宁、山东、江西、贵州、湖南、广东、广西的12个林场58个标准地的11个树种，用现代测试技术测试，并取得了丰硕的成果。文定元教授，一生从事森林防火研究工作，造诣较深，是国内资深的防火专家，他以事业为人生的追求，退而不休，为森林防火事业做出了重要的贡献，《生物防火研究》获1999年国家科技进步三等奖；《南方森林防火带规范研究》获国家林业局科技进步三等奖；《森林燃烧圈》，获1998年湖南省自然科学优秀论文一等奖。该学说突破了“森林燃烧三角”的旧说法，揭示了森林燃烧的本质，对森林防火具有重要的理论和实践意义。文定元教授退休之后，又坚持给全国各地的森林防火培训班讲课，听课人数上万人次，是中国知名的森林防火专家。欧润贵教授，退休之后，继续承担了国家自然科学基金2个项目，确实不易，为我校首例。共在国内核心刊物发表7篇论文，《森林水文效应遥感计量分析的研究》获1997年湖南省科技进步三等奖。肖育檀教授，参与了《长江中上游防护林经营模式》的项目研究，获1997年林业部科技进步二等奖。他积极参与长沙市重大项目的绿化设计，并做出了重要贡献。1996～1998年受聘长沙“世界之窗”有限公司，主持绿化设计和施工管理，完成景区260万平方米的园林绿化任务，编制了各种技术文件，让一个绿色美丽的园林景观展现在游客面前，为“世界之窗”的旅游景观增添了光彩。完成“世界之窗”的任务之后，又投入湖南广播影视中心总公司的绿化规划设计工作，完成4万平方米的园林绿化任务，他的经典之作，随同广播电视的电波传送到各地，为中南林争得了一份荣耀。曹铁如教授是一位资深的植物分类学者，在退休的10年中，教书育人和科技服务双肩挑，硕果满枝。他完成了湖南、江西、广东、广西的30处国家森林公园和自然保护区的规划设计任务，爬高山、穿密林、下湖沼，调查动植物分类，采集标本，费尽体力和汗水，长期的野外奔波，使他身患多种疾病，仍生命不息，工作不止，不愧是一头几十年如一日辛勤耕耘的老黄牛啊。李年存教授退休之后，马不停蹄地奔波在全国各地，深入工厂第一线，推广新技术，开发新产品，是深受社会欢迎的老教授。退休之后，他完成了《木材改性新技术研究与应用》《松木改性生产新工艺》《仿古木无形切削工艺》和《废弃苹果木再利用工艺》等科研项目，完成了江西高峰木业公司年产2万立方米指接板的工艺设计；黑龙江吉达木业公司年产4万立方米细木板的工艺设计；广西裕达木业公司年产10万立方米人造板的项目可行性编制方案，为中国的林产工业发展做出了重大贡献。谢宝多教授是颇有造诣的森林病害专家，他忘记自己的病痛，上贵州，下洞庭，为森林病害防治做出了贡献。科技开发，为经济建设服务，这是老科协的主要功能。老科协汇聚了一批有真才实学的学者，退休之后充分发挥他们的专长，展示老科技工作者的智慧，取得了一项项丰硕的成果，获得了国家的奖励。这是值得我们自豪的，真正体现了“人生价值在晚年”的光辉。

为了响应省委老书记、老科协第一会长熊清泉的倡议，大力发展湖南楠竹产业，中南林老科协积极参与，为竹产业发展出谋划策。2007 年我们撰写了《关于湖南竹业工业发展的思考和对策》，立即受到熊清泉、汪浩、朱东阳会长的高度重视；2008 年在湖南桃江县召开了全省楠竹科技开发座谈会，我应邀在会议上做了专题发言。桃江会议前，省老科协主要领导向时任省长的周强做了专题汇报，周强做了 5 点指示，从此竹业发展引起了省高层决策的关注。2010 年，由省老科协主要领导策划，中南林老科协主笔，编著了《中国现代竹业概论》一书，并成功出版发行，吸引了社会的关注。2011 年我又撰写《快马扬竹鞭，打造千亿竹产业》的建议，10 月 18 日应邀在岳阳临湘会议上做专题发言，进一步推进了湖南竹业的发展，受到与会者的好评。

在中央再做贡献的召唤下，唤起了老教授科技兴国的无限激情，他们以从未有过的情怀奋斗不止。我校资深的教授张应春，在 2000 年老科协举办的迎世纪新春座谈上，即兴作诗一首，表达了老教授、老同志为祖国再做贡献的心情：

祖先们烧过多少兴国的香火，
儿孙们做过多少兴国的求索，
关键是革命和斗争靠教育和科学。
历史的兴衰像炸雷般震惊着你和我，
“十年动乱”中科学不值钱老师难能做，
幸亏拨乱反正改革开放才迎来强盛的祖国。
响应党中央的号召高举科技兴国的大旗，一天也未降落，
欣逢千年之变，愿天下老年人，
平平安安，快快活活。

七、著书立说写华章

老教授是学校的宝贵资源，他们具有专业学术优势和阅历优势，激励他们著书立说写华章。这是老科协工作的闪光点。自老科协成立以来，先后出版专著 40 多部，发表论文近 200 篇。部部著作，篇篇论文，字里行间闪耀着智慧的光辉。方文彬教授参编的《中国主要人工树种木材性质》一书，是中国林业当代研究的科技成果的缩影。彭幼芬教授 80 岁高龄出版的《种子生理学》

1993 年与妻子一同考察竹林

和《生命科学与绿色产业》，是基础理论新题，实用价值广泛，受到资深院士和专家的好评，并获湖南省教委二等奖。文定元教授的《林火原理》《森林防火基础知识》等专著，是我国森林防火的权威著作，在理论和实践上具有很强的指导意义。谢宝多教授的专著《板栗病害》，是他一生研究的杰作，对发展板栗产业具有科学性、实践性的指导作用。曹铁如教授参编的《水生观赏植物》一书，拓展了观赏植物培育的新工艺，为发展花卉产业做出了新的贡献。邓背阶教授参编的《家具设计与开发》和《家具创造工艺》2 本专著，是中南林业科技大学特色鲜明的教材。单国荣研究员的专著《英语万词点破捷径》《英语万词主题阅读》和《最新初中英语同步巧学手册》系列丛书出版后，受到社会的青睐，对改革英语教学方法，提高学习英语水平，有很大的推动作用。

2010 年，由我和赵世荣主编，张美琼、邓和平、谢宝多为副主编，出版了《中国现代竹业概论》，该书由湖南人民出版社出版。现任湖南省省委书记周强，原湖南省省委书记熊清泉、原湖南省人大常委会副主任朱东阳为该书分别作序，原国防科技大学政委汪浩将军题写书名。这是一本集多学科、多产业为一体的学术专著，是一本集新理论、新技术、新产品为一炉的竹业专业著作，是一本集农业文明、工业文明、生态文明为一脉的文化科普著作；站在经济、社会、文化的高度，由小见大，由表及里，由近而远的文字表述，具有鲜明的系统性、综合性、新颖性和前瞻性的特点，系统分析了中国竹业在世界独一无二的战略地位，展示了中国竹文化的无穷魅力，揭示了中国竹业发展的无限空间并提出了科学对策。2011 年 11 月 21 日在长沙举行隆重的首发式。首发成功，受到各级领导和社会的好评。湖南省组织部部长黄建国说："《中国现代竹业概论》非常好，很有水平，涉及三大产业，填补了国内竹类书籍的空白。"汪浩将军对此书的出版热情赞赏："《中国现代竹业概论》的出版填补了空白，大大推动楠竹工程的运行。"他亲笔书写贺词："竹海碧波翻，竹简万万千，竹用门类多，竹艺珍品稀，竹美旅游旺，竹绿最低碳，上下齐动手，开发竹产业，奋斗计十年，产值过千亿。"《中国现代竹业概论》一书的撰写，凝聚了中南林 4 位教授的智慧和汗水，他们不顾病痛，战酷暑，斗日夜，按时完成了撰写任务。张美琼教授一生从事竹业的教学和科研工作，她全心投入到撰写工作中去，尽管自己和爱人的病痛在身，还是高质量地完成了编写任务。谢宝多教授身患癌症重病，仍精神饱满地完成了竹业病虫害防治的撰写任务。邓和平教授负责竹产业应用技术的编写，内容多，面又广，技术性强，他以最快的速度，完成了撰写任务。我负责中国竹文化、竹旅游、竹贸易 3 章的撰写，对我来说，这是是一个学习的好机会。为了撰写好这 3 章，特别是"竹文化"一章，我阅读了很多有关的书籍，研究了源远流长的 5000 年竹文化，理清了竹文化发展的脉络，揭示了竹文化的内涵，自学了一堂生动的中华文化课，进一步提升了我对竹业研究的水平，受益匪浅。

"藏书万卷可教子，遗金满籯常作灾"这是有名的古语。我们鼓励大家写回忆录，为后代留下丰富的精神文化。石明章教授 90 岁高龄，出版了他的《林海漫游学林 70 年》一书奉献给社会，为晚年人生增添了光彩。前林业部副部长董智勇为该书作序评价："这本书是他从事林业工作的真实写照，读者可以从中感悟到，作为一位老专家，长期踏踏实实，不畏艰苦，迎着困难前进的高贵品质和精神面貌。"原湖南林校党委书记彭文彬撰写的《忆往昔》，是一本具有历史性、思想性、文学性的回忆录，读后可从中得到启迪。书中闪耀着他一生的革命思想和革命精神，幸福的晚年生活，为他的人生增添了光彩。

八、自我保健话健康

自我保健工作是湖南省老科协的一面旗帜，名声远扬。学校老科协把自我保健作为民生工程的一件大事来抓，从协会成立至今，自我保健活动从未间断，而且不断深入，从足疗到“312 经络法”，从芦荟到纳豆食疗，从自然疗法到中医穴位养生，从常见病到肿瘤防治，从心疗到体疗，全方位地在会员中推进。自我保健是一件善事，是顺民意、得人心的好事，是应对老龄社会实现国家和谐稳定、人民快乐幸福的大事。在这盛世之年，促健康，保长寿，是老年人的共同愿望。朱忠保是我校的资深教授，研究森林生态的专家，前两年遇车祸伤到筋骨，接着又患癌症，但他的心理状态和精神面貌特别好，对未来的生活充满无限希望,2009 年他作诗一首，标题是“我想再活一百年”。诗的内容是：

太阳升起又下山，月亮时缺时又圆。
光阴易逝催人老，一生过来步履艰。
生命要老真无奈，日子刚好身体差。
看着山是那么美，看着水是那么绿。
看着天是那么长，看着地是那么久。
可是人生那么短，我的确有心不甘。
看着国家已强大，看着人民已富裕。
看着科学发展观，促幸福持续发展。
我就越来越觉得，自己的生命太短。
如能返老再年少，我想再活一百年。

诗词句句对生活充满激情，字字对未来充满希望，令人感叹。这是一位 80 岁老教授内心发出的呼唤：健康长寿，再活一百年。由此可见，自我保健是人心所向，人人所需，人人所求，是民生的第一件大事。

自我保健是一个大学校，是医学知识普及的大课堂。医学知识普及之时，就是健康百岁之日。大学是高等文化集聚的园地，然而我们大多对医学知识，有隔行如隔山的感觉，对其了解甚少。从岗位上退休下来，对如何养生，我头脑仍是一片空白。为此，我们邀请湖南湘雅医院的专家教授，湖南科技大学心理专家胡安邦教授来校为老同志讲授保健知识，深受老同志欢迎。2003 年 3 月我们邀请郴州老科协足疗技师 3 人，来校面对面传授足部反射治疗，查病 160 人，治病 100 人次，收到了立竿见影的效果。为了加强食疗，我们于 2004 年在会员中普及芦荟保健知识，收到了一定的效果。2009 年开始在会员中推广纳豆食疗健身，老科协成立了纳豆研究室，生产的纳豆经过质检部门鉴定合格，全校有 200 多人购买我们研制生产的纳豆，湖南大学、长沙铁道学院的人也前来购买。后来纳豆的生产和经营，因经费和管理问题难以解决，只好暂停生产。实践显示纳豆食疗，对某些人某些病治疗确有效果。它是食疗健身的方法之一。“312 经络法”和自然疗法、中医养生法，正在深入推广，为众人所喜欢。

自我保健是一个社会大医院，是防病治病总结经验的大平台。人民是医学的创造者，自己是最好的医生。在社会这个大医院里，拥有很多医术高明的医生，甚至医院无法治疗的绝症，在自己精心的护理下，死里逃生，又健康活了 20 年。老科协的张应春教授、谢宝多教授、张雪明、王杰均身患癌症长达 20 年，除张应春教授近 90 岁因心脏病去世外，其他 3 人至今享受着晚年的天伦之乐。张应春教授是有名望的资深教授，一生经历坎坷，65 岁身患结肠癌。手术之后，他以练书法代替气功，以读书代替药物，以古书《老子》《易经》《中庸》，宋代和清代的诗作为抄本，每天写下几页，共 30 多本，不下 50 万字。因经常阅读《十八家诗抄》，他整个人心情舒畅，其乐融融。晚上失眠就背名家诗歌很快入眠，坚持不化疗、不吃新贵药，注重食疗，健康活到近 90 岁才辞世。这是老年知识分子以书健身、以书治病的成功典范。张雪明副教授，是从事生理学研究的学者，1994 年不幸身患恶性纤维癌，3 年内 5 次住院 4 次手术，一条腿高位截肢变成残疾人。尽管失去一条腿，但肿瘤却仍没得到遏制，复发无常，并很快扩散到右腿，后来又不得不到湖南知名医院求治。医生说自己无回天之术，也不能再把张教授另一条腿锯掉，建议回去吃点中药延长一点生命。面对死亡的她，以顽强的意志，坚强的毅力，可贵的恒心，求生的信心，科学的保健，坚强面对，赢得了生命。与她同时身患癌症的其他 3 人都辞世而去。唯独她走过了 20 年的抗癌之路，仍幸福地活到今天，享受中华盛世的欢乐。她的经验是——坚强面对要有“五心”：一是信心，二是耐心，三是恒心，四是感恩之心，五是对美好生活渴望之心。她所患癌症痛苦至极，残腿和右腿伤口 300 多孔洞，烂得像蜂窝煤一般，每次换药时撕心裂肺般痛不欲生。她痛苦时发出呻吟：“闹市嚣声绝，楼院人踪灭，老妪人沉疴，癌痛心撕裂。”因此她曾经也有轻生的念头，但被文天祥的“人生自古谁无死”的精神所激励，又信心倍增，增强了心理上的免疫力，坚强地应对死亡的挑战。她是一位令人敬佩的抗癌女英雄，她的抗癌经验印证了“自己是最好的医生”。我们学习两位教授的自我保健经验，受到很大的启迪，健康和生命掌握在自己手中，不怕身体有病，就怕心理和精神上有病，失去人生的动力。

九、10 年庆典歌丰收

2007 年是校老科协成立 10 周年。这 10 年是快乐有为的 10 年，催人奋进的 10 年。通过庆典活动，达到回顾历史、总结经验、展示成绩、凝聚人气、振作精神、再作贡献的目的。从上半年开始筹备，要做好 3 件事：①筹措资金；②编辑一本 10 年发展史；③举办庆典大会。

在筹备工作中，湖南省老科协和学校党委李红书记高度重视，从精神上和经费上给予大力支持。省老科协 3 位主要领导为大会题词。第一会长熊清泉题词："踏遍青山人未老。"汪浩会长题词："满目青山夕照明。"朱东阳会长题词："林业老科技工作者是科技兴林造福人类构建和谐社会的宝贵财富。"李红书记、吴晓芙副校长听取汇报，专门发了加强老科协工作的 8 号文件，并拨出 3 万元专款做庆典之用，领导的关心给庆典筹备工作注入了强大的活力。

10 周年庆典需要足够的资金做支撑，才能起步筹备。除了学校领导拨的专款外，还有很大的缺口，必须在校内求助各单位募捐解决。由常务副会长张俊才和副会长刘介平同志负责。他们奔波各单位求助，筹集资金 5 万多元，为庆典提供了资金保障。在捐助活动中，各单位都表达了热情之意。后勤集团总经理李本贵捐助最多，为全校之冠。特别感人的是商学院邓德胜院长，对老同志高看一等，厚爱一层，捐了第一次，又捐第二次，共捐 4000 元。华厦模板公司总经理侯巨拉，对老科协厚爱有加，情有独钟，一直倾心尽力支持。在 10 周年之际，我们专程向他表示感谢，并未有再向他求助之意，可他立即又慷慨地捐赠 2000 元，令我们感动不已。

编写一本文集，这是 10 年庆典的重头戏。老科协成立的 10 年，是不平凡的 10 年，它凝聚了组织者和全体会员的智慧和才华、辛劳和汗水。用文字把它记录下来，继往开来，具有深远的意义。校老科协组织了专门编辑班子，由我和朱增华为主编，于首生、王若村、沈中瀚、吴镇南、谢宝多、鲁孝杰为编委。从 2007 年 5 月开始运作，收集资料，整理编辑，打印校对，一直到成书发行，整整忙了 6 个月。为了按时完成任务，大家不顾"三伏"酷暑，不论夜晚假日，忘记病痛，忘记年龄，夜以继日地工作，不叫苦，不喊累，没有奖金，也没有加班费，干得特别欢。当一本 60 万字《晚霞映青山》的大作摆在人们的眼前时，喜悦之情表现在每个人的脸上。

全书共分9篇37章，共60万字。文集汇集了中央领导和省委的讲话、题词，具有指导性和权威性；文集记载了10年走过的风雨历程，包括教书育人、科技服务、著书立说、建言献策、自我保健等等，具有综合性和真实性。内容丰富，材料翔实，是历史的再现，经验的升华，具有可读性和借鉴性，发行后受到各方的好评。国防科技大学原政委、省老科协会长汪浩将军，在大会讲话中说："中南林科大老科协出版了60万字的《晚霞映青山》文集。它是校老科协10年来创建和谐、快乐、有为的老科技工作者之家的奋斗史，是10年来工作业绩的结晶和经验总结，是高校老科协的一部不断丰富完善的百科全书。"这对我们的工作是一个极大的激励。

2007年11月25日上午，我们在株洲校区老干活动中心会议室，举行了隆重的庆典大会。会员满怀热情，精神焕发，从长沙校区赶来参加庆典。高龄多病的同志，行动困难坐轮椅的同志，都争取参加这一历史性的盛会。会议庄严热烈。参加大会的省市老科协的领导有：省老科协会长汪浩将军、常务副会长郎艺珠、株洲市老科协会长陈登高、学校领导章怀云校长、吴晓芙、任湘郴副校长、各部处和二级学院的领导。兄弟院校的老科协会长也应邀参加大会，来宾共67人。

大会由常务副会长朱增华主持，会议首先由我致辞，接着汪浩会长在大会上作重要讲话，他说："首先我代表熊清泉第一会长和朱东阳会长表示热烈的祝贺！学校老科协的工作和活动可以这样概括：工作扎实，硕果累累；活动多样，丰富多彩；人才荟萃，业绩卓著；求实创新，经验丰富。中南林业科技大学老科协不愧为'和谐、快乐、有为'的老科技工作者之家。堪称湖南高校老科协的'排头兵'或样板。"株洲市老科协陈登高致词，校长章怀云代表学校党委和行政领导在会上讲话，他们充分肯定了老科协10年来的工作，并将继续支持老科协的工作。湘潭大学老科协会长曾子其代表高校老科协致贺词。学校党委书记李红为庆典题词："天下桃李，悉在公门。"章怀云校长题词："老兵新传写千秋。"大会表彰了老有所为先进个人、健康老人和支持老科协工作的好领导。会后进行了精彩的文艺表演，中午全体会员会餐。整个庆典活动在热烈、欢乐的气氛中结束。

这是10年的一次盛会。会员无不欢欣鼓舞，有的作诗，有的写对联，从内心表达喜悦之情。鲁孝杰教授为大会写的对联揭示了庆典主题："九州寰宇，慢舞红旗，庆嫦娥奔月。十载春秋，花团锦簇，看硕果飘香。""老有所为，十年功绩艰辛路。老有所乐，皓首童心谱新章。”

老科协的10年，是催人奋进的10年，完成课题35项，专利9项，出版专著36部，发表论文130篇，授课16496学时，听课3292学时，培养中专生数千人。学校老科协16次被评为省、市先进单位。老科协的10年是开拓创新的10年，夕阳人开创夕阳的事业，用夕阳的光辉照亮未来，一切都是新课题，新使命。老科协的10年是快乐和谐的10年，人与人之间，感情相通，心理相容，理念同向，行动同步；视有为为快乐，视和谐为有缘，朝夕相处，亲如一家。这10年只是老科协工作的一个起点，路漫漫其修远兮，任重而道远，我们还要在下一个10年中再创佳绩，迎接新挑战，谱写新华章。

十、老科协是人生快乐之旅

从1997年起，我就把老科协作为晚年人生之家，从心理上和行动上倾注精力与它融为一体，与学校老科协同步走了14年。这14年我与老科协是一个相逢、相知、相识、相爱、相乐的过程；深感老科协是老人精英的高地，编外科技大军的阵地，知识传播的洼地，弘扬文明的园地，老有所为的乐地。随着老龄社会的推进，老科协的地位越来越重要，它的作用越来越显著，生命力越来越强。它是社会管理组织的创新，是团结老同志的纽带，是实现社会管理“3个最大要求”的途径。从我的实践体会看，老科协是人生的快乐之旅。人的上半生是谋生，为事业而生，为生活而生；人的下半生是乐生，是为快乐而生，在生命中享受快乐，在快乐中延长生命，故要把乐放在第一位。

老科协是终身学习的大学校，尽情享受学习之乐。青少年学习是一种人生压力，一种负担，为升学而学，为就业而学，它是压在肩上的重担，举步艰难。老年学习是一种动力，自觉地学习，快乐地学习，自我完善地学习。学习是一种享受，是一种快乐。不仅读有字的书，还要读无字的书。老科协是一个多学科、多专业的社会团体，人才荟萃，不仅有大师，还有大科学家。他们是我们学习的最好老师。从他们身上可以学到很多有用的东西。在这个学校有丰富的学习内容，进一步学会做人、做事、做学问。从湖南省老科协的领导班子来看，既有帅，又有将，是一个很强的班子，充满人格的魅力。第一会长熊清泉，是湖南省原省委书记，是一位德高望重的高级干部，在职时率领全省6000万人民奔小康，现在指挥全省14万编外科技大军为富民强省再做贡献。一不求名，二不求利，一心扑在公益事业上，不愧为老干部的典范，是湖南老科协的统帅。会长汪浩是国防科技大学原政委、教授、将军，是一位知识渊博的学者，一生从事国防教育事业，桃李遍全军，中央军委副主席徐才厚就是他的优秀学生之一。他不仅才华出众，而且擅长书法，是著名的将军书法家。他做事严谨，细致认真，十分敬业，我们编的《晚霞映青山》一书他亲自阅读，深入研究，并作出评价，充分展示了一个学者的风范。他的讲话稿、来往书信，都是用毛笔行楷亲笔书写，不要秘书或他人代劳，对于一个80多岁高龄的将军来说，这种作风难能可贵。他为人低调、亲和、谦虚，以“三人行必有我师”的视野，善于去发现别人的优点，他总结80年人生的经验就是最好的见证。“量力行，与人善，助波澜，不领头，循势游，莫强求”。这是他80年人生的18字方针，充分展示了他的人格魅力。令我难以忘怀的一件事，就是他把我在2008年为湖南农业大学老科协成立10周年而写的致辞，全文一字不漏地以书法家的气势写好，于2011年寄给我，令我感动不已。为了展示汪浩将军的大作，我请人精心装裱后挂在住房客厅里，成为了我家珍藏的一件精美艺术品。朱东阳会长是原中共湖南省委常委、原省人大常委会副主任，是一个睿智能干的领导，思维敏捷，善说能干，概括能力强，讲话富有激情和号召力，善于运筹帷幄，是省老科协领导的核心人物。他为人低调、尊贤礼让，即使在领导老科协这问题上他也说，熊清泉老书记德高望重，一定要请熊清泉当第一会长，省老科协才有威望。他这种甘为人梯的精神，充分展示了他做人的宽广情怀，是值得人们学习的典范。省老科协的会长们、秘书长们、常务理事都是昔日各级领导的精英，是老科协事业的开创者和引导者，在他们身上闪耀着智慧的光辉。《湖南老科协通讯》更是一本必读之书，为我们传播夕阳事业的老年战歌做出了很大贡献，功不可没。省老科协领导德高望重，在全省享有崇高的地位。对他们的建言，省委书记、省长亲自接见，聆听并批示。省老科协在各地开会，当地党政一把手都亲自到会恭陪，出行警车开道，充分体现了社会尊老、敬老的情怀。湖南省老科协享有“党委的参谋、政府的助手、人民的知音”的盛誉。

中南林老科协汇聚了中南林一批资深教师：何方、张应春、王问学、方旦谷、陈克家、朱忠保、胡景初、朱增华、鲁孝杰、谢宝多、沈中翰、谢裕民等等，他们都是学校教学的骨干和学科带头人，都有可圈可点的业绩。在200多会员中凝聚了多种精神，即民族精神和时代精神，一心为公的春蚕精神，寿高不言老的拼搏精神，不求回报的奉献精神，与死亡搏斗的乐观精神……，这些精神在很多会员身上都表现得淋漓尽致，成为学习的最好教材。

人的生命是用时间来计算的，人的境界是用精神来衡量的。精神是人的灵魂，特别是晚年更需要精神来支撑。中南林老科协从无到有，从小到大，欣欣向荣，归功于有一个好班子，有一支精干的队伍，有一种奉献的精神，有一种干实事的作风。朱增华、张俊才、谢宝多、刘介平、李年存、沈中翰、杨光任、张枚成、邹志文、曾仁德等，他们都是老科协的领头人和开创者，劳苦功高。王玉平、吴镇南、于首生、王若村、李梦驹等，他们是老科协办事的核心人物，是知名的实干家。我从他们的身上学到"老而不忘忧国，退而不求名利"的高尚精神和实干作风，不顾年高体弱，为了老科协的事业，辛苦奔波毫无怨言，其敬业精神十分感人。老科协是一个传承文化、弘扬精神的大学校，在这里可学会更好地做人、做事和做学问，终生受益。

老科协是老有所为的大舞台，尽情享受老有所为之乐。老有所为，为人民服务是一次人生的长跑，只有生命终结，才能达到终点。在职时的有为，具有指令性和被动性，不得不作为。而老年退休之后的有为，是一种自觉行为，不看别人的脸色行事，做自己想要做的工作，这是人生一种享受，一种快乐。陈克家教授以诗充分表达这种心情："十年绿苑映夕阳，梅含笑，桂吐香；再著春秋，老也逞豪强。头顶白发心向党，献瘦骨，铸辉煌。八十九十又何妨，高挑灯，谱新章；只问耕耘，哪管有无岗。一生认真学红烛，燃自己，放光芒。"他是这样说的，更是这样做的。退休之后，扬鞭自奋蹄，一面当教学督导，一面著书立说总结经验；一面培训青年教师，一面主办《教学通讯》刊物，夜以继日，忙个不停，不顾病痛，战斗在教学第一线，是红烛精神的典范。万朝昆教授一生身残志不残，退休之后如何选择生活方式，经过再三思考，把老有所为作为退休后的最优选择。他说："人总有一天会老，退休后怎样过。无所事事，不知如何办，这事一直困扰着我。如何调整自我？退休后如何尽快使自己生活过得愉快且更有意义？我冷静地思考，发现我身上有许多不足的地方：没有文艺细胞，不会唱歌，更无法跳舞，既不会打牌，又不会钓鱼，更没有书写的才华，连打太极拳也不具备练功的身体。根据我的情况，只有在老有所为中寻找生活的乐趣，继续发扬我的知识优势，为社会服务。"1998 年湖南省农业厅农业示范园聘请万教授当科技顾问，负责组织培养种苗工作。在 1 年多的时间里，共培育珍贵花卉康乃馨和丽格海棠 30 万株，并推向市场，取得了良好的经济效益。事后他对我们说："退休之后找准了自己的位置，心情格外舒畅，老有所为的热情特别高。"高级工程师张昌荣，退休之后奔波各地，从西藏到广东，建研究所，办工厂，积极为地方经济建设服务。原湖南农机所高级工程师向探真，年高85岁不言老，继续从事自己选的课题进行攻关，拿自己的工资作为经费，以自己宿舍阳台和书房作为试验室。他去美国探亲提前回国，放弃与亲人团聚的机会，从事科研课题，其精神真让人感叹起敬。正如他自作诗所言："八五老翁不知老，拼搏科坛攀高峰。人生价值究何在？我为人民再冲锋。富贵于我如浮云，人生何事忙不停？尽其在我来奉献，无愧祖国与人民。"展示了他春蚕精神的宽广情怀。正是这种无私奉献的精神，给老科协注入强大的活力，生生不息。

老科协是和谐的大家庭，尽情享受友谊亲情之乐。远亲不如近邻。老科协的会员，为了一个共同的生活目标走到一起来了。不分民族，不分性别，不分行业专业，相聚在一起，真是一种缘分。由相逢到相识，由相处到相乐，日久生情，成为知心朋友，感到集体的温暖、朋友的亲切。在中南林老科协这个大家庭里，尽管过去职务有高有低，工资有多有少，但到了老科协都是夕阳人，不为职务高低，不为待遇多少而心里不平，而是相让相亲，和谐相

庆祝老人节暨祝寿会

处。我们老科协开创时的首任秘书长们——谢宝多秘书长，吴镇南、于首生、王若村副秘书长，他们任劳任怨，充分展示了“老而不忘责任重，退而不失公仆心”的风范，老科协的里里外外，大事小事，难事苦事，都是他们争相去做，10 多年如一日，不是亲人胜似亲人，没有闹过矛盾，吵过嘴，红过脸。我们在一起不仅是为老有所为再做贡献，更是为和谐快乐在一起，相互关心，相互激励，有滋有味。老科协的同志，年纪大了身体大多不太好。对急重病者我们经常要到医院进行慰问看望。每到年关，对重病患者，我们都要致信问候平安，表达老科协的关怀之情。在老科协这个大家庭里，大家都有这种感觉：有为有位，有情有味。

老科协是自我保健的大广场，尽情享受生命健康之乐。健康是第一资本，健康是第一幸福，健康是第一快乐。为了享受生命健康的快乐，延展生命的长度，可以在自我保健的大广场上，在自我保健的超市里，尽情选择各种“养生产品”。这里有心理养生、药物养生、运动养生、穴位养生、食物养生、读书养生，任你选择。在这里可以学到医学知识，接受医生的指导；可以听到身边自我保健的经验，开启你健身治病的窍门。保健与不保健其结果是不同的。有的老同志身体多病，经常住医院，注重加强自我保健后，胃口好，睡得香，身体逐步恢复健康，尝到了自我保健的快乐。

久病成良医，自我保健出健康。身上哪里有毛病，吃什么药有效，做什么样的健身，自己最清楚。从这个意义上说，自己是最好的医生。从我自身的经验看，我患高血压和心脏病已有 30 余年，在自我保健之前，我是一个医盲，什么都不懂，有病不看病、不吃药，直到退休之时，高血压突发而住院 4 个月。从此之后，我决心扫盲，学点医学知识，加强自我保健养生。从我现在的思维和精力看，自我感觉良好，吃得好，睡得香，干得活，既可动脑，又可动体，没有疲劳感，白天参加社会活动，晚上坚持写作或学习，生活质量不错。这就是自我保健给我带来的延长生命的快乐。

人们常说，人老了养老要有“老伴、老友、老底、老健”为支撑，生活才更有意义。老伴位居 4 老中的首位，它是老年生活的核心。我和老伴过去是战友，志同道合，夫妻恩爱苦为甜，生活美满。到了晚年，相依为命，生活同步，相互关心，亲情更浓，始终是健康快乐的共同体。在她 70 岁大寿之时，我有感而发，写了一首诗赞扬她：“七十人生不老松，笑对暮年似芙蓉。助人为乐善为荣，德才人品亦称雄。五十春秋苦乐共，和谐相处情更浓。桃李芬芳硕果丰，老树迎春夕阳红。”我们不能做到同生，但我们能做到：有难同担，有福同享，生活同步，夕阳同乐，浪漫地携手走在健康长寿的大道上。我生病时，她不顾疲劳日夜守候在我的身边，增强了我战胜疾病的勇气，使我很快恢复健康，幸福地走到今天。她也是高血压和心脏病的患者，我精心给她施药，病情一直保持稳定。她过去疾行走和步行上楼，均感困难，而现在却可轻松应对，病情大有改善。她患有肩周炎，每天坚持擦红花油，没有看医生而自治好了。“三分病七分养”，我们有亲身的体会。我们坚持把读书和劳动、食物和药物、运动和按摩、心理和精神融为一体，形成自己的养生之道，这使我们收获了快乐和健康。加强自我保健，可以使自己不受罪，家人不受累，节省医药费，有利全社会，是利民又利国的大好事。

临危受命赴九嶷山学院*办学

“六十仍不休，七十是金秋”。正当我即将进入 70 岁之际，2003 年应九嶷山学院董事长邀请，到九嶷山学院任党委书记，后兼任院长，到 2005 年卸任而归，历时 3 年。

一、扬名海内外的九嶷山学院

九嶷山学院是由我国著名的林学家、教育家乐天宇教授创办的全国第一所民办高校。乐天宇教授是 1924 年入党，1941 年任延安自然科学院生物系主任，陕甘宁边区林务局局长。1947 年任北方大学农学院院长，后任华北大学农学院院长，1949 年任北京农业大学校务委员会主任委员兼党总支书记。1951 年任中国科学院遗传选种馆馆长，全国政协委员。80 岁回到家乡湖南宁远，创办了九嶷山学院。因学校办在湖南宁远九嶷山下，是舜帝陵的所在地，故取名九嶷山学院。他的教育思想具有开创性和先导性。他率先打破公办教育的体制，1980 年率先创办了全国第一所民办高校。他提倡唯实、唯才、重能力、重实践，反对唯文凭论、死读书、读死书。他是中国舜文化的传承者，以德立教，以德育人，用延安精神培育了一批品德好、素质高的学生。把大学办在山区，为农村培养急需的人才。他是无私奉献兴办教育的典范，把自己落实政策补发工资的

---

* 九嶷山学院于 1980 年成立，1999 年更名为九嶷山专修学院，2005 年又更名为九嶷职业技术学院，简称九嶷学院。

共青团湖南九疑山专修学院第五次代表大会代表及学院领导合影（2003.6）

5万元及月工资的80%用于办学，不顾体弱高龄，80岁时从北京来到偏远的九嶷山，直到84岁病逝，把最后的生命都献给了教育事业。

乐天宇教授艰苦办学的精神和事迹，感动天下。面对“穷国办大教育”的格局，公办学校一统天下，他以超凡的胆略，冲破阻力，率先创办第一所民办高校，从无到有，从小到大，先后培养了1万多名学生，遍及全国，名扬海外。

办学之初条件极其艰苦，以舜帝大庙为学校，以农舍为宿舍，以石头为课桌，以煤油灯照明，一切从艰难起步，把学校办了起来。在他的行动感召下，学校的诞生和发展引起了社会各界的关注。特别引起了老一辈革命家的关注，萧克、李维汉、王首道等，以及时任团中央书记胡锦涛的热情支持，极大鼓舞了全校师生的办学热情。萧克将军1981年11月为学校题词和书写校名。著名科学家钱学森和周培元等都非常关心学校的发展。时任团中央书记胡锦涛给学生会写信，鼓励大家艰苦奋斗，把学校办好。新华社、中央电视台、《人民日报》《中国青年报》《羊城晚报》《湖南日报》和香港《大公报》等众多新闻媒体，都大量报道了办学事迹。日本大使馆也曾2次派人来考察，并捐赠了70万元建科技楼，在国际上产生了很大影响，为民办高校走出一条新路。在他的教育思想影响下，坚持从严治校，依靠专家教授办学，从中南林学院、湖南师范大学和北京一些高等学校聘请教授来校授课，为培养高素质的学生提供了有力的保障。中南林的很多老师（如彭幼芬、文佩之教授等）都到九嶷山学院上过课。“以德为先，以能为本”，这是学校办学的重要特色。九嶷山因舜帝陵而闻名于世，因学校办在九嶷山而知名海内外。乐天宇教授把中国传统文化和中国革命文化融为一体，“贵自学，敦品德，勤琢磨，爱劳动”12 字方针，是他教学理念的集中体现。他把学校办在舜帝陵，就是借助舜帝的道德文化和延安精神去培养学生。当时他对学校工作人员说：“这里没有官做，只有事做；没有高薪，只有生活费；没有福享，只有苦吃。”全校教职员工，以苦为荣，以苦为乐，同舟共济，坚持把学校办好。很多知名教授，不求报酬，远道而来执教，都是因乐天宇教授精神感人而出自内心的一种善举。虽然他办学只有 4 年便辞世，但他的精神是永存的。

二、临危受命渡难关

随着高等教育事业的蓬勃兴起，高校竞争日益激烈，九嶷山学院办学形势面临严峻挑战。国家规范大学名称，由学院改名为专修学院。学校领导班子不断变动。乐天宇教授去世后，由北京农业大学张仲葛教授继任院长，后又由永州市老专员杜殿魁同志任院长。因经济实力下降，改由私营投资人经营。学校校址由九嶷山迁至冷水滩办学，增强地域办学优势。学校从 1980 年到 21 世纪初已有 20 多个春秋，面对新形势，学校需要转型，由专修学院升格为普通职业高校，急需聘请专家教授主政学校。很久之前，永州市政府领导就有请我到九嶷任院长的意向，我考虑离家远，任务重，难以胜任，没有答应。后来学校董事长来电邀请我到九嶷考察指导，为学校发展出谋划策，并派专车来校接我和老伴前往永州。在这种背景下，我们来到永州冷水滩九嶷山学院。于是董事长就宣布我为学校党委书记，后又兼任院长。我对董事长说，我不能常驻学校，只能定期来校工作，她答应了我的要求。

2003 年春，为了更好地搞好学校工作我和老伴一起还是住进了学校。学校位于冷水滩市的南部，占地 100 多亩，建筑面积 2.9 万平方米，有办公楼、教学楼、学生宿舍和教工宿舍，具备基本教学条件。全校共有固定员工 30 多人，每人每月平均工资 400 多元。学校学生人数越来越少，发展举步维艰，处于难以为继的地步。学校最初为我们安排一间带厨房的单间房，自己煮饭吃。学校没有自来水，在小河中抽水自用，生活条件艰苦。想起乐天宇教授讲的“我们不是来享福的，而是来吃苦”的话，生活条件差也无所谓了，只要有吃有睡的地方就行了。

来到学校人生地不熟，一切都要从头做起。首先从调查研究、了解情况入手，逐个找人谈话，问计于民，学校存在什么问题，对如何办好学校有什么建议，虚心听取意见。从校领导、中层干部到教师和员工，都一一谈话，使我对学校的基本情况有所了解。学校校领导共有 5 人，院长不在校工作，其余 4 人常驻学校，除常务副院长王鸿杰是个年轻人，只有 30 岁，其他都是离退休的老同志。王鸿杰副院长年轻、热情高，有实干精神，是领导层的核心骨干人物。我到校后又增加一位副书记李少雄，是永州市政协原秘书长，是一个有文又有才的地方政府官员。从整体看，学校的领导班子结构还是合理的，只是人数多了一点，这是历史形成的，不能急于改变。学校的干部和职工都是九嶷山学院开办以来的元老，热爱学校，安心工作，尽管工资很低，但也无怨言，是一支可以信任的队伍。教师大多数是临时外聘的，专职教师甚少。在此之前，学校主要领导人和教职工经常发生对立，把领导赶走的事件也发生过。所以必须团结稳定现有队伍，调动其积极性，共渡难关，振兴学校。就在我来校工作不到 1 年时，学校董事长事前没有与我商量，又聘请一位院长来校工作，为此我辞职回到了株洲。由于新来院长不受学校员工的欢迎，被群众赶走，之后董事长又打电话请我回去，并向我表示歉意，党委书记和院长都由我兼任。我出于对家乡的热爱，对乐天宇教授的敬佩，对九嶷学院员工的同情，又重返岗位，认真履行历史赋予的使命。

在调查研究的基础上，首先抓发展规划。我着手制定了学校 3 年发展规划。在规划中，提出办学的新理念和新目标。高举艰苦创业的旗帜，以升格为起点，以“新九嶷、新目标、新形象”为动力，以“立校育人、办学为民、以德为先、以能为本”为理念，由书本型向能力型转变，由精英教育向大众教育转变，学历教育和非学历教育并举的办学格局，开拓进取，再续新篇，把九嶷学院办成一所民校中的强校和名校。第二，抓形象建设。为了实现发展目标，把升格为普通职业院校作为切入点，抓形象建设，整治校园环境，道路硬化，环境美化，提高校园的文化品位。在新教学楼前树起了毛泽东的塑像。为了纪念乐天宇教授建校的丰功伟绩，也树起他的塑像。创建了学校校史馆，处处显示出大学办学的文化气息。学校面貌焕然一新，给学校带来了活力。第三，抓师资队伍建设。学校必须建立一支固定的专业教师队伍，专兼结合，才有主动权。我亲自到湘潭大学、湖南师范大学等高校择优选择了20多位大学毕业生到学校任教，这是九嶷学院自成立以来第一次接收这么多大学应届毕业生作为师资队伍建设的举措（后来我离开学校之后，听说大多数人都走了）。第四，抓申报、升格。以职业学院为重点，这是学校生存和发展的头等大事。专修学院没有招生权，不能发毕业证，只挂靠其他学校发证，学校发展的空间极其有限，唯一的出路是升格为职业学院才有办学的自主权。从2003年开始，年年申报均未通过。我到学校后，一方面进一步完善办学条件，加强学校硬件建设，争取找一个实力雄厚的投资商做后盾。这是升格的主要条件。时任董事长虽然热爱教育事业，但经济实力不强，学校硬件建设没有根本改变。几经周折换了一个新投资商接管学校，当时我们对新董事长寄予期待，希望学校建设能有大的进展，因为他承诺投资扩大校园面积，新建教学区，把学校做大。另一方面经常来往长沙向省教育厅汇报，与评审专家沟通，请求他们支持学院升格，共同拯救全国创办的第一个民办高校，不要愧对老一辈革命家的期望。为了实现升格的愿望，我和学校领导班子的同志，特别是常务副院长王鸿杰，费尽心血，多方应对。在长沙找关系是最棘手的问题，不懂官场上的规则，往往是热脸碰冷脸，心里有说不出的滋味。

三、喜庆湖南九嶷职业技术学院成立

2005年春意正浓的3月，经专家多次考评，投票表决多数通过，经省人民政府批准，在九嶷专修学院的基础上升格为湖南九嶷职业技术学院。这是学校发展新的里程碑。当我们第一时间获得这一喜讯时，真是欣喜至极，几年辛苦奋发工作，终于有了结果。2005年6月19日，学院在永州市举行隆重的挂牌成立大会。参加大会的有永州市党政领导，兄弟院校的代表，中南林学院党委特派赵泽昌同志携带礼金1万元，驱车来校参加庆典。我在大会上致辞说：“我们相聚山清水秀的历史文化名城，隆重举行期待已久的成立庆典，不仅是我校历史性的盛事，也是我国民办高等教育的大事，标志着民办高等教育迎来了新的春天。建校25年来，学校从无到有，从小到大，先后培养了1万多学生，包括日本留学生，他们先后走上工作岗位，成为社会的栋梁。学校之所以有今天，首先归功于乐天宇教授的创新精神，全校师生艰苦创业的高尚情操，归功于革命先辈的老领导、老教授、老专家的卓越贡献。我们将以升格为契机，以质量求发展，以水平求信誉，扩规模，创特色，铸品牌，始终坚持‘以

九嶷学院领导向省教育厅专家组汇报

德为先，以能为本’的办学理念，‘千教万教教人求真，千学万学学做真人’，继承舜帝道德文化，弘扬九嶷办学精神，坚持科学发展观，为民办高等教育再谱新的篇章。”湖南九嶷职业技术学院从此站在新的起点上，迎着朝阳满怀激情地去开创新的局面。

四、目标达到卸任归

学校挂牌成立了，投资商也换了，我到九嶷山学院的使命完成了，我主动向市委、市政府提出辞呈。永州市教育局领导有一种惜恋之感。学校教职工更是依依不舍。“林院领航众口碑，九嶷受命度临危，德配天地育贤才，著留汗青载誉归”，这是副院长屈保祥亲自吟诗送给我的礼物，大家还凑钱买纪念品送给我们，他们的深情厚谊使我们十分感动。临走那天，天高气爽，大家用热烈掌声欢送我们。永州市赵清茂副市长夫妇亲自送别，学校的董事长专程把我们送到株洲。这种欢送场面，在九嶷学院并不多见。我如释重负地告别了永州，告别我工作了3年的九嶷。

我一生从事高等教育，并担任大学的主要领导，退休之后转身投入民办高等教育，这对我来说，是一个新课题，一个新挑战，一切要从头学起，用智慧应对。我和老伴，经历了3年的风风雨雨，饱受3年来往奔波旅程的艰辛，生活虽然清苦，但也享受到与教职工和谐相处的无限快乐，特别是学院升格的无限喜悦。乐天宇的崇高精神，杜殿魁、黄森的献身激情，王鸿杰的敬业情怀，教职工热爱学校的真诚情感，令我感叹不已。在这里我又一次受到革命传统的再教育，结识了一批新朋友。亲身体验民办教育的苦与乐，公办大学和民办大学的公与私，民办大学的处境和困难，不在其中，不知其味。

从九嶷学院看民办高等教育，民办大学要立足于高校强林之中，一定要具备4个基本条件。

第一，学校要有一个好的投资者。投资人不仅要有雄厚的经济实力，而且对教育事业要有使命感和责任感。不能完全以盈利为目的。从九嶷学院的实际情况看，前一段是教育家和革命家主导办学的模式，是一种公益事业，只求投入，不求回报。而后一段是商业办学模式，通过经营获得经济效益。但后者若完全以盈利为指标，往往影响学校的稳定发展。

第二，要有一个持续稳定、有领导才能、有责任感的好校长。校长是学校的形象，是学校的招牌。乐天宇是首任校长。他德高望重，既是投资者又是领导者，是革命家又是教育家，是优秀校长的典范。学校为了升格把我引进作为主要领导，我为学校升格起到了重要作用。但在我之前之后多次更换校长，没有相对的稳定性，对学校长期、稳定、系统的发展极为不利。

第三，学校要有几个品牌专业。专业是学校的生命线，它是连接市场的纽带，更是吸引学生的磁铁。学生的数量决定学校发展的高度，决定学校发展的兴衰。学生的质量决定学校的影响力和竞争力。九嶷学院在20世纪90年代之后，生源匮乏。有指标，没有学生报考。所以民办高校的招生战越演越烈，为了录取一个新生，可以不择手段。学生要招得来、留得住、分得出，这是一个系统工程，核心是专业。九嶷学院的美术和医药专业是支撑学校发展的品牌。

第四，要有一个好的办学机制。从九嶷学院的历史看，后期是以金钱运行为主的机制。投资者是学校最高领导，具有话语权和决策权，完全是一种家长式、家族式的管理模式，在人和钱的问题上，校长没有一点实权。领导体制和管理机制都不适应高校发展的模式。校长的领导地位，教师专家的学术地位，没有得到尊重。要办好一所学校，必须建立以校长为核心的管理机制，由家族型变专家型，由独断型变民主型，充分发挥教职员工办学的主动性和创造性，建立一支稳定的教师队伍和管理队伍。

受命湖南大学“三讲”巡视

2000年的金秋十月，岳麓山格外秀丽。绿水、蓝天、青山相映，使湖南大学更显生气蓬勃，欣欣向荣。受中共湖南省委之命，在湖南大学校党委的领导下，由我任组长，合肥工业大学党委副书记庆承松为副组长，湖南商学院正处级纪检员朱冬华、常德师范学院正处级戴梅初、湘潭大学团委副书记何锋为成员一行5人进驻湖南大学开展为期3个月的“三讲”巡视活动。其活动主要内容就是全面履行巡视组的职能，发挥指导、协调、督促、把关的作用。这是我退休之后第一次参与的重大政治活动，深感责任重大，要积极谨慎地去完成省委交给的任务。

一、“三讲”是中央加强党的建设的新举措

中共中央 [1998]17 号文件，向全党全面部署在县级以上党政领导班子和领导干部中深入开展“讲学习、讲政治、讲正气”为主要内容的党性党风教育。用 2 年的时间，分期分批进行。其基本要求是：①坚定建设有中国特色社会主义的理念，提高政治敏锐性和政治鉴别能力；②全面贯彻执行民主和集中相结合的组织制度、领导制度和工作制度；③认真实践全心全意为人民服务的宗旨，坚持从群众中来到群众中去的群众路线；④大力弘扬求真务实、言行一致的优良作风，说老实话，办老实事，做老实人。通过“三讲”，努力做到思想上有明显提高，政治上有明显进步，作风上有明显转变，纪律上有明显增强。“三讲”活动分 4 个阶段进行：①思想动员，加强学习；②自我剖析，

湖南大学“三讲”集中教育总结大会留影

听取意见；③交流思想，开展批评；④认真整改，巩固成果。

二、湖南大学“三讲”喜获丰收

湖大是一所历史悠久的高校，具有“千年学府”之称，是国家教育部直属的综合大学，名扬国内外。根据省委的部署，湖南大学与中南大学等8所院校同时开展“三讲”活动。从2000年10月18日至2001年1月，历时3个月。我有幸参加湖南大学的“三讲”活动，这既是工作更是学习的好机会。我们巡视组的同志团结一致，辛勤工作，努力完成省委交给的任务。重点抓好思想动员、调查研究、自我剖析、开展批评、整改等环节。10月18日我代表巡视组在全校处级以上党员干部大会上做了动员报告，就“三讲”的重要性和要解决的问题，提出了明确的要求。根据高校的特点，湖南大学这次“三讲”主要解决4个问题：①理想信念问题；②办学方向问题；③党委领导下的校长负责制问题；④全心全意为人民服务的宗旨问题。没有调查就没有发言权。搞好“三讲”必须从调查研究入手，才能做到有针对性和有效性。我们广泛接触，拜访了教授、人民代表、政协委员、科学院院士、老红军、老干部等100多人，和他们交流沟通，问需于民，问计于民，使我们了解了很多情况，基本做到心中有数。在自我剖析阶段要善于引导，用典型带动全局。在整改中要抓住群众反映的热点，边学、边讲、边改，要立竿见影。

在省委的领导下，经过3个月的日日夜夜，湖南大学的“三讲”活动于2001年1月圆满结束。在总结大会上，我代表巡视组做总结，湖南大学“三讲”活动取得了5项成绩：①提高了落实“三个代表”的自觉性；②推进了湖南大学和湖南财经学院深度融合；③密切了干群关系；④推动了学校各项工作；⑤提高了领导素质和领导水平。湖南大学的党委班子，是一个年轻充满活力的班子，是一个能驾驭全局的班子，是湖南大学的精英。党委书记刘克利、校长王柯敏，两个一把手，都是77级的学生，政治性强，思维敏捷，工作能力出众。通过“三讲”活动，思想、政治、精神、工作作风等方面都有明显的进步，正如王柯敏校长总结时说的：“三讲教育对我来说，受益终身，不干好工作，一点理由没有；不熟悉业务，一点本钱没有；不联系群众，一点基础没有；不廉洁自律，一点威望没有。”他这几句话非常经典，今天读来仍有指导意义。王柯敏自我剖析的材料写得很好，被省委作为典型示范。“三讲”活动结束后，湖南大学的许多副校长，大多数都外调到别的高校升任书记和校长，真正印证了湖南大学是“惟楚有才”的代表。

在湖南大学工作的3个月，也是我学习的3个月。我平时对湖南大学的情况也有所了解，有所接触，但那都是间接表面的。而这次则是零距离的直接接触，眼看、耳听、心思，收益多多。博大精深的文化底蕴，人才荟萃的优势，改革发展的步伐，开拓创新的精神，给我留下了深刻的印象。我在晚年有幸到湖南大学生活了近90天，吃住在学校，结识了很多新朋友，探望了老朋友，饱享了岳麓山的风光，真是一种幸运。我们巡视组5人相聚在一起，更是一种缘分。除我以外，都是在职干部。合肥工业大学党委副书记庆承松是一个30岁刚出头的小伙子，年轻有为；湘潭大学团委副书记何锋，20多岁，大有作为；其他2个处级干部风华正茂，工作正当时。我和他们朝夕相处3个月，是我人生中难以忘怀的一段岁月。

参加湖南省老教授协会

湖南老教授协会成立于1996年10月。它是由离退休的正副教授、正副研究员、其他具有高级技术职称的知识分子和有名望的专家学者组成的高智力社会团体。它的主要任务是承担教学任务，承接科研、规划项目，开展科技开发和咨询服务，编写教材、资料丛书，组织学术交流等活动。另外，还承担离退休人员的高级职称评审工作。下设民办高校委员会、财经专业委员会、农业专业委员会、铁道专业委员会、教育专业委员会。第一届会长汪浩，常务副会长张萍，副会长徐有恒、刘湘皋、杨长庚、钱仁、高珊增、肖训球，秘书长肖训球（兼）。

2000年12月9日，湖南省老教授协会举行换届大会，选举了第2届理事会的班子。中南林老科协正式加入老教授协会，我当选省老教授协会副会长，谢宝多教授当选为常委理事，许芳亭、朱忠保、文定元教授为理事。中南林老科协作为团体会员，人数最多，活动面最广，影响也最大，后被评为省老教授协会先进单位。

2006年湖南省老科协由于情况变化，决定取消湖南省老教授协会。当时很多人对这一决定不理解，只好服从组织而已。北京设有中国老教授协会，而湖南却把老教授协会取消，中国老教授协会在湖南就没有组织了。这对团结高校老教授在组织上是一个空白。通过10年的实践，老教授协会的存在，对高校的工作和离退休工作的推动是有益的。高校中的老年组织与社会上的老年组织还有不同之处，高校是高级知识分子的集聚地，老教授协会对统筹全省老教授的力量更有吸引力，可以更好地为社会服务。我担任副会长的5年，尽自己的力量，积极参与老教授的各种活动，学到很多东西。会长汪浩将军，是军内的知名教授，我是第一次直接面对面与他相处，由相逢到相识，他的人格魅力感染了我，心里对他产生一种深深的敬意。张萍教授，是湖南省社科院原副院长、著名的科会科学家、长株潭经济一体化的倡导者，在湖南享有很高的威望；我为他的创新精神所感动。湖南省老教授协会，在他们二人的领导下，老教授协会的10年，是成绩显著的10年。特别是对退休人员评审高级职称的工作发挥了重要作用。仅我们学校就有30多位副高职的同志，通过老教授协会评审获得正高职称，尽管没有实质性的意义，单位不能与工资挂钩，但它是一种心理满足，为老有所为增加了精神动力，也为和谐稳定起到了积极的作用。当最后一次会长会议到来时，大家怀着激动之情，忆往事，叙情谊，话未来。从相逢到相识，从相依到相离，人人心里都充满着依依不舍之情。老教授协会不存在了，但我们的友谊长存。我与汪浩教授、张萍教授仍然保持联系，他们二人既是我可敬的老师，又是我可亲的朋友，从他们身上看到了老学者的风范，学到了书本上学不到的东西。他们的精神可圈可点，令人感叹，给我晚年人生带来了强劲的动力。

担任株洲市少数民族联谊会会长

株洲少数民族联谊会成立于1990年11月21日。它是联系少数民族的纽带和桥梁。它的方针是“促进联谊，加强团结，共同繁荣，共同发展”，以友谊促团结，以团结求发展，以发展促繁荣，是中国共产党民族工作在城市的一个创举，是民族进行社会管理的有效方式，为全国首创。第一届理事会，由包连生任会长，我是副会长之一。

我母亲出生瑶乡，我幼时经常到外婆家探亲，对瑶族的生活习性和风俗人情有最直接的感受。作为有文化的瑶族后代，我对瑶族有一种自然相融的感情。在中国革命进程中，我又深知民族工作具有相当特殊的地位。身为瑶族人的我，要为少数民族的繁荣、各民族间的团结尽一点自己的力量。

1997年5月27日，株洲市少数民族联谊会举行第2次代表大会。包连生会长作了工作报告，株洲市委副书记肖雅瑜、株洲市副市长赵湘珍、湖南省民族事务委员会副主任马昌忠在会上作了重要讲话。大会选举了新的领导班子。我为会长，包连生、田辉、马愈光、廖明贵等14人为副会长。株洲市是一个移民城市，汇聚了50多个少数民族，共有1.5万人。株洲少数民族的一个显著特点就是文化素质高。当时少数民族的干部有1200人，其中厅级4人，处级74人，是株洲市一支重要的政治力量。我们充分运用联谊会的广泛性、民族性、联谊性、先进性的优势，继往开来，开拓创新，全面推进民族工作，谱写出城市民族工作的新篇章。

在5年任期内，我重点抓了4个方面的工作。①基层组织建设。在机关、事业、企业单位中建立联谊会是做好民族工作的关键，化散为聚，把他们组织起来，是联谊第一步。已建立的要巩固提高，没有建立的要创造条件尽快组织。中南林学院、株洲冶炼厂、株洲硬质合金厂等单位的联谊会，是全市的先进单位，民族活动非常活跃。②创建"民族十佳"活动，以典型带动全市，把民族工作推向深入。1998年株洲市人民政府民族宗教事务处专门发了第8号文件，就评选"十佳"的意义、条件、做法、时间安排提出了要求。经过评选，选出了吴晓芙、刘宏等10人为先进典型，并进行表彰。这是一次开创性的活动，湖南省民委、国家民委的媒体均做了重要宣传报道，认为评选"十佳"，在全国有示范作用。③参政议政，建言献策。1998年6月召开了"富民强市"座谈会，邀请市领导参加会议。会上有6位同志发了言。我校吴楚材教授就株洲发展旅游问题做了专题发言，特别引人注目，深受好评。会后参加会议的市领导说，这次会议开得好，质量之高不亚于政协委员建言献策的水平。④传承民族文化，增进民族团结。把每年的"四月八"和"盘王节"作为民族传统文化节，在这2个节庆日，邀请相关少数民族参加，载歌载舞，尽情欢乐，充分享受民族生活的幸福和快乐。

株洲市的民族工作一直处于全国先进行列，3次获得国务院表彰，被评为全国先进，令人鼓舞。株洲市少数民族联谊会功能的发挥，作用的显现，影响的广泛，是株洲市民族工作的一个亮点。20多年来，联谊会在中共株洲市委的领导下，做好少数民族联谊工作，其主要经验是：高举团结进步的旗帜，经常开展联谊活动才有生命力；要围绕党的中心工作开展活动才有支持力；要运用组织优势，发挥纽带作用才有凝聚力；要大力培养中青年干部并推向领导岗位才有影响力。汇聚4种力量，就可以使少数民族联谊会成为民族之家，使每个民族同胞感受到民族家庭的温暖。2004年联谊举行第3次代表大会换届，选举廖明贵同志为会长，我（已满70岁）从领导岗位上退下来，被选为名誉会长。每年联谊会举行活动，均邀请我参加。

株洲市是我一生中生活最久的城市，从1979年起一住就是30多年。株洲市近几年快速发展，街道干净了，城市美了，天蓝了，水清了。云龙示范区的诞生，方乐世界的开园，湘江风光带的打造，神农城的崛起，低碳自行车租赁系统的运行，全国首个城市环保公共汽车以及电动车的兴起，这一切无不令我欢欣鼓舞，倍感幸福和骄傲。株洲就是我们的家。

应邀参加华南农业大学百年华诞

2009年是中华人民共和国成立60周年，也是华南农业大学百年华诞。2009年8月1日，我作为华南农业大学曾经的校级领导被该校党委书记李大胜、校长陈晓阳邀请，参加华南农业大学100周年校庆。11月7日，我们坐火车前往广州，直接来到了白云国际会议中心报到。华南农业大学这次百年校庆的接待规模大、档次高，这个新建的五星级宾馆，位于美丽的白云山下，离原中南林旧址不远，整座建筑设计新颖、设施完备，充满现代时尚感。1971～1975年期间，中南林和华农曾合并，改名为广东农林学院。因此，华南农业大学也是我曾经工作过的地方。在这里我走上有学校领导岗位之路，开启了我人生的新天地。我与华南农业大学（简称华农）有一种特殊的感情。时间飞逝，离开广州已34年了，华农没有忘记我，又盛情邀请我参加100周年校庆，真是百感交集，感慨万千。

一、百年老校换新颜

华农于1909年创办。从广东省农业讲习所，到如今的华南农业大学，经历了风风雨雨100年。1914年，在农业讲习所的基础上成立广东公立农业专门学校。1924年孙中山将广东公立农业专门学校等3所学校合并，成立国立广东大学。1926年，为纪念孙中山先生，更名为国立中山大学，华农以农学院的身份成为中山大学的一部分。1952年院系调整，华农与私立岭南大学农学院、广西大学农学院畜牧兽医系及病虫害系合并组成华南农学院，毛泽东主席亲自为其题写校名。1984年改制更名为华南农业大学。

100年来，华农已发展成为拥有86个本科专业，9个博士后流动站，9个博士学位授权一级学科，在校学生4.1万人的全国重点大学，培育了包括8名院士在内的100多万名各类优秀人才。学校占地8250亩，教职工2900人，其中教师2065人，教授、副教授900多人，中科院院士1人。20世纪70年代的华农是一个破旧的华农，如今的华农是一个欣欣向荣的华农。我一踏进学校的校门，就发现一切都不认识了，很难找到旧时的记忆。在原有广阔的农场田地上建起了一栋栋学生宿舍（49万平方米），新辟4个学生生活区和体育场。校区内设有公共汽车线路，行驶在教学区和生活区。我们家原住的六一区，全部为新建的高楼所代替，再也找不到一点旧痕迹。还有我昔日最熟悉的林学系，如今变成了高楼矗立的林学院。学校从北到南、从东到西，到处都变得美了，变得更亮了，呈现着一片繁荣景象。

二、尊重历史情意浓

校庆是历史的展示。尊重历史，展示历史，给人们留下深刻的印象。在所有的校史资料中，都可看到100年来的历史人物（如创办者、老校长、老教授们）的照片，可以听到他们办学中的许多历史故事，闪耀着历史的光辉。"修德博学，求实创新"的校训，永放光芒。100年图片集，每翻一页，都可以使你回到难忘的岁月，勾起你的心潮翻滚，激发对母校的热爱。

在百年校庆的大会上，不仅可以看到风华正茂的青年人，还可以看到很多满头银发的老年人。在百年校庆的晚宴上，学校把我和老伴一同安排在主宾桌上共庆华诞，享受了最厚重的礼遇，令我们感动不已。不仅如此，平时回到华农探望，学校领导和学校办公室都是热情相迎。中南林的老同事如原林学院的书记杨君立、原校办公室的林培元、原子弟学校的老师陈筱娟、原校办公室主任离休老干部李华等，更是热情地接待我们，为我们的到来奔波操劳，问候平安，不是亲人胜似亲人。华农过去是我的家，现在仍然是我的家，所以只要有机会，我就常回家看看。

三、精心策划见功夫

百年校庆是一个系统工作，涉及方方面面，里里外外，需要精心策划，精心组织。华农校庆的宗旨突出："学术为魂、庆典为体、文化为韵、校友为脉"16字方针，展示了组织者的指导思想以及追求的目标。隆重的庆典，厚重的文化，浓浓的人情，贯穿100年庆典的全过程，洋溢着文化的清香。校友们虽然能力有高有低，财富有多有少，但只要对母校有一颗赤诚的心，就会共同为母校祝福。

从校庆出版的丛书来看，它是一部系统的图文并茂的百科全书，设计新颖、材料翔实、内容完整、文采横溢，具有资料性、可读性、哲理性，堪称高校校庆文集的经典。从校史丛书到校园地图、嘉宾标志牌的印制，都非常精细，鲜艳夺目，展示了华农的文化魅力。书中数字之全面，数据之详细，清清楚楚，使人一目了然，学校管理者，可以随时做到心中有数，进行科学管理。由此可见，学校的领导者，是一个头脑清醒的好当家。细节决定成败，百年庆典各项安排工作之细，由此可以见证。接待工作是非常重要的环节，不能有所失误，而这次庆典接待有序，热情周到，来宾和校友满意而归。这是我参加各种校庆活动最完美的一次，不仅是一次亲情和友情相融的享受，而且是一次厚重文化的展示。

100 年的沉淀，100 年的辉煌，祝愿华农越走越好，去迎接第 2 个百年华诞的来临，年年桃李，岁岁芬芳。在白云山上播种绿色的希望，在珠江水旁放飞金色的理想，祝华农永远灿烂辉煌！

漫游香港、澳门

香港地处中国南海之滨，珠江口东侧，北隔深圳河与广东深圳相接，西与澳门隔海相望。由香港岛、九龙、新界以及 260 多个岛屿组成，面积 1103 平方千米，人口 700 万人。香港自古就是中国的领土。1840 年英国发动鸦片战争，占领香港，1997 年中国恢复对香港行使主权，设立香港特别行政区。

香港是一个神奇的繁华都市，是资本主义的代表，一直以来我都想去那里看看、去了解那里的世界，体验一下当地的民俗民情。2007 年 3 月 17 日，南国春意正浓，鲜花怒放，我和老伴与华农陈筱娟老师一行 3 人，由深圳出境到香港自由旅行。我们没有随旅游团出行，就住在陈老师的香港宿舍里。宿舍是一栋廉价的公租房。每户只有 20 平方米左右，厨卫齐全，但只有 1 个房间，内设 2 张床，其中高低床 1 个，房间既是卧房，又是客厅兼餐厅，这就是平民百姓的住房。我过去在电视上常看到香港人一房难求的困境，如今亲临其境，有了更多的切身体会。

与妻子在香港回归庆典的广场合影

老伴是第一次到香港，也是

第一次出境。我虽然以前来过香港，可那只是过境，并未留下很多印象。这次是自由行，在陈老师的陪同下，我们坐地铁、乘电车、游街道、吃美食、赏风光，走在星光大道上，海水碧波荡漾，站在太平山顶可以俯视全市景观，栋栋高楼直耸云霄，一个美丽的香港尽收眼底。我们在香港只住了短短的5天，感触却很深。

敬老之情显高尚。从内地到香港，深感敬老之风唤起了老年人的欢笑。香港把老人称之为长者，具有更深的内涵，享有尊敬之称。一走进香港，海关工作人员不需验明正身，从外表判断我们是长者，就直接给予享受长者的半价优惠待遇，办事效率极高。香港的交通要道，进出专设长者通道，过海乘船免票通行。青年和老年自觉地各走各的道，表现出良好的社会秩序。我们从香港出海关，人多拥挤，海关工作人员让我们这些长者直接走外宾绿色通道。在香港，老者享受了高人一等的待遇，这确实是让人感觉十分欣慰和快乐的。

人性管理民为亲。当你走在大街上，或坐在公共汽车上，可以看到人性化管理。街道与商铺之间都是平坦的，没有高台和路石相隔，保证行人走路不跌倒。在公共汽车上设有很多扶手，汽车启动和转弯时有依靠，不至于使你前扑后仰，甚至跌倒摔伤，非常安全舒适。在公共汽车上没有看到吃零食丢果皮的现象。在内地坐公交是一件苦事，在香港却更像是一种享受。

交通畅行路人安。香港是一个拥有700万人口的商业城市，街道不宽，车辆很多，但却很少看到塞车的情况，南来北往，畅通无阻。人们走在大街上很安全，即使横过马路时，红绿灯加铃声也会提醒人们注意安全，井然有序。交通管理非常到位，汽车伤人的情况很少发生。

社区管理设施完善。我们住的这个社区，是平民住宅区，社区内也设有运动器械，便于健身，还有儿童玩具，供孩子们玩耍，不出远门就可以活动。慈善机构在社区设有衣物捐赠箱，把多余的衣服洗净投入箱内，为老百姓提供了很多方便。把慈善事业做到社区，内地可以学习借鉴。

言论自由的空气浓郁。香港是人身自由的世界，多元化的社会，包容性很强。不同身份的人，不同意识的言论，都可以在这里找到位置。在香港靠海边的一个街道上，放有各种丑化中国共产党、丑化国内党政领导人的资料，随手可取，所写材料大多属不实之言。我站在那里观察，没有人围观，更少有人去拿资料传单，场面特别冷清。事情往往是这样的，越开放宽容，你讲的不实之词，便越没有人听了。

2007年3月25日，我们在儿子的陪同下到澳门一日游，每人费用70元。从广州坐旅行社的专车到澳门，免费午餐，17:00离开澳门回到广州，时间1天。这是一次快速之旅，时间短，费用低。澳门与广东珠海市紧密相连，由澳门半岛、氹仔岛、路环岛组成，面积27平方千米，人口44万，是一个不大的城市。明嘉靖年间被葡萄牙人占领，1999年中国恢复对澳门行使主权。到澳门旅游主要参观大三巴牌坊和大炮台，这两处都是澳门的名胜古迹。澳门本身面积很小，街道也不宽，以赌城而闻名世界，博彩业成为最大的产业。为了解真情，我们进到赌场看看热闹。大厅内人来人往，许多人正围着一张张赌桌，有的在看热闹，有的在下赌注做着发财的梦。澳门有赌场数十个，一年365天全天候营业，吸引世界各地游客。澳门的杏仁饼是特色食品，成为游客赠送亲朋好友必买的礼物。

与妻子、儿子在澳门标志性建筑前合影

读书健身写千秋

“读书身健方为福，种树花开总是绿”。读书和写作，是我退休生活非常重要的一部分。“读书到老心如月”，对此我深有感受。每年，我都自费订阅《广州日报》《三湘都市报》《参考消息》《中国剪报》《广州文摘报》和《健康指南》等10多种报刊。进城第一件事就是到新华书店买自己需要的书。书成为我一生不可或缺的精神食粮。“生活里没有书籍，就像大地没有阳光；智慧里没有书籍，就好像鸟儿没有翅膀。”这是莎士比亚的名言。读起书来，确有这种感觉。“天下奇观看尽不如书卷好，世界滋味尝来无过菜根香”。有的人读书到了忘我的境界，忘记吃饭，忘记睡觉，如痴如醉。“书卷多情似故人，晨昏忧乐每相亲”。形象描写了书的芳香，书的情趣，书的亲和力和吸引力。我喜欢博览群书，更喜欢阅读前沿的自然科学和社会科学方面的书刊。我的书柜里有藏书几千册，有的已细读，有的已略过，还有的则等到需要时再研读。一般我是带着任务去读书，需要研究某个领域，集中时间去研究，学以致用。每天阅读报纸是雷打不动的，天天坚持，不管走到哪里，出差到外地，都要找报纸看。看报不仅关心国内的政治和经济热点，更关心国际形势的风云变化。我喜欢剪贴报刊资料，数十年如一日，分类整理成册，一旦需要立即查找，非常方便，大大提高了工作效率。我写的著作和论文，都得益于日积月累的读书和剪贴报刊资料，它们既是我的老师又是我的助手。

人们买书的动机很多，有的是求知，有的是求乐，也有的是装门面。而我买书读书是以求知为目的，乐在其中，学以致用。从45岁开始写作至今，我的著作和论文达150多万字，专著有《行为管理学》《现代领导智慧》，主编《中国现代竹业概论》《中国国情概论》《晚霞映青山》《中外企业文化》等，发表在中央和省级期刊上的论文有《森林的兴废和国家的盛衰》《生态农业是我国农业发展的方向》《中国竹业发展的对策》《大力建设森林城市，积极发展林业碳汇》等100多篇文章。

我的著作和文章，大多数是退休之后完成的。从1997年起，我开始研究竹业的发展，在《竹子研究汇刊》《世界竹藤业通讯》《中南林业科技大学学报》发表了4篇论文，受到学者们的关注。通过读书和写作，使我的脑子保持高度活跃，不断接受新信息和新知识，活力不减当年。我坚持用手书写，不用电脑，使手的功能灵活自如。读书和写作是相辅相成的关系，只读不写没有动力，只写不读没有活力。古人云："读书破万卷，下笔如有神。"只有头脑充满知识，写作起来才能"源头活水来"，灵感不断产生，思路不断涌出，一篇作品很快完成，内心感到无限的喜悦。

我一生从事教育工作，育人、读书、写作已成为一生的爱好，是一种执著的职业习性。退休之后，仍坚持为教书育人作一点贡献。为学生举办讲座，进行人生观教育一直未停过。自改革开放以来，学生社团如雨后春笋般涌现，成为学生工作的一个亮点。社团是培养学生自我独立、发挥个人专长的组织。我担任了新希望协会的指导老师。在参与活动的过程中，我为学生的思想境界和组织能力所感动。新希望协会，是一个公益社会团体，其宗旨是支持少年和老年的弱势群体，让社会充满人间爱。社团的生命在于活动，活动就需要经费，社团组织没有任何财政资助，完全靠社会捐助。他们千方百计地筹集资金，捡废品，设捐赠箱，费尽心力。到衡阳、韶山、湘西等地的希望小学建立合作关系，为留守农村儿童助学，精神十分感人。新希望协会一成立，就展示了强大的活力，成绩十分突出，被学校评为十佳社团，名声远扬。新希望协会培养了一批优秀的学生，他们不仅具有社会责任感，而且有开拓创新的精神与能力。第一任会长李辉能力超众，在大学3年级时，就创建了长沙辉腾文化公司，经济效益可观，是中南林业科技大学在校学生的第一个创业经理。毕业以后，他继续把公司做大做强，可见学生社团成员的本领和魄力。

夕阳映照耕作忙

作为一个农民的儿子，我一直对劳动情有独钟。虽然已离开农村60多年，爱劳动的习惯仍然不改。退休之后，更有时间参加体力劳动。栽花种草，成为我们晚年生活不可缺少的内容。老伴一生爱花、品花，视花为伴，经常在客厅里摆上鲜艳的花卉，退休后又组建了夕阳红花圃，爱花之情进一步升华。

在株洲校区我们的住房旁边，原有一小块堆垃圾的荒地，平日老鼠横

豆角喜获丰收

行。为改善环境，我们清除垃圾，挖松土地，开辟出了一个小花圃，种上了茶花、杜鹃花、桂花等20多种花卉，四季花果飘香，美不胜收。这个小花圃，不仅是我们的乐园，而且成了学生的实习基地。很多学生都到我们花圃识别花卉。花园里，我们还种了一些蔬菜，春季种豆角、黄瓜、辣椒等，秋季种萝卜、白菜，赏花之余，又能收获到自己种植的蔬菜，真是其乐融融也。平日，我和老伴在花园里，我挖地，她种花，不知不觉地度过了时光。劳动成为我们一种生活需要，并不感到艰辛，而是一种快乐。

人生有四季，要经历春夏秋冬的历程。人生的春天好比青少年时期，充满朝气，充满活力，充满浪漫。人生的夏天是壮年，这个季节热力四射，需要努力、奋斗与付出，它是决定人生成败的时刻。人生的秋天，是中老年的季节，这是个收获的季节，但每个人收获的果实却有酸甜苦辣不同的味道，有喜悦，有辛酸，家里上有老下有小，苦中有乐，乐中有忧。人生的冬天，满头苍发，满脸沧桑，从岗位上退下来，再也不需要奔波忙碌，承受人来人往的繁杂，可以尽享冬日暖阳，仿佛在迎接着人生的第2个春天。

花园的四季，是人生四季的缩影。退休之后在花园里享受着天地间的春夏秋冬，与大自然同命运，共呼吸，饱享大地的清香。在春天，绿草茵茵，百花齐放，万物竞秀，一到花园里你就感受到一种活力。夏天走进花园里，烈日炎炎似火烧，花卉作物都打不起精神，渴望着浇灌，你就必须付出劳动，为了植物的生长而不断施肥、浇水。秋天走进花园里，丹桂飘香，瓜果满枝，令人陶醉不已，深感秋天的迷人，丰收的快乐。到了冬天你走进花园，有的植物落叶了，进入冬眠，而茶花、桂花树仍翠绿常在迎风雪，地上种的白菜、芹菜、红菜薹等冬季蔬菜长得碧绿欲滴，生命不息。人和植物一样，即使在冬天仍有生命力。人到老年并不是生命的终结，而是新生命的开始，我周而复始地学习、读书、劳动、工作，感到充实而快乐，书写了晚年的华章。劳动创造世界，大地哺育万物，辛勤园丁不老翁，为自己的晚年绣上了一幅美丽的夕阳红。

情感飞扬的1107病房

龙年到，春满南粤。2012年2月2日刚过完春节，我第3次住进了南方医科大学附属的南方医院。这是我人生第7次住院了。有人说，人生一世，两个地方最好不去，一是监狱，二是医院，特别是重症监护室，不是“双规”的双规，完全失去自由。话虽如此说，人一旦得了重病，住院也是一种无奈的选择。治病不仅需要药物，更需要精神、情感的呵护。情感是人生的精神支柱，在整个生命过程中，具有决定性的作用。

1107 病房是南方医院改建的没有洗手间的普通病房，设有 6 个床位。病人来自四面八方，有公务员、教授、工人、农民，大家为了治病而日夜共处一室。这是我第 2 次住在这个病房，也产生了一种特殊的情感，这里接近平民草根，人多气旺，情满人间。我们可以真正品味到“在疾病面前人人是平等的”，不论资历高低，财富多少，人人都要经受疾病的折磨，更需要亲情、友情、乡情的滋润。病房是病人治疗的安居之地，也是病人情感生活的大展示。22 天的住院生活集居在 1107 房，亲情如山，友情如花，乡情如水。

亲情是情感生活中的主旋律。50 多年风雨同舟的夫妻情，血脉相承的儿女情，亲情相融的儿媳和女婿情，是最令我感动和感怀的。亲情是最好的强心针，可使人益寿延年。我生病住院，77 岁的老伴形影不离地守护在身旁，儿子精心主导提供经费支撑，儿媳情深意浓送来冬虫夏草、西洋参、野生甲鱼等珍稀营养品，女儿和女婿不辞辛苦千里迢迢赶来守护在身旁，加上胞弟又派侄子到医院亲切慰问并守护，这些像一滴滴甘霖滋润着生命，使我又一次站了起来。1107 病房是亲情之花竞放的春天。每个床位前，亲人们都日夜相拥陪伴着患者，共同迎接生命最严峻的挑战。27 床是一位来自江西的农民工，年有 68 岁，这次身患心血管病需要进行手术治疗。他考虑到自己年纪大、治疗费用高，想放弃治疗，但他的儿女们都异口同声地安慰父亲，要以治病为主，费用问题儿女们会想办法解决，表达了儿女对长辈的拳拳孝心，场面非常感人。

友情是构建和谐社会的基石。我们住在 1107 病房的 6 位病友，原先素不相识，每人经历不同，但如今处境相似。因病同居一室，自然产生了一种亲和力。相互帮助，相互关心，相互鼓励，成为每一个病友的自觉行为。年轻者帮助年长者，轻病者关心重病者，老年鼓励青年，如同生活在一个大家庭中，感到格外温暖。一位 57 岁的中风病友，半边身体瘫痪，生活不能自理。记得有次我主动为他打了一盆洗脸水，他非常感激，后来医院把他调到单人房间住，他又立即搬了出来，又回到 1107 房，他说：“我愿意生活在这个大家庭”。住院的过程，是一个战胜疾病和孤单的过程，所以病房的人文环境营造，显得尤为重要。一位来自佛山的 42 岁患者，他手术后每天晚上都会在病床上摆上一些花生、瓜子、话梅等休闲食品，举行茶话会，谈病情，话未来，传友谊。整个病房充满人间的欢乐，没有电视和报纸看的寂寞感，一扫而光。康复出院时，病友们相互主动留下电话号码，有的邀请我们去从化泡温泉，有的请我们到阳江海岛去钓鱼，友情之花开遍南粤大地，其乐融融。

医生的人文情怀更是治病的良药。南方医院是全国百佳医院，1107 病房虽小，我们也能感受到它的专业、敬业及对病人的温情。尤其是心血管内科的教授专家，他们医术精湛，品格高尚，值得称赞。彭健教授是我的主治专家，和蔼可亲，没有架子，敬业尽力。他在为我做手术的过程中，由于我的血管老化弯曲，手术异常困难，但他耐心操作，历经 5 个小时才终于完成手术。一切为患者考虑，不畏艰辛、精细负责的敬业精神，令人感动。正基于这段住院经历，后来央视热播《感动生命》连续剧，我看后都很有同感。南方医院的教授专家们，正是电视剧人物精神的生动再现。刘伊丽是南方医院的资深教授，一个上午 3 次来到 1107 病房，看望一个 30 多岁的患者，在床边边画图边讲解，说明他的病具有特殊性和危险性，叮嘱病人出院后，一定要坚持吃药，继续治疗。一个快 80 岁的老专家关心病人如同亲人，真令人尊敬。还有郭志刚教授、马立勤副主任医师，与他们日常打交道的过程，都令人如沐春风。心血管内科的护士们，她们好多是来自湖南的湘妹子，她们的微笑服务，是一道亮丽的风景线。她们的每一次微笑，都会给病人增强一份康复的力量。有一天来了一位 70 多岁的病人，因家人没有及时赶到，护士为他接大小便，喂饭喂水，如同亲人般地呵护，展示了当代护理工作者不怕脏、不怕累的高尚情操，令人感叹不已。南方医院的医护人员以人为本，与人为善，病人至上的风范尤为珍贵。

情涌如潮的北京之旅

北京作为首都，是国人向往的地方。我一个近 80 岁的老者，应校友热情之邀去北京旅游，是晚年生活的一件幸事。

2012 年初夏的 6 月，我和老伴踏上了 Z18 次长沙到北京的直达列车，这趟列车全车为软卧，舒适宁静，快速便捷。18:00 上车，安稳睡一晚，次日 7:00 就到了北京。

奥运后的北京，变得更加宏伟秀丽，碧绿的行道树，锦绣般的花坛，令人心旷神怡。以前，我赴北京不计其数，但每次都重任在身，为学校的建设发展而奔忙。而这次是个人行为，无官一身轻，满怀校友期盼而来，最后满载校友情谊而归。

岁月如梭，昔日少年今日老。我一生最富有成就感和自豪感的是学校为国家培养了数以万千的高级人才。而首都北京，是他们最集中闪亮的舞台。1976 ~ 1992 年，共有 130 多名毕业生分配到北京工作。北京是中南林学子展示风采的窗口，一个个学子的崛起，构成了一道独特的风景线，格外灿烂。从 1976 年起，学校领导从战略的高度出发，放眼长远，把中南林一流的毕业生，输送到一流的国家机关工作，让他们展示才华，创建一流的业绩，为母校争光。经过 30 年风风雨雨的磨炼，他们都已长成参天大树，撑起了一片蓝天。73 级“热林”专业学生罗富和，现任全国政协副主席，是我国林学界的杰出人物，国家领导人之一。76 级采运学生赵东花，是从湖南大江口山中飞出的金凤凰，在广东崛起，现任全国妇联副主席，成为巾帼领袖。喻云林、曾贤钦、李新华、李德刚、张云昌、何平、封加平、刘拓、金旻、乐长虹、张蕾、李向阳、丁付林、程红、李世东、刘孟龙、杨湘洪、胡春姿、张松丹、赵中南、郭立兴、许庆、杨连清、刘能文、周国林、曹清尧、苏祖云、温武瑞、黄坚、尹发权、李金华、付朝阳、刘宁、王剑波等 40 多位同志，在中共中央和中央国家机关各部委担任司局级领导干部，成为中央国家机关的中流砥柱。他们每人都有一个精彩的成长故事。

北京林业大学自然保护区学院院长雷光春教授、北京大学教授黄艺、中国农业大学教授方程、中国中医药大学药学院院长石任兵教授、中国人民大学教授夏阳，都是中南林毕业的优秀学生，现在学有所成，成为著名的学者。78 级本科生、84 级研究生，师从朱忠保教授的文剑平同学自主创业，走产学研之路，创建了北京碧水源科技股份有限公司，成为创业板的上市公司，拥有资产 70 多亿元。

我看到学生如今的杰出表现，并与他们相见，真有一种特殊的成就感和自豪感。我们夫妇与他们相逢相识在学校，共同度过了一段美好时光。他们对我以往的报告和讲课，对我老伴给予他们母亲般的关怀，仍记忆犹新，赞不绝口。回顾我在岗位工作的 40 年，是太阳底下最光辉的 40 年。在我担任学校领导职务的 22 年里 (1972 ~ 1994 年)，尽管学校发展历尽风雨，道路坎坷不平，但培养人的任务始终坚持，在动荡中求发展，共培养 1.5 万毕业生，其中厅局级以上的领导有 60 多位，大学校长 13 位，科学家和学者达数百名之多。在人才荟萃的北京，就汇聚了中南林一批拔尖的精英，闪闪发光。

学校和老师好比是太阳，学生是月亮。晒晒太阳，事业生活安康；看看月亮，心情舒畅。从7日到16日，我们在北京度过了无限喜悦的10天，是真正的丰收之旅、幸福之旅和自豪之旅。10天的相聚，10天的情怀，10天的记忆，将永远留在我的心中。

6月7日清早，中国林业出版社社长金旻，亲自驾车到北京西客站迎接，并安排我和老伴到北京的百年老店用早餐，中餐是用各种昔日皇家美食招待我们，由此拉开了北京之旅的序幕。

6月8日，到京后的第2天，中国绿色时报的老朋友和校友，就设盛宴招待我们。中国绿色时报原社长丁付林，副社长刘宁，原正司局级的常务副总编辑李树明、副总编辑曾联盟，记者张一粟、刘慎元等校友，国家林业局农村林业改革发展司司长张蕾、中林集团副总经理杨湘洪出席，欢声笑语团聚在一起。中南林学子的笔锋很出众，国家林业局媒体宣传的掌舵人——社长、总编辑多由中南林学子担当，国家林业局宣传中心主任已连续3任为中南林学子独揽。

78级林学毕业、研究生师从周佑勋教授的喻云林，现任中共中央组织部干部三局局长，在百忙中抽出时间到宾馆看望问候，向我们表达浓浓的敬重之情，身居要位仍不忘对母校老师的探望。

77级林学本科毕业的封加平，初为国家林业局宣传中心主任，后任国家林业局办公厅主任，现任国家林业局发展规划与资金管理司司长，他笔锋超人，能力出众，是一位德才兼优的核心骨干，他百忙中也设宴款待了我们。国家林业局防治荒漠化管理中心主任刘拓、国务院三峡办机关党委副书记张云昌一起出席，大家倾情交谈、相互祝福、情意浓浓。

6月9日，国家林业局经济发展研究中心王剑波副主任，在即将出差之际，亲自驾车陪我们游览了北京建筑新地标——鸟巢和水立方，圆了我和老伴心中的梦。当天晚上，本科和研究生毕业于中南林的中华人民共和国科学技术部姜小平处长，又开车把我们接到湖南驻京办事处共聚，在浓浓的乡情中话今昔。

6月12日，在78级校友金旻社长的策划下，北京碧水源科技股份有限公司总裁文剑平组织并邀请北京校友到其公司团聚。我们坐上公司蒋飞跃经理亲驾的专车，由和平里出发，沿五环路的广阔大道，来到海淀区科学生命园内的碧水源大厦。原林业部副部长、国家环保部原副部长祝光耀、中国林业出版社社长金旻和夫人胡春姿、中林集团国营林场总公司党委书记谢荣禄、中国林业科学研究院副院长黄坚、《中国绿色时报》记者王左军、北京林业大学自然保护区学院院长雷光春教授、中国农业大学方程教授等共16人，频频举杯，相互祝福。这是一次师生重逢的历史盛会，也是校友为文剑平总裁取得的辉煌成就而欢庆的庆祝会，钦佩他勇于打拼创业，祝福他再创辉煌。文总创业的成功，展示了他超人的胆略和智慧，创新创业的魄力和能力，他做人做事的品德和魅力，确实值得称赞，值得学习。临走时，文总还给每位校友都赠送了一份纪念礼品，对我和老伴更是厚爱有加，体贴周到。

6月14日，天气宜人，北京林业大学自然保护区学院院长雷光春教授，亲自开车来宾馆接我们到北京林业大学。我们欣喜见到了老朋友罗又青副校长和夫人。北京林业大学副校长骆有庆教授作陪，呈现浓浓的亲切气氛。我被雷光春教授学有所成的事迹深深感动。

6月15日，是我们这次在北京的最后一天。中国农业发展银行客户二部狄升总经理、国家林业局科学技术司处长田亚玲夫妇，在和平里大酒店与我们高兴相见，叙乡情，话家常，亲如一家，意诚情深，关心之至，胜如亲人。下午田处长又开车送我们到北京西客站。在火车站，她抢着帮我们拖拿行李，又买了很多北京特产送上列车，才依依不舍告别。金旻社长、文剑平总裁、蒋跃飞经理、张启副司长都到宾馆送行。中林集团副总经理刘孟龙因出差不能见面特打电话问候，表达了他的深情。

在我们和北京校友相处的10天里，时时处处都凝聚了学子的敬重之情。每一次握手，每一次宴请，每一件礼品，都谱写了一曲师生相见的赞歌。言有尽，而情无穷。校友的句句问候，使我情涌如潮；校友的声声祝福，使我又年轻几岁，人生更充满自豪和自信。林业部教育司（今国家林业局人事司）张启副司长、国家林业局宣传中心王毓峰副司长、《中国绿色时报》原常务副总编辑李树明，过去是我的老领导，如今是我的好朋友，朋友相见如亲兄弟，来京后受到他们热情的款待，真是感激不尽。在热情的拥抱中，结束了我们的北京丰收之旅。此行最大的收获是：体会到了师生之情是生命的重要元素，是人生的无价之宝；学子是学校最好的品牌，最亮的名片；校友是学校用之不尽的资源，是可以激活的资本；北京校友是中南林资源最多、品牌最响、最闪光耀眼的集中展示。

这次北京之行，要特别感谢中国林业出版社社长金旻，他智之睿，情之深，亲之浓，自始至终表达了他对母校、对老师的眷恋之情。亲爱的校友，我们以你们为荣，感谢你们！我们的心永远在一起！

第6章　人生的感悟

回顾我这80年的人生，是平凡而不平庸的一生。从农村到城市，从普通群众到共产党员，从一个中专毕业生到大学高级领导干部，实现了人生的三大跨越。一路走来，经风雨，见世面，始终离不开3种力量的支撑：一是共产党的引导力；二是家庭幸福的亲和力；三是中南林业科技大学的支持力。三力汇聚，使我在一生中充满活力走到幸福的今天。

学会做人是人生之本

“未学经商，先学做人”这是著名企业家李嘉诚人生的总结。“先做人，后做官，宁丢官，不丢人”这是一个县委书记为人为官的哲理。做人是一门人生的大学问，其主题是做什么样的人，怎样做人。毛泽东早就告诫我们，要做“一个高尚的人，一个纯粹的人，一个有道德的人，一个脱离了低级趣味的人，一个有益于人民的人”。我的实践体会是做一个诚实善良、正直公道、勤奋上进、学有所成、廉洁为民的人。坚持“以德为先，以善为本，以诚为道”的原则，用心做事，用情待人。德是做人的核心，善是做人的品质，诚是做人的基石。人为善，福虽未至祸已远离；人为恶，祸虽未至福已远离。为善、为恶有两种不同的结果。要以平和之心对待名，以淡泊之心对待位，以知足之心对待利，以敬畏之心对待权，以进取之心对待事。不为利所扰，不为钱所迷，不为色所害；清清白白做人，干干净净做事，一身正气，两袖清风。

学会与人相处，这是做人的第一要事。在社会中要处理好3种关系：一是物与物的关系；二是人与自然的关系；三是人与人之间的关系。做人必须与人打交道，人与人之间的关系，构成了多姿多彩的社会文明。要善于与人交往，用自己的语言、体势、微笑等多种形式，做一个受人欢迎的人。对别人要真诚地喜欢，赞美别人的长处，以情感人，由相逢到相识，由相识到相依，日久生情成朋友。尊重别人的爱好，避免争论，不要指责别人，这都是获得友谊的好方法。对人要大度，慷慨大方，宁肯节省自己，也要大度地善待他人。舍得舍得，有舍才有得，这是做人的哲理。对人宽容，是一种美德。宽容是一种博大。有容乃大，只有在心中装下别人的缺点，才能装下整个世界的风雨。

学会用人，对于一个组织者来说尤为重要。要善于用人之所长，因事择人，以能为本。人不是完人，有所长也有所短。扬长避短是用人的一种艺术。“尺有所短，寸有所长”，这是长短的辩证法。因此，还要善于用人之短。清代将领杨时斋认为，在军营中没有不可以用之人，聋子当左右侍者，哑巴当信使，瘸子可固守炮台，各尽所能。人们往往把垃圾看成是无用之物，实际上它是放错位置的资源，可以变废为宝。骏马能打仗，但耕田不如牛；汽车能载重，但过河不如船。各有特长，互相不能代替。把人的长处用在合适的岗位上，能文则文，能武则武，以一当十，把人的能力发挥到最大化。用人要充分予以信任，放权放手。“疑人不用，用人不疑”这是用人的定律。要敢于使用能力比自己强的干部，聚天下之英才，创事业之辉煌。在高等学校，要特别重视学科带头人的培养，对名家教授要特别尊重，创造条件，无微不至地为他们服务。举贤选能，敬贤如宾，造就一批大师，这是提升办学水平的根本保证。

学会感恩，滴水之恩当涌泉相报。这是做人的美德。感恩父母、感恩老师、感恩朋友、感恩党和人民，这是每个人应该要做到的善举。子孝母，学敬师，这是中华文化的传统美德；感恩父母生我养我之恩，感恩老师给我们知识的营养，感谢朋友风雨同舟之谊，感恩祖国为我们创造了幸福的今天。要做到常怀感恩之情，常思感恩之事，常行感恩之举，做人要从学会感恩开始。在人的一生中，不要忘记5种人：生你的人和你生的人；爱你的人和你爱的人；提拔你的人和你提拔的人；尊重你的人和你尊重的人；支持你的人和你支持的人。感恩是一种感情的升华，是一种发自肺腑的感情展示，感恩的人，永远年轻，永远快乐，永远幸福，永远高尚。

学会做事是人生之基

在做人中展示人格的魅力，在做事中展示人生的才华。人活着不是为了吃喝玩乐，而是要为人类文明的建设做一点应该做的事。做事要勤为本，效为先。做什么爱什么，做什么学什么，由外行变内行，由无知变有知，不断丰富人生的经历。成人比成功重要，成长比成绩重要，经历比学历重要。经历是人生的一种知识财富。从我的人生经历来看，是经历造就了我，每变动一次岗位，就为下一步人生之路打下基础。1971年我领队创建了乐昌教学基地，带领20多位教师、干部搞得红红火火，经过1年多的建设基地初具规模，这也提升了我独立工作的组织力和领导能力。1972年我被提升为学校革委会副主任，第一次步入学校领导班子，从事思想政治教育管理工作。1979年学校在株洲新辟校址，从大江口迁入城市办学，这是一项人心所向的战略布局，我受命主管株洲校区的基本建设工作。对我来说，既是挑战又是机遇。我是基建的外行，一切要从头儿学起。面对一片荒野的山地，我唯有以群众为师，以基建为课堂，学习基本建设管理知识，学习土木建筑常识，尽力尽职，做好每一件工作。新建校区是一项综合系统工作，涉及方方面面，上至中央部委，下至乡村社队，校内校外都要科学应对，巧妙地处理各种难题。经过3年奋战，一座规划合理、新楼林立、绿树成荫的现代化大学屹立在株洲，实现了由山区到城市办学的愿望。1979年，我任副院长，分管后勤工作。“宠辱不惊，闲看庭前花开花落；去留无意，漫观天外云展云舒”。我微笑面对工作和职位的调整，热诚对待工作，愉快地接受了新的任务。长期以来，后勤工作都是学校发展的一个难点，群众意见反映强烈。我和后勤领导班子一道，以改革为动力，以食堂为切入点，积极改革食堂的管理体制和经营机制，大刀阔斧地推出承包经营责任制，效果立即显现，深受师生及上级部门的好评。1985年，林业部党组和湖南省委经过多方考察，任命我为中南林学院党委书记，这是组织对我人生的一次大考。我常怀感恩之心，常思敬业之责，去履行组织赋予的历史使命，开拓学校发展的新篇章。以创新学科专业为龙头，创建林科教工程办学模式，实现产学研的紧密结合，促进了学校改革发展和地方经济发展，取得了双赢的丰硕成果，名扬全国。创建我校第一个经济林学科博士点，提高了学校在竞争中的学术地位。我校率先创建了家具专业和森林旅游专业，成为全国的排头兵，给学校发展注入了强大活力，为家具产业和旅游业的发展增添翅膀。学校思想政治工作在改革中全面推进，成绩较为明显，1993年被中共湖南省委、湖南省人民政府授予先进单位。

1995年，我的工作生涯画上了圆满句号。在做事中谋划人生、完善人生，一步步走过漫长之路。孔子说：“惠而不费，劳而不怨，欲而不贪，泰而不骄，威而不猛。”讲得很有哲理。在人生的道路上，做人做事应该把握底线不要超越，做人要有底气，做事要有锐气，做官要有正气。这是我80年人生最深切的体会。

积极学习是人生之翼

学习是人生走向成功的翅膀。“黄金非宝书为宝”“读书到老心如月”，这些都是先辈的名言。人的实力靠品德，动力靠学习，魅力靠文化。时代发展显示，学习是人的生命力，学习是最大的竞争力。“学习是一个人的真正看家本领，是人生的第一特点、第一长处、第一智慧、第一本源，其他一切都是学习的结果。”这是作家王蒙对学习的诠释。著名企业家牛根生形象地说：“许多人注重吃饭，却不注重学习。实际上，学习是最重要的吃饭，是给自己的大脑吃饭。工作在这里，学习在这里，成功在这里。”从历史的经验上看，99% 的未来和历史相似，99% 的直接经验与知识重叠，99% 的成功靠学习造就。今天，我们生活在快速变化的时代。当今世界唯一不变的是变化。变化是世界发展的主题，它的特点是强者越强，快者越快，新者越新，日新月异，快速发展。因此我们迎来了新的学习时代。昨天的学习和今天的学习，在内涵上发生了深刻变化，由谋生学习向自我需要转变，由学历学习向终身学习转变，由精英学习向大众学习转变，由重学历学习向重能力学习转变，由学历型社会向学习型社会转变，构建终身教育体系，创建学习型社会，形成全民学习、终身学习的风气，促进人的全面发展。

为了适应快速变化的社会，必须提升学习速度和学习效果，不然就要被时代淘汰出局。圣吉定律告诉人们，学习速度要快于变化速度，才能战无不胜。在学习挑战面前，要有履冰临渊的危机感，慢进即退的紧迫感，提高学习的自觉性、主动性和创造性。根据我的体会，提升学习境界要做到“知、悟、用”3 个字。“知”是善取，增加学习面的广度，有目的地学习。书山有路勤为径，人的精力有限，只有选择性地学习，才能找到捷径。看书看报首先看题再看内容，实行粗读和细读相结合，重要的内容摘录下来备用。化散为聚，化零为整，纵向专业化、横向多元化，纵横交错，融为一体，使知识量更加深化；纵看有高度，横看有广度。不仅要读有字的书，而且要读无字的书，在社会中学，在实践中学。“三人行必有我师”“学习无止境”。学不完的书，走不完的路。日复一日，年复一年，学习，学习，再学习。“悟”是感悟升华，有发现地学习，提升学习的效果。读书学习要善于发现闪光点，开启你的智慧之门。刻苦耐劳谓之勤，深思熟虑谓之智，举一反三谓之敏。学习要在勤、智、敏上用功夫，站在巨人的肩上，胸怀天下。“用”是学以致用，有创造性地学习，不断提升学习的高度。学习智慧来源于生活，又要高于生活，要有新发现、新创造。学习要讲求方法，并善于总结、归纳，形成自己的知识体系和学术观点。

展望未来，学习在人类的生活中越来越重要了。提高学习力势在必行，因为学习力是生命力、创造力、竞争力的源泉。学习力就是生命力。学习是知识经济社会中一种生活方式。无论是泰勒的“经纪人”，梅奥的“社会人”，马斯洛的“自我实现人”，超Y理论的“复杂人”，组织文化的“组织人”，都要成为学习时代的“学习人”。历史显示，在农业社会，只要集中受过10年教育的人就可以应对40年劳动的知识所需；在工业社会，则需要集中学习15年才可以应对一生知识的需要；到知识经济社会，则要把学习的时间延长到终生，生命不息，学习不止。人的生命力是与学习力相依相行的，学习时间越长，知识越多，寿命越长。奴隶社会人均寿命20岁，唐朝27岁，宋朝30岁，清朝33岁，当今我国人均寿命75岁。当然生命的延长，是整个社会进步的结果。纵观今天的大寿星，大多数是专家学者。他们的长寿与脑力劳动密不可分，与一生学习密不可分，甚至有些学者八九十岁仍在攻关。这是从生命力看学习。从创造力看学习，学习力就是一种创造力，它既是继承更是创新。在继承中创新，从制造到创造的过程，就是学习的过程，从制造中国变成创造中国，需要中华儿女勤奋努力的学习才能实现。从竞争力来看，学习力就是最大的竞争力，当今是竞争的社会，竞争十分激烈。世界500强企业就是竞争的产物。在500强企业中，50%是学习型企业，其中前10名更是学习型企业，可见学习力在竞争中的巨大力量。在学习中竞争，在竞争中学习，已成为经营现代企业的主导力量。

提高学习力必须加强学习能力的培养。明确学习目标，强化学习动力。学习力是阅读力、记忆力、思维力、实践力和创造力的综合体现，是一种理论与实践、知与行统一的力量展示。以阅读为基础，以记忆为纽带，以思维为先导，以实践为目标，开拓创新，书写光辉的未来。

清正廉洁是走向成功之路

勤政为民、廉政为公，这是一个共产党员特别是领导干部，必须遵守的道德准则。古语说得好：“吏不畏我严，而畏我廉；民不服我能，而服我公。公生明，廉生威。”廉洁是领导者影响力的宣示，是一种无形的精神力量。位不在高，廉洁则名；权不在大，为公则荣。目视社会，很多领导干部经不起金钱美色的诱惑，倒在高楼下，摔在批地上，死在路桥边，垮在买卖关，毁在红包中，烂在色情里，成为社会的腐败分子，名声扫地，愧对人民。

廉洁自律是为政的基石。我在领导岗位上任职 22 年之久，始终坚持不为名所累，不为利所扰，不为钱所迷，不为色所害，不义之财不取，腐败之风不沾，违法之事不干，平安地从领导岗位上退下来，幸福地走到今天，内心感到无限的欣慰。没做亏心事，半夜敲门心不惊。退休之后，睡得好，吃得香，乐得欢。我没有豪宅别墅，没有高级轿车，但我拥有快乐和健康，拥有一个幸福的家庭。风雨大半生后，我亲眼看到了今天中华民族的繁华盛世。我为做一个中国人感到自豪，我为是一名真正的共产党员感到光荣。

落花无言　人淡若菊

中国林业人名词典

谢朝柱 (1934 ～)，湖南道县人。1955 年毕业于林业部长沙林业学校，同年加入中国共产党。历任广东农林学院革委会副主任，湖南林学院党委副书记兼湖南林学院副院长，中南林学院高级工程师、副院长，1985 年起任中南林学院党委书记。是湖南省自然辩证法研究会第 2 届、第 3 届副理事长，湖南省外国经济学会顾问。发表有《森林的兴废与国家的盛衰》《生态农业是我国农业发展方向》《湖南林业发展战略初探》《整治洞庭湖必须遵循生态规律》等论文。

（原载《中国林业名人词典》）

中国当代教育名人传略

谢朝柱，男，瑶族，1934 年 12 月生于湖南省道县。父亲谢振贵和母亲李自桂，生前务农；爱人李茂聪，原中南林学院处级干部；有 1 子 1 女。1955 年毕业于林业部长沙林业学校，历任广东农林学院革委会副主任，湖南林学院党委副书记兼副院长，中南林学院副院长，从 1985 年起任中南林学院党委书记。1987 年经林业部批准晋升为高级工程师。兼任全国林业高等院校思想政治工作研究会常务理事，湖南省外国经济学会顾问，湖南省自然辩证法研究会副理事长，湖南省高校思想政治工作研究会副理事长，湖南省高校党建研究会副理事长，湖南省《科教战线》编委，湖南省株洲市少数民族联谊会副会长。在承担繁重行政工作的同时，积极开展教学科研工作。先后为研究生、本科生主讲过行为学、心理学、领导科学等课程。在中央和省级刊物上发表《森林的兴废与国家的盛衰》《生态农业是我国农业发展的方向》《湖南林业发展战略》《森林能源发展展望》《整治洞庭湖必须遵循生态规律》《把握高校改革的矛盾和对策》等几十篇论文。编著《行为管理学》一书，20 多万字，由国防科技大学出版社出版，在国内公开发行。担任林业部《国情教育概论》一书的副主编。他发表的一些论文多次获奖，其中《森林的兴废与国家盛衰》获湖南省高校科研成果三等奖，《把握高校改革的矛盾和对策》获湖南省优秀高教论文二等奖，《校县挂钩，兴教富民》荣获湖南省教学优秀成果一等奖、省社科联合会征文优秀奖，《高校思想政治工作要适应新的要求》获中国林业报征文二等奖，《林科教结合之路是兴教富民的必由之路》获中国林业报征文二等奖。从 38 岁起担任高校校级领导职务，已有 22 年。他学习勤奋，工作扎实，政绩比较突出，为发展我国林业高等教育做出了突出贡献。全面主持了中南林学院株洲新院校址的建设工作，近年领导开创了走林科教三结合的办学新路，受到国家教委、林业部和湖南省领导的充分肯定和赞扬，《光明日报》《中国教育报》《科技日报》等 10 多家报刊均在头版头条进行了报道。1992 年全国高教工作会议印发了中南林学院的经验材料。作为党委书记，他团结党委一班人，锐意改革，使学院党建和思想政治工作取得显著成绩，1994 年 2 月被评为先进工作者并受到中共湖南省委和省政府的表彰，获得奖金 1.5 万元。1990 年，被收入林业部主编的《中国林业人名词典》。

（原载《中国当代教育名人传略》）

《当代湖南人》自传

谢朝柱，男，湖南道县人，瑶族，1934 年 12 月生，中共党员，教授。退休前任中南林业科技大学党委书记。

1955 年 7 月参加工作，先后任林业部长沙林校组织干事，湖南林学院党委组织部干事，中南林学院党委组织部干事，中南林学院革命委员会政工组副组长，广东农林学院革命委员会副主任，湖南林学院党委副书记、副院长，中南林学院副院长、党委书记等职，38 岁进入学校领导班子，从 1972 年至 1995 年，担任校领导职务达 22 年之久，把自己的一生献给了高等教育事业。曾任中国毛泽东教育思想研究会副会长、湖南自然辩证法研究会副会长、湖南省外国经济学说研究会副会长、湖南省老教授协会副会长等职。

在高等学校领导岗位任职期间，为中南林学院的发展献出了青春。主持完成了株洲校区的新校址基本建设工作；创建了全国第一个家具设计与室内装饰和森林旅游专业；创建了中南林学院第一个经济林学科博士点，是中南林学院学科建设的里程碑。为了创新办学模式，从 1987 年开始与双牌县共创了林科教工程，受到社会各界的关注，中央媒体好评如潮，是教育改革的创新之举，1993 年评为湖南教学成果一等奖。由于中南林学院思想政治工作突出，1993 年被中共湖南省委授予思想政治工作和党建工作先进单位。

长期坚持以学为本，著书立说。《行为管理学》《现代领导智慧》2 本专著，出版后受到读者欢迎，上市后一销而空。共撰写各种学术论文 100 余篇。其中《森林的兴废与国家的盛衰》《生态农业是我国农业发展的方向》《生态家具展望》《中国竹业发展前景眺望》等文章刊登在权威的学术刊物上，影响颇大。

晚霞映青山，老牛更奋蹄。退休之后，创建了中南林业科技大学老科协，担任会长职务，湖南省老科协常务理事。学校老科协连年被评为先进单位，个人多次被评为湖南省优秀老科技工作者，株洲市“五好”老干部，株洲市民族团结进步模范等。在担任湖南九嶷职业学院党委书记、院长期间，使该校由民办专修学院升格为普通高等职业院校，为学院的发展树立了新的里程碑。为了发挥老科协的智慧库的作用，积极参与建言献策，撰写了“湖南竹业发展对策建议”“发展低碳经济，建设低碳社会”“创新城市理念是株洲发展第一推动力”等建议，受到湖南省主要领导和株洲市委书记陈君文的高度评价。

（原载《当代湖南人》）

志在千里，壮心不已

——记中南林学院党委书记、高级工程师谢朝柱

张互助

从株洲火车站乘 6 路公共汽车，过田心北站 3 千米处的樟树下，矗立着一所现代化的林业高等学府——中南林学院。这占地 900 多亩、拥有 10 万平方米建筑的崭新校址，是改革开放的产物，是现代化建设进程的标志，是培养林业高等专门人才的摇篮。

导演这举目称颂一幕的人，就是昔日工程的主持者，现任中南林学院党委书记、高级工程师谢朝柱同志。

他今年 53 岁，出生于湖南道县。1955 年毕业于林业部长沙林业学校，

同年加入中国共产党。参加工作后，他一直在高校党委组织部门工作，担任过校团委书记，1972年他刚38岁的时候，就出任广东农林学院革委会副主任，曾先后担任湖南林学院党委副书记兼副院长，中南林学院副院长、党委书记，现任湖南省自然辩证法研究会副理事长，湖南省外国经济学说研究会顾问，湖南省高等学校思想政治研究会副会长，《农林辩证法》杂志编委。1987年晋升为高级工程师。

谢朝柱同志从一个普通中专生成为高级专门人才、大学领导，其中走过多少艰难的道路，渗透着多少艰辛的汗水！

（一）

在我的桌前，摆着大叠谢朝柱同志的著作和论文，我随手拈翻着，其中有以下一些重要的代表作。

专著《行为管理学》，20多万字，国防科技大学出版社出版。

《森林的兴废与国家的盛衰》科研论文。由于该文具有重要的现实意义，先后被《中南林学院学报》、中国科学院《农业现代化探讨》、林业部《林业工作研究》、广东《滴翠》杂志，全国农业辩证法学术讨论会论文集等多家刊物转载。这篇科研论文荣获湖南省教委“六五”计划期间重大科研成果三等奖。

科普作品《让城市绿树成阴风景如画》，先后发表于《湖南日报》和中国科普创作协会主办的《科普创作》上。该文荣获中国林学会颁发的林业科普作品创作三等奖。

《把握高等学校改革的矛盾和对策》，先后发表于《中国林业报》和《高教研究》上。该文荣获湖南省教委1988年高教优秀论文三等奖。

《生态农业是我国农业发展方向》，先后发表于中国科学院《农业现代化探讨》、中国科学院水土保持研究所《水土保持通报》杂志上。

《湖南林业发展战略初探》，先后发表于中国科学院《农业现代化探讨》、中国林业科学研究院《林业经济》杂志上。

《整顿洞庭湖必须遵循生态规律》论文，发表于中国科学院《农业现代化探讨》刊物上。

《森林能源开发展望》论文，发表于中国林业科学研究院《林业经济》杂志上。

《论湖南山区经济发展潜力》论文，发表于《农林辩证法》杂志上。

……

这一篇篇见诸于国家级学术刊物上的论文，其质量和分量是不言自喻的！

如果说，一个不受任何干扰、专心致力于某项研究的人得出了研究成果值得称赞的话，那么，这几十万字的专著和论文出自一个肩负行政重任的领导之手，是多么令人敬佩和感慨啊！

时间，是金钱，是效益，是力量。“见缝插针地学习”，是谢朝柱同志的信条和历来习惯。外出开会乘坐的火车、飞机、轮船是他极好的读书场所；与教师职工谈心，他总是虚心地向对方吸取知识。他的时间是紧张宝贵的。在他的人生进程中，没有几个早睡的夜晚，常常看书到深夜，他的卧室到处放着书，床头是书，桌上堆书，书柜满书……书，是他的挚友，书，是他的生命。

在科学的道路上，谢朝柱同志顽强拼搏，勇于攀登，硕果累累。1987年，经林业部批准，晋升他为高级工程师。

（二）

党的十一届三中全会召开以后，汹涌澎湃的改革大潮席卷着整个中华大地，波及各行各业各个角落。

改革潮起，中南林学院有了希望。1978年，国务院批准湖南林学院改名为中南林学院。1979年2月，林业部批准中南林学院在南方交通枢纽城市株洲新建校址。

学院党委决定：由谢朝柱同志主持株洲新校址建设工作。他不负全院师生员工的重托，勇敢地挑起了新校址建设的重任。

新校址选在距市中心10千米远的樟树下。这里是几座荆棘丛生、乱石林立的黄土山坡。要使山坡变平地，要在平地起高楼，谈何容易！

初到这里，谢朝柱同志和基建工程指挥部的同志一起挤住在工地上，没有电灯，他们就点油灯；没有自来水，他们就喝水塘里的水。从征地、勘测、设计、施工到落实建筑队、建筑材料等，多少扯皮磨嘴的事，多少繁琐的层层审批手续，都要他亲自去跑。他无数次地向市委和林业部请示汇报，进行联系，经常往返北京和株洲之间，仅用1个月的时间，40万元投资征地860亩的任务就完成了。为了尽快解决“三通一平”（通水、通电、通路与平整场地）问题，为工程的全面铺开扫平道路，不管刮风下雨，酷暑严寒，他总是一身建筑工人打扮，经常深入工地，及时了解情况，解决困难。当钻机在校址四周打不出地下水时，他果断决定从市区引自来水，以解决师生员工的生活用水。

他说干就干，大刀阔斧的作风和埋头苦干的精神，感染带动着全体同志。短短几个月时间，几千米远的高压电线架通了，几座山头成了平地，水从 1 千米外的河里哗哗流进建筑工地。近 1 万平方米的森工楼、学生宿舍和 2 个学生食堂拔地而起。1981 年暑期，近 400 名森工系学生和部分教师告别了湘西山沟，喜迁株洲新校址。

相继，17000 平方米的教学主楼建起来了！林学楼、教工宿舍楼、幼儿园、附属子弟学校、教工食堂建起来了！全院 1300 多名学生和近 1000 名职工，连同 300 多个车皮的物品，在不到 3 年的时间里，全部搬迁到了株洲新院址。

他在抓校舍建筑的同时，把绿化工作作为重点工作来抓。白天，他带着绿化科的同志遍勘校址的所有角落；夜晚，他在校图上精心地勾画计算着。他组织力量从全国 16 个省市引进 800 多种树苗，建起了共计 250 多亩的树木标本园和经济林标本园，50 多亩的大苗圃，凡可利用的空坪隙地都栽上了花木。经过师生员工连续奋战，而今，林学院绿树成荫，鸟语花香，树木和建筑互相映衬，显得和谐美丽，令人陶醉。学院连年被评为株洲市绿化先进单位，他本人被评为株洲市绿化先进工作者。

改革给中南林学院带来了前所未有的大发展，学院面貌全新，硕果累累。近年，先后来院访问讲学的外国朋友达 30 多批，中央林业部、湖南省委的领导同志，都先后来院视察工作，对学院的建设成绩给予了充分肯定。

（三）

改革需要实干精神，实干才能搞好改革，“四个现代化”是喊不出来的。要靠我们辛勤的汗水才能干出来。任何牢骚和夸夸其谈，都不是一个改革者应有的态度。

谢朝柱同志干工作具有强烈的事业心，始终有那么一股忘我实干的开拓精神。

1984 年，他主持全院后勤和基建工作。为了搞好后勤服务，谢朝柱同志与总务部门的领导一起，组织进行以经济管理为突破口的全面改革，抓住师生员工最关心和反应最强烈的食堂、车队等重点单位，紧紧围绕打破“大锅饭”这个中心进行改革。在食堂，具体实行定员包干，任务包干，经费包干，严格奖罚制度等改革措施。车队的改革逐步实行半企业化，改掉司机行车补助的“大锅饭”，实行按“吨 / 千米”进行补助，出车多补助多，不出车没补助，同时实行行车安全奖和节约奖，对汽修人员实行任务提成奖励。对基建人员的奖励制度实行考勤考绩、计分计奖的办法，对工程设计提出合理化建议、节约开支者给予奖励。

后勤基建工作一系列改革措施的推行，有力地调动了广大职工的积极性，不断提高了后勤服务质量，受到师生员工的好评。教工和学生食堂被湖南省教委授予“先进单位”光荣称号，谢朝柱同志荣获教育工会授予的“先进工作者”光荣称号。

1985 年，谢朝柱同志被任命为中南林学院党委书记。职位高了，可在他身上却没有半点官架子，他还是那么俭朴，还是那么谦虚，还是那么平易近人，下基层跑学生宿舍更多更勤了。他始终把抓学院大事，抓党的各项路线方针政策的贯彻，抓党的建设和党员思想教育放在突出位置。学院目前还没有实行院长负责制，但他开明超脱，不包办，不独揽，对行政决策和管理的事情放心让行政领导去办。当书记 2 年多来，他集中精力抓大事，抓党的建设，主持筹备召开了中南林学院第 3 次党代会，结束了学院自 1963 年以来 24 年没开过党代会的不正常现象。在党代会上，谢朝柱同志做了工作报告，对中南林学院的历史做了实事求是的全面总结和评价，提出了把学院办成以林为主，理工结合，文理渗透，富有特色的多科性林业大学的奋斗目标和任务。

为了加强和改进思想政治工作，他主持成立了全院思想政治工作研究会，并亲自担任会长。他撰写出多篇思想政治工作研究论文，多次给教工和学生做形势报告，经常深入教工家庭和学生宿舍访问。近几年，全院党课教育、普法教育、学生纪律教育、道德理想教育、形势任务教育等搞得有声有色，全院安定团结，几届毕业生都愉快地服从分配，其中有 300 多名毕业生去边远山区工作。学院精神文明建设硕果累累，思想政治工作生机勃勃，受到林业部和省市有关部门的好评和表扬。谢朝柱同志被共青团株洲市委授予“关心青年工作的先进领导者”光荣称号。

面对改革滚滚大潮，谢朝柱同志自信、坚定，他微笑着说：“不停步，再鼓劲，一定能够渡过难关。一定要把中南林学院办成以林为主，理工结合，文理渗透，富有特色的多科性全国一流的林业大学，为祖国林业现代化建设做出贡献！”

（原载《中国林业报》1988年11月5日；《中国林业教育》1998年第2期）

解放思想天地宽

——访中南林学院党委书记谢朝柱

《中国林业报》记者 张一粟

“作为中南林学院的党委书记，您对学习贯彻‘十四大’精神有何体会、打算？”

对记者的提问，谢朝柱书记略加思索，便拉开了话闸。他说：党的“十四大”报告提出要加强党的领导和改善党的领导，这是进行现代化建设的组织保证。在加快改革开放和现代化建设步伐的新时期，高等院校的党委如何敢于领导，善于领导，是值得我们认真探讨的重要课题。

在谈到如何建立社会主义市场经济体制、深化高校改革时，谢朝柱阐述了他的观点：高校几十年来都是按照高度集中的计划经济的模式办学，从招生、分配到专业、课程的设置，都是按国家计划行事。要从计划经济的办学模式中走出来，适应社会主义市场经济体制，高校首先必须从观念上进行大的转变。

如何从观念上进行转变？谢朝柱认为：首先要让人才进入市场。从招生分配制度到专业的设置等方面，都必须进行改革，要多层次、多途径培养与经济建设对路的人才。其二，必须让高校的技术直接进入市场。高校可以利用人才优势，把知识直接转化为现实生产力，为经济建设服务。其三，要改变“等、靠、要”的传统观念，树立“敢为天下先”的思想，冲破传统的思维方式与行为方式，不把吃“皇粮”作为唯一的办学资金来源，要积极主动创造经济效益，多渠道多方位地争取办学资金，增强办学活力。总之，深化改革，必须首先从观念上进行大的转变，观念上发生误差，就会贻误时机，付出更大的代价。

谢书记介绍了他们近年来在深化教育改革，适应经济建设需要办学的一些成功探索。

自1987年起，学校与湖南重点林区县——双牌县实行校县挂钩，走林科教相结合之路，开展全方位的经济技术合作，形成强大合力，收到了兴校富县的良好效果。在此基础上，学校又与湖南资兴市、酃县、株洲县龙潭乡签订了林科教相结合协议书，进一步扩展了校县林科教结合试验区。林科教相结合之路显示出了强大的生命力。

学校校办产业从1989年起步，办起了计算机开发、家具、汽车、食品、竹材开发等产业，1991年产值突破1000万元，创利税100多万元。校办产业在专业化和市场化的道路上迈出了可喜的步伐。

在谈到中南林学院怎样进一步深化教育改革时，谢朝柱说：学院要从专业设置到教学计划、教学内容、教学方法上全面进行改革。如在专业设置方面，继续办好新设的家具设计、室内装饰、林业教育和经济林产品加工等专业，积极创办森林旅游专业。招生分配制度要进行改革，扩大自费生招生比例，完善定向单独招生制度，部分专业的学生试行有偿分配制度。学校的管理体制也要进行大的改革，要完善聘任制，实行目标任期制，提高工作效率，不断改善教职工的生活待遇。

对于改革的思路，谢书记概括为：启迪思想大解放，推动教育大改革，加快教育大发展；齐心合力抓德育，聚精会神抓教学，大刀阔斧办产业，放开手脚搞改革。

展望高校改革开放的前景，谢朝柱书记充满了信心，他兴奋地对记者说：解放思想天地宽。改革开放，对高校是一种挑战，更是一种机遇。学校一定要解放思想，转变观念，加大改革力度，加快改革步伐，迅速从计划经济的办学模式中走出来，主动适应市场经济的需要，积极求质量、上水平、增效益、创特色，中南林学院一定能办成以林为主，理工结合，文管渗透，面向未来的现代化高等学校。

（原载《中国林业报》1992年12月8日；转载《开拓者》第7集，吉林人民出版社）

晚霞映青山 老牛更奋蹄

——中南林业科技大学老科协会长谢朝柱的优秀事迹

中南林业科技大学老科协走过了11个年头，做出了大家公认的成绩。学校老科协连年被评为先进集体，会长谢朝柱本人也因此多次受到上级嘉奖，荣获株洲市委市政府授予的“五好老干部”、省老科协授予的“优秀老科技工作者”光荣称号。

一、以身作则 老有所为

谢朝柱严格要求自己，处处以身作则。著书立说，笔耕不停。他先后编著出版了《兴教 强林 展望》和《现代领导智慧》2本专著。中国绿色时报原副总编李树明对《现代领导智慧》一书做了很高的评价。该书出版后，深受读者青睐。

谢朝柱作为林大教授，在林学、木工、生态、家具等学科方面也有较深研究。至今，他已撰写论文23篇，共70余万字。《加快竹林大开发，发展竹子大产业》一文在全国权威学术刊物发表之后，被全国20多个学术团体和媒体分别评为优秀论文，授予金奖或头等奖。

由他执笔的《株洲市城市生态园林发展战略研究》一文，从历史到现状，从现实到未来，从宏观到微观，从理论到规划，从目标到措施，均做了较全面的研究。经专家评审，达到国内领先水平，为株洲市发展生态经济、建立生态文明，尽快实现水碧、天蓝、地绿、花秀、高效的园林城市目标，指明了方向和途径。

二、建言献策 当好参谋

在谢朝柱的带动下，校老科协创办了2个内部刊物：《老科协通讯》《参考与建议》。他常亲自或组织有关专家撰稿，《加快中南林学院发展的建议》，受到时任湖南省副省长唐之享的赞扬，被省老科协评为优秀建议；《关于湖南竹工业发展的思考和对策》被省老科协采用，刊登在《老专家老教授建言献策专报》上，受到省老科协领导的高度关注和好评。

谢朝柱在岗时，曾亲自策划和组织领导湖南省双牌县“林科教工程”，成为高校教学模式的创新，当年就受到湖南省、林业部、教育部的高度关注和评价。教育部认为“这是科教兴农的创举”。2004年国家教育部对中南林学院进行本科教学水平评估时，学校党委把“林科教工程”作为特色兴校的主要内容，以此争取评为优秀学校。谢朝柱直接参与了撰写“林科教工程”的专题材料，受到驻校专家组的好评。在教育部专家评审大会上，中南林学院一举获得优秀学校的最高荣誉，谢朝柱功不可没。

2008 年 5 月 29 日，谢朝柱应邀参加省老科协楠竹灾后重建科技开发研讨会，在会上就加速湖南省楠竹开发做了很有见地的学术报告，受到熊清泉、朱东阳等老同志及与会全体人员的好评。

三、关心会员 凝聚感情

谢朝柱心里装着每一位会员，时刻关注老年人的身体健康。在很有限的活动经费中，补助一半征订费为每一位会员订了一份《中老年自我保健》杂志；请省老科协讲师团有关肿瘤病、糖尿病、心脑血管病等方面的教授专家来校做报告；请中国全民健身专家、湖南科技大学胡安邦教授来校讲授预防疾病、抗御衰老的心理学报告；请湖南省老科协和郴州市老科协足部反射疗法的医生来校做示范义诊；还派员去市老科协参加“312 经络锻炼法”培训；不定期地印刷一些有关自我保健的资料发给会员学习，以提高老同志的健身能力。对生病或住院的会员，他都亲自或派代表前去探望。每年春节，他想方设法给每一位会员发一份慰问品。礼轻情义重，大家心里暖洋洋的。

在他的倡议下，学校老科协已连续 3 年为满 70、80、90 岁的 60 多位会员开祝寿会，会长亲手为每位寿星颁发人生奉献奖，祝他们健健康康每一天，高高兴兴到百年。有的老同志激动地说：“忙忙碌碌几十年，没有做过祝寿庆典，如今进入古稀之年，老科协像亲人一样为我们祝寿，真叫我太感动了。”

四、奉献社会 尽职尽责

谢朝柱时刻不忘自己是个老共产党员。为了党的事业、人民的需要，他总是不遗余力地去干。2000 年受命任湖南大学省委巡视组组长，负责指导该校“三讲”活动，圆满地完成了任务，受到省领导好评。

1997 ~ 2004 年间，他担任了株洲市少数民族联谊会会长，充分发挥社团的凝聚力和纽带作用，开创性地做好民族工作，在全国全省首次推出十佳优秀民族工作者评选活动，受到省民委的充分肯定，被国务院授予民族工作先进集体称号，成为我市民族工作的一个亮点。谢朝柱也因此获得市民族团结进步模范的光荣称号。

2003 年，他在九嶷学院临危之际，受命担任该校党委书记、院长职务。

他到校后，深入调查研究，制定了3年发展规划，从管理入手，抓制度建设，集中全力，做好申报升格普通高校的各项工作。经过2年多的努力，经省专家组多次考察评估，于2005年3月省政府正式批准将该校升格为普通高校。九嶷学院由此重获新生。

（原载《湖南省老科协通讯》2008年第8期）

老有所为志不凡，科教兴国谱新篇

谢朝柱同志原任中南林学院（现中南林业科技大学）党委书记，1995年退休，现任中南林业科技大学老科协会长。从领导岗位退下来之后，退而不休，坚持学习不断，坚持研究写作不断，坚持参加各种社会活动不断，老当益壮地投入到科教兴国、全面建设小康社会中去，受到社会的好评。2001年被株洲市人民政府授予“民族团结进步模范”称号；2002年被株洲市委、市政府授予“五好老干部”称号；2003年被中南林业科技大学党委授予“优秀共产党员”称号；2000年和2006年2次被湖南省老科协授予“优秀老科协工作者”称号。

谢老退休之后，笔耕不断，先后编辑出版《现代领导智慧》《兴教强林展望》2本专著，撰写论文23篇，共70多万字。《加快竹林大开发，发展竹子大生产》一文于1997年在全国权威学术刊物上发表并多次获奖。

谢朝柱同志不仅博览群书，而且善于思考，在实践中深化理论，用理论指导实际工作。由谢朝柱同志为主执笔的《株洲市城市生态园林发展战略研究》课题，由立题到论证，历时1年。从历史到现状，从现实到未来，从宏观到微观，从理论到规划，从目标到措施，进行了比较全面的研究，对株洲市城市建设和发展具有前瞻性、指导性和可操作性。经过专家评审，达到国内领先水平。

湖南九嶷学院是由全国资深教授、毛泽东的友人乐天宇教授创办的全国第一所民办高校。从1983年到现在已经建校24周年，已培养学生1万多人。初建时期红红火火，受到老一辈革命家的关注，但由于形势发展变化，学校发展走入困境。2003年初，谢朝柱担任该校党委书记、院长职务。到校后，他亲自调查研究，制定了学校3年发展规划，从管理入手，抓制度建设。集中全力，做好申报升格为普通高校的各项工作。经过2年多的努力，九嶷学院于 2005 年 3 月经过湖南省人民政府正式批准升格为普通高校，使九嶷学院重新获得了新生，踏上了高等教育发展的快速大道。为此教职员工在谢朝柱同志离校时作诗一首，赞扬他对民办教育的贡献，诗曰："林院领航众口碑，九嶷受命渡临危，德配天地育贤才，著留汗青载誉归。"

1997 ～ 2004 年他担任湖南省株洲市少数民族联谊会会长，充分发挥社团的凝聚力和纽带作用，开创性地做好民族工作。率先开展十佳优秀民族工作者评选活动，受到省民委的充分肯定，成为株洲市民族工作的一个亮点，被国务院授予"民族工作"先进称号，为株洲市做出了重要贡献。谢朝柱本人被株洲市人民政府授予"民族团结进步模范"光荣称号。

谢朝柱同志自 1997 年筹办并担任中南林业科技大学老科协会长以来，在学校党委的领导下，以"三个服务"为宗旨，以创新为先导，在实践中找规律，在理论中找支撑，在创新中求发展。《老有所为志不凡，甘为绿叶扶红花》《莫道桑榆晚　为霞尚满天》2 篇文章先后在《湖南省老科协通讯》上发表，从理论和实践上总结了高校老科协工作的规律，具有较好的指导性。中南林业科技大学老科协也走在全省的前列。

（原载《株洲老干局专刊》第 2 期）

用领导智慧开拓绿色事业

——评价《现代领导智慧》一书

李树明

实现林业跨越式发展，不仅要有正确的战略方针、切实可行的法规政策体系做保证，凝聚起千百万人民群众的意志和决心，同时还要有一大批各级各类高素质的领导者。对林业建设来说，领导者即是绿色事业的指挥者、决策者和组织者，各级领导干部综合素质的高低优劣，决定着绿色事业的优劣成败。从这一意义上说，林业系统的各级领导在百忙之余抽出一点时间，静下心来学一点领导科学，能够从理论与实践的结合上全面提高自己领导才能和综合素质，讲求现代领导艺术，拥有领导智慧，把领导工作做得卓有成效，实在是绿色事业的一件幸事。

中南林学院原党委书记谢朝柱教授，前不久主笔撰写并出版了《现代领导智慧》一书，是一本学习领导科学不可多得的好教材。

谢朝柱教授曾长期担任领导干部，不仅十分注重理论学习，而且十分重视积累工作经验和学习体会。他在教学工作中，还曾经给研究生、本科生以及县级领导干部培训班主讲过行为管理学、领导科学等课程，具有较高的领导科学的理论修养。在长期的学习和工作实践中，他深刻地体会到：领导工作不仅是一门大科学，而且是一门大智慧；领导者的智慧集中体现为一种洞察力，它能看到别人看不到的事物，做到别人做不到的事情，是一种大智大勇的超前思维，是一种超人出众的办事能力；领导的过程是用智慧影响人、改变人的过程，通过领导达到用智慧开发智慧的目的。因此，他给他写的书取名为《现代领导智慧》。

《现代领导智慧》融“理论性、系统性、科学性、实用性”于一体，具有鲜明的时代感和很强的可读性。全书以“创新”为主线，把当代最新的领导科学理论、最新的领导观念、最优化的领导方式和领导方法以及诸多新鲜的领导经验系统科学地介绍给广大读者，使人受到启迪。全书在布局谋篇上，虽然采用的是教科书体例，但要言不繁，论述精当，文笔洗练，不时妙语连珠；书中列举的案例都是精选的，并经过作者的典型化处理，很耐人寻味；那些精彩的警策语句，浸透了作者深刻的理性思考，也闪烁着智慧的光芒。全书分为“理论篇”“艺术篇”和“智慧篇”3 大部分，共 19 章。

“理论篇”纲目清晰地阐述了领导科学的基本理论，是全书立论的前提和基础。“艺术篇”和“智慧篇”是全书论述的主体。“艺术篇”着重阐述了决策艺术、用人艺术、激励艺术、批评艺术、人际交往艺术、语言艺术和写作艺术等，几乎涵盖了领导行为的所有方面。它为我们塑造了一个近乎完美的现代领导者形象，寄托了谢朝柱教授的美学理想，同时也体现了他的马克思主义的价值观。“智慧篇”从作为一名领导者的德、能、才、学、识诸方面阐述了领导者 7 个领域中的大智慧，而且每个领域都评价了 10 项。总计 70 项大智慧是：领导智慧的十大思想指南、强化领导的十大原则、凝聚人心的十大定律、领导成功的十大方法、新官上任的十大要领、人力资源管理的十大创新和领导方式的十大变革。他含英咀华、深思熟虑、批判扬弃、审慎选择，体现了与时俱进的精神和“三个代表”的重要思想，具有很强的时代感和可操作性。这也体现了作者的大学问和大智慧。如果没有长期的领导工作经验，没有多学科的理论与知识的支撑，没有对中国现实社会深入了解和洞察，尤其是没有思想理论工作者的良知和对党的事业的忠诚，是很难为之的。我估计，这本书，谢朝柱教授不仅是写了几个月，而是写了几年，甚至几十年。

谢朝柱教授的这本著作虽然不是针对林业系统的广大干部写的，但是林业系统的广大干部阅读也会大有裨益。它不仅适宜于党政领导干部阅读，而且也适宜于企事业单位的领导干部阅读，尤其是只有零散的实践经验而缺乏领导科学知识和相关理论的领导干部，或初次登上领导岗位的干部，更是一本及时的书。

（原载《中国绿色时报》2003 年 3 月 27 日）

落花无言　人淡如菊

——访我校前党委书记谢朝柱

刚参加工作时，他还只是中南林号巨轮上的一名水手。39 年，多不容易啊！从一名普普通通的组织部干事到中南林权力金字塔顶端。每一步，都踏在新中国成立后的急剧变革之中。红色激情高涨的革命岁月、“十年动乱”、改革开放的以经济建设为中心，每一次社会浪潮的拍打，都是一次考验。那一只扶摇而上的鲲鹏，以其固若磐石的党性原则和道德丰碑，践行了一个人无论身处何种环境下都应有的价值。

读过《中南林学院院史》的人就会知道，当时的中南林，是林业部直属的 4 所院校之一，风光得很！用谢老的话讲就是“师资力量雄厚，专业优势明显”。每次招生，都是排在很靠前的位置。可是由于特殊的时代背景，“富庙穷方丈”的现象很普遍，几百块钱的工资对于一个厅级干部而言，“根本不够用”。好在了解谢老的人都很清楚，他这个人对物质没有什么要求，不抽烟、不喝酒、不讲排场。走进谢老家中，一切都明白了：简单的老人、简单的生活。除了空调，似乎再没有什么现代元素了。床单是那种最老式的梅花床单，已经洗得泛白了；家具很老旧；还有谢老身上那件破了洞还在穿的 T 恤衫……有点使人失望，这就是一个退休后正厅级干部的家！

算一算，从谢老参加工作到现在，已经有 55 个春秋了。可以说，谢老的一生，都献给了中南林，献给了新中国的教育和科技事业。在位时，他像一台开足马力的机器，没日没夜地运转。万事开头难，中南林的第一个博士点就是谢老带领全校职工争取来的。有些高考录取分数线比我们高的大学一个博士点都没有，而我们却有十几个。此外，谢老另辟蹊径，开创了“林科教工程”，举全校科研实力，带动地方产业发展。创造了巨大的经济效益和社会效应，被评为湖南省教育成果一等奖，包括《光明日报》《中国教育报》等多家中央级媒体均在头版予以报道……

“我们如何对待人生，同样要解放思想，转变人生理念和生活方式，不要因退休而万事休……”——他在《老科协是快乐人生之旅》中这样写道。中南林的老科协是谢老创立的，旨在发扬老有所为、在奉献中获得快乐的理念，为那些退下来的老教授继续发挥余热提供了一个良好的平台。这是一个创举！由于中南林的老科协办出了特色，发挥了很好的继续教书育人和建言献策的作用，在参观学习我们的经验之后，湖南农业大学、长沙理工大学的老科协也相继成立。我们问：“谢老，您退休后的生活是什么样子的？”他带着我们走进书房。我们注意到书桌上正摆着一本厚厚的草稿，谢老告诉我们，这是一本他正在写的有关竹子和竹产业发展的书的初稿。接着，谢老给我们看了一些论文和书籍（《现代领导智慧》2003年出版），都是他退休后撰写的。通过谢老的介绍我们知道：这些近期发表的论文有些是发表在北京林业大学、中南林学报等媒体上，有些是作为建言献策给湖南省委、株洲市委这些最高决策机构的领导看的。他笑着给我们讲了一件事：有一次，外面有人敲门，开门一看却不认识。介绍后才知道那人是株洲市政府的市长助理。原来谢老给市委的有关“保二争一、科学发展”的建言很有深度，陈君文书记特别指示让他来当面听取谢老的意见。

谢老也有自己的遗憾。他告诉我们自己管了一辈子的大学，却一生遗憾没有上过大学。在某些以文凭论资排辈的领域，谢老是受到过压制的。他没有说得很明朗，但我们能感受得到。但谢老的理论水平和文字功底却是很多人不得不服的，很多领导人的发言稿，并不是自己写的，而谢老却始终坚持要自己来写。他告诉我们说：“我还在位的那些年，除了党代会的报告是集体写的以外，所有的发言和总结一律由我自己来写。这样说出来的东西才能体现自己的思想，才不至于让自己变成别人的传声筒。”

一分耕耘才有一分收获，谢老能够带领一个大学前进，并且在繁忙的行政工作之余出版个人文集专著：《行为管理学》《现代领导智慧》等3本书，在中央和省级媒体上发表60多篇论文，这和谢老以书为伴、一生求知的爱好是分不开的。一些年纪大一点的教职工还记得，年轻的时候，谢老家里的灯是全林学院熄得最晚的。现在年纪大了，身体条件不允许那么拼了，但他还是坚持每天看书读报。谢老说他最喜欢看央视1、2、4台的节目，几乎每天都要看。央视1台综合、2台经济、4台涉及台海局势。谢老就喜欢看这些，及时了解国家的政治、经济动态，并且把它们转化成自己思想写进文章里。心情好的时候，谢老会跑到书城逛一圈，淘几本好书回来，或者待在家里，挥舞着那把剪刀，把报纸上的好文章剪下来，贴到不同类别（历史人物、高等教育、低碳、政治、情感、两型社会……）的小本子上。

回忆起中南林从成立到搬迁、撤并、恢复等一系列往事，谢老已经到了淡看人生起落的境界。他很平静地说着，眼神慈祥，既没有激动也没有悲伤。76岁的老人，洗净功名，还有什么是是非非不能一笑而过呢。所以他说得很轻松，只说事，从来不点任何人的名。我们听着，像在听一位老红军在讲革命年代的故事。见我们没有说话，谢老赶忙递过来一根香蕉——“来，吃！”

生活中的谢老，比在位时还要好打交道。在图书馆工作的刘老师也算是在林学院长大的，就住在谢老家隔壁。他告诉我们：“一个正厅级干部，退下来之后，没有一点架子。穿简朴的老式衬衫、买菜、逢人便打招呼……”在株洲校区的学生，经常会来谢老家里玩，或者就“社团该怎样做大做强”向谢老取经，或者帮助二位老人做点家务事，顺便蹭顿饭……谢老其实很忙，但只要是学生们来了，从来都是欢迎的。株洲校区的不少学生活动的嘉宾席中，总能看到谢老的身影，他就是这样一个喜欢和学生在一起的可爱又可敬的老人。

株洲校区是中南林的历史，是历史总有被翻页的那一天。然而，谢老在这里30多年，俨然已经和这里融为一体。这里，才是他的精神乐土，是他的养老天堂。从大江口搬到这里之前，这里是一片连绵大山。是谢老主持修建了这所巍巍绿色学府，一草一木、一砖一瓦还保留着当年热火朝天的痕迹。从大江口搬到这里时，全林学院都是欢乐沸腾的；从这里搬到长沙，实现历史性的回归，全林科大也是欢乐沸腾的……

时光荏苒，就像田里稻谷，春华秋实一年又一年，而稻田依然。毕竟50

年的中南林，迎来历史性回归是一件可喜的事情。只是希望所有的中南林人永远都不要忘记，昔日龙头铺的大山里藏着中南林人一腔热血撑起来的巍巍林大，也不要忘记，这些为了中南林的发展燃尽一生而一生质朴的老人！

落花无言，人淡如菊……

（源自裕华思睿的微博：http://blog.sina.com.cn/s/blog_685111f90100ngzh.html）

勿言年齿暮，胸怀万里程

——记我们的好会长谢朝柱同志

张俊才、谢宝多、鲁孝杰

一、绿色人生路

中南林业科技大学老科协有个谢朝柱，是土生土长的湖南人，具有“忠诚担当、求实图强”的湖南人精神，他是在中南林这片沃土上土生土长的老一代中南林人。他1958年从长沙林校转入刚成立的湖南林学院（中南林科大前身）工作，从奋斗创业的青年、勤奋务实的中年到再创辉煌的老年。1995年退休，经历了37载春秋，在中南林辛勤工作了一辈子。由学校基层干起，经历政工组长、副校长、党委副书记，直到党委书记，不论是担任副职，分管政治思想工作者是株洲校区建校工作、后勤管理工作，还是担任正职主持全面工作，以及退休后担任学校老科协会长，总是锐意改革创新，引领中南林上新台阶、争新水平。一步一个脚印，具有树木树人，讲奉献不计报酬的老一代中南林人精神。退休后创建学校老科协并被选举为会长。

朝柱同志出身瑶族农民家庭，从小养成了勤奋品质，与他一起工作过的许多老同志都认为他勤奋好学、善于思考、思想敏锐，勇于开拓进取、扎实肯干、任劳任怨、生活朴实、廉洁奉公，善于团结同志、乐于助人，赢得大家的爱戴与信赖，是德高众望的好会长。

二、第二个春天

老年是人生发展过程的必然阶段。人生自古谁不老？但是怎样去对待、迎接、安排老年生活，却是折射一个人的人生价值观！什么叫做老？第四届十六次世界老人大会提出：《要重新认识“老”这个字》，到底什么叫老年人？老年学家经过研究后提出一个理论：“人老不老，至少要把年代年龄、生理年龄、心理年龄和社会年龄综合到一起来分析评论与判断，才能确定你到底老不老”。所谓年代年龄，就是你多大岁数了。朝柱同志今年 78 岁，即将迈入耄耋老人了；就他的生理年龄恐怕不能算健康，老人体内装有起捕器；但是，心理年龄和社会年龄，我们同辈老人是难以与之相比的。他是一位人老心不老，激情奋进的老人。

有人把退休后看作“老圃黄花淡，退休万事休”。告老归田，优哉游哉，抱着孙子聊聊天，下棋打牌坐塘边，磨日残年。朝柱同志却把退休当作人生第二春天。他说:“退休是人生的新起点，是再创辉煌人生的春天，”要在“老”字中找回失落的“青春”。所以他丝毫没有失落感、孤独感，更没有“夕阳无限好，只是近黄昏”的消极沉沦情绪，而是要“还我青春火样红”的斑斓晚景人生，圆其“老树春深更着花”的美梦。

1．白手起家，起步艰难创建中南林老科协

株洲市原副市长李璐同志组建了株洲市老科协后，就注意到高校应尽快发展老科协。派常务副会长邹修立同志来校动员老同志出山组建中南林老科协，最后找到刚退休的朝柱同志。他认真考虑，深刻理解江泽民同志为老科协题词内容涵义和中央对成立老科协文件精神后，认为中南林是高级知识分子集中的场所，专家教授精英荟萃，应该成立老科协为他们搭桥铺路、构建科研平台，就此欣然受命。经学校党委同意，校老科协于 1997 年 5 月 27 日正式成立，很快就有 100 多位老知识分子和老干部参加，谢朝柱同志被推荐为会长。

老科协是在改革开放的浪漫中涌现出来的新鲜事物，很不容易被在职领导了解支持，白手起家，起步艰难！既无办公室又无办公家具，装架电话更难。挂靠科研处，每年活动经费 1000 元，难上加难！朝柱同志意志坚强，迎着困难上，脱下官袍，放下身架，求助学校各处、系支援，因他人品高尚，得到老同事、老朋友的给力支持。房子有了，家具送来了，电话也安装好。在多方资助扶持关怀下，如鱼得水。老科协在困难中发展壮大，在创新中前进。

2007 年 11 月我们隆重举行了成立 10 年庆典，这 10 年，是全面拓展、云蒸霞蔚的 10 年，是红红火火、气息盎然的 10 年，是喜获丰收的 10 年。省市老科协领导，各高校老科协领导及学校领导都亲临莅会祝贺、题词赠言。省老科协第一会长熊老题词:“踏遍青山人不老”；汪浩会长题词:“满目青山夕照明”；原校党委书记李红题词：“天下桃李、悉归公门”。长沙校区会员中高龄多病的同志由人扶持、行动困难的老同志坐轮椅，争取来参加这喜气盈盈的盛会。为了庆祝这次盛会，以朝柱同志为主编组织7位老同志，在酷暑蒸炎、三伏流汗的整整6个月时间内，夜以继日、忘却年龄与疾病，不计报酬与奖金完成了60万字的《晚霞映青山》的编撰，皓首谱新章，赢得嘉宾赞许。

老科协到今年整整16个年头。创办的《老科协通讯》已刊出62期，这个内部宣传、联系会员和对外交流的刊物，刊载了16年来老科协风雨苍黄的发展史，记录了许多老同志的名言著述，成为广大会员喜爱的刊物，也是具有一定影响力的交流刊物。

16年来的风雨交加，艰辛尝遍，却也繁花锦簇，硕果盈盈，每年都获得省市老科协的嘉奖，评为先进集体，应该说朝柱同志功不可没。

2．无私奉献为科技服务与咨询

湖南是竹业大省，为了加速开发“湖南千亿竹产业”。朝柱同志向省老科协写了多篇建言报告，转呈省委省政府领导参阅，受到重视。他参加了有关竹业生产会议。在桃江会议上做了“科技兴竹辟新路”的发言；在临湘会议上做了“打造千亿竹产业开新篇”的报告；以及南岳会议上做了“培训依竹致富新榜样”的发言等，促进了湖南竹业崛起。湖南省的15个楠竹重点县参加的楠竹丰产培训班，由中南林大老科协专家教授做学术讲座报告，把发展竹业致富奔小康的典型事例介绍给竹农，掀起了湖南竹业大发展新的一页。

由省老科协领导倡导和策划，朝柱同志担任主编，中南林科大老科协谢朝柱、谢宝多、张美琼、邓和平等同志主笔撰写的《中国现代竹业概念》一书，是集竹类生态价值、竹业经济、竹产业和竹文化为一体的科技知识和实用技术的“竹论”全书。湖南省委书记周强同志为本书作序中指出：“竹业已成为一种集经济、文化、生态价值于一体的新兴产业”。“对我们大力弘扬竹文化、开发竹产业、发展竹经济具有重要的理论和现实意识”。省老科协第一会长熊老为本书写有“爱竹说”和“颂竹诗”。

九郎山位于长、株、潭三市中的金三角，是“藏深闺人未识”的绿色宝地。据调查，拥有众多的植物种群，生长繁茂，是城市的大氧吧，空气的净化器，确实是长株潭生态绿色带的明珠。

2007年，我会组织7位植被专家，由朝柱同志带领与石峰区老科协合作，做了大半年的深入调查，写出《关于开发株洲市九郎山森林公园的建议》，为科学规划提供了可操作的指导性建议，受到株洲市领导重视，现在已成为石峰区旅游开发的重点项目，发展前景十分可观。

3．著书立说，建言献策写箴言

朝柱同志善于思索，笔锋洗练。他撰写了《行为管理学》《现代领导智慧》《兴教强林展望发展》等著述。其中20世纪80年代撰写的《行为管理学》是我国管理学的新作，深受读者青睐。时至今日仍有生命力。

十多年来发表90多篇论文，分别刊载有关高校学报、高校研究和林业刊物上。有的被全国20多个学术团体和媒体评为优秀论文，多次获奖。

他参与和组织老同志撰写的《建言献策》共有48篇，内容很有针对性和前瞻性，立论精确，深得各级领导重视、赞许和采纳。

如《大力建设森林城市，积极发展林业碳汇》，在长株潭城市群研讨会上，获湖南省社科院特别奖。《创新城市理念是株洲发展第一推动力》等4篇建言，对建设株洲两型社会示范区，做了有益的理论探讨，具有实际意义，受到株洲市委书记陈君文的高度赞扬，并派市长助理蒋涤非教授来学校面谢。

4．大爱至诚，关注自我保健

身体健康是当今人类的第一需求，更是老年人心理的迫切需要。朝柱同志关注人性化服务，成立自我保健中心。给每位会员同志订送一本“中老年自我保健”双月刊供阅读学习；请名医专家教授来校做养生保健、防病治病和抗衰老心理专题报告；组织会员外出听专题保健讲座；组织学习和推广足反射疗法“312‘经络锻炼法’”；开展健康老人和健康之星评比活动；组织交流介绍自我保健经验；收集有价值的养生保健资料向会员推荐；编集自我保健有成效的优秀文章，促进体质养生、健康长寿。通过上述这些活动，一些带病养生的老同志都收到了显著效果。如张雪明同志患癌疾20多年，至今精神矍铄。

对于有病会员组织探望或协助解决医疗事项，做到无微不至的关怀。更感人情怀的是，每年要为当年70、80、90岁老人举行祝寿会。朝柱同志为每位老寿星颁布发人生奉献奖，祝他们“健健旺旺每一天，快快乐乐一百年”，洋溢着深情厚谊，这种以诚待人、以情动人的情怀，令人难忘。许多老同志都异口同声地说：老科协是“科学乐园”，更是温馨和谐的大家庭，享尽了友谊、亲情之乐。

三、业绩卓著难尽言

“勿言年齿暮，胸怀万里程”。这句话很精当地描写了朝柱同志志不凡的实在表白。限于篇幅，其闪烁业绩只能略述一二，好在摆在面前的事实已被大家公认了。

朝柱同志创建的双牌林科教工程，教育部认为“这是科教兴农的创举”，获湖南省教学一等奖。朝柱同志从 2001 年起多次被评为省市老干部先进个人，湖南省优秀科技工作者，中南林业科技大学优秀共产党员。许许多多炫耀人眼的光环，印记着斑斓晚景的斜阳，这就是人生中熠熠生辉的老年，人生价值高品位的晚年。

（原载《湖南省老科协通讯》2012 年第 8 期）

汪浩将军来信

汪浩将军致谢朝柱的信函（一）

中南林业科技大学老科技工作者协会谢朝柱教授钧鉴：

收到《老科协通讯》2011 年第 1 期和您的手札，读后深受启迪。承蒙错爱和赞誉，很不敢当；其实我从您那里学到的东西要多得多。

您领头率先组建了高校老科协组织，弘扬林科大奋斗史中的光荣传统和精神文明，开拓丰富多彩的工作和活动，总结出高校老科协“百科全书”，凝聚您的思想精神和心血。顾问林科大教学，支援创办湘西大学。您的建言策含金量高。您撰写的湖南老科协抓楠竹工程的几个战役文章，您朗诵湖南农大老科协成立十周年的祝词，都是用了心的文采动人的佳作。您参与主编著《中国现代竹业概论》填补了空白，大大推动了楠竹工程的运作。您做得很用心，肯使力，善动脑，勤笔耕，我向您学习！

最近召开的高校老科协联谊会上，我给会议写了一个祝词，还为您与《竹业概论》写了一个条幅。那天您没有来，我只得带了回来，待见到您时再给您。现在我收到了您的手札，为了感谢做出反应，特草此函，并通过邮局将贺词给您，聊表我对您敬重之意。

此致

敬礼

汪浩 草

2011 年 5 月 12 日

汪浩将军致谢朝柱的信函（二）

中南林业科技大学老科协谢朝柱会长钧鉴：

拜读专著第 5 章“快乐有为的老年”，对老年人生有很大启示，谨向您表示崇高的敬意和衷心祝贺。

这一章内容主要由 3 部分组成：①老年人生哲理；②中南林老科协好人与好事；③老科协组织经验总结。作者行文有创意，有理论，有实践；好人好事表现得有志气，有精神，有所为，有所乐。值得歌颂，理应学习。

可能是自传体的写作难度，在行文时往往不由自主地削减或者回避作者本人的作用和贡献。因此，这一章内容，在不熟悉情况的人蓦然看去，倒像是一本叙述中南林业科技大学老科协的传记，而没有明显显示出这是作者自传的一部分。

为此我冒昧建议，在原文基础上，用相应的文字，浓墨重笔地突出一条红线——作者在老年人生哲理的引导下，发动和组织中南林广大老科技工作者，创意地构建中南林老科协活动平台，努力实践老年人生哲理，获得了重大的理论和实践双丰收，充分地享受快乐人生。这样做，不是自夸，而是自信；这样做，对读者可能启示更大；这样做，对作者要求可能更高。只要实事求是，如实地去叙述，是完全可以做到的。

不当之处请见谅。专著出版后，请赠我 1 册，早睹为快。

专此敬请

冬安

汪浩 草

2011 年 12 月 9 日

注：

汪浩，教授，原国防科技大学政委，中国数学学会第一届理事，中国系统工程学会第一、二届常务理事，中国宇航协会第一届理事，中国人民解放军军事运筹学会第一届理事长，现任湖南省老科协会长。第八、九届全国政协委员，中共十三大代表，1988 年 9 月被授予少将军衔。

绿叶素荣　纷其可喜

中国家具工业发展纵横谈

人类社会由20世纪进入21世纪，这是历史的大跨越。在新千年之交，对中国家具工业的发展，无疑是一次历史性的挑战和机遇。回顾中国家具工业百年的发展史，是一篇辉煌的历史。规模从小到大，产量从少到多，实力从弱到强，一跃成为经济发展的支柱产业，成为推动我国经济发展新的增长点。面向未来，中国家具工业面临挑战，我们必须坚持产品创新、技术创新和以人为本的发展策略，才能立于世界强林。

创新是对传统的挑战，创新是对求知的遐想，创新是企业发展的动力。我国的家具史源远流长，是历史悠久的传统工业，与现代工业相比，明显表现出弱势。工艺落后，企业规模小，经济效益差，科技含量低。所以创新就显得更为重要。观念要创新，技术要创新，管理要创新，营销策略更要创新。把自然生态环境、民族文化特色和人文景观有机地结合起来，突出生态意识，注重改善生态环境，推出生态环保家具，这是新世纪家具发展的新趋势。把家具民族文化和现代文化、传统技术和现代技术融为一体，拓展家具的新功能，开发家具的新品种，展示家具文化的新魅力。

技术创新是发展家具工业的当务之急，要加大技术创新的力度，实现产品智能化，设计电脑化，加工自动化，零件组合化，销售网络化。目前，人类社会已进入长寿时代，老年人的比例日益增大，不知不觉地进入老年社会，中国的老年人口占亚洲的50%。人口社会老龄化是人类面临的一场无声的革命，是对政治、经济的严峻挑战。而对中国家具工业发展来说，是一个很好的商机，开发适合老年人的床、椅等家具，具有广泛的市场。管理创新，也是推动企业发展的动力之一。家具企业管理营销仍停留在传统管理的水平上，“家长式”“工头式”的管理模式，已成为家具工业发展的障碍。单一呆板的推销方法，束缚了市场发展的空间。生产和消费是家具企业最重要的经营环节，两者是相互依存、相互促进的整体。没有消费的生产是无效的生产，有消费才能促进生产。消费是生产的直接动力。加大销售的力度，扩大市场的空间，必须改革传统的经营方式，要敢于挺进国际市场，向世界家具品牌挑战，让中国的家具品牌扬名世界。

人才是各种资本中最宝贵的资本，是企业的第一资本。21世纪是人才的世纪，人才是21世纪的“金矿”。谁拥有人才，谁就拥有未来。家具企业必须树立以人为本的观念，把重视人才放在首位。

家具企业的成败取决于人才素质的高低。“争人才中争天下，争天下中争人才”，这是企业坚持以人为本的思想的集中反映。怎样去体现这种思想呢？首先，要树立新的企业观。企业是工厂，又是学校，出产品又出人才。企业内部要以员工为中心，把人力资源开发作为第一工程，造就一支素质高、懂业务、会经营的队伍。其次，要树立新的管理观，由以物为中心向以人为中心转变，不要把员工看成是机器的奴隶，而是有血有肉有情的社会人，实施无情的制度和有情的管理相结合，充分调动他们的积极性，激发其创造性，化对抗为合作，化劳力为资本，不断开创企业发展的新局面。

（原载《家具与室内装饰》2000年第3期）

展望21世纪中国家具工业发展趋势

21世纪是知识经济跨越工业经济的时代。知识经济时代的主要标志，是以信息生产与利用为核心，以人力资本与技术为动力，以高新技术和服务的产业为支柱，以强大的系统化、高新化、高效化的科学研究体系作为坚强的后盾。简言之，知识经济是以智力资源为基础的经济。随着知识经济时代的推进，必将推动家具工业向现代化转变，发生革命性的变化。

一、新文化——中西合璧国际化

文化从广义而言，它是人类社会创造的物质财富和精神财富的总和。家具是体现物质文化和精神文化的工业产品。它不仅是一种实用的工业商品，而且是一种高雅的文化。从人们席地而坐，到家具走进千家万户，这一过程展示了家具文化的魅力。家具是精神的物化产品，它的背后有一个强大的文化支点。家具的发展史告诉我们，从粗糙简单到华丽纷繁，从自然实用到精雕细刻，是世界历史文化发展的写照，具有博大精深的文化根基。中国的古典家具，到明清两代发展到顶峰，具有独特的品位。红木家具材质的稀有性、工艺的精湛性、使用的耐久性、收藏的珍贵性，为世人所瞩目。收藏中国古典家具，已成为收藏爱好者的一种时尚。1996年在美国纽约拍卖一件中国明朝黄花梨框嵌大理石座屏，价值达110万美元之巨。第二次世界大战后，意大利家具成为世界的先驱，其风格之美，使用之舒适，为世人所喜爱，成为20世纪家具的新潮。面向21世纪，中国的家具文化，将集东方与西方为一体，融现代科技与传统家具工艺为一身，古为今用，洋为中用，在继承中发展，在发展中创新，建立具有中华民族特色的古典高雅和现代浪漫相结合的家具文化，使中国的家具文化走向世界，传播四海，再振文明古国的雄风。

二、新水平——功能智能化

随着知识经济时代的到来，家具工业将进入智能化的时代。如果把工业经济比作追求利润的商品经济的话，那么知识经济则是满足人的舒适、方便的服务性经济，而高新技术产业的出现，则是知识经济的主要特征。家具工业面向21世纪，必将以高新技术为先导，加速家具使用智能化的进程。家具不仅是家庭生活中的必用品，而且可以养生、保健、治病；不仅是家居中高雅的装饰物，而且可人格化，可让家具说话，创造出“第六感觉”的家具。人的一生1/3是在床上度过的，人生的终点亦是在床上结束的。床是唯一永远伴随人生的用品，从生到死离不开它。开发床的产品，市场十分广阔。电子床：能自动调温、调湿、调氧、监视病情、医治疾病；电脑床：可自行移动、报警、拍照、打字、写作、绘图、录像；防火床：用现代防火材料制成，一按电钮，打开防火罩可防火；具有各种功能的球形床、履带床、催眠床、按摩床、思考床、清洁床、监探床等，将会逐步进入市场。使人们在床上尽享天伦之乐，度过有意义的一生。对于居住空间有限的城市居民，具有“变形金刚”功能的组合家具，可以一物多用，格外受人青睐。折起来是一个小茶几，打开一放是一张大餐桌（书桌）；下层是床，上层是书架，中间是电脑台；连接3层的楼梯格一拉开就变成了抽屉；从外观上看，是办公桌的一个柜子，抽出来接好便是一张休息椅。为了满足人类更高层次的需要，具有保健功能的各式家具正在悄然兴起，到21世纪更是方兴未艾，家具工业将进入一个智能化的新时代。

三、新品牌——名牌精品化

重品牌，讲品位，这是家具市场的必然趋势。名牌是国家的形象，民族的荣誉，行业的精华，企业的生命。创名牌产品是市场之所需，广大消费者之所求，发展民族工业之所急。我国明朝的古典红木家具，造型之精，工艺之美，价值之高，均属世界一流。集浮雕、阳雕、阴雕为一体，材质纹理清晰，立体感强，黑里透红，古色古香，豪华典雅，坚固耐用，百年不损，是中国家具品牌的典范。但是当前的家具市场，品牌繁多，次劣充市，鱼目混珠，名牌意识非常淡薄，名牌产品在国内市场占有额很低。一些家具缺乏创新，一味追求仿制，成为“克隆家具”的工厂，名牌不香，优劣不分。如我国北京的“天坛”、广东的“联邦”都是国内的名牌家具，可是市场占有率却相对较低。所以家具工业要上新台阶，应以创名牌为先导，高起点，高投入，高科技，以质取胜。意大利家具之所以能占领世界市场，就是因为它具有造型别致、质地优良、制作细腻的工艺而为世人喜欢。就世界而言，重名牌，讲品位，已成为当今消费的一种时尚。我们要想让中国的家具面向全国，走向世界，只有走名牌精品化的道路，才能立于不败之地。

四、新规模——经营集团化

“意大利人做全世界的家具，广东人做全国的家具”，这是当今家具工业的真实写照。我国的现代家具工业起步于20世纪80年代的广东。由最初的小作坊式生产，发展到90年代机械化生产，规模越来越大。全省共有6000家企业，产值由1993年的80亿元，发展到1997年的180亿元。广东已成为全国家具生产和销售的集散地。经过20多年的发展，广东家具工业已由传统小作坊生产向机械化生产转变，由分散经营向集约经营转变，由生产商自我经营向发展商主动经营转变，一改过去规模小、质量差、效益低的面貌，涌现出一批规模大、档次高的集团企业。“联邦家私”不但拥有自己的木业基地，而且全面实行信息管理、产品设计、开发生产、销售服务网络化，步入了现代集团经营之路。“中山国泰”家具集团拥有厂房面积10万平方米，4大分公司，20多家销售公司，30多个代理公司，充分显示了规模经营的优势。广东顺德市乐从镇顺联集团，1994年以敏锐的眼光，投资兴建8万平方米的乐从国际家私城，1996年又投资建成2万平方米的顺联国际家私城，1997年再次投资兴建“21世纪家私广场”，营业面积达10余万平方米，其规模之大，品种之多，气势之雄，为国内外罕见，吸引国内外客商来顺德做生意，展示了中国家具工业发展的巨大潜力。家具工业只有顺应世界的潮流，上规模，上水平，才能使家具工业成为我国经济新的增长点。

五、新工艺——部件组合化

家具部件组合化，这是由传统生产工艺向现代生产工艺迈进的主要标志。传统生产工艺以手工操作为主，规模小，效益低。现代工艺则以标准化、专业化、系统化、组合化为特征，为家具规模经营集团化打下了坚实的基础。家具部件组合化，这是家具生产工艺革命性的变革，是市场需要的必然。部件的组合化，有利于长途搬运；有利于居室内部空间的调整、装饰；有利于降低成本提高企业效益；有利于提高科技含量，提高家具的文化品位。根据我国的国情，广大消费者的居室均为大厦式的住宅，使用面积有限，不适用大型家具，因此可因地制宜组合装配的多功能家具备受欢迎，成为家具市场的热门货。部件组合化，要以现代科技为依托，实行计算机设计、数控机床生产，才能在标准化和专业化的基础上实现高效率和多样化。目前，国外的家具企业、设计、生产、包装等工序全部实现自动化，大大提高了企业的效益。韩国家具公司，生产家具品种超过 1000 种，全部实现自动化之后，不仅占领了国内市场，而且向亚洲、欧洲、中东和美国市场挺进，显示出国际竞争的实力。家具生产的自动化、组合化，这是知识经济特征在家具行业中的具体反映。

六、新潮流——消费需求多元化

家具和时装一样，是反映人们生活消费倾向的主要标志，它随着时代的变化而变化，形成反映当时需求的一种潮流。综观国内外的现状，家具需求正朝着多元化方向发展。北欧流行以质朴、实用为时尚；西欧流行豪华、复古为珍贵；日本流行欧美风格；韩国流行意大利浪漫新潮；中国的家具市场，品种和风格更是丰富多彩。其品种既有传统式、古典式，又有现代组合式；色彩趋向高雅，以本色、乳白、淡黄为主调。反映现代文明色彩的灰色，情绪色彩的红色，治疗性色彩的绿色，亦逐步被市场认同而流行起来。由于人们在社会中所处的地位不同，角色各异，在家具的选择上也是各有所爱。有人喜欢古典“高雅”的红木家具、自然的原木家具；有人喜欢精巧雅致的藤竹家具；有人喜欢豪华气派的真皮沙发；有人喜欢安闲舒适的布艺家具；有人喜欢光亮华丽的人造板家具；有人喜欢晶莹透明的玻璃家具……林林总总，尽其选择。展望未来，家具消费需求的新潮流，将是集中式与西式、古典与现代为一体，追求古朴典雅和现代浪漫为时尚。

（原载《家具与室内装饰》1998 年第 6 期）

绿色颂

——读《烟河柳文选》有感

由邓双文著湖南文艺出版社出版的《烟河柳文选》，读后韵味无穷，颇受启迪。

《文选》以绿色为主线，集林学、美学、文学为一体，融科学性、知识性、文艺性为炉，引经据典，谈古论今，颂自然、话树木，赞绿色，是一本启迪智慧的科学小品，也是一本情系绿韵的散文，作者用笔饱蘸大自然之情，用艺术的手法，描绘森林之美，森林之秀，把人们带进一个妙趣横生的绿色世界。

"大自然是真正的美，绿色是真正的美。"这是作者颇有见地之言。美学需要森林，森林就是美学。《文选》从理论的高度，阐述森林与美学的关系，提出森林美学的新见解。绿山、绿水、绿树、绿草，展示了大自然的美。森林集自然美之天成，色、形、声无处不美。树叶的浓绿之秀，树干的挺拔之雄，树根的艺术之奇，树丛中的鲜艳之花，林涛的清新之声，如诗如画，如歌如舞，美不胜举，其乐无穷。"三湘大地美似锦，芙蓉国里绿常新"。湖南的三湘四水，处处景色宜人。韶山的人工林海，张家界的奇峰异木，岳麓山的枫林红叶，南岳的名山宝树，八大公山的绿色明珠，莽山的植物王国，九嶷山的湘妃竹，武陵深闺的鸽子树，万紫千红的桃花源，像一张张多彩的画卷，一座座神秘的殿堂，放射出耀眼的光辉。湖南山好景好，令无数游人陶醉放歌。

绿色之秀情迷心倾，《文选》以浓重的笔墨做了精彩的论述——山清水秀源于林。有林则山清水秀，无林则穷山恶水，这是大自然的真实写照。如果说森林的形态美景是外在美，那么森林的生态美则是内在美。森林的生态功能，对保护环境和改善生态环境具有不可替代的作用。面对城市生态环境日益恶化的今天，森林的外在美和内在美，对于长期蜗居高楼深巷的都市人，真是向往之地。森林是生命的摇篮，人类的母亲，城市的卫士，简而概之是人们生活精神之所需。森林具有物质变精神的社会功能，绿文化的出现，丰富了社会的精神生活。绿文化的升华，为现代文明增添了新的活力。追求绿色文化为时尚，充实绿色生活，是当代精神文明建设的标志。人生如树，根深才能叶茂，永葆生命的活力，任凭狂风暴雨，坚立于生命之巅，闪烁着人生的辉煌!

在绿色世界里，遍地桃李芬芳，数英雄还看今朝。正如葛汉栋同志在序言中说的："森林最美，林区最美，林人的心灵最美。"在《绿海红花》专辑中，歌颂了他们的卓越贡献和献身精神。其中有勤政于林的领导者，有贡献突出的专家，有以林为荣的劳动者，有经营有方的场长经理，有献身森林保护事业的公安战士。从中看到了他们森林般博大的胸怀，森林般默默奉献的精神，不禁由然起敬。《文选》作者邓双文同志，以"性本爱青山，长做绿色吟"的痴迷之心，一生耕耘绿色，坚持在艰难中跋涉，在科苑中畅游，在新闻中探索，在方格中寻觅，在改革中创新，成绩有目共睹。《湖南林业》连续上台阶，先后获省一级期刊和全国优秀科技期刊殊荣。这与主管部门领导的支持和重视分不开，更是全体编辑辛勤劳动的结晶。如今《湖南林业》出版发行已上 500 期，字里行间无不浸润着他和同事们的汗水，闪烁着集体智慧的光芒。邓双文同志以林为伍，以播绿为己任，与《湖南林业》风雨同行，与湖南林业发展同步前进，我们为之高兴、祝贺。

（原载《湖南林业》1999 年 11 期）

资源为根 效益为本

湖南省林业厅提出实现两个"55"发展目标，是一个具有战略性的规划。为此，必须坚持"以资源为根，以效益为本"的指导思想，在提高森林覆盖率和生态效益、经济效益和社会效益上下工夫，把生态和经济、保护和利用紧密结合起来，为把湖南建成一个生态林业的强省而努力。

两个"55"目标的提出，是湖南林业发展的里程碑。它既是湖南林业发展自身之所需，也是湖南经济大发展之所求。新中国成立初期，全省森林面积为 1333 万公顷，林木蓄积量 2.82 亿立方米。到 1989 年森林面积已下降到 667 公顷，蓄积量下降为 1.93 亿立方米。由于森林的减少，水土流失日益恶化。50 年代全省水土流失区域 34 个县，面积为 1.87 万平方千米；80 年代扩展到 87 个县，水土流失面积 4.4 万平方千米。每年流失土壤 1.5 亿吨，相当于 5.33 万公顷的耕地耕作层的土壤。水灾给湖南经济造成的损失日趋严重。1980 年损失 2.7 亿元，1983 年 10 亿元，1991 年 28 亿元，1994 年 85 亿元，

1995 年 200 多亿元。1998 年直接经济损失达 329 亿元之多，倒塌房屋 93 万间，损害水库 758 座，受灾面积 146 万公顷，给湖南的经济造成了巨大的损失。由此可见，保护森林，发展林业，是事关湖南经济发展全局性的大事。把林业办成全省经济发展的主导产业，实现自然环境生态化，林业工业产业化，这对湖南的发展将产生深远的影响。

我以为，两个“55”目标的实现，应从下述几方面入手：第一，建设以水系为中心的水源生态林。在“四水”的两岸和洞庭湖的周围，建立一道宽 5 千米以上的生态水源林网。对现有的天然保护林禁止采伐，对于 25 度以上的坡耕地，要退耕还林。洞庭湖按整治规划，逐步实现退湖还林。对于 13.33 万公顷的“三难地”，集中攻关，早日实现绿化的目标。第二，建设以路系为中心的风景生态林。以铁路、公路为轴线，开辟绿化带，大种街道树，织成一条条的绿色锦带，让三湘大地处处闪耀着绿色的光辉。第三，建设以城市为中心的城市生态林。第四，建立以国有林场、集体林场为主体的工业用材林基地。第五，发展以丘陵地区为主的经济林基地。第六，发展以国家森林公园为主体的森林旅游业。第七，发展以森林资源为依托的家具工业、食品工业、医药工业、香料工作和花卉业，使其成为林业发展新的增长点。这样，可以使林业的产值成倍地增长，为湖南林业开辟一个更广阔的发展空间。

（原载《湖南林业》2000 年 5 期）

发展都市林业 创建绿色文明

——中国城市林业发展思路

把森林引进都市，圆绿色之梦，这是人类之所求，是时代之所需。为了实施可持续发展战略，城市必须面向森林，让万木竞秀的森林，闪耀着绿色的光辉。

一、城市呼唤绿色，市民渴望森林

都市历来是人们向往的安居乐业的胜地。由于工业文明的发展，人们可居性条件恶化，崇尚自然，渴望森林，是广大公众的迫切愿望。

发展都市林业，是城市持续发展的必然。从历史上看，城市和文明同生，城市与自然生态共存。城市是一个特殊的生态系统。工业化之前，城市少、人口少，依靠能量的输入和输出可以维持脆弱的生态平衡。今天的城市，已成了人和建筑物的化合场，看不到蓝天碧水，更看不到森林，生态严重失衡。城市面向大自然，把森林引进都市，这是生态规律和经济规律所决定的。

森林在城市的功能不可代替。大自然的生物圈，是由植物（生产者）、微生物（分解者）和动物（消费者）组成。森林是植物群落中的主体，是决定生物圈循环的关键。在城市这个特殊生态领域内，森林具有举足轻重不可代替的作用。人是城市的主体，人的第一需要就是吸氧。它比粮食和水还重要。据测定，每人每日平均需要氧气 750 克，呼出二氧化碳 900 克。大气中的氧 60% 来自森林。1 公顷的森林，1 天放出氧气 0.73 吨，吸碳 1 吨。每人每天需要的氧要由 1 株树或 20 平方米草地放出的氧才能满足。森林还具有吸尘、消毒、杀菌、健身的特殊功能。负氧离子是空气中的“维生素”，在 1 立方米洁净空气中负氧离子的含量有 1000 ～ 1500 个，大城市室内仅有 40 ～ 50 个，而在森林中含量高达每立方米 2 万个。森林生态公园，如同城市天然大氧吧。深圳市决定筹资 6000 万元，在寸土尺金的闹市区，兴建一个面积 85 公顷，以树木景观为主，形成大自然的生态环境，供人休闲游乐之用。

现代都市离不开森林。森林是绿色文明的生命线。无论是从经济学上，还是从生态学上看，城市的发展，都离不开森林。城市发展必须建立生存经济学，其内涵包括社会、经济、文化、环境等要素，全面规划突出环境生态，确保城市持续发展。当前城市生态环境日益恶化，人的生存空间趋小，生命安全受到严重威胁。人们处在空气污染、噪音污染、光污染、酸雨危害之中。我国受大气和水污染造成的损失高达 540 亿美元，占 1995 年中国国内生产总值的 8%。从微观而言，家庭空气污染不可轻易忽视。森林还具有集生态效益、经济效益和社会效益为一体的功能。据专家测定，一株生长 50 年的树木，生产氧气的价值为 31200 美元，防止大气污染的价值为 37500 美元，保护土壤的价值为 31200 美元，涵养水源的价值为 37500 美元，为鸟类提供繁衍场所的价值为 31250 美元，生产蛋白质价值为 2500 美元，总计各项效益为 196000 美元。由此可见，在城市把森林引进来是多么的重要。

二、全民兴绿，创建都市绿色文明

发展都市林业，改善城市生态环境，这是强市福民战略之举，是实施可持续发展战略的必要条件。

强化绿色意识，全民办绿。绿色是生命的希望，是现代都市文明的象征。因此，应树立“爱绿即爱我”的观念。人的生命与大自然息息相关，生死与共。爱护自然，爱护绿色，就是爱护自己的生命。我们要用绿色保护生命，延伸生命，筑起生命的长城。从某种意义上看，绿色决定一个民族的安全，决定一个城市的安全。爱绿、植绿、护绿是每个人应具备的高尚情操，也是应尽的义务。

长远规划，科技兴绿。城市绿化，是个系统工程，必须科学规划。要把“绿地、蓝天、碧水”工程，列为可持续发展战略的重要内容，使城市不再与自然对立。根据有关资料，新建市区绿地面积应不得低于用地总面积 30%，旧城不低于 25%，城市绿地覆盖率达 50% 以上，人均绿地 20 平方米以上。为实现这一目标，要抓好以下 3 点。

(1) 大种树，城在林中。当前城市绿化要调整结构，要大种树木，形成森林的气候，从根本上改善城市的生态环境。要形成点、线、面的结构，点上绿树成景，线上绿树成阴，环上绿树成带，面上绿树成林，实现“城在林中”的目标。城市绿化树种的配置，可分生态林、风景林、防护污染林。立高远眺，近看是城市，远看是森林，城市淹没在绿色的海洋中。

(2) 种大树，楼在绿中。大种树，种大树，这是城市绿化发展的趋势。其内涵是绿化要以乔木为主，要占 50% 的比例。其次，要起点高，种大树。因为种大树好处多，一是见效快，当年种树当年见效；二是生态效益高，乔木产生的效益比草地高 5.6 倍；三是城市绿地少，种大树可以提高绿化率，增加垂直绿化的效果。

(3) 广植绿，人在园中。城市不仅是一座大工厂、大市场，而且又是一座大园林。实现城乡相结合，乔灌草相结合，企业绿化和居住区绿化相结合，街道绿化和公园绿化相结合，变点为线，变线为带，边带成网，让都市四季有景，春季花开如笑，夏季青翠欲滴，秋天明净如洗，冬日园林如绣，美不胜收，乐在其中。

（原载《湖南林业》1999 年 9 期）

保护森林　造福人类

人类和森林是一个相互依存的整体。历史发展表明，森林的兴废直接关系到国家之富强，民族之繁荣，文明之发达，人类之生存。

森林是大自然进化的产物。它起源于3亿年前。森林的起源和演变，共经历5个时期，即繁荣时期，利用和开发时期，破坏时期，保护时期，经营时期。有的把森林的演变，分为第一森林，第二森林，第三森林。第一森林，因地质运动，早已被埋入地下，成为我们现在所开采的煤和石油资源了。第二森林即现在保存下的天然林，已经为数不多了。第三森林，是指正在营造的人工林。

森林是孕育人类的母亲，人类自诞生之日起，就生活在森林里，构木为巢，串叶为衣，采果为食。森林既是人类物质文明的象征，也是精神文明的象征。所以诗人赞美森林是灵感的源泉；史学家称森林是生命的摇篮；科学家称森林是科学的博物馆；画家称森林是美丽的宫殿；人民称森林是物质和文化的宝库。我国最早的字典《说文解字》为东汉人许慎所作，共收字9353个，其中以竹、木、草为偏旁部首的共有1060个。由此可见，森林在古代政治、经济、文化中的地位是如何的重要。我们的祖先，是酷爱种树、栽竹的。杜甫作诗为证："平生憩息地，必种数竿竹。"古语说："宁可食无肉，不可居无竹。"我国保存的文化古迹和古老的园林紧密相连。"文因景成，景借文传"。就是说，文化古迹必须以园林而成，而景又借文留传，保存至今。总之，从历史上看，森林是人类赖以生存的摇篮，如同鱼和水一样是不能分离的。

当人类生存的根基受到威胁的时候，唤起了人们对森林的重视。人们意识到，社会越向前发展，工业越发达，科学技术越进步，人类越需要发达的林业。我们可以设想，一个国家没有发达的林业是不可能长期富强起来的。一个民族没有发达的林业是不可能繁荣起来的；一个社会没有发达的林业是不可能具有高度的物质文明和精神文明的。所以，毛主席指出："林业很重要……"其原因有三。

一、森林是一座巨大的绿色工厂

森林这座绿色的工厂，与众不同，既不用煤和石油做动力，又不要高温、高压，只是以太阳能为动力，以水和二氧化碳为原料；在常温常压的条件下，通过光合作用，生产出千百种林产品，满足人类的需要。光合作用这部无与伦比的巨大机器，它能把太阳能转化为化学能，把无机物质变为有机物质。森林这绿色工厂为人类创造了巨大的财富。其主要产品有以下几种。

木材是森林的主要林产品。木材有"绿色金子"之称。全世界现有木材蓄积量3000亿立方米，每年生产木材25亿立方米。我国森林蓄积量约95亿立方米。目前全年生产木材 5000 万立方米左右。木材具有 5000 多种用途，工业、农业、国防、建筑，无一不需要木材，木材当前在我国是一种奇缺的物资，是国家建设材料的短板。

煤是原始森林的另一主要产品。现在埋藏在地下的煤炭是原始的裸子植物，在距今 2 亿年前，由于地质变化被埋入地下，通过碳化，残体变成煤炭。历史上共有 3 个主要造煤期，古生代(距今 2.5 亿～ 5.45 亿年)，主要造煤的植物是孢子植物，这个时期的煤田有开滦、本溪、太原、焦作、平顶山、贵州西部等。中生代(距今 6550 万～ 2.5 亿年)，主要造煤植物是裸子植物，煤田有大同、新疆淮东地区、萍乡、鸡西等。新生代(距今 6550 万年前至今)主要造煤植物是被子植物，煤田有抚顺、云南的新竹等。现在全世界煤炭可采储量为 1.03×10^4 亿吨，储采比为 224 年。

石油也是原始森林的产品。从目前我国含油地层的情况看，生油层往往出现在植物最繁盛的地层之中。在氧化的条件下，植物变成了煤炭，而在还原的条件下，植物的残体变成了石油。这就是石油起源的最新理论。过去有人认为石油是来自无机物，现在人们通过科学研究公认石油的原始物质是油田岩，它来自于有机物，主要来自于植物的遗体。现在全世界的石油储备为 846 亿吨，据预测还可采用 23 年。现在由于石油供应紧张，各国都在研究生物能源，直接从树中提取石油。例如，每公顷桉树一年约产 80 升石油。世界上共有 600 种桉树，其中含油率高的有 50 种。美国的一个化学博士在加利福尼亚建立树木园，培植一种小乔木，提取黑色原油，每株可产柴油 20 ～ 50 千克。这些树种的发现，为开辟新的能源开阔了新途径。

森林是制造氧气的天然工厂。氧是 32 亿年前产生的。现在大气中含氧量是 1.2×10^{15} 吨，光合作用每年向大气增添氧 700 亿吨。氧是经过从无到有，从少到多的发展过程。32 亿年前，氧在大气中含量很少，大约是 0.5%。直到 4 亿年前，以裸蕨类为主的森林植物大量出现，大气圈中的游离氧方达到大气的 10%。之后又经过几亿年，氧气含量才达到目前大气中的 21%。臭氧也是森林的产物。臭氧只占空气中的 $1/400 \times 10^4$，但它的作用非常重要。它是在 4 亿年前产生的，形成于离地面 24 千米的高空中，吸收太阳辐射中有害的紫外线，保护地面生物的健康成长。如果臭氧层受到破坏，人类和其他生物就要受到损害。松树林的松脂易被氧化而放出臭氧，空气特别新鲜，故疗养院设在松林中对身体疗效较好。

森林是生产木本粮食和木本油料树种的宝库。世界上以生产食用油为主的油料树有150种，我国约有100种。油茶是我国的主要食用油树种，每年产油1.5亿千克。茶油清亮，耐久贮藏，容易消化，深受群众的欢迎。桐油是我国特产，系传统出口商品。全国桐油产量约2亿千克，占全世界总产量的80%～90%。我国历史上是桐油的出口国。湖南是我国产桐油的主要省，年产量约2500万千克，每年出口100万千克。桐油具有耐酸、抗热、防潮、耐腐的特性，其工业用途达800多种，是工业建设和人民生活的重要原料。在茫茫林海中，生长着含淀粉、脂肪、糖和各种维生素的木本粮食树种，我国约有400种。木本的粮食树，具有花工少，产量高，收益大，营养好的特点。全世界板栗平均年产52万吨。板栗是我国主要粮食树种之一，年产量居世界第一位。板栗含淀粉62%～70%、蛋白质5.7%～10.7%、脂肪2%～7%(大米含淀粉62%、蛋白质6.6%～7.9%、脂肪0.3%～2.2%)。另外，我国年产核桃0.5亿千克，枣子2.1亿千克。

森林是生产糖料的基地。糖槭树是一种很好的糖料树种。每株可年产6千克糖。加拿大盛产的槭树糖，在世界享有盛名。他们每年都要欢度槭树节。他们的国旗也是以槭树叶作为标志。森林中很多树的花都是丰富的糖源。利用森林资源发展养蜂大有作为。林区的蜜源树种有1000种之多。一株茂盛的椴树、刺槐、枣树可产蜜5千克左右。匈牙利蜜糖产业排世界第6位，每年出口1.1万多吨，销售40多个国家。其中主要以刺槐蜜为最好。为此，他们千方百计地延长花期，因为只要花期延长1天，便可增加118万美元的收入。

森林是天然色素的主要来源。过去用的色素均系人工合成，现在趋向天然色素。每千克色素价值200美元。美国每年用1亿美元的外汇进口色素。黄枝子是提取天然色素的来源之一，我国出口每吨3000美元。

松香是松树的重要林副产品。全世界年产100多万吨松香，其中美国46万吨，排世界第一；我国26万吨，名列第二。一株直径20厘米以上的松树可年产松脂3～5千克。1.3吨的松脂可加工成1吨松香。松香是工业的重要原料，具有400种用途。用于肥皂、造纸、橡胶、机电、塑料、制药、国防等工业。每生产100吨肥皂需要松香10～15吨；生产100吨纸，需要松香2吨；用松香软化橡胶，可增加胶的弹性；国防制造炸药，要用松香做助燃剂。

总之，森林产品之多，用途之广，产值之大，是当今的任何一个工厂所不能比拟的。以上所列诸项，仅是林产品的一部分，尚有更多的产品，等待人们去开发、利用。

二、森林是一座绿色的万里长城

我国古代雄伟的万里长城闻名于世。现代用森林组成的绿色万里长城，分布在祖国的四方，发挥着保护环境、保护人民财产不受风沙和洪水侵犯的巨大作用。

面对现实，环境恶化已成为威胁国家安全的重要因素之一。美国科学家说："可以毫不夸张地说，没有森林就没有美国。"正如诗人白桦所说："如果中国真的没有森林，前景将是何等的暗淡！任何勇敢的边防军都挡不住风沙，神圣的领土最终将被沙漠侵占。"自然社会不仅包括人类，而且还包括植物、动物和微生物。围绕着人的生命而存在的各种生物，对人类来说就像自己的生命一样是不可缺少的。森林是大自然的"保姆"，孕育着各种生物。

森林能保持水土，涵养水源。水是人类的命脉，每人一年用水约 500 立方米，一生中用水约 35000 立方米。工农业生产需要更多的水。如生产 1 辆汽车需要用水 40 升；生产 1 千克钢需要用水 300 升；生产 1 千克大米需要用水 4500 千克。而水资源是有限的，全球共有 14 亿立方千米的水，其中 97% 是海水，淡水中 2% 为冰川，能利用的淡水只有 1%。近几年来，"淡水荒"的现象已开始出现，由于生态平衡受到破坏，水的循环已受到严重的影响。从全球规模看，来自海洋的水仅占陆地降雨量的 40%，剩下的 60% 是通过植被蒸腾作用所提供的。森林是绿色的天然水库，它具有保土、防洪、蓄水、抗旱的作用。据测定，1 亩森林能蓄水 20 吨，5 万亩森林的蓄水量相当于 100 万立方米的水库。在亚马孙河流域林区，1 公顷森林土地每年表土流失只有 1 千克，而在同一地区被砍伐的森林地带，每年表土流失达 34 吨。日本学者研究，日本如果不造林，每年修水库需要 13 亿元，用混凝土修坝防洪需要 183 亿元，2 项共计需要 196 亿元。造林绿化，保持水土，就可以节省这笔巨大的投资。

森林可以保护环境，净化空气。森林是保护环境的绿色卫士，具有吸毒、吸尘、杀菌、降噪声的作用。它能给大自然的环境除害治病，永远使整个生物圈保持生气勃勃。臭椿能抗硫；夹竹桃能吸硫、吸汞；泡桐和棕榈能吸氯；女贞能吸铅。1 亩森林能吸收 67 千克二氯化碳，吐出 49 千克氧气，供 65 人之用；1 年可吸收各种灰尘 22 ～ 60 吨。森林具有明显的杀菌作用，据南京市测定，火车站每立方米含菌49800个，百货公司21000个，街道44050个，植物园1060个，松树林只有569个。日本计算他们国家的森林保护环境的价值可达180亿元。

森林能保护珍贵野生动物和植物。森林为千千万万的动植物提供良好的生存环境。许多动植物一旦离开了水，就失去了生存的条件。植物、动物、微生物这三大类生物之间，它们是相互联系、相互依存的。植物是生态系统中的生产者，动物是生态系统中的消耗者，微生物是分解者。大多数动植物都寄附于森林。在热带雨林中16平方千米的森林内，就有2万种昆虫。一旦森林遭到破坏之后，很多动物、植物和昆虫就处于灭绝的境地。保护了森林，也就是保护了其他生物。而现在生物物种的情况如何呢？由于动植物赖以生存的森林环境被毁，有的只好背井离乡，出逃求生；有的走投无路而丧生。森林的消失，给生活在森林中的动植物带来了毁灭性的灾难，已产生的物种很多尚未被人们利用就灭绝了，而新的物种无法产生。地球上生物种类最多时曾达到1亿～2.5亿种，现在只有500万～1000万种了。

我国的动植物是很丰富的，有植物2万多种，动物2000种，鸟类2077种。随着森林的消失，物种也逐步减少。麝香是历史上我国出口的重要物质，年出口量高达700千克，占全世界产量的80%。现在不但不能出口，反而要进口了。珍贵的海南岛的猕猴,1978年调查结果只剩下30只。著名的东北虎，也只剩下几只了。珍贵的动植物的灭绝，物种资源的枯竭，是我国生物资源宝库的重大损失。

无数事实表明，大自然的发展有它自身的规律。保持生态平衡就是维护自然规律。利用自然资源如果超过平衡的极限，就会适得其反。正如马克思指出："文明如果是自发地发展，而不是自觉地发展，则留给自己的是荒漠。"我们提倡保护森林，不仅是保护森林本身，而是为了保护国土不受风沙侵害，保护中华民族的古老文化永放光芒，保护人类有一个好的生存环境。

三、森林是一座绿色的科学馆

森林是国家生物资源的宝库，同时又是一座绿色的科学馆、博物馆。它蕴藏着丰富的自然科学知识和珍贵的历史资料，可以给人们科学的启示，为人们进行科学研究提供珍贵的资料。

森林是一本无价的自然历史书。你想要了解几千年的地质变化、气象资料吗？我们通过一株古树的年轮分析，可以再现历史上的雨量、温度等气象资料。

通过研究古树的年轮，可以掌握太阳能变化的历史资料。太阳能是一种取之不尽的巨大能源库，它每分钟以相当于 5 亿吨石油的能量射入地球。太阳能是光合作用的巨大动力。太阳能的变化，或小或大，对人类来说具有兴衰存亡的影响。过去一直认为太阳能是无变化的观点被淘汰。美国科学家最近测定了 1000 岁的树木年轮中的放射性碳的历史资料，证明过去 10 年内太阳能发生了 0.04% 的变化，如果发展到 0.2% 的变化，就要影响地球的气候，影响人类和生物的生存和发展。

森林是一部丰富的科学书。树木叶和花的形状与数学中封闭曲线相似。数学工作者对树木的叶子和花做了研究，得到了一系列的方程式，近似地表达了槭树、酸模、柳树、常春藤的叶子形状。树木的茎、果和叶脉也具有一定的几何形状。树木又是一本很好的建筑设计书。树木的结构是建筑工程仿生最好的模拟，因为树木要保持自己的生长形态，就要有一定的强度和稳定性。地上和地下部分要具有合理的力学结构。我们可以仿照禾本科的叶形，设计筒形叶桥；模拟云杉的树形，设计出经得起狂风袭击的电视塔；模拟树枝分布的原理，设计高层楼房，牢固安全，并节省用地；模拟树皮的气孔，设计围墙的通风孔，使空气流通。美国科学家不久前发现树叶反射的光可以帮助地质学家找矿。我们可以模拟根系，研制人工根系进行采矿。树木的酶是一种很好的天然催化剂。

回顾历史，展望未来，森林是人类赖以生存的基础。我们要像反对侵略战争一样制止乱砍滥伐，像热爱和平一样保护森林，像珍惜自己的生命一样爱惜一草一木。让大地常绿，天空常蓝，河水常清，人间常乐！

（原载《自然信息》1991 年第 6 期）

知识经济与知识林业

——略论中国林业发展方向

在人类赖以生存的地球上，知识经济已成为时代发展的主流。知识经济是以知识密集的智力资源为基础的经济；是以人力资本为动力，以高新技术产业为支柱，以科学研究为后盾，追求知识与经济一体化为目标的高效经济。

知识与经济的结合标志着人类社会由工业经济的时代迈向知识经济的时代。林业是国民经济的基础产业，发展知识林业，这是历史的必然选择。发展知识林业应列入我国林业发展规划之中。

一、以知识经济全球一体化为契机，重新认识林业的地位和作用

面对全球经济一体化的趋势，展望未来，重新认识林业的地位和作用，是发展知识林业的理论基础。森林是人类的母亲，是养育人类生存和发展的生命线。森林的兴废与国家的盛衰乃至世界的繁荣紧密相连。

1998 年的洪灾造成的直接经济损失达 1666 亿元之多。去年长江的洪水之大，时间之长，损失之巨，是非常惊人的。究其原因，中上游森林植被遭到破坏是主要的原因之一。去年的最大洪水流量为 5.6 万立方米 / 秒，尚未达到历史最高纪录的 6 万立方米 / 秒，却造成全流域性的灾害，为什么会出现这种情况呢？是因为长江流域的原始植被丧失了 85%，森林资源大半已消失，从而加大加重了去年的洪灾。黄河的断流，更令人惊心。黄河从 1972 年出现断流，到 90 年代，一年比一年严重。1995 年距河口达 600 千米的河段断流，时间长达 118 天，1996 年增加到 136 天，1997 年又创下新纪录，断流时间跨越 2 年。从生态环境空间上看，保护好森林，就是保护了长江、黄河，保护了中华民族的繁荣昌盛，也就是保护了人类自身。植树造林，保护生态，是利在当代、功在千秋的伟业。

二、以知识经济为目标，制定林业发展方略

在知识经济时代，人们随时随地都置身于数字化、网络化、智能化、生态化的环境中。人类的生存方式包括社会结构、社会意识和消费观念等，都将发生前所未有的变化。人们崇尚自然，向往森林，比任何时候都更为迫切。森林是物质文明和精神文明的象征，没有发达的林业，不可能有高度物质文明和精神文明的社会。时代赋予林业部门的重任，就是要创建中华民族的绿色文明，再造秀丽山川，把绿色的中国带入 21 世纪。

建设生态工程，创造华夏绿色文明。目前西方发达国家发端的绿色浪潮已席卷全球，一场以生态化为轴心的产业革命正在兴起。根据我国的国情，主要抓好西北地区、长江流域、黄河流域、沿海防护林等生态工程建设，这是事关中华民族繁荣昌盛的大事。

保护天然林，发挥森林生态功能。为了加强天然林的保护，国家林业局已全面停止采伐长江、黄河流域的天然林，并投入 60 亿元的资金启动。把林

业生态建设放在林业工作的首位，这是国家推出安邦兴国的战略之举，深得民心。城市生态环境建设也刻不容缓，加强城市绿化，改善生态环境，应列入国家的整体生态建设之中。广东中山市提出“不要污染的金山银山，要秀丽的绿水青山”的口号，大力改善城市的环境，收到很好的效果。广州、上海等大中城市，大种树、种大树，把大树搬进城市，已成为城市建设的新时尚，为全中国树立了榜样。

调整产业结构，创办各种绿色产业集团。从现在起，我们要由以伐为主转到综合开发森林资源上来，实施名牌战略，加强产品结构调整，创建新的产业集团。大力开发林木、林粮、林油、林果、林药、花卉、林化等产业。

发展森林旅游业，弘扬绿色文化。森林旅游是人们崇尚自然、回归田野、休闲保健的生活方式，为现代旅游者所喜爱。森林本身是一种内涵很深的文化，又是一种精美的艺术，自古至今是诗人作家创造灵感的源泉。“地球呼唤绿色，人类渴望森林”，这是生活在工业文明时代的人发自内心的呼唤。森林的景观之美，桃红柳绿的灵秀之美，林海浩瀚的壮阔之美，万顷林波的音乐之美，参天古木的挺拔之美，令人赏心悦目，其乐无穷，流连忘返，具有特殊的魅力。森林旅游已成为旅游业的一块乐土，具有强大的吸引力和生命力，只要我们加大开发力度，完善旅游设施，森林旅游业一定会成为林业的龙头产业。

三、以知识经济为动力，加快知识林业建设的步伐

知识已成为社会发展的主要动力。经济的知识化是经济发展不可逆转的规律。知识经济需要现代林业，林业发展更需要知识。只有依托知识，才能推动林业向知识林业方向发展。

开阔视野，树立现代林业观。思想是行为的先导。发展知识林业，首先要树立现代林业观。我们要把保护森林、发展森林作为林业部门的头等大事。发挥森林的效益，要把生态效益放在首位，这是国家和人民利益的需要所决定的。林业部门要有系统观、全局观，才能从大局出发，长远着想，再造一个山川秀丽的中华，为子孙后代造福。

实施科教兴林，加大科技投入。知识林业必须以科技为动力，加大科技开发的力度，从根本改变林业落后的状况。知识经济时代对科技要求有几个硬指标：一是科研经费占国民生产总值 3% 以上；二是科技进步对经济增长的贡献率占 80% 以上；三是高技术产业占 40% 以上。我国林业和林业科技都比

较落后，必须加大生物技术和应用技术的研究，运用基因工程、细胞工程等技术。林木新品种要有新的突破；林产品的深加工技术、保鲜技术、提炼技术等，要有一个飞跃的发展；人造板技术，要向防火、防虫、防腐方向发展，生产无毒高效的环保产品。管理科学技术，要以信息技术为先导，建立计算机网络系统，实行数字化、网络化，加强对森林资源和林火的预测和监控，实施动态管理。林业企业管理要做到信息化、市场化和综合化；以人才为资本实施名牌战略，不断提高企业的竞争力。

加强林业教育，提高人才素质。知识经济是以人力资本为主的经济。人才是第一资本。人力资本只能通过正规教育和职业培训才能转化而成。我国林业职工队伍素质较低，在257万人员中，专业技术人员仅占13%。全国林科大学生在校人数占全国大学生的比例，由1962年的1.7%，下降到现在的1%。林业系统既缺乏基层初级人才，又缺乏高级人才，特别是高新技术的学科带头人。加强教育，培养人才，提高素质，是发展知识林业的当务之急。我们要下大决心改变“只抓木头不抓人头”的偏见，大力发展林业教育，加强职业教育和岗位培训，建立一支高素质的林业职工队伍，迎接知识经济时代的到来。

（原载《中国绿色时报》1999年1月7日）

绿色营销与可持续发展

当今，人类面临着生态环境危机的挑战。为了实施可持续发展，无论是政府，还是企业，都要探索与环境相适应的发展模式和消费模式。环境问题已成为营销关注的焦点。建立可持续发展的生态经济模式，实施绿色营销，是减轻地球资源负担的有效办法。

一、绿色营销是现代经济发展的必然

绿色营销，亦称环境营销，它是在资源日益枯竭、生态环境不断恶化的背景下应运而生的。绿色营销是对生态环境和社会环境巨大变化而做出的战略性反应。

面对社会发展的困惑，人们渴望绿色经济和绿色营销，实现人类社会永久的繁荣。绿色营销的出现，标志着人与自然从分离对立走向和谐共生的新时代，标志着以人为中心的经济发展模式向以生态为中心的经济发展模式转变，从线性营销向绿色环形营销转变。这是经营哲学的大跨越，是人类消费行为的大转变。面对消费对生态环境的巨大影响，人们都把绿色环保产品作为消费的首选。英国选购绿色产品的人数迅速增长，由1990年的19%上升到现在的80%。消费者选择绿色产品，这就给企业带来新的发展商机，为可持续发展增添了巨大的潜力。

二、绿色营销的战略地位和作用

人类经济活动的过程，是生产、分配、交换、消费的过程。生产是起点，消费是终点。生产为消费提供产品，消费是促进生产的动力。营销是生产连接消费的纽带。怎样引导消费者的行为，如何激励消费者的动机，关键在于实施绿色营销战略。绿色营销对经济可持续发展有四大作用。

1．发挥绿色营销的市场导向作用

消费是拉动生产的动力，是推动经济发展的杠杆。激励消费，引导消费，绿色营销具有其独特的优势。发达国家的绿色营销，始于20世纪90年代，现已成为市场营销的新潮流。

2．发挥绿色营销对企业改革的推动作用

企业面对消费市场的深刻变化，必须以绿色营销为纽带，调整企业发展战略，转变思维方式和生产方式，运用新的技术和工艺，生产耗能少、无污染的绿色产品，进一步拓宽企业发展的空间。德国汉高化工公司融入保护生态环境的营销思想，调整产品，开发思路，改造传统生产工艺。他们从洗涤剂中开发出砷的代替产品，大大减少了对环境的污染，又给公司带来了丰厚的利润，展示了绿色营销对企业改革的推动作用。

3．发挥绿色营销对生态经济发展模式的强化作用

长期以来，人类沿着以人为中心的轨道发展，满足自身的需要，把自然环境当作无限度利用的资源，使经济规模持续膨胀。人们称这种模式为线形经济发展模式。这种模式最大的弊端是过度地消耗资源，废物、垃圾不断增多，环境污染有增无减。这种线形模式长此下去，世界的经济将无法持续发展。与环境相适应的环形经济发展模式，即强化的生态经济型发展模式。

4．发挥绿色营销对人与自然共生的凝聚作用

人类进入工业社会以后，人与自然从分离到对立，相处在不和谐的状态之中。由于人类的经济活动，对大自然进行掠夺式开发，导致森林资源减少，土地沙漠不断扩大，洪水旱灾频频发生，生命财产深受其害。这都是大自然

对人类的报复，是人与自然对立所带来的恶果。人和自然是鱼水关系，是相互依存的统一体。绿色营销对人和自然、生产和消费具有很大的凝聚作用，通过绿色营销活动，增强人的环境意识，使自己的消费行为适应生态环境的需要，生活在人与自然和谐相处的环境中，走向生态文明的新时代。

三、绿色营销展望

绿色营销是推动经济持续发展的杠杆。绿色营销与线性营销相比，具有耗能低、污染小、效益高、安全性好的优势。所以全球性的可口可乐、道奇、杜邦、克罗格、麦当劳、三菱、太平洋、3M 等大企业，以发展绿色营销为契机，开创新利润增长点，取得了可观的效益。3M 公司早在 20 世纪 70 年代率先运用新设计、新工艺建立循环利用的生产机制，每年增加利润 3700 万美元。企业从增长极限走到可持续发展的道路上来，把企业未来的繁荣建立在保护“自然资本”基础之上。从资源密集型转变为质量型，企业的发展不仅是数量的增长，而主要是取决于质量的提高。沿着质量型的道路发展，可以增加资源的储备，为后人留下了广阔的生存和发展空间，保持经济持续繁荣。

我国是一个发展中国家，人口多，资源少，现代化起步迟，实施绿色营销更具有紧迫性和必要性。绿色营销是营销的创新，将给我国经济发展增加新的活力。“绿色”问题比其他任何问题更能影响大多数企业的发展前景。

绿色营销为中国的林业发展带来了新的机遇，拓宽了发展的空间。我国的森林资源少，人口多，需求大，供需矛盾十分突出。推行绿色营销可以减轻资源消耗的压力，是保护森林资源的一项战略性举措，对发挥森林的生态效益具有保障作用，同时为林木资源的综合利用增加活力和生机。过去人类对森林资源的利用主要限于木材资源，而忽视森林的环境效益。森林是大自然之母，具有调节空气、涵养水源的作用，是地球之“肺”，它所产生的直接和间接的经济效益是不可估量的。据专家计算，一株 50 年的树木，它产生的经济效益达 19 万美元，其中产生的氧气的价值达 3 万多美元。森林除生产木材之外，我们运用现代科学技术，还可以从森林中开发出更多的绿色产品(如香料、饮料、食品）等满足市场的需要。绿色文化、绿色旅游、绿色休闲、绿色建筑等将成为新的经济增长点，发展前景广阔。

（原载《中国绿色时报》2000 年 12 月 29 日）

西部大开发应从恢复生态开始

实施西部大开发战略，加快中西部地区发展，是我们党面向新世纪做出的重大决策。这对于促进各地区经济协调发展、扩大内需、加强民族团结、巩固边防、维护社会稳定，具有重要的战略意义。

中国西部地大物博，东部地区60%的原材料来源于西部，全国50%的能源由西部提供。因此，中国经济发展的后劲，将取决于西部的大开发。西部大开发是时代之所需，必将为中国的未来带来新的机遇和希望。

一、西部大开发，重在生态建设，要突出一个“先”字

百业待兴，生态建设为先。生态建设，是决定人类生存的前提，也是国民经济发展的重要基础。没有良好的生态环境为屏障，人类难以生存，谈发展也是一句空话。特别是在西部，必须优先发展生态建设。

历史是一面镜子。我国西部开发至今已有2000多年的历史。在过去的2000多年中，中国西部经历了4次大开发，即西汉的屯垦戍边；唐代的屯田综合大开发；元朝的交通金融大开发；清朝的全面大开发；都为当时的社会经济发展发挥了重要作用。但是，由于历次开发大多以屯田为中心，对生态环境造成不同程度的破坏，为后续发展留下了沉重的隐患。我们这次西部大开发，应以史为鉴，坚持以生态建设为本，以基础建设为先导，以发展教育科技为条件，把改革开放和社会主义现代化建设推向一个新阶段，与历史上的大开发相比，将是一次面向未来的大跨越，将对中国的发展具有深远的影响。

恢复生态环境，是西部大开发的当务之急。日益恶化的生态环境是西部经济发展滞后的主要原因，也是实施西部大开发战略的最大障碍。森林的萎缩，罗布泊大湖的消失，黄河的断流，土地的沙漠化，北京沙尘暴的加剧，敲响了大自然对人类报复的警钟，真是沙进人退，忧，忧，忧！沙尘频袭，急，急，急！在举世瞩目的西部大开发之际，经济开发首先从恢复生态开始，把保护和建设生态环境，放在优先发展的前沿，优先规划设计，优先投资启动，优先实施开发。在政策上实行重点保护，当经济效益和生态效益相矛盾时，首先要保住生态效益。宁要秀美的绿水青山，不要破坏生态的金山银山。不要以牺牲生态环境为代价，去换取暂时的眼前的利益，要为中国社会经济的可持续发展，为子孙后代创造一个更为广阔的发展空间。

二、西部生态建设，重在治沙治荒，要突出一个“绿”字

“渴望绿色，呼唤森林”，这是西部2.8亿人民发自内心的呼唤。绿色是生命的象征，绿色是发展的希望。西部由于绿色的不断消失，沙漠化的扩张漫延，严重地威胁着人民生命和国土的安全，并制约着西部经济的发展。我国现有沙漠及沙化土地面积168.9万平方千米，并大有加速之势。从1952年至今，已发生沙尘暴60多次，而且频率越来越高，今年袭击北京的沙暴达7次之多，再次敲响沙漠化正向北京走来的警钟。塔里木河下游两岸的胡杨林，是塔克拉玛干和姆塔格沙漠之间的绿色走廊。由于胡杨林的减少，两大沙漠合围，绿色走廊正在消失，一座座村庄废弃而去。号称世界第二大胡杨林分布的额济纳绿洲，在短短的40年间，天然植被已减少8.5万亩，现在的胡杨林已成衰败之势。在西北地区，还有更多的内陆河，步黄河之后尘出现严重的断流，更多的湖泊步罗布泊之后尘，也在逐步地消失。由于石河子大开垦，已造成玛纳斯湖干涸，而变成1500平方千米的沙漠地。面对触目惊心的现实，治沙播绿，这是加强生态建设的紧迫任务。不抓绿化，西部地区难以长治久安，中华民族难以繁荣富强。

西部生态建设重在治沙，治沙之本在于植树种草。工程治沙和生物治沙相比，生物治沙更有成效。工程治沙是治表，生物治沙才是治本。正如朱镕基总理1999年8月在陕西考察工程治沙的样板时指出：“造1万亩地共2500万元，搞不起呀！植树造林才是治本。”科学实践表明，植树种草，投入少，成本低，效益长；是行之有效的科学方法。实行山、水、田、林、路综合治理，乔、灌、草相结合，点、线、面为一体，建立以沙区为中心的防沙林网，以路系为中轴的防沙林带，以水系为中心的水源林带，以城市为中心的绿色屏障，使沙漠变绿洲、赤地变青山、黄河流碧水，再现山川秀美的大西部。

三、西部生态建设，重在科技投入，要突出一个“效”字

生态建设是集生态效益、经济效益、社会效益为一体的系统工程，必须遵循生态自身的规律，讲科学，讲效益，加大科学研究的力度，建立新的生态平衡系统。生态建设首先要科学规划，确立生态目标。根据自然地理的条件，综合治理，宜林则林，宜草则草，退耕还林，退耕还草，尽快恢复植被。在干旱沙漠地区，迅速建立防护体系，控制地表流沙，逐步形成垄冈为林、缓坡为牧、治谷为农的生态经济模式。在黄河、长江的中上游地区，实施天然保护林工程，建立沿江两岸的天然林保护区，确保黄河、

长江的安澜，为中华民族的永久昌盛筑起绿色的生命长廊。其次，要拓展科学研究的广度和深度，运用遥感技术对沙漠形成的过程和动态进行监测，提出防沙治沙的对策；采用现代育种技术，大力培育优良的沙生植物品种；对梭梭、沙枣、柠条、红柳等沙生植物，进行生理特性比较研究，筛选出更好的品种，加快治沙的进程。再次，要科学管理，实行目标责任制。精心施工，精心管理，提高成活率和生长率，种一株活一株，播一片绿一片。改变“年年植树不见林，岁岁种草不见绿”的现象。大力普及科学技术，组织短期培训班，树立先进典型，提高林农群众的技术水平。要加强生态建设人才的培养，建立一支高素质的科技队伍，这是搞好生态环境建设的组织保障和技术保障。

生态建设是造福子孙后代的战略工程，是改造大自然的壮举。因此，我们以“再造西部秀美山川”为目标，动员全社会的力量，打一场攻坚战，使西部地区尽快绿起来、富起来，驶上富民强国的快车道。

（原载《中国绿色时报》2000 年 6 月 12 日）

高度关注应对气候变化中的森林

——展望中国林业发展的新使命

【摘　要】本文站在全球的高度，分析了人类应对气候变化的严峻挑战，论述了森林在应对气候变化、发展低碳经济中的优势、功能和作用，展示了森林在应对气候变化方面的发展前景。

【关键词】森林；低碳经济；气候变暖

中图分类号：X171.4;S-O　　文献标志码：A

文章编号：1471-6116(2009)-03-0034-03

目前人类发展已经进入一个关键时期，需共同面对能源危机、气候变化和发展危机。在新的历史起点上，高度关注森林在解决三大危机之中的地位和作用，是一个万众瞩目的发展战略问题。

一、全球社会经济发展面对新挑战

联合国秘书长潘基文最近多次在国际会议上提出，目前世界发展需面对能源危机、气候变化危机和发展危机。2007 年 11 月，当联合国政府间气候变化专门委员会发布气候变化评估报告之后，潘基文指出："我认为，如果我们不采取行动，我们将大祸临头。" 1920 ～ 2004 年全球温室气体排放量增加了 70%，目前大气中二氧化碳的含量超过过去 65 万年中的自然水平，对人类的安全造成了巨大的威胁。从气候变暖到自然灾害的频发，从冰山消失到海平面升高，从物种消失到资源枯竭，人类时时处处都能感受到自身生存安全的威胁。全球变暖使人类付出了沉重的代价。对政治社会而言，这将引起全球动荡和社会不安，美国情报机构 2008 年 6 月为此发表评估报告指出，全球变暖可能会在全球范围内引发动荡，导致人道主义危机，种族暴力活动升级和非法移民，削弱一些国家脆弱的政权，对美国的国家安全也构成一系列新的威胁。所以美国情报研究报告郑重表示："气温升高是一个实实在在的威胁。" 对经济社会而言，气候变暖之害堪比世界大战。英国政府公布经济学家尼古拉·斯特恩撰写的报告指出，如果无视全球变暖，人类为此将付出 6.98 万亿美元的代价，超过第一次世界大战和第二次世界大战的损失之和。按世界 65 亿人口计算，人均将达到 566 英镑的损失。斯特恩预测，全球各国需要将国内生产总值的 1%，即 1840 亿英镑用于控制气候变暖，否则付出的代价将是这个数目的 5 ～ 20 倍。对生态社会而言，生态危机严重影响世界的经济社会发展。由于空气中二氧化碳含量的迅猛增长，全球气温持续走高已成定局。据联合国气候变化专门委员会预测，21 世纪内气温将升高 1.1 ～ 6.4℃，海平面上升 18 ～ 59 厘米，将有 40% ～ 70% 的物种面临灭绝。温度决定生物的生命。温度太低或太高，必将导致一些生物灭亡。生物种类的减少，将使大自然的生态功能受到损害，使生物链缺少完整性和系统性。生态危机的主要根源在于气候变化、全球变暖、空气污染。这种现象在中国尤为突出。全世界 20 个污染严重的城市中有 16 个在中国，中国成为世界上二氧化碳、二氧化硫和一氧化氮浓度最高的国家。我们的自然资源的消耗和环境污染与日俱增。2003 年中国首次超过日本成为世界第二大石油产品消费国。大量的石化燃料消费必将增加二氧化碳的排放，因而坚持科学发展观，大力节能减排已成为国家发展的当务之急，要刻不容缓地动员全国人民去迎接气候变化的新挑战。气候变化无国界，不仅波及一个地区而且影响全世界，最终不仅局限于气候变化的自然矛盾，而是政治、经济、文化、社会矛盾的集中体现。为此，胡锦涛总书记在 2008 年 6 月 27 日主持召开的政治局会议上，就气候变化问题发表了重要讲话，他说："妥善应对气候变化，事关我们经济社会发展全局和人民群众切身利益，事关国家根本利益。要大力落实控制温室气体排放的措施，坚持节约资源和保护环境的基本国策，坚持走中国特色新型工业化道路，加快转变经济发展方式，积极发展循环经济、低碳经济，不断扩大森林覆盖率。”

二、森林要为发展低碳经济做出新贡献

在如此严峻的挑战下，解决温室气体浓度的途径只有两条：一是减少二氧化碳的排放量；二是增加对二氧化碳的吸收，即碳汇。森林是陆地生态系统中最大的储碳库，在降低大气中温室气体浓度方面，具有不可代替的作用。森林碳汇技术是一种成本低、空间大、时间长、效益好的生物技术方法，它具有独特的优势、独特的功能和独特的作用。

1．森林碳汇独特的优势是空间大

森林是控制碳平衡的调控器，经研究，目前全球森林储藏的碳超过 1 万亿吨，相当于大气中碳含量的 2 倍。碳固定在森林中，即使树木被砍，木材被用于建筑和家具，也可以使碳长期固定不变，不会散发到大气中去。森林遍及全球，占陆地面积的 38%，其空间之大与功能之特，可称为碳汇的主力军。在陆地植物与大气中二氧化碳的交换中，90% 以上是由森林植被完成的。在中国，如果将全部可利用土地的 20% 用于封山育林和人工造林，吸收碳的总量将相当于中国 1998 年工业碳排放量 (5.982 亿吨) 的 3.3 倍，将 2.003 亿公顷林地全部利用起来，实行永续轮伐，总的碳吸收量将达到 99.9 亿吨，相当于 1988 年工业碳排放量的 16.7 倍。2007 年 9 月 8 日胡锦涛主席在亚太经合组织会议上，率先提出二氧化碳减排的“森林”方案，受到各国领导高度关注和赞扬。胡主席在会上明确表示，到 2010 年，中国的森林覆盖率将由 2005 年 18.2% 增加到 20%，主要污染物的排放也将降低 10%。事实上，我国实施的退耕还林工程已取得了明显的效果。2000 年开始的 5 年间，平均每年增加的森林面积有 400 万公顷，从 1980 ～ 2005 年，造林工程总计吸收二氧化碳达 30.6 亿吨，展示了造林工程碳汇功能的巨大成果。据中国林科院徐德应研究显示，森林生态系统中的碳贮量地上部分为 5000 亿～ 8000 亿吨，森林土壤约为 15000 亿～ 16000 亿吨，分别占全球陆地植物和土壤中碳贮量的 86% 和 73%。

2．森林碳汇独特的功能是机制好

森林吸收二氧化碳的机制是光合作用。通过森林的光合作用，树木以二氧化碳为原料，放出氧气，把化石燃料释放出的二氧化碳以生物形式固定到森林中，实现大自然的碳氧平衡。森林每生产 1 立方米木材，就能吸收 1.83 吨二氧化碳。森林的汇碳空间机制更具有无限的潜力。人类文明初期，地球陆地有 2/3 被森林覆盖，面积约为 76 亿公顷，到 20 世纪末已减少到 34.4 亿公顷，森林覆盖率为 27%。根据光合作用的机理，森林是形成全球生物资源的主体。按光合率计算，森林为陆地面积的 38%，其生物产量占陆地总量的 71%。这是由于森林树木树冠高大，它是各类生态系统生产力的领头羊。光合作用的汇碳技术，是一种自然的生物技术方法，不需要高温、高压就可以把大气中的碳固定在森林之中，这确实是对人类发展最大的贡献。如果我们继续恢复森林覆盖率，提高树木生产量，森林的碳储藏量仍有很大的增长空间，这可大大降低温室气体的含量，扭转气候变化的进程。

3．森林碳汇独特的作用是效益高

森林是集生态效益、经济效益和社会效益于一身的生物群体。森林是生物生产的大工厂，居各类生态系统之首，既是大自然的氧吧，更是地球的大碳库，森林中的每株树木都是聚碳之宝。如果说珍贵的树种是寸木寸金，那么森林的生态价值更是无价之宝。北京 1999 年的森林生态总价值为 2119.88 亿元，是树木产出价值的 13.3 倍。广东森林的八大生态效益在 2002 年测定为 5740 亿元，每年 345 万公顷的生态林，新增效益 134 亿元，效益十分显著，投入和产出之比为 1 ： 36。森林生态效益的有偿使用，是林业利益机制的重大创新。实施碳排放指标交易，使林业固碳的价值得以体现，给林业发展带来了巨大的活力。日本以每千克 50 日元的价格收购二氧化碳。美国芝加哥交易所，每吨碳的价格为 10 美元。

三、建设低碳社会是时代赋予中国林业的新使命

建设生态文明，建设资源节约型社会和环境友好型社会，为中国林业发展带来了前所未有的新机遇，中国林业承担了发展低碳经济、建设低碳社会的新使命。这是改革开放 30 年的延伸和拓展，是中国林业继往开来面向社会、面向世界的又一战略机遇。中国林业正处于历史性转变时期，由以木材生产为主向以生态建设为主转变，这是一个历史性的战略转变，改变了传统林业的理念。面向全社会开放，面向全世界开放，以发展为平台，国内实行集体林权制度改革，国际扩大对外开放的力度；以应对气候变化为契机，引进资金，引进技术，把林业做大做活，走上又好又快的发展道路。

节能减排，应对气候变化，发展低碳经济，为我国林业发展注入了强大的活力。二氧化碳是气候变化的元凶，实现减排的任务十分艰巨。学者们提出要把年排放量从2008年的550亿吨，降低到200亿吨。世界的碳排放总量到2050年要减少80%。为实现减排目标，我国提出大力植树造林，用森林碳汇减排的方案，受到世界的关注。这给中国林业发展造就了一个大平台。

根据《京都议定书》规定，实施碳排放指标交易机制，拓展了森林生态效益有偿服务的新空间。等价交换是市场经济最基本的法则。长期无偿使用森林生态效益是对森林产品的无偿占有，是对市场经济法则的背弃，也是林业发展滞后的重要原因。根据《京都议定书》规定，作为碳源的国家必须按指标减少排放量，实施排放交易的机制，要向作为碳汇的国家或地区支付二氧化碳排放的补偿费。随着《京都议定书》减排路线图的推进，各国森林碳汇交易所的成立，使碳汇生态效益有偿服务走上了制度化和法律化的道路。这是林业有史以来一种制度的创新，为发展林业提供了经济上的支撑，特别是对发展中国家来说，无疑是一个难得的发展机遇。我国退耕还林工程的深入推进，不仅提高了森林覆盖率，还降低了温室气体的浓度，阻挡了气候变暖，是一个一举双赢的措施。森林的固碳效益通过市场机制实现了价值补偿，为森林的其他生态效益通过市场化实现价值补偿提供了新的思路，为全方位发展林业拓展了空间。

纵观历史5000年，人类文明的历史就是人与自然关系的历史。历史告诉我们，人与自然和谐共处，社会才能和谐共进。人类的发展和进化，时时刻刻离不开森林，森林为人类做了许许多多。人类从森林走来，现在又回归森林，这是历史发展的必然。历史证明森林可以没有人类，但人类不能没有森林。中国经济目前进入前所未有的大发展，同时又面临很多新的挑战。资源短缺、环境恶化是制约我国经济发展的两大障碍。中国的经济快速发展靠的是能源推动。在能源结构中，我国以高碳煤炭能源为主，煤炭资源消耗占76%，无碳能源只占5%，这也使中国在世界排放二氧化碳大国中名列第2位，现在我们面临来自国际社会的巨大减排压力。当今的中国林业，面对全球气候变化的新挑战，承担着应对气候变化的新使命。我们只要以敢为人先的创新精神，大力开创中国林业发展的新局面，应对全球气候变化的目标就一定能实现。

（原载《北京林业大学学报》2009年第3期）

建设生态文明 构建“两型”社会

——关于长株潭城市群建设生态文明的理论思考

【摘 要】本文概述了生态文明和生态城市的内涵、本质和特征，阐述了长株潭建设“两型”社会、建设生态文明的对策，论证了生态文明、生态城市和“两型”社会三者的内在关系。生态文明是人类文明发展的必然，生态城市是生态文明时代的产物，“两型”社会是生态文明的基石。建设生态城市，构建“两型”社会，是长株潭建设生态文明的战略任务和主要标志。

【关键词】长株潭；生态文明；“两型”社会；生态城市；思考

建设生态文明，构建“两型”社会，这是党的“十七大”提出科学发展的新理念和新模式。生态文明是人类发展的必然选择。什么是生态文明？什么是生态城市？什么是“两型”社会？它的内涵、特征、目标是什么？我们必须从理论和实践上进行深入研究，为长株潭城市文明建设发展找到一条又好又快的道路，使之成为我国城市发展的生态文明的排头兵。探索生态文明之路，是历史赋予长株潭城市群的伟大使命。

一、生态文明是人类文明发展的必然选择

人类从蒙昧、原始走向文明，从渔猎文明发展到农业文明，从农业文明发展到工业文明，经历漫长而曲折的过程。而现在世界正面临着社会发展模式的另一次社会变革——工业文明向新的文明的转变，这种新文明我们称之为生态文明。生态文明是人类文明道路上的一盏绿灯。它主张以生命为中心，实现人与自然、形与神、治标与治本的高度统一和谐，以充满生机和融通的视野，审视已经过去的历史，展望未来发展的美好明天。

随着城市化的迅速发展，随之而来的环境污染、资源枯竭、交通拥挤、土地紧张的生态环境问题、经济问题、社会问题纷至沓来，也引起人们对社会发展的模式进行反思。我们必须在暂时发展与长远发展、狭窄生存空间和广阔生存空间、恶劣生存环境与良好生存环境之间做出选择。这是选择人与自然关系的某种类型，即选择某种文明形态，选择某种价值观。工业文明的价值观是以主观价值为核心的，它把征服自然作为人的本质力量的显现，成为掠夺和摧毁自然界的破坏者。生态文明的价值观是生态经济的整体价值观，它的核心本质是人与大自然的和谐相处、互利互惠、共生共荣。

生态文明社会的目标是文明、高效、和谐。建设生态文明，已不是一般意义的污染控制、生态修复，而是要形成节约能源资源和保护生态环境的产业结构、增长方式、消费模式，使整个社会走上生产发展、生活富裕、生态良好的文明发展道路。生态文明是集自然规律、经济规律和社会规律为一体，坚持生态优先、效益优先、节约优先、富民优先的发展理念，深刻反思工业文明发展的教训，遵循自然规律，在发展经济时不能再把土地视为“取料场”和“垃圾场”，将河流视为“自来水管”和“下水道”。回顾西方工业文明的历史，其发展模式的经济效益是以牺牲资源和环境为代价的。从而，给人类生存发展带来无穷的后患。全球气候变化，地球变暖，海平面上升，严重威胁人类生存的安全。资源枯竭，严重制约社会发展。据美国生态学家研究，按生态印迹的计算标准即把每人每天的生活需求转换成对自然资源的需求，地球生物圈的承载力逐年下降。1961 年的负荷是地球生物圈承载力的 70%，1999 年为 120%，需求大大超过生物圈的承载力。化石燃料消耗的增加是主要因素，1961 年能源消耗占生态印迹的 25%，到 1999 年上升到 50%。如果世界按美国的生态印迹的消费模式，需要 5 个地球才能支撑目前人口的需要。所以美国的一个学者说：“这个世界最不需要的东西是更多的美国人。世界负担不起美国人对地球、空气和水所做的一切。”可见生态资源和生态环境对人类的生存和发展是多么的重要。减少生态印迹的负担，建设生态文明发展模式，对人类来说是多么的紧迫。

建立生态文明，对我国而言，也是势在必行。它是落实科学发展观的战略举措，是我们党对经济社会发展规律和人类文明发展趋势，在深刻认识的思想上做出重大的决策，不仅对中国特色社会主义现代化建设全面建设小康社会具有深远影响，而且对维护全球生态安全，推进人类文明进程，促进社会和谐具有重要意义。我国经济发展最大的瓶颈是资源紧缺。人均耕地、淡水、森林仅占世界平均水平的 32%、27.4% 和 12.8%。石油、天然气、铁矿石等资源的人均拥有储量，也明显低于世界平均水平。更引人注目的是我国资源型城市数目减少，资源枯竭型城市迅速增多，现共有 44 个。在第一批 12 个城市的基础上，最近国务院又确定了第 2 批 32 个资源枯竭城市，其中有枣庄、黄石、淮北、铜陵、七台河、抚顺、铜川、景德镇等 9 个地级市，玉门市等 17 个县级市，可见资源短缺的形势逼人。加之我国经济发展长期实行依赖投资和增加物资投入的粗放型经济增长方式，能源和其他资源的消耗增长过快，生态环境恶化问题日益显露突出，产业结构不合理。在2006年我国国内生产总值中，第二产业占48.7%，而第三产业只占39.5%，消耗资源多、污染大的行业发展过快，从而更加突出了经济发展和资源环境的矛盾，不仅制约了当前的发展，而且严重影响长远的发展。因此建设生态文明，不是权宜之计，而是关系民族复兴、强国富民的战略之举。加强生态建设，实施新型工业化、新型城市化战略，优化第二产业结构，大力推进信息化和工业化融合，提升高技术产业，限制高耗能、高污染工业的发展，加快第三产业的发展，形成节约能源资源和保护生态环境的产业结构，这是我国建设生态文明的重要战略任务。

二、生态城市是生态文明的时代产物

城市是文明的产物，生态城市是生态文明在城市建设中的必然反映，实际上是对工业文明时期城市发展道路的重新审视，是随之人类文明的发展不断升华而提出来的。城市的发展和人类文明的发展密不可分。英文的文明一词是指“市民”。古希腊先哲亚里士多德认为，人类聚居在城市中是为了生活，而居在城市里不走，则是为了更舒适的生活。城市是以空间和环境资源集中利用为基础，以人类社会进步为目标的一个集中人群、集中各种资源、集中先进科学文化的空间地域系统。它是一个经济实体、政治实体、科学文化实体和自然环境实体的综合体，是一个地区的政治、经济和文化中心。城市的出现和发展是人类进步的重要标志。城市的出现，至今大约有6000年了。埃及尼罗河流域、印度恒河流域、中国黄河流域等，是世界上最早出现城市的地区。

21世纪是城市的世纪，生态城市是城市发展的方向。生态城市是运用生态学原理和方法，探索城市发展而建立的空间布局合理，基础设施完善，环境整洁优美，生活安全舒适，物质、能量、信息高效利用，经济发达、社会进步、生态保护三者保持高度和谐，人与自然共生的复合系统。19世纪以来，城市化所带来的环境问题、经济问题和社会问题难以应对，而生态城市的出现，为解决城市发展三大瓶颈带来了希望。生态城市是生态文明时代的产物，是工业文明时代后的新文明的象征。城市的生态化发展模式是在传统工业化发展的模式基础上发展起来的，是对工业化发展模式的辩证否定，是对工业文明深刻反思的结果。它摒弃了人们只注重经济效益而不顾人类福利和生态后果的唯经济发展的工业化发展模式，转向兼顾人口、社会、经济、环境和资源的可持续发展，注重复合生态整体效益的发展模式，是开拓生态文明的里程碑。

生态城市理念的提出，是生态文明的觉醒。生态城市已超越传统意义上的“城市”概念，超越了单纯环境保护和建设的范畴。许多人认为，“生态城市”就是绿化得非常好的城市，这实际上是一种狭义的理解。现代的生态城市概念与以前的“田园城市”“山水城市”“园林城市”“绿色城市”等城市有着根本的区别，不再是单纯的注重城市绿化环境优美，而是更注重城市全面、内在的生态化。生态城市的内涵是融自然生态、社会生态、经济生态、历史文化生态为一体的大生态，是人类社会聚集地发展的最高阶段。

生态城市的本质是城市经济、社会、环境系统的生态化。其一是推进真正具有生态化特征的城市生态环境建设；二是对现有的城市经济社会模式进行生态化的改造。从生态学的角度看，按生态学的原理运用系统工程的方法，改变不适应生态要求的生产方式和消费方式，建立起一个社会、经济、自然协调发展，物质、能量、信息高效利用，生态良性循环的人类宜居聚集地。从经济学的角度看，生态城市的建设要使传统的资源高消耗、产出低效益、污染高排放的城市，转变为以可持续发展为核心，以全面社会进步为目标，构建生态、经济、社会三大系统的高度协调，最终实现社会效益、经济效益和生态效益高度统一的现代化城市，建设高度生态文明的社会。

生态城市与传统城市相比，具有五大特征：①和谐性。生态城市以和谐为价值观，实现人与自然共生，人与人之间和谐共处。自然融入城市，城市融入自然，天人合一。人与人和谐相处，相互尊重，相互帮助。②高效性。社会、经济、生态的效益高度统一，低投入，高产出，零排放。物尽其用，财尽其利，人尽其才。③生态性。以生态为核心，自然是基础，经济是命脉，社会是支撑，三者相互依存，构建生态、经济、社会三大复合生态系统，支撑城市持续发展。④整体性。生态效益、经济效益、社会效益相统一，局部和整体，当前与长远相协调，使整个城市在一定空间里有序而安全地运转。⑤全球性。地球是一个整体，自然是地球的命脉，关系着全人类的兴衰。气候变化、空气污染无国界，生态城市是事关全球稳定、繁荣的大事。

城市化和城市生态化已成为我国城市发展的主流方向。生态城市从理论到实践都已取得可喜成就。1986 年江西省宜春市率先提出建设生态城市的发展目标之后，我国从 1996 至 1999 年分 4 批开展了 154 个国家级生态示范区试点建设，其中生态省 2 个，生态地级市 16 个，生态县 129 个。海南、贵州、山东、吉林、安徽等省提出了建设“生态省”的奋斗目标。可见，生态城市已成为人们的美好向往。把理论变成实践，让梦想变成现实，生态城市发展势头不可阻挡。纵观国内外城市发展大势，长株潭城市的发展，必须以生态城市为目标，奋起赶超，举全民之力，把长株潭建成具有鲜明特色的生态城市。

三、构建“两型”社会是长株潭建设生态文明的支撑基石

建设生态文明，构建“两型”社会，发展生态城市，标志人类文明发展进入一个新阶段。生态文明是目标，“两型”社会是基石，生态城市是主体，构建“两型”社会是建设生态文明的必由之路。建设“两型”社会是机遇，是动力，是建设生态文明的大平台。我们要乘势而上，以生态文明为战略目标，以“两型”社会为载体，以生态城市为主体，加快推进“两型”社会伟大工程的进程，使之成为又好又快发展的示范之都。

1. 创新理念，用生态文明的理念指导城市的持续发展

不怕经济落后，就怕观念落后，先进的理念就是先进的生产力。以人为本，以自然为本，这是生态文明的战略理念。生态文明是推动社会进步的发动机，生态环境也是强大的生产力，青山绿水可以换来金山银山。浙江人认为：“保护青山绿水就是财富，不发展就是发展，拥有生态资源就拥有无限的潜力。”发展要有乘数效应的理念。杭州市以西湖水为依托，大规模整治，改革管理模式，取得前所未有的成就。2002 年湖水质量为劣 5 类，令杭州人心痛不已。2004 年开始实施西湖水环境保护工程，建立 2 座 40 万吨水处理设备，使杭州西湖水每月换一次，水的质量大大改善，加之免费对外开放，为杭州的旅游业带来了巨大的商机。2008 年到西湖游玩、休闲的人超过 4500 万人次，旅游收入达 700 亿元。让游客在杭州多待 24 小时，年旅游收入增加 100 亿元。免费开放以来，商业网点的服务设施租金达 5500 万元之多，完全可以补贴门票的损失。西湖治理和免票开放的乘数效应是非常突出的。杭州的西溪湿地有 2 个方案：一是如果用作开发房地产，政府卖地可收入 1000 亿元；二是保护好湿地需要投资 100 亿元。杭州市最后选择了保护方案，把西溪作为湿地公园建设，大大提升了城市的品质。现在西溪周边的土地升值就可以把保护成本的 100 亿收回来。现杭州在西溪湿地公园旁创办了一个杭州西溪创意产

业园，占地0.9平方千米，建筑面积2.6万平方米，由59栋建筑组成，投资2亿元，以此吸引国内文化名人来杭州落户创业，余华、麦家、冯小刚等名家先后入住，大大增强了杭州文化的影响力。杭州之所以取得这样耳目一新的成果，都是来自于杭州市领导者的理念创新。杭州市委书记王国平说得好，“一座城市不是以经济说了算，而是以老百姓的生活品质说了算。这才真正体现以人为本，生态优先，文化为要。城市是一个有机有意识的生命体，让城市找到回家的路，让已经活了5000年的杭州再活5000年”。我们长株谭建设要借鉴杭州的经验，树立生态文明的理念，始终坚持以人为本，以自然生态为根，构建生态文明的完善体制和机制，使人与自然、人与社会、人与人达到全面而高度的和谐。

2．创新规划，用三大定位构建“两型”社会的战略框架

城市发展必须坚持规划先行，功能先导。规划决定未来，规划决定效果。规划好了本身是财富，规划不好是损失。规划的成功与否，关键是要搞好3个定位：一是城市性质定位；二是城市文化定位；三是建设理念定位。城市定位是规划的基础和核心，是决定未来发展的方向。以海南省为例，海南省经济发展定位具有战略性和前瞻性，有两大特点：一是定位为生态省；二是定位为国际旅游岛。它的定位是根据海南的自然资源优势、气候优势和发展前景而做出的。以生态省为依托，以国际旅游为主导，全面推进海南的发展。海南岛生物资源多，是热带雨林的集聚地，空气质量为全国第一，世界第二。四季如春的独特气候，发展旅游业前景非常广阔。“要想身体好，常来海南岛”的广告词在中央电视台响起，吸引了国内外游客去海南旅游，海南的旅游业正在迅速崛起，这必将托起整个海南社会经济发展的重任，以此改变海南的面貌。长株潭城市规划定位特别重要，根据地理自然环境优势和产业优势，依我之见，应该定位为生态之都，低碳经济之都，新型工业之都，智慧之都，文化之都，建设成我国中部地区现代化城市的典范。城市除了建筑，维系城市生态的就是环境，政府要突出生态优先的经营城市理念，把绿地空间留足，绿地规划要超前运行，要高起点，高标准。城市融于自然，自然融于城市。城市群要凸显绿色主题，行绿色交通，住绿色建筑，吸绿色空气，吃绿色食品，构建城市大生态的支撑系统，提升城市生态足迹的承载力。当今世界，再没有比“生态”二字更能够使不同国度、不同肤色、不同信仰的人们拥有共同的情怀和语言了。在规划中我们始终把生态建设作为核心思

想，把全面推动城市的生态化作为目标，通过规划描绘出天蓝、水碧、地绿、花香的环境生态化、工业生态化和社会生态化的宏伟蓝图。

3．创新经济增长模式，实现新型工业化

新型工业化新在新能源、新材料、新技术，新在建立现代产业体系，新在发展现代高端服务业。以生态环境促发展，以文化促发展，以工业转型推动新型工业化，广东东莞模式的经验值得借鉴。东莞市人口 1000 万，其中本地户籍人口只有 150 万，年国民生产总值 3800 亿元，财政收入 600 亿元，经济实力大大超过长株潭的总和。东莞是以加工和贸易为主的城市，属于外向型经济，这次受金融危机冲击大。近几年来，东莞非常注重环境生态建设，主干道宽广，树多林密，繁花似锦，景观造型千姿百态，风景如画，使人有如痴如醉之感，被誉为国际花园城市。新建的松山湖工业园，以美丽壮阔的松山湖为依托，环境秀美，吸引了国内外知名企业陆续迁入，现在已成为东莞城市转型升级的大平台，是东莞未来发展新的里程碑。东莞举全市之力，开展创建全国文明城市活动，“东莞因你而文明”的标语口号随处可见，产生了巨大的宣传效应和社会效应，2008 年一举夺得“全国文明城市”的称号。东莞的宝贵经验值得“长株潭”学习。长株潭城市发展必须坚持科学发展观，由主要依靠第二产业发展带动第一、第三产业协同发展。推进产业结构优化升级，促进信息化和工业化融合，巩固第一产业，提升第二产业，大力发展第三产业。株洲、湘潭的主要工业是高能耗、高污染的钢铁、有色金属、化工等企业，因此要按照资源节约型、环境友好型社会的要求，必须加大污染治理力度，主要加强水、大气、土壤等污染防治，积极控制温室气体排放，让人民群众喝上湘江的干净水，呼吸到清洁的空气，吃上放心的食品，在良好的环境中生产生活。要大力发展风力发电、工程机械等先进制造业，使之成为世界级的企业。特别要重视发展现代服务业，在继续做好商贸服务、社区服务、旅游服务等基础上，拓展高端服务的领域，如金融保险、信息、总部经济、会展经济、服务外包等，使现代服务业成为长株潭的主导产业。

4．创新管理方式，用绿色技术和法规促进“两型”社会建设

管理是城市发展的关键。管理必须要有创意，用生态文明的理念，“两型”社会的绿色管理方法，达到乘数效应的目标。杭州市在经营城市中创意新颖，为了便民、保护环境、解决交通拥挤，走绿色交通之路，2008 年在全国率先推出公共自行车交通系统，实施“甲地租，乙地还；1 小时内免费，2

小时内1元”的收费方式，深受市民欢迎，取得了意想不到的效果。公共自行车每日最高租量在4万辆次以上。2009年杭州市将自行车投放量增加到5万辆，设置站点2000个，以吸引更多的人放弃私家车，转到城市公交系统上来，对城市节能、控制污染、健身等有乘数效应。现在杭州的小红车，已成为杭州市区一道亮丽的风景线，又成为另外一种流动的广告，仅去年的广告收入达340万元，经济效益初显。公共自行车系统已成为日渐成熟的模式，将带动国内其他城市自行车交通系统的兴起。

实施生态环境科学管理，降低环境成本。生态印迹和环境库兹涅茨曲线是生态管理城市的主要方法。生态印迹的方法是把每人每天的生活需求转换成对自然资源的需求，从而测出地球生物圈的承载力，控制资源的过度开发。它是衡量城市环境质量、判断全球环境影响的有效方法。环境库兹涅茨曲线是探讨经济发展和环境污染关系的数理模式。在这个模式中存在“两难”和“双赢”区间，在两者之间有一个拐点，在人均收入5000～15 000美元时，拐点开始出现，即环境质量由下降转向不断提升。环境库兹涅茨曲线模式的变化受制于消费者、生产者和政府三大要素。曲线的拐点能否出现，关键取决于政府行为。

法规是建设“两型”社会的重要条件。从国际经验看，要解决环境污染，必须从立法建规上下力气。政府必须以法律的形式，加强对环境的监管。英国伦敦1952年发生大烟雾事件，1956年英国颁布《清洁空气法》，禁止排放黑烟，立即收到了效果。1970年美国颁布了《清洁空气法》，制定了各种废气排放标准，大大改善了空气质量。1970年美国平均悬浮颗粒水平为每立方米93.3微克，到1978年平均水平降到69.4微克，并在逐年下降。19世纪80年代，美国城市居民平均寿命比农村少10年，因此1972年美国制定了《清洁水法》，取得了很好的成效。美国的实践表明，对治水的投资增加1%，就可以减少18人的死亡。

长株潭城市是湖南经济增长的核心地区，也是湖南环境污染源的集聚地。水污染和空气污染十分严重，空气质量为三级，未达标。温室气体迅速增加，二氧化碳排放量每年达1657.49万吨。实践表明城市化加快了全球变暖，必须引起我们的高度关注。面对严峻的环境形势，政府必须采取法律的、经济的各种手段，如制定城市绿色指标体系，颁布空气、水的管理条例，建立污染物排放交易市场等，尽快扭转环境质量下降的走向势，大力提升节能减排的效应，让一个充满生机、环境优美、经济发达、文化繁荣的长株潭城市群在中国中部崛起！

（原载《长株潭城市群》2009 年蓝皮书）

大力建设森林城市，积极发展林业碳汇

——创建湖南长株潭城市群林业碳汇市场的建议

建设森林城市，应对气候变化，大力发展碳汇林业，发展低碳经济，这是历史发展的必然。提升长株潭的城市森林水平，生态立市，森林强市，固碳增汇，是转变发展方式，应对气候变化的新课题。

一、森林对于应对气候变化、发展低碳经济具有特殊地位

当今社会生态问题是可持续发展最突出的问题之一。气候变暖是全球面临最大、最主要的生态问题，使人类面临生存和发展最危险的困境。自 20 世纪 80 年代末，全球气候变化问题日益引起了国际社会的高度关注。研究显示，1861 ～ 2000 年全球地表平均温度升高 0.6℃。联合国气候变化专门委员会评价：从现在到 2100 年，全球温度可升高 1.8 ～ 4℃，海平面升高 18 ～ 59 厘米。由于人类大量燃烧化石燃料和毁林，带来了气候不断恶化的结果。南北极冰川融化，动植物灭绝。农作物生长温度每升高 1℃，水稻、小麦就要减产 10%。一些沿海城市如曼谷、金边、纽约、伦敦、上海等将受到威胁，而加尔各答、达卡等城市将被淹没。马尔代夫等岛国将沉入印度洋和太平洋海水中。

气候变暖这是当前生态危机的集中体现。解决生态危机问题需要用生态的方式来解决。森林是全球生态的主体，是世界最大的生态工厂，是世界最大的天然储碳库，是太阳能的最大载体。森林植物通过光合作用，吸收二氧化碳，放出氧气，把大气中的二氧化碳以生物量的形式固定下来，这个过程称为“汇”，“林业碳汇”的名词由此而来。森林的生物量约占植被总量的 90%，而森林植物中的碳含量占生物量干重的 60%。全球森林面积约 40 亿公顷，占陆地面积 30%。全球森林蓄积量 4342 亿立方米。全球陆地生态系统碳储量为 24770 亿吨，植被碳占 20%，土壤碳占 80%。其中森林植被碳储量约占全球植被碳的 77%，森林土壤碳占全球土壤碳的 39%。具体而言，森林每生长 1 立方米木材，大约可吸收 1.83 吨二氧化碳。森林的吸碳能力大大高

于农地和草地。森林的特殊固碳功能，决定了森林在生态建设中的首要地位和特殊地位。我国林业资源第7次清查显示，全国森林覆盖率为20.36%，森林面积为1.95亿公顷，森林蓄积量为137.21亿立方米。我国森林面积列世界第5位，人工造林面积居世界首位。我国森林植被固碳78.11亿吨。森林的年生态价值达10万亿元之多。由此可见中国森林在应对气候变化中具有举足轻重的地位，其作用不可低估。森林的兴废对于应对气候变化具有双重作用，毁林可以增加二氧化碳的排放，造林可以增加二氧化碳的吸收，把二氧化碳固定在林木和土壤之中。据测定，我国1980～2000年毁林所排放出的二氧化碳为8.3亿吨，约占我国同期温室气体源排放的4.7%。据2007年国家发改委公布的数字，1980～2005年，中国通过造林和森林管理活动，累计净吸收了二氧化碳46.8亿吨，通过控制毁林减少二氧化碳排放4.3亿吨。2004年中国温室气体排放量总计为61亿吨，其中森林吸收了5亿吨，占同期工业排放量的8%，为改善生态环境做出了重要贡献。

二、发展林业碳汇经济，是创建“两型”社会目标战略之举

建设资源节约型社会，本质在资源；建设环境友好型社会，本质在生态。资源和环境成为当代城市发展的瓶颈。在西方由于城市生存条件日益恶化，出现逃离城市的现象。建设“两型”社会的核心，是要转变经济发展方式，由高碳经济向低碳经济转变，发展低碳产业，大兴生态经济，用生态的发展方式，推动社会经济的持续发展，使长株潭成为生态之都。

生态产品是城市最稀缺的资源之一，生态差距是我国与发达国家相比最大的差距之一。在现代城市建设的设施中，都是非生命的，只有森林是城市建设唯一的生命体。从经济学的层面看，相对于人类的无限欲望而言，任何资源都是稀缺的，包括物质的和非物质的。对我国整体而言，特别是城市，森林已成为一种十分稀缺的资源。在5000年前，我国森林资源丰富，覆盖率为60%，但历经战乱和毁林，森林面积直线下降，到明末清初覆盖率下降到17%。到1948年，森林覆盖率为8.6%，新中国成立以后，党和国家高度重视林业发展，覆盖率逐步回升，第7次林业资源清查结果表明，森林覆盖率已超过20%。但对于拥有13亿人口的大国，森林资源仍然十分紧缺。我国人均森林面积位居世界134位，只有世界人均面积的1/6。城市是工业的聚集之地，工厂林立，人口密集，森林更成为最稀缺的资源之一。在城市发展林业，把森林引入城市，城在森林中，人在树林中，城市呼唤森林，人们向往

生态，已成为人类的渴望。无论从资源层面、产业层面，还是从生态环境层面看，建设森林城市都是正确的选择，势在必行。应对气候变化，建设森林城市，走低碳之路，更是战略之举。

建设长株潭城市群“两型”试验区，是国家在新的发展阶段的重大战略布局。我们必须拥有全球的视角和超前的眼光，把发展湖南林业碳汇列为战略性的新型产业。我们要以长株潭“两型”社会建设为契机，以湖南森林资源为依托，以长株潭森林为支撑，以独特的区域优势发展湖南林业碳汇。湖南森林资源是建设“两型”社会新型战略的基础产业。它的特征是低能、高效、零排放，以太阳光为能源，以二氧化碳和水为原料，生产出各种林产品。湖南森林面积 1.46 亿亩，森林覆盖率 55.86%，居全国第 5 位。人工造林 390 万公顷，居全国第 3 位。据测算，生态价值达 7787 亿元，其中碳汇价值约 1700 亿元，固碳 8 亿吨。长株潭示范区内现共有森林面积 340 万公顷，森林覆盖率为 47.83%。为发展湖南林业碳汇，建设“两型”社会和低碳经济省提供了坚实的生态基础。湖南省委书记张春贤指出：“生态是湖南的特色和优势。充分发挥优势，加快林业发展，构建‘两型’社会和低碳经济省，是对人类文明发展的一大贡献。”

三、创建碳汇市场，是长株潭城市群发展低碳经济的创新之路

碳汇是一种特殊商品，二氧化碳的交易是商品交易的新产物。碳汇是节能减排方式的创新，是林业投资改革的创新，是生态价值有偿服务的创新，也是发展低碳经济的创新。

碳汇之所以被世人重视，是因为全球气候变化问题成为人们高度关注的热点。解决气候变化问题方法有二：一是减少温室气体排放（源）；二是增加温室气体吸收（汇）。增加温室气体吸收，主要是通过森林的生物特性，即光合作用吸收二氧化碳，放出氧气，把大气的二氧化碳固定到植物体和土壤中，达到降低温室气体浓度的目的。因此，林业碳汇被列入“京都议定书”清洁发展机制的项目，承担起温室气体减排的历史使命。通过碳汇项目，森林所吸收的二氧化碳量可以用来实现发达国家减排的目标，而发展中的国家则可利用发达国家的资金和技术，推动本国的林业发展。我国要审时度势，把碳汇产品作为推动林业发展的契机，大力发展碳汇林业项目，使生态服务进入贸易交换、有偿服务的时代，推进我国林业生态建设和林业产业的新发展。

碳汇是一种有价值的资源，发展潜力巨大；碳汇市场化是大势所趋。过

去碳汇是有价无市，而现在碳汇市场日益兴起。根据《京都议定书》的规则，通过市场上相互买卖的碳信用指标或投资减排增汇的行为，形成了碳汇市场。国际碳汇市场由京都市场和非京都市场构成。碳汇市场形成了以非京都市场为主流市场，京都市场为辅助市场的基本格局。京都市场主要以项目的形式开展，项目是主体。而非京都市场是由政府、企业和个人为减排树立良好形象而设立的区域市场。目前国际碳汇市场发展迅速。世界银行碳基金显示，2005 年国际碳汇市场的总交易超过 100 亿美元，2006 年即达到 300 亿美元，以后将增加到每年 400 亿美元。截至 2004 年，国际碳汇市场已成功交易 1125 项目，其中京都市场 128 个，非京都市场 997 个，平均交易规模为 26 万吨二氧化碳当量。国际买家主要是日本、荷兰及世界银行碳基金。国际卖家主要是拉丁美洲和亚洲的一些国家和地区。当时京都市场碳汇交易价格为每吨 4.68 美元。我国国内碳汇市场正在形成。据国家发改委统计，截至 2007 年 4 月，已申请批准中国清洁发展机制项目 383 个。中国广西珠江流域治理再造林项目，审定为 2006 年全球第一个林业碳汇项目，为中国的碳汇林业开启了成功之路。目前我国实施的六大林业工程的植树造林、森林管理、森林保护等项目都是非京都规则的碳汇项目，是发展林业碳汇经济的基础工程，大有作为。以林促汇，以汇强林，以汇节能减排，森林越来越多，生态环境越来越好，环境友好型的社会就离我们越来越近，中国的林业碳汇之路将越走越宽。

四、启动湖南碳汇市场开拓之策

湖南森林资源区域优势突出，发展潜力巨大。森林在全国的地位，名列前茅。林业在建设“两型”社会中，转方式，调结构，大力发展低碳经济，具有划时代的意义。我们必须以超前的视野，抢占碳汇市场的制高点，先试先行，走在全国的最前面。特提出如下应对政策的建议。

1．立即启动国家林业局与湖南省共建长株潭城市群国家林业示范区工程

2009 年 11 月国家林业局和湖南省签署了合作共建长株潭城市群国家现代林业示范区的框架协议，投资 100 亿元，森林覆盖率增长为 48%，林地总面积稳定在 480 万公顷以上。这是一项巨大的生态工程，也是建设“两型”社会的战略民生工程，为创建湖南碳汇市场提供了资源保障。

2．积极争取湘江流域造林项目，以京都清洁发展机制项目进入国际碳汇市场

长株潭城市群地处湘江两岸，湘江从湘南穿流株洲、湘潭、长沙流入洞

庭湖。湘江沿线两岸林地资源丰富，均属长江防护工程之列，是发展林业碳汇的好项目，更是长株潭建设“两型”社会的创新之举。我们可以以“中国湖南湘江流域造林再造林项目”之名列为优先发展区域，推动长株潭城市森林建设，向国家申请立项并报国际清洁发展机制理事会批准实施。为了尽早立项，我们建议由省林业厅、省发改委组成班子，进行规划设计，写出项目设计书，向国家有关部门提出申请，尽早立项进入国际京都碳汇市场。

3．优先在长株潭开拓非京都市场，建立碳汇项目储备库

非京都市场是碳汇市场的主要组成部分。从国际到国内的情况来看，非京都市场正在兴起，非常活跃。非京都市场是一种志愿行为，故称志愿市场。它是指不为实现《京都议定书》规定目标而购买碳汇信用额度的市场主体，包括公司、政府、个人之间进行的碳交易。国际志愿市场规模不断扩大，碳交易的价格为每吨二氧化碳 5 ～ 35 美元不等。志愿市场的发展为京都市场扩大打下了基础。长株潭是湖南发展的中心，大企业多，工业发达，生活水平高，发展志愿市场具有优先优势。我们可以从 3 个方面进入市场。一是政府，政府工作出差旅行实行碳补偿，政府召开的会议实行零排放，将与会者所坐交通工具排放的二氧化碳购买回用于植树造林；政府工作出差同样将排出的二氧化碳买回，实行碳补偿。二是企业，现在越来越多的公司，志愿承诺减排，增强环保形象，实现“碳中性”。动员他们出资加入绿色碳基金。三是个人，绿色碳基金可设计各种产品，由希望为温室气体减排做出贡献的公民选择购买。例如，汽车尾气排放清单、航空燃料排放清单等。举例说明，一辆奥迪 A4 轿车，每行驶 1 千米二氧化碳排量为 154 克，一年的二氧化碳排放量为 20.2 吨，需要 11 亩人工林才能吸收。而 11 亩的人工造林费为 2750 元。所投资金用于造林，生产碳汇。通过志愿市场，提高人们吸碳增汇意识，为进入京都国际碳汇市场创造更成熟的条件，培育更多的碳汇项目储备库。

4．加大森林资源培育力度，不断提高森林的固碳率

通过造林再造林和森林管理活动，增强碳汇能力已得到国际社会广泛认同，并允许发达国家使用这些活动产生的碳汇抵消其承诺的温室减排指标。通过造林和培育活动，增碳的潜力巨大。以全球而言，在未来 50 年内，将 3.45 亿公顷的土地实施造林，碳汇潜力可达 380 亿吨。以我国而言，通过大规模的植树造林活动，预计 2008 ～ 2012 年，中国森林可净吸收碳 6.67 亿吨。同时通过森林管理，提高现有林分质量，可以提高吸碳增汇能力。我国现有

森林蓄积量平均每公顷78立方米，为世界平均水平100立方米的78%左右。我国每公顷林木平均年生长量为3.36立方米，为发达国家的50%。因此现有的森林管理亟待加强，提高固碳能力的潜力很大。湖南地处亚热带，气候资源优越，有利于树木快速生长。森林吸收二氧化碳的能力，因树种、立地条件和管理措施不同而产生很大的差异。从全球看，寒温带森林每年每公顷吸收二氧化碳2.9～8.6吨；温带森林每年每公顷2.5～27吨；热带森林每年每公顷为11.5～36吨，是寒带的4倍。湖南气温适宜树木生长，特别适宜毛竹生长。湖南拥有毛竹资源1200万亩，发展竹林资源前景无限。竹林是最好的碳汇植物。据研究显示：毛竹具有特有的生物特性，生命力特别强，生长特别快，平均每天生长1.21米，雨后每小时达1米，比树木快3.5倍。材质特别硬，是水泥的5倍，做屋顶承重可达10吨，被称之为"植物钢铁"。吸碳力特别强，50天内的一株毛竹每天吸收二氧化碳1.82千克，相当于2辆小汽车的排放量。每公顷毛竹储碳3.5吨，是杉木的1.4倍。全国竹林的储碳量，占森林储碳量的11%。竹林的景观美丽，文化内涵深厚，是物质文化和精神文化的象征。在推进长株潭森林城市建设时要突出发展碳汇林业，提倡在长株潭以及全省范围内植竹造林，要举全省人民之力，在屋前屋后，门庭院内，山坡河边，广植竹林，增氧汇碳。锦绣河山，品竹颂竹，一举数得，利在当代，功在千秋。

5. 加大政策引导，激发市场需求

碳汇是一种公共产品，具有外部经济的特点。当人们认识到碳汇是一种有价值的产品时，是愿意购买的。从现实看，生态公益林建设的投资主体是国家，公众需要碳汇，但可以免费获得。所以在国内就出现了有效需求不足。只有把碳汇作为一种可以交易的产品推向市场，并通过相应的政策启动市场才能激发需求。

为了由高碳向低碳转型，应制定经济发展低碳路线图。在"十二五"期间，要用二氧化碳排放强度代替能耗GDP的指标，从GDP能耗向GDP二氧化碳强度转型，建立碳排放机制和不同行业的温室气体排放清单及处罚措施。欧盟建立了强制性的二氧化碳限制贸易体系，国家分配规定各个行业的排放量，并要求强制向欧洲委员会报告。企业的排放量超过了允许的排放量就要处罚，其价格高达每吨二氧化碳100欧元。长株潭是国家批准的"两型"社会改革试验区，就应该率先实施二氧化碳的排放机制，把指标分配到各个行业，利用供求和价格机制实施监控。超过排放量的企业要处罚。尽快形成清洁发展机制的志愿市场，先试先行，成为全国的示范区。

（原载《长株潭城市群》2010 年蓝皮书）

发展生态产业 建设生态文明城市

在第 9 次党代会上，株洲市委提出“实现经济、生态与社会效益的统一，使株洲向生态城市迈进！”要实现这一战略目标，笔者以为应从以下 3 个方面着手。

一、树立生态经济观念，大力发展生态产业

生态经济是未来发展的方向，是城市发展的必由之路。人类的一切经济活动，都是从生态圈索取资源，离开了自然环境的支撑，就会陷入困境。株洲是一个新兴工业城市，工业污染严重，城区绿地少，城市的发展已受到制约。城市和自然的关系要从过去的分离与对立，走向未来的和谐共生，这是城市发展的历史选择。

生态环境是经济发展的一种特殊资源，是经济发展的支撑点，株洲经济的发展必须遵守生态经济优先这一原则。生态产业集自然、环境、经济于一体，必将是株洲经济新的增长点。

二、建立生态产业机制、生态产业市场

当代发达国家都在调整产业结构，建立以生态为中心的经济发展模式。株洲建立生态型的经济发展模式，是有条件的，也是非常必要的。

（1）建立生态型的产业框架和网络。要加大对传统工艺的改造，把生态工艺应用到冶金、化学、油漆等行业，减少环境污染。市内各行各业，都要以环境为本，建立与自然环境相适应的经济发展模式。以生态产业为主导，带动其他产业，建立起生态型的工业体系，让无污染的企业、无公害产品遍及全市，走向全国。

（2）建立良好的生态循环平衡系统。城市的工业化和人口的集中化，要求城市必须具有足够的生态空间，而株洲工业废气、废水污染严重。我们应根据城市发展的需要，建立生产绿地、生态绿地、风景绿地和防护绿地，形成全方位的网络生态系统。

（3）更新观念，推行绿色营销战略。绿色营销是指企业对自然环境、社会环境变化做出的战略性反应，给企业带来了新的机遇。青岛海信集团率先实施绿色营销，推出彩电环保产品，从而迅速抢占了市场，使产品供不应求。株洲市的企业也应研究绿色营销，率先出击，以取得市场竞争的主动权。

三、加大生态环境建设力度，建设生态文明城市

生态环境建设，不能简单地看成植树种草，而是未来发展的战略转变。株洲人均占有绿地面积仅5平方米，生态环境仍在很大程度上制约株洲的发展。要兴建以森林为主的生态公园，营造自然的大氧吧，使其成为市民休闲、游玩、健身的场所；要改革传统习俗，倡导生态文明。生态文明对工业文明而言，在思维方式、生产方式、消费方式上都是历史的大跨越。人对自然环境，由生存需要变成情感需要，企业开发产品，商店营销商品，消费者购物，都要考虑自身行为对自然环境的影响，强化可持续发展意识。

（原载《株洲日报》2002年3月9日）

发展低碳经济　建设低碳社会

——关于长株潭创建“两型”社会的一点建议

国家级“两型”社会综合改革试验区落在长株潭城市群身上，开启了湖南发展的新纪元。这对湖南而言，既是巨大的机遇，又是巨大的挑战。就如何面对挑战，如何创建“两型”社会，我谈一点粗浅看法。

一、发展低碳经济，是拯救地球的必由之路

人类正处于高碳经济向低碳经济转变的关键时期。近100年来，随着工业文明的推进，大量使用石化能源，推动经济的高速发展。但高碳经济也给地球和人类带来了严重的后果。现在人类面临全球气候变化和全球变暖的严峻挑战，其元凶是排放的二氧化碳和其他温室气体。联合国气候变化专门委员会2007年11月17日正式公布的气候变化报告显示：全球温室气体排放量从1970年到2004年增加了70%，地球大气层中聚集的二氧化碳已超过过去65万年中的自然水平。报告预测了全球变暖的可怕恶果，全球气温本世纪可能上升1.1～6.4℃，海平面上升18～59厘米，全球20%～70%的动植物物种面临灭绝。从消费资源的角度来看，直接威胁到人类生存的安全。加拿大生态规划学家指出：“如果全世界都按照美国模式发展，需要2.6个地球才能满足人类需要资源。”关注全球问题科学家联盟1700名科学家呼吁美国政

府带头阻止全球变暖。他们警告："如果不减少碳排放量，那我们的国家和整个世界将面临海平面的进一步提高，将会发生更多的热浪、旱灾、野火、冰雪、洪水灾害，会有更多的植物灭绝"。全世界的碳排放量到2050年应减少到比2000年低80%，才能从根本上阻挡气候的变暖。科学家深入研究认为，只有碳排放量逐步减少方可拯救地球。发展低碳经济，是拯救地球、保障地球安全的必由之路，也是社会经济发展模式的正确选择。气候变化，全球变暖，已成为世界各国政治家、科学家共同关注的世界性、战略性的重要问题。美国情报界2008年6月28日报告指出："气候变暖可能引发全球动荡，气温升高是一个实实在在的威胁"。6月27日中共中央政治局组织学习讨论气候变化问题，胡锦涛总书记发表了提高防止气候变化能力的重要讲话。防止气候变暖已进入我国最高决策层的视野，任务迫在眉睫。

二、建设低碳社会，是长株潭建设"两型"社会的当务之急

长株潭城市群试验区的主题是"两型"，核心任务是加速推进"一化三基"，即加速推进新型工业化，加强基础设施、基础产业、基础工作，促进经济又好又快发展。长株潭在实施这一宏伟目标中，要按照建设环境友好型社会的要求，发展低碳经济，建设低碳社会（"两低"），体现在"两型"社会建设的方方面面。

1．要走现代都市模式发展之路，把长株潭城市建成低碳安全之都

紧凑型、高层型建筑是过去西方城市发展模式的集中体现。城市是人类的宏伟创造，也是人类自我建造的最危险的家园。今天的摩天大厦，可以是明天城市的"伤疤"。高层密集的建筑群，人们称之为"握手楼"，几乎没有空间距离。这样密集型的高层建筑，一旦发生火灾，其后果不堪设想。今后城市建筑一定不要走回头路，要大力发展低碳建筑模式。以北京奥运村为例，在66公顷的建筑平面上，拥有42栋住宅楼和39公顷的绿地，奥运村使用的是再生能源、特殊的绝缘材料和先进的循环系统，每年可以减少碳排放量8000吨。低碳和零碳屋的建设可以在长株潭3市范围内试建，摸索经验。

2．工业化要走创新之路，把长株潭建成低碳生态工业之都

新型工业化要体现在新能源上，体现在新材料上，体现在新技术上。要大力发展再生清洁能源，如太阳能、风能；要大力发展新型再生生态材料，减少对资源的消耗；要大力推广新技术，减少二氧化碳的排放量。美国研究机构要求，从现在起到2050年前，将温室气体排放量降低64%。具

体而言，要从2008年的550亿吨降至每年200亿吨，同时要提高碳对GDP的贡献率，由目前的740美元提升到7300美元。长株潭是全省工业化的主体，是新型工业化的引擎，发展低碳工业，对于长沙、株洲、湘潭来说是刻不容缓的任务。特别要着重抓好株洲清水塘经济循环工业区的示范，使之成为低碳经济的样板。

3．大力植树造林，把长株潭建成现代宜居绿色生态之都

森林是天然的大氧吧，又是大自然的碳库。森林是陆地生态系统中最大的碳库，在降低大气中温室气体浓度，减缓全球变暖，具有十分重要的作用。森林碳汇技术是一种成本低、持续时间长、效益好、最有效的方法。根据京都协议排放交易的机制，作为碳源的国家和地区应向作为碳汇的国家支付二氧化碳排放补偿费。美国芝加哥有一个气候交易所，很多企业在此交易碳汇。据华南植物园研究显示，广州的森林碳汇增加量每年39万吨，全市森林的碳储量达到6760万吨。按芝加哥的碳价格每吨10美元，每公顷每年碳汇收入达1150元。因此在长株潭建设“两型”社会中，要大力推进“森林进城，森林围城”的青山绿水工程。以华东经验为榜样，新城区的绿色环境，道路绿化严格坚持15米和30米绿线，即次干道为15米，主干道为30米。长沙市已创建为国家森林城市，株洲和湘潭亦应以创建国家森林城市为目标，把绿色生态环境提升到一个新水平，并以此为平台，创建湖南第一个碳汇交易所，实施碳汇的补偿机制。

三、倡导低碳生活方式，是每个家庭应尽之责

（1）在饮食上，要限制每天的肉食消费量。联合国气候变化专门委员会指出，畜牧业排放的温室气体占世界总量的18%，高于交通部门的13%，与工业部门的19.5%接近持平。减少肉食量不仅对健康有益，而且可以对减轻全球变暖做出重要贡献。发达国家大力减少肉食的消费量，现在每天每人为220克。世界肉食的平均消费量为90克，才能稳定温室气体的排放。中国肉食的消费量在迅速增长，1980年以来增长了4倍，所以要控制过快的增长，并限制超标的消费。

（2）在交通上，要限制汽车消费的过快增长。我国2005年的汽车拥有量是1999年的25倍。目前能源供应矛盾突出，油价猛涨，要提倡坐公共交通工具。去8千米以外的地方，坐火车比坐汽车可以减少1.7千克的二氧化碳排放量。

(3) 在住房上，要建筑零碳屋和低碳屋的住房。尽量减少高、大的建筑住房，2006 年我国人均拥有住房面积 16 平方米，是 1990 年的 2.5 倍。上海 1980 年 18 层以上的建筑物只有 121 栋，2006 年达到 10045 栋。现在世界首座零碳屋已在英国建成，成为全球环保的瞩目之地。房屋用木材建成，能源为太阳能，利用风力涡轮机改装系统，冬暖夏凉。广州准备引进他们的创新理念，建设可容纳 5000 户的新型环保城。

(4) 在家庭用品上，提倡节能新产品。用传统的发条式闹钟可以代替电子钟，每天可以减少 48 克的二氧化碳排放量，不用洗衣机甩干衣服，可以减少 2.3 千克的二氧化碳排放量。少开空调，多用电扇，节省电力。在午休时间，关闭电脑的显示器，可减少 1/3 的二氧化碳排放量。

(原载《湖南老教授老专家建言献策专报》2008 年第 2 期)

绿满校园生态秀

——中南林科大株洲校区生物资源和生态效益调查报告

从长沙走来，跨进气势宏伟的校门，用植物造型的“学习好”3 个大字亮丽夺目，沿着一梯梯的麻石台阶踏步而上，一栋栋的宏伟建筑，一株株挺拔秀丽的雪松，一棵棵花大如雪的玉兰树，一排排绿翠欲滴的樟树，一块块的绿茵草地，一阵阵的鸟语之声……校在林中，路在树中，房在绿中，人在景中，如诗如画，令人迷醉。这就是地处长株潭 3 市的绿肺——株洲云龙生态新城中的株洲校区。这是一块绿色的瑰宝，是一颗夺目的明珠，是一所宜居宜学的高等绿色学府。

一、三十春秋，建生态之园

生态问题是我国可持续发展最突出的问题之一，生态产品已成为当今社会最短缺的产品之一，生态差距已构成我国和发达国家最主要的差距之一。建校要建屋，建屋必建绿。1979 年，经国家计委批准，学校从湖南溆浦搬迁到株洲龙头铺樟树下。当时的樟树下是一片荒山疏林的坡地，中南林新校址的破土兴建，唤醒了沉睡的千年大地。第一批受命建设新校的中南林人，住在简易的工棚里，以长远发展的视野，坚持绿化优先的建校理念，率先建苗圃，建树木园，拉开了建校的序幕，谱写建设生态校园的华章。以最快的速度，最少的投资，把绿化工程不断引向深入。用智慧和汗水打造了一个“春有花、夏有荫、秋有香、冬有青”的秀美校园，令人赞叹，使人向往。据调查显示，株洲校区校园绿化工程建设具有 4 个特点。

特点之一，绿地面积大。全校占地面积 54 公顷（田龙路以北），绿地面积 45 公顷，绿地率为 84.9%，林木覆盖率为 82.64%，绿地覆盖率之高为全国高校少见。绿化结构实施乔、灌、草相结合；常绿树和落叶树相结合；纯林和混交林相结合。突出以乔木、常绿、枝繁叶茂的树种为主，从上往下看见不到黄土，从下向上看见不到天空，树种配置十分合理，林相长势十分喜人。一株胸径 20 厘米的阔叶树，覆盖面积可达 200 多平方米，层层宽大的枝叶伸向天空，其生态功能为草地的 50 倍。

特点之二，植物品种多。树种多，花卉品种多，珍稀树种也多。据调查，株洲校区共有树木 82 科 261 属 574 种，其中山茶科植物 179 种，国家保护一级保护树种 5 种，二级保护树种 16 种。兽类 8 种，鸟类 69 种。校区的主要行道树品种达 40 个，共有 2049 株，木材蓄积量为 770 立方米，平均胸径为 30 厘米，最大胸径为 82 厘米。校区的主要树种是樟树，共有 6204 株，占地 5 公顷，木材蓄积量为 953.3 立方米。校区不仅栽有国内珍贵的各种树种，而且引进了国外的优良品种，澳大利亚的桉树，意大利的欧美杨树，美国的湿地松，日本的樱花，都长得很好。植物的多样性成为校园绿化的主要特点。

特点之三，生态景观秀。校园不仅仅是绿化，种植一些树木，而是要打造环境生态化校园，形成完善的植物、动物、微生物的生物圈，建立一个经济、社会、环境的复合生态系统。经过 30 年的建设，大大改善了生态条件，提升了生态环境水平，看到了生态平衡的效果，人和自然和谐相处的和平景象初显奇观。生物圈的食物链发挥了作用，鸟类多了，病虫害少了。茂密的树木，为鸟类发展创造了条件。据调查，已有白头鹎、大山雀、斑鸠、八哥、鹩哥、竹鸡、啄木鸟、猫头鹰、布谷鸟、乌鸦等 60 多种鸟类在这里繁育栖息。最引人注目的是八哥的每年大聚会，欢歌鸟语，成为独特的生态风景。谢宝多教授专心观察，记下了难得一见的景观。2007 年 12 月 25 ～ 28 日和 2008 年 1 月，上万只八哥从四面八方飞聚在招待所和运动场上的树林中，演奏鸟语大合唱，令人感叹不已。每到冬季，校园的树木，就成为从北方飞来的白头鹎的栖息之地，成群结队地落在树上，白头的鸟儿与绿色的树叶相映，使冬天的景色更加生辉。前 10 年，校区松树的松毛虫和法国梧桐的病虫害十分严重，而现在再也看不到了，这是生物之间相生相克的现象，是生态环境改善的标志，是人工混交林的成功之作，改变了人工林“地上无草，天上无鸟”的景象。

特点之四，生态经济价值高。森林的生态价值越来越显现，森林在生态文明建设中具有不可代替的主体作用。据国家统计局2004年测定，从森林的存量角度讲，我国森林的总资产为13.35万亿元；从流量角度看，我国森林提供了5257.03亿元的物质产品和12.52万亿元的生态产品，两项合计相当于当年GDP的81.62%；生态价值相当于林产品价值的23.82倍，可见生态价值之高。城市园林是一种资源，是一种生产力，是促进城市发展的推动力。据美国专家研究认为，园林资源是国家不动产，随着时间的推移不断增值。这笔不动产的1/6属于树木。他们测算，每株树木的价值为544～1714美元，全美城市行道树和公园内的树木价值为8000亿美元。城市内的1万株树，可以节省电300亿度，减少开支20亿美元。美国纽约的树木使房地产增值15%。经过我们的调查，株洲校区的树木共有行道树和其他绿地树乔木8309株，按美国测算的最低价每株544美元计算，其木材景观价值为31640672元，生态价值为7.5亿元，两项合计为7.8亿元。随着树木的生长，生产价值仍在不断地增长，它是一个不断增值的绿色银行。

二、校在林中，建造宜学宜居之家

东山西山，山山有林；大路小路，路路有树；春夏秋冬，季季有景；教学楼、宿舍楼，楼楼有花。绿色红色相映生辉，奇花异草斗艳添秀。春天的生机盎然，夏天的苍翠绿阴，秋天的桂花飘香，冬天的雪松挺拔，令人如痴如醉，宜居、宜学、宜乐，这是株洲校区的真实写照。

森林是孕育人类之母，树木是人类的保护神。森林可以没有人类，但人类不能没有森林。因为一株树就是一台制氧机，一株树是一瓶维生素，一株树是一个碳汇库，一株树是一台空调机。空气是人类生存的第一需要。据测定，每人每天需要吸氧0.75千克，排出二氧化碳0.90千克，而树木的光合作用，就能满足人类这种生理需要。日本学者研究，每公顷阔叶林可吸收1吨二氧化碳，释放出0.73吨氧气，可供1000人之用。北京市1995年7月测定，每公顷专用绿地每天产生的氧气754～1233千克，可供1696人之用。以此计算，株洲校区树木每天可产生氧气26.79吨，可满足36700人的1天用氧量。吸收二氧化碳36.7吨，放出精气230千克。每年吸尘3034吨。株洲校区的主要树种是樟树，可以说是樟树的天下，共有6204株。樟树是一种非常优良的树种，不仅长得快，材质好，而且抗污染，具有散发精气的特殊功能。据吴楚材教授研究显示，樟树是一种保健功能特强的树种，精气的化学成分有158种之多，其中单萜烯37种，倍半萜烯67种，其他54种，而松科植物只有71种，樟树的精气含量为已测定的156种植物之冠，精气十分丰富，分布于花、叶、木材之中。只要人们走进株洲校区，就有一种清香扑鼻而来的感觉，这就是树林放射出的精气所致。精气是何物？是植物器官在自然状态释放出的气态有机物，主要成分为芳香性碳水化合物萜烯。人类利用植物精气消毒治病，已有几千年的历史。现代科技研究表明，精气有止咳平喘、祛痰、利尿、治疗心血管病等五大功能。精气不仅能健身，而且能治多种疾病，如呼吸道、心血管、肺结核等病。樟树的降温作用大，一株胸径30厘米的大树在夏天每天蒸发的水量达400多千克。相当于3台1100瓦空调机的降温效果。6000多株樟树，就是18000多台空调机。加上樟树的碳汇功能，把空气中的二氧化碳固定在树木之中，为应对气候变化缓解温室气体做出了重要贡献。樟树的生态功能之大，效果之好，是其他树种不可比拟的。

森林不仅是大自然的氧吧，而且是健身的绿色浴场。森林中的负离子特别多，株洲校区空气中负离子含量较高，每立方厘米达1600～2000个。负离子被称之为空气中的维生素。它是一种带负电荷的气体离子，可以优化人体的生理机能。空气中负离子的含量直接影响身体健康，每立方厘米少于25个时，就会出现头疼、恶心、疲劳等不适感觉，当每立方厘米达到1200个，上述现象即可消失。负离子还有扩张血管的作用，改善心肺功能，促进血液循环，扩大肺活量，降低血糖、胆固醇，提高免疫力，使人延年益寿。负离子的多少，受环境影响极大。城中的闹市空气中每立方米只有40～50个，都市公园1000～2000个，而森林中可达10万～100万个，是负离子最多的地方。

绿化改变了生态，生态提升人类的生活质量。生活在株洲校区的人们，站在水塔山顶，立在绿荫中，看校园绿海之景，听绿色鸟语之歌，吸绿色之精气，美在绿色，乐在校园，生活在大自然般的环境之中，心旷神怡，其乐融融。株洲校区是我们舍之不弃的美好家园。这里没有汽车的尾气污染，没有闹市的喧哗烦躁，只有鸟类的交响乐，清脆朗朗的读书声，声声入耳，催人奋进。

三、以树为书，创育人之道

绿化的过程就是树木树人的过程，也就是全面实现环境生态化的过程，建设生态文明的过程。“求是求新，树木树人”是我校的校训。树什么样的人，种什么样的树，这是学校发展的重要命题。中国第一任林业部部长梁希精辟指出：“无山不绿，有水皆清，四时花香，万壑鸟鸣。替河山装成锦绣，把国土绘成丹青。新中国的林人，同时也是新中国的艺人！”这句话为树木树人指明了方向。在实践中坚持以树为书，以师为范，以实为本，这是有效的育人之道。如果说大自然是座博物馆、知识库，那每一株树则是一本知识之书、智慧之书。特别是作为林业高校的学生，读书要从读树开始，读树如同读书一样重要。书本用文字承载着人类的智慧，那么树木用年轮记载着人类的历史。读书，使我们了解社会，学会人生；读树，使我们了解自然，把握人生。人的历史是一本书，树的历史也是一本书。从“树”这本书上可以读出很多人生哲理，走人生智慧之路。如何树立理想，如何对待名利，如何对待困难，如何认识大自然，善待大自然，都可以从“树”这本书上找到答案。人生要有理想信念，就要像参天大树一样，“把理想升向天空，把信念扎在地下”，经得起狂风暴雨的考验。人生要有钢铁般的意志，就要像铁树一样千年也要开花，坚忍不拔，梦想也会成真。人生要正确对待名利，要像梅花一样“俏也不争春，只把春来报”。宠辱不惊，闲看庭前花开花落；去留无意，漫观天外云卷云舒。更像无花果那样朴实无华，开花不张扬而结果，果实味美可口，有不开花而结硕果的美称。廉洁自律要像莲藕一样“出污泥而不染”。从松树的风格，柳树的英姿，仙人掌的生命力，学到很多人生修身养性的美德。作为当代中国的林人，就是要有大自然的胸怀，参天大树的雄心壮志，鲜艳梅花的高尚风格，为祖国山河添锦绣，为再造中华秀美山川做贡献。大自然之谜、森林之谜、生物之谜都是大学生值得研究的课题。自然之美、园林之美、树木之美，是提高学生美学素质的课堂。爱美之心人皆有之，校园的一山一水，一亭一阁，一片叶，一朵花，一棵草，一株树，一块石，一条小路，一池清水，一把坐椅，都是园林之美，是艺术的展示，也是美的享受。植物的生态美、色彩美、意境美，丰富多彩，绚丽多姿，是最美丽的画，最动人的诗。山水园林，也是陶冶道德情操的载体。孔子把山水比德的论述具有深刻哲理：“智者乐水，仁者乐山。智者动，仁者静。智者乐，仁者寿。”把山水人格化，美好的园林山水，象征品性高尚的人。做人，要做道德高尚的人。

学为人师，身正为范。老师的言行是学生做人治学的模范。心动不如行动，行动是最好的典范。在30年的校园建设中，凝聚了师生员工的智慧和力量。沙钱荪教授主持株洲校区的园林设计和施工，充分展示了他造园意境美和主题形式美的理念，是一部具有前瞻性、生态性、艺术性的园林设计成功之作。地形、园路、山石、园水、植物、建筑为六大造景要素，株洲校区突出植物造景要素，以树木为主，以乔木为主，把树木的障景、夹景、漏景、框景的四大造景功能发挥得淋漓尽致，用植物的大小、形态、颜色展示多层次的动态美，使呆板的各种物体充满大自然的气息，使整个环境生机盎然，赏心悦目。采用对比的手法，将植物与建筑，大与小，高与低，动与静，山与水同时表现在一个画面中，把人们引入一个无限深远的意境美之中。通过校园绿化展示了中南林办学特色的形象标志。真有“空中之音，相中之色，水中之月，镜中之像”，言有尽而意无穷之感，大有一种“校在园中行，人在画中游，回归大自然”之感。2004年为迎接教育部教学水平评估，由肖育檀教授主持的校区绿化改造工程，精雕细刻，锦上添花，为校园增添了更加秀美的景观。沈中瀚教授，敢为人先，在校区成功引种了澳大利亚的大叶桉，17年生的胸径已达49厘米，树高23米。从这里走向湖南，成为湖南引种桉树成功的指路人。陈永密教授在校园引种的翅荚木，树干挺直，20年树龄的最大胸径达47厘米，高达16米，已成为引种成林的风景线。漆龙霖教授引种的山茶品种达179种，成为茶花品种极为珍贵的资源库，具有开发的巨大潜力。赵思东教授经过7年的建设，引进国外优良品种，建成了校内果树教学示范基地，为学生实习提供了良好的条件。

美丽如画的校园，不仅是植物的摇篮，更是树人的摇篮。从这里走出的成千上万的林学之子，遍及五湖四海，大江南北，正在为祖国为人类谱写新文明的乐章。

四、生态文明，扬强校之旗

生态文明是继工业文明之后的新文明，它代表历史发展的方向，是人类最先进的文化集中表现。文明和森林紧密相连。森林兴则文明兴，森林败则文明衰。恩格斯对工业文明带来的无林化问题指出：“欧洲没有一个‘文明’国家没有出现过无林化。美国，无疑俄国也是一样，目前正在发生无林化。”马克思针对这种状况一针见血地指出由此带来的后果：“文明如果是自发地发展，而不是自觉地发展，则留给自己的是荒漠。”鲁迅也指出：“林木伐尽，水泽湮枯，将来的一滴水，将和血液等价。”可见森林在生态建设中的主体地位和支撑作用。生态文明的本质是人与自然和谐相处，共生共荣，共同发展。身负生态建设重大使命的林业高等学校，应当把生态文明作为办学的指导思想，举全校之力，把学校建设成为高水平、高质量的生态文明大学。

1．把建设生态文明作为强校的目标

生态文明是一个全新而又内涵深厚的概念，已不是一般意义的环境绿化、生态修复、污染控制，而是要创建节约能源、保护生态环境的产业结构和增长方式及消费模式。集环境、经济、社会、文化于一体，使整个社会走上生产发展、生活富裕、生态良好的文明之路，实现文明、高效、和谐的发展目标。坚持生态优先、效益优先、节约优先、富民优先的发展观念，建立环境整洁优美，生活安全舒适，物质、能源、信息高效利用，经济发达、社会进步、生态保护三者的高度和谐，人和自然共生共荣的生态复合系统。生态建设、生态安全、生态文明是我国林业发展的核心战略。生态建设是生态安全的基础，生态安全是生态文明的保障，生态文明是生态建设的目标。因此，我们要以生态文明的理念，以林业发展的核心战略为指引，改变我们传统的办学理念，办学模式和办学方式，拓宽林学和生态学科知识，为生态材料、生物油料、生态文化、生态安全提供人力和智力支撑，使之成为中南林科大的核心竞争力和独特的办学优势。

2．把生态文明作为重点学科建设

建设生态文明正成为我国现代化建设的战略任务，维护生态安全已成为全球面临的重大课题，发展林业是建设生态文明的首要任务，是应对气候变化的战略选择。在学科建设中，始终要把生态建设、生态安全、生态文明作为重点学科建设的核心，不断提升学科的核心竞争力。这是学校坚持科学发展的历史机遇。一定要站在新的起点上，占领制高点，大力加强生态建设、生态产品、生态文化的研究，整合科学资源优势，以生态文明研究为中心，设立相关的新型生态专业，对接社会的人才需求和产业发展，依靠生态文明的理念建设特色鲜明的重点学科，以此为引擎统领其他学科协调发展。让生态文明的思想，成为学科建设和专业建设的灵魂。

3．把株洲校区作为生态文明建设的重要基地

株洲校区的生态资源是建设生态文明的基础。就生态文明的狭义而

言，株洲校区已形成自然中的大气、植物、动物相互协调平衡的状态，自然的生态系统正在逐渐形成。进一步提升，可以实现自然存在物和社会经济复合交流的平衡，提升生态文明的境界。30 年实践显示，株洲校区的生态价值高，已成为一块风水宝地。我们要十分珍惜来之不易的宝贵资源，保护好，利用好。因此建议学校领导要进一步加强株洲校区的生态建设，明确定位，使株洲校区成为生态校园的示范基地，生命科学的实习教学基地；植物树木的品种基地，自然生态的实验基地，苗木花卉的生产基地；使株洲校区成为中南林科大的生态文明建设示范特区，成为长株潭“两型”社会的碳汇库、基因库、资源库、制氧库、知识库。特别要抓住云龙生态新城建设的机遇，把株洲校区的生态建设提升到一个新水平。云龙新城定位为生态之城、文化之城、旅游之城，为中南林科大的发展提供了更广阔的平台，我们要珍惜难得的历史机遇。为此，我们提出以下 4 点建议。

（1）要依法管理，保护好一花一木，对于破坏植被林木的现象要依法处理。制定对树木植物保护的管理条例，有法可依，有章可循。

（2）要科学培育树木花草。加强人工培育，对于影响主要树种生长的杂树要予以清除。有很多品种因管理不善已经消失，要补种完善品种体系，要及时防治病虫害。

（3）要加大投入资金，以支持维护和完善校区的植被绿化工程，统一规划，整合资源，使地尽其利，物尽其用，实现三大效益的最大化。

（4）要加强领导，成立株洲校区生态建设领导小组，建立完善的管理机制，把教学与生态校园建设，科研与生态校园建设结合起来，齐抓共管，使其真正成为生态文明校园的示范地，以推动高校的生态文明建设。

（中南林科大老科协课题组：谢朝柱、沈中翰、肖育檀、谢宝多、漆龙林、孙希儒）

论凝聚力和影响力

在大学学习期间，如何当好学生干部，做好团的工作和学生会的工作，是每个学生干部面临的重要课题。为了提高学生干部的组织力和影响力，必须学会领导艺术，懂得人际交往的技巧，用自己的思想和行为，去影响同学的言行，使自己真正成为学生中的带头人。

一、要有当好学生干部的自觉性

担任学生干部不仅是工作，而且是一次很好的学习机会，它不仅是一种荣誉，而且是一种奉献。当好学生干部，必须具有高度的自觉性。自觉性必须建立在自我激励的基础上，才具有工作的动力。这种动力来源于两种正确的认识。

1．当好学生干部是走向社会、立志成才的阶梯

高等学校是培养人才的摇篮，担任学生干部则是锻炼自己的最好岗位。从我国的情况来看，国家的领导人大多是在学校担任了学生会干部或团干部，经过长期的锻炼之后，先后由青年工作岗位走上党政的领导岗位，成为党和国家的领导人。

很多外国领导人的经历也是如此。如美国总统里根，他在大学学习期间是学生中的骨干活跃分子，担任过学生自治会主席，是爱好体育和戏剧的积极分子，在校学习期间担任过业余游泳教练和水上救生员，先后一共救了77人。由于他在大学学习期间受到了广泛的锻炼，为他毕业走向社会，从事电影艺术工作打下了坚实的基础，最后经过14年的奋斗，当上了国家总统。他不仅有健康的身体，年届70余岁仍老而不衰；而且善于言辞，使他能连任2届总统。

2．当好学生干部是人生价值的体现

法国生物学家巴斯德说："立志、工作、成功，是人类活动的三大要素。立志是事业的大门，工作是登堂入室的旅程。这个旅程的尽头有成功在等待着，以庆祝你的努力结果。"担任大学生的学生干部，这是人生立志、工作、成功的良好时机。你能当上学生干部，这是组织的信任，同学的期望，也是你踏上人生征途最有意义的事。

最近我国翻译出版了加拿大企业家伍德著的《企业家爸爸给儿子的30封信》一书。作者在书中指出："你若能健康地成长，就会体验到人生应有的责任感，成功就会随之而来。责任即是人存在的基础。责任心越重的人，生活越充实。人生本来就是一连串的挑战，如果你一味逃避，就等于离成功越远。

现代的年轻人中，有许多人到现在还无法找到人生的意义，原因在于他们缺乏目标。没有目标，就无法体会到达到目标的喜悦。

生活的品质提高，人生就会更有意义。工作能提高生活品质，进而使人

生充满意义。”

由此可见，我们可以懂得人生的意义是在于对人民，对事业要有一种强烈的责任感。现在我们肩负着学生干部工作的责任，这是实现人生价值的具体体现。我们工作做得越好，越是体现对人民事业的奉献，越是体现了人生的意义。

二、要具有学生干部的敏锐性

学生干部是学生成员中的一个重要角色。角色是社会学中的概念。每个人都在社会生活中扮演一定的角色。我们担任了学生干部，就应具备学生干部的敏锐意识，主动承担领导的责任，正确行使学生干部的权利和义务，勤勤恳恳地做好本职工作。可是，不少的学生干部角色意识不强，长期缺乏领导角色意识，把自己混同一般同学，没有发挥学生干部的作用。

作为一个学生干部，在学生群体中应该发挥4种角色的职能。

1. 学生组织者的角色

学生干部应具有较强的组织能力，善于把广大团员和同学团结在共青团和学生会的周围。经常组织团员和青年参加各种组织活动，使他们愉快地生活在集体之中。把学生中的团组织和学生班级组织建立成为一个团结、民主、奋发、向上的集体。增强集体意识，发扬集体主义精神，克服涣散现象。

2. 学生教育者的角色

学生干部首先是受教育者，同时又是教育者。学生干部的教育职能，是由学生干部工作的任务所决定的。作为一个学生干部，必须用马列主义和现代科学知识武装团员和青年，不断提高团员和青年的思想觉悟，树立实现“四化”、振兴中华的理想，具有献身人民的精神。

3. 学生利益代表者的角色

学生干部必须要代表大多数学生的利益，正确处理好国家、集体和个人的利益关系。大学生的要求是多方面的，我们要从精神和物质两个方面满足同学的合理需要。对他们的合法利益要维护，向上级反映意见，不断改善和丰富同学们的精神生活和物质生活，为同学们创造一个良好的学习环境。

4. 学生榜样者的角色

学生干部是学生群体形象的代表者。他们的一言一行都要为同学做出表率。“提灯的人一定要走在最前面”。干部必须先走一步，处处事事都要起模范作用。喊破嗓子，不如做出样子。榜样是无声的命令，是最好的老师。不要做语言的巨人，行动的矮子。

总之，要当好干部的角色，必须坚持四项基本原则，胸怀大志，奋发向上，努力学习，积极工作，遵守纪律，道德高尚，为人表率。这样才能被广大团员和青年拥护。

三、要大力提高学生干部的权威性

学生干部的权威包括权力和威信两个方面的内容。但权力不等于威信。在现实的生活中，有的领导者是权威，而有的领导者则有权无威。威信可分为政治威信、道德威信和职业威信。作为一个社会主义国家的领导者这 3 种威信是不可缺少的。

学生干部本身是学生，其主要任务是学习。在搞好学习的同时兼任社会工作。因此，做学生干部和国家机关干部不同，学生干部没有很大的政治权力和行政权力。要提高在学生中的威信，不能单靠权力职位，而是靠不断增强自身的影响力，用自己的言行去影响他人。影响力有两种：①权力影响力，主要来自职位资历的因素，其特点是强调命令和服从；②非权力影响力，主要来自品格、能力、知识和感情因素，其特点是强调顺从和依赖。在以上两种影响力中，学生干部要充分发挥非权力影响力的作用，用自己丰富的知识，较高的政策水平，以及解决和分析问题的能力，有效地做好工作，不断提高自己的威信。

怎样提高自己的影响力和吸引力呢？应该从以下 3 个方面下工夫。

1．要坚持正确的政治方向

影响力的大小首先取决于一个干部的政治威信。政治威信是由干部自身的政治素质所决定的。学生干部应具有较高的思想觉悟，坚持四项基本原则，把握前进的政治方向，带领团员和青年沿着正确的道路前进。革命理想，不是可有可无的点缀品，而是人生的动力，是人生生活的旗帜。没有理想的青春，是没有太阳的早晨。没有目标的生活，就像没有舵的船。正如我们党的创始人李大钊同志所指出的："青年呵！你们临开始活动之前，应该定定方向。比如航海远行的人，必先定个目的地，中途的指针，总是指着这个方向走，才能有达到那一个目的地的一天，若是方向不定，随风飘转，恐怕永无到达的日子。"实现共产主义是我们的理想，又是我们为之奋斗的目标，前进的道路是不平坦的，但是只要我们坚持不懈就能实现"生来奔走万山中，踏尽崎岖路自通"的宏伟目标。

2．要具有催人奋进的领导知识

做好学生干部工作是从属领导科学知识的范畴。要成为一个优秀的学生干部，必须具有领导者的素质和专长，它本身就是一种吸引力。因此要博览群书，善于学习，掌握领导科学知识。这是做好工作的力量源泉。人之幼稚，不学则愚。要努力学习信息科学和管理科学的理论和知识，边学习，边实践，不断提高领导艺术。在工作中要特别加强心理学和行为学的学习，并采用现代管理方法指导我们的工作。“得心者得天下”，做好学生工作，必须懂得大学生的心理特征，善于掌握心理变化的规律。一般来说，当代的大学生，4 种心理表现较为突出，即求新心理、求奇心理、求乐心理和逆反心理。一般都喜欢学习新的知识，喜欢打听奇特的趣闻，喜欢寻求时代的欢乐，而不喜欢老调重弹，不喜欢成人化的生活，自我意识强。在心理现象上，有明显的排他性。所以在工作中，我们要采取行之有效的方法，消除心理上的排他性和对抗性，增强心理的相容性和相悦性。大学生在大学学习期间，是人生播种的春天，也是他们长身体、长知识的春天。因为他们都有各种各样的需要。我们要根据行为科学的需要理论和激励理论，尽可能满足他们的合理需要，激励他们奋发向上。人的需求主要分为五大需求——生活需求、安全需求、社交需求、尊重需求和成就需求。这也是大学生成才不可缺少的 5 种需求。我们工作的重心要根据学生需求和成长的特点，从物质上和精神上，特别是在精神方面，为同学创造一个良好的育人环境，促进德、智、体全面发展，做一个合格的大学生，走向社会之后成为国家的栋梁之材。

3．要有阅历丰富的社交能力

社交能力是领导者必须具备的能力，是领导者的吸引力和影响力的具体表现。社交是进行领导活动的媒介，也是人际交往的桥梁。作为学生干部提高自己的社交能力尤为重要。怎样提高社交能力？怎样与人友好相处？怎样与人打交道？

（1）以礼待人，首先要给人一种良好的第一印象。在人际交往中，重视第一印象是一种普遍的心理倾向。两个素不相识的人，初次见面后的直观感觉，心理学称之为“第一印象”。第一印象具有先入为主的特征，给人的影响比较深刻。它是人际交往深化的关键。与人初次见面，给人留下良好的第一印象，是非常必要的。怎样才能有较好的第一印象？就是要以礼待人，言之有礼，行之有礼，处处表现出彬彬有礼的风度。礼貌是一种亲和剂。其功能是用客气的方式请别人做事，比命令的方式更好。从某种意义来说，“任何防卫武器抵挡不了礼貌的攻势”。在与人交际中，要以感人为举止，动人为表情，以得到对方的欢迎，为深化交往、增进友谊奠定良好的基础。

(2) 以情动人，用美好微笑去赢得对方的友谊。笑是表达人的思想感情最常见的一种表情。而微笑是吸引朋友的磁石，是缓解矛盾的润滑油，是办事的通行证，是爱情的催化剂，也是家庭的向心力。对疲乏的人，微笑是休息；对泄气的人，微笑是温暖；对悲伤的人，微笑是阳光。总之微笑能增添人间的快乐，激发人的感情，沟通人的心灵，缓解人际的矛盾。让我们在社交中，通过微笑架起人际间理解、友好的桥梁，让知心朋友遍天下。

(3) 以诚感人，用热情的语言获得人们的欢迎。一副冷漠的面孔，一张缺乏热情的嘴，是最使人失望的。“良言一句三冬暖，恶语伤人六月寒”。语言是信息和感情交往的最有效的方法之一。在与人交往中，对他人的优点，要热诚地称赞；对他人的帮助要衷心地感谢；对自己的失误要诚心地自我批评。这是取得社交成功的 3 个关键因素。人都喜欢被称赞，这会给人一种内心的喜悦，是精神上的一种动力。“谢谢您！”这是表达谢意最令人难忘怀的 3 个字，它能使助人为乐、相互支持、相互理解的精神蔚然成风，和谐相处，友谊长存。“对不起！”这是交往中常用的一句话。当你的言行有失误时，只要你说：“对不起。”它就可使强者低头，愤怒者“熄火”。

同学们，大学生活是人生最美好的春天，我们要珍惜宝贵的青春生活。在现实生活中，有的人在成功中退却，有的人在失败中奋起，也有的人在习惯中麻木。我们热诚地希望你们成为一个优秀的学生干部，将来都是国家的优秀栋梁之材，挑起“振兴中华，实现‘四化’”的重担，展翅飞翔，奔向前程似锦的未来！

（原载《高教研究》1989 年第 3 期）

锐意改革，努力开创思想政治工作新局面

如何做好新时期的思想政治工作，既是当前的现实任务，又是我国精神文明建设的长期战略任务。加强思想政治工作的科学研究，探讨它的新内容、新特点、新路子、新方法，开创思想政治工作的新局面，是我们大家面临的光荣而艰巨的任务。

一、在认识上要有新的高度

1．要充分认识思想政治工作的时代性

现在我们正处于改革的时代、开放的时代。过去思想政治工作以阶级斗争为中心，而现在要以改革、开放、搞活为中心。思想政治工作要面向改革、面向开放，立足并服务于党的总目标、总任务，服务于培养“四有”合格人才。

2．要充分认识思想政治工作的科学性

思想政治工作是一门科学，因为它有自己特殊的研究对象和领域；有自己坚实的理论基础；有自己的固有规律和科学体系；有不同于其他科学的基本特点。马克思、恩格斯说：“人们行动的一切动力，都一定要通过他的头脑，一定要转变为他的愿望和动机，才能使他行动起来。”然而支配人们行动的动机，并不是头脑里固有的，而是“外部世界对人的影响表现在人的头脑中，反映在人的头脑中，成为感觉、思想、动机、意志。”这就是说，人们的一切行动是受思想支配的，而支配行动的思想，是人们所处的社会条件、生活条件、工作条件、文化修养以及环境诱迫等客观条件作用于大脑的结果。这就是人们思想和行为活动的基本规律。这个规律决定着整个思想政治工作的规律。思想政治工作研究的对象是千百万群众的思想政治状况及其活动规律，其重点是研究党对人们进行思想政治教育的规律。具体来说，思想政治工作有以下一些规律。

（1）效应规律。思想具有客观性。思想政治工作的效果如何，是高还是低，受许多外界因素的影响。要使思想工作收到好的效果，应充分注意威信效应、名人效应、实例效应的作用。如老山英雄讲生死，人人敬佩；劳动模范讲贡献，使人信服；曲啸同志讲信念，令人感动。

（2）同化规律。思想是有差异性的。思想政治工作的任务，就是执行党的任务，做到统一认识，统一行动。在思想政治工作过程中，要消除人民内部各种极端观点的差距，不要激化矛盾，要强化思想上的统一性。

（3）系统规律。人的思想具有复杂性。思想的产生、发展和变化受外界各种条件的制约。表面看来，它是思想问题，实际上是现实问题的反映。做思想工作，要从事实着眼，从实质上分析，不要局限于一时一事，要全面地进行分析，从精神和物质的结合上加以解决。

（4）需求规律。思想变化具有规律性。人们的思想发生到行为的变化会形成这样一个模式：需要—动机—行为。需要既是社会发展的目的，又是人们进行活动的动力。只有需要的开发，才能把人类社会的物质文明和精神文明推向一个新的阶段。美国心理学家马斯洛认为，人的需要可分为5个层次：生理需要；安全需要；社交需要；尊重需要；自我实现需要。我们必须根据人的特性，运用心理学的知识，开展卓有成效的思想政治工作。

3．要充分认识思想政治工作的重要作用

思想政治工作是经济工作和其他工作的有力保证。它具有导向作用、激励作用、凝聚作用。我们要坚持四项基本原则，反对资产阶级自由化，用马列主义、毛泽东思想育人，用党的路线、方针、政策指导改革和各项工作，充分发挥思想政治工作的作用，使它像磁铁一样，吸引广大群众紧紧团结在一起，为实现“四化”而献身。

二、在理论上要有新的深度

马克思说过：“理论只要说服人，就能掌握群众；而理论只要彻底，就能说服人。”理论是做好思想政治工作的灵魂。马克思主义理论是思想政治工作的皇冠，是做好思想政治工作的根本保证。马克思主义是发展中的一门科学。对待马克思主义，我们既要反对把马克思主义当作僵死的教条主义态度，又要反对一概否定马克思主义的基本原理，认为马克思主义已经过时的错误观点。坚持实践的观点，发展的观点，创造的观点，把坚持马克思主义和发展马克思主义统一起来。历史在发展，改革在深入，改革中出现了许多新的理论和观念。党中央在十二届三中全会上，明确指出我国的经济是有计划的商品经济，这是对马克思主义经济理论的重大发展。现在人们对传统的道德观、幸福观、贫富观，什么是真正的社会主义等，都有了许多新的认识。作为思想政治工作者，要紧跟形势的发展，更新观念，要坚持在马克思主义理论的指导下，从深度和广度上积极探索思想政治工作的新内容、新方法、新路子，使思想政治工作这门科学不断理论化、系统化。

三、在方法上要有新的办法

随着改革的深入，各种传统观念的变化，根据当今大学生的特点，思想政治工作的方法也应相应改变。我们既要认真总结和发扬行之有效的传统工作方法，又要不断探索新的方法和路子。从工作方法到指导思想上，从防范限制到服务引导上，都要克服过去那种“50年代忆苦饭，60年代一声唤，70年代大批判”的做法。要坚持疏导方针，以理服人，尊重人，用人之长，多一点人情味，少一点火药味，清除封建思想（等级观念、裙带关系）、资产阶级思想（拜金主义、利己主义）和"左"的东西（斗争哲学、精神万能、消极防范、否定个人利益），改变政治和业务相分离的做法，注入一些新的方法，增强思想政治工作的活力。

(1) 思想政治工作要做到有新颖性。要用马列主义原理，用最新科学成就和知识教育群众，把思想性、知识性和趣味性统一起来，善于抓住学生的热点、兴奋点开展工作。

(2) 要有层次性。在群众这个大系统中，由于个人所处的地位和所受的教育不同，职业不同，年龄不同，经济条件不同，所学专业不同，学生分研究生、本科、专科、函大夜大生，等等，这些因素决定了人们的思想是错综复杂、大有区别的。这就要求我们每个思想政治工作者，应根据不同的对象，不同的思想情况，采取不同的思想工作方法，对症下药，一把钥匙开一把锁，卓有成效地进行思想政治工作。

(3) 目标要有阶段性。大学生在校 4 年，从入学到毕业，思想的变化呈阶段性，大致可分为 3 个阶段：第一阶段即一年级阶段，有个适应环境，热爱专业的思想过程；第二阶段是相互竞争，全面发展创"三好"的过程；第三阶段是毕业思想准备，志在四方展宏图的阶段。这些不同的阶段，学生的奋斗目标不同，需要我们加以正确引导，使之健康成长。

(4) 方法要有艺术性。所谓艺术性，就是要把政治、思想、理论、情感、科学融为一体，要晓之以理，动之以情，导之以行。曲啸、李燕杰、老山前线英雄们的报告之所以催人奋发、感人至深，除了他们自己的先进事迹以外，他们的报告始终贯彻了勇士般的刚毅，诗歌般的深情，小说般的曲折，戏剧般的冲突，相声般的乐趣。艺术性既要体现科学性，更要体现思想性。要充分发挥学生交触心理、诱发心理、求美求奇心理的积极作用，防止从众心理、逆反心理的消极作用。

四、在队伍建设上要有新的要求

新时期的思想政治工作要求高、难度大、面又广，这就给从事思想政治工作者提出了新的要求。第一，在理论上要有较高的马列主义水平。我们每一个思想政治工作者，首先必须认真学习马列主义基本原理，并在实践中创造性地加以运用。第二，在业务上要有较广的知识面。要认真学习自然科学知识，学习社会科学知识，用先进的科学知识去教育人，启迪人，鼓舞人。第三，在组织上要有一支精干的队伍。思想工作既要社会化，又要专业化，要建立一支专、兼职相结合的政工队伍，动员广大教师都来做思想政治工作。一是要加强导师和班主任的建设，建立健全班主任导师制；二是要加强辅导员队伍的建设；三是要加强党、团、工会干部的训练。

我院思想政治工作研究会的成立，标志着我院的思想政治工作正向科学化、民主化、专业化深入发展，将进入一个新的阶段。我们要扎扎实实地开展工作，加强思想政治工作改革理论的研究，进一步明确思想政治工作的地位、作用和任务；加强思想政治工作规律的研究；加强思想政治工作科学方法的研究；加强如何教书育人的研究；加强对如何通过社会实践促进大学生成才的研究，等等。要把理论与实践紧密结合起来，生机勃勃地开展思想政治工作，努力促进我院各项工作的发展，为把我院办成全国第一流的林业高等学府而奋斗。

（原载《高教研究》1987 年第 1 期）

青年期是人生旅途中的一个危机期

——当代大学生的行为透视

思想是行为的反映，行为是思想的体现。人类的行为尽管因人而异，千差万别，但都有共同的特征。大学生是社会中最不稳定的群体，除具备人类行为的共同特征外，他们还具有自身的特点。本文仅就大学生当前的行为倾向，究其产生的根源、变化和发展的规律，做一些粗浅的探讨。

一、青年期是大学生走向人生旅途的转折期

青年是指人的一生介于童年少年和进入劳动世界，获得自主能力而成为成人之间的过渡期。简言之，青年期是身体和智力发展高峰的时期。青年期年龄界限的划分，国际上尚无统一的标准。美国把青年期定为 14 ～ 25 岁。我国规定 14 ～ 28 岁为青年期，一般说来，把 14 ～ 17 岁划为青年初期，18 ～ 22 岁为青年中期，23 ～ 28 岁为青年后期。青年在生理上显然已成人，但心理上仍然是一个准成人，他们对生活的驾驭能力还是不能与成人相比的。所以，日本对青年参加就业和政治生活做了具体的规定，如规定不满 18 岁的青年，不能考领驾驶执照；不满 22 岁的青年，不允许驾驶客车；不满 25 岁的青年，没有被选举权等。

大学生由中学进入大学，由青年初期进入青年中期，这是他们在人生旅途上的一个重要转折时期。大学，是令人神往的摇篮，是社会的“晴雨表”，是时代的“温度计”。随着改革浪潮的推进，大学生的思想如波涛此起彼伏，形成一幅五彩缤纷的思想画卷，令人眼花缭乱。特别是在资产阶级自由化泛滥的时期里，两种世界观、两条道路的政治斗争相当激烈，可以说，此时的大学生正处于两种世界观、两条道路的十字路口。大学生历来都是无产阶级和资产阶级争夺的对象，是资产阶级向社会主义国家进行“和平演变”的突破口。所以，能不能把握好大学时期的政治方向，坚持四项基本原则，反对资产阶级自由化，把自己培养成为社会主义事业的接班人，这对每个大学生来说，确实是一个严峻的考验。在转折的关键时期是否能分清是非，明确方向，沿着社会主义的大道胜利前进，这是每个大学生必须向党和人民做出明确回答的重大问题。

二、青年期是大学生走向人生旅途的危机期

在现代社会里，无数事实表明青年期是人生的危机期。全世界的统计数字表明，青年期中各种犯罪、自杀现象有增无减。因此，很多学者把青年期称为“烦恼增殖期”“疾风怒吼期”，这是有科学分析作为根据的。大学生在学习期间，在人生的道路上表现出很多烦恼、困惑、迷惘，故步自封，不知所向，有的甚至走上了人生的绝路。从近几年来大学生的行为倾向看，他们的人生危机点表现在以下 4 个方面。

1. 生理的剧变是大学生走向人生危机的起点

人从出生到成人，要经过两个生长期：一是儿童生长期；二是青年生长期。在青年生长期内，体格发育异常迅速，体力显著增强，性意识萌生，大脑和神经系统趋于完善，它标志着人在生理上已成人化了。大学生处于青年中期，身高和体重继续发育，体型横向发展，特别是内分泌系统不断变化，使青年很快在生理趋向成熟。现代生理学研究表明，在人体的八大系统中，内分泌和神经系统是控制全身功能调节的系统。所以，从生理的角度来看，大学生在生理上是一个标准的成人了，但从社会学的观点来看，大学生仍然是一个准成人。也就是说是一个不完整的成人。这种“不完整”表现在两个方面：其一，感情上的冲动性。因为青年生理的剧变，容易导致青年的性情不稳定性，时而暴躁，时而低沉，时而冲动，时而平息。在与人交往中容易发生冲突，往往会因为某件小事发生争吵，最后导致斗殴，造成流血事件。有时心血来潮，感情一冲动，便可能去冒险，做出亲者痛仇者快的事，甚至走向犯罪的道路。他们为什么这样呢？分析其生理原因，由于18岁以后青年的体力已达成年人的水平，因此促使他们产生一种强烈的自信感，以及向社会挑战的激情，不成熟的判断力常常被强烈的欲望所压倒，缺乏控制力而铤而走险。其二，行为极端性。青年期在心理上是第二个断乳期，心理发展不平衡，处在依赖性和独立性、优雅性和冒险性的矛盾之中。振奋与失望、自豪与自卑、欢乐与苦恼的心理时而交替发生；喜、怒、哀、乐，感情变化无常，一旦一种消极情感占了上风，其行为就会背离轨道，走向不可自拔的泥坑。近几年来，为什么高校学生自杀人数逐步增加呢？究其原因就是他们想到人生的困惑，觉得生无意义，只好去跳楼、投江，了此一生。如我院有一男同学在人生的问题上迷惘，他在日记本上这样写道："人生到死，我们看作是每个人都要走的路。我们不是可以说自杀是捷径吗？人生中充满着欢乐、痛苦、空虚和无聊，当一个人对欢乐和痛苦都有深的体验并主动结束自己的生命，采取这种主动态度的人是可敬的。"他这种思想反映了少数学生对人生的看法。另一女学生则用她的实践来实现了她自杀的愿望。在她看来，人在世"生"是一种"痛苦"、"死"是一种"幸福"，即使她在热恋之中，也未减轻她轻生之念，最后以投江自杀结束了她短暂的一生。她在遗书最后一段是这样写的："爸爸、妈妈、哥姐们：你们会认为我太自私了，扔下你们走了。我也想到过走后的后果，但我想到我活着比死了更难受，所以，我选择了后者。你们骂我吧！于九泉下我将感到安慰。"

2．心理的烦恼是大学生走向人生危机的阶梯

随着人生的第二个生长高峰的到来，不仅使大学生强烈感到身体的变化，同时也感到大学生在社会中的地位也发生了巨大的变化。从大学的入学那天起，一种优越感和自豪感也随之油然而生；而随着大学生活层层推进，一种自卑感和失落感又同时产生。优越感和失落感两种心理的摩擦和相撞，便产生无数的烦恼，不知不觉地进入青年的"烦恼增殖期"。

烦恼是大学生中的一种普遍心理现象。为学的专业不对口烦恼有之，为经济条件困难烦恼有之，为人际关系不好烦恼有之，为学习成绩差烦恼有之，为毕业分配烦恼有之，更有甚者，很多同学为恋爱感到无限的烦恼，有的为找不到对象烦恼，有的为失恋烦恼，有的为单相思烦恼。这些都是大学生心理现象特征的反映。在大学这个青年聚集的小社会中，恋爱问题是一个非常敏感的神经网络，只要拨动一下，就会引起连续的反响。大学生为摆脱生活

的苦恼，在恋爱中追求欢乐，刮起了一股经久不息的恋爱风，由大年龄发展到小年龄，高年级发展到低年级，由少数发展到多数，由秘密发展到公开，正向着低龄化、普遍化、公开化的方向发展，越演越烈，大有不可阻挡之势。据统计，恋爱人数占大学生的 80% ~ 90%，其中成功率为 30%，失败率为 40%，单思者 10%，失恋者 20%。爱情是神秘的，也是狂热的；是幸福的，也是苦恼的；是起点，也是终点，具有复杂的两重性。在恋爱问题上，如果失去理智和约束，就会导致事业的终止和道德的败坏以及人的野性发展。大学生的行为种种表现构成了一个特殊的恋爱画面。

早恋：在高校过去谈恋爱都在高年级，而现在新同学一进校门就谈恋爱。其特点是年龄小、胆子大、热性高、速度快。

多恋：由于受琼瑶小说的影响，大搞“三角恋爱”，今天一个，明天一个，脚踏两只船，小三角、大三角的现象屡见不鲜。

虚恋：从表面现象来看，是在热恋，而实际上只是男女“随随便便玩玩而已”的一种虚恋，并非真实情感的融合。

钱恋：有的学生为了摆脱经济的困难，使生活过得好一些，通过恋爱达到增加经济收入的目的，其动机是金钱，手段是恋爱。持有这种动机谈恋爱的，不少的人最后走上了歧途。

性恋：感情外露，过早亲昵，搂搂抱抱，亲亲吻吻，甚至发生性关系，私自人工流产。

同性恋：由于性的新奇感和满足感，与同性之间谈恋爱。有的不仅在心理上而且在行为上产生严重的性扭曲现象，如恋物癖、窥身癖、显露癖等丑恶行为在高校中也时有发生。

在当今的高校里，爱神丘比特深为广大学生所喜爱，爱情成了大学生生活中的主题。他们每天晚上在熄灯之后，举行“性的卧谈会”，成立什么业余的“性研究所”。这就充分反映了恋爱、婚姻是大学生的热点和兴奋点。在爱情这个命题里，从理论和实践上，很多同学是知之甚少，不知其理。爱情是何物？他们不懂。正如有的学生说：“爱像什么——爱像星期天的早晨；爱像什么——爱像说话的眼睛；爱像什么——爱像拥抱的风；爱像什么——爱像紫色的梦”。他们把“爱情至上”作为事业的目标，看成一种“核动力”。为实现爱的追求，不顾自己的形象及其影响，为所欲为，缺乏理智和修养。在白天的公共场所里，搂搂抱抱，无所顾忌；在食堂里，吃饭你喂我一口，我喂你一口，相互逗情；在教室里，相互依偎，如漆似胶；在晚间，爱是他们的天下，“角落天地越小，爱的天地越广阔”“天越黑，爱的火花越亮”。夜幕遮住了探奇者的双目，而爱的眼睛却更加明亮，双双迷恋于深夜之中不归。更为严重的是无视法纪，无视道德规范，男女同居一室，未婚同居怀孕的现象时有发生，玷污了大学生的形象，败坏了校风。不少学生为摆脱烦恼从踏入爱河开始，最后以被无情的爱河淹得奄奄一息而告终。在实践中，有的学生深深感到恋爱既是“苦涩的幸福”，又是一种“甜美的痛苦”。只有树立正确的恋爱观，才能求得爱情的真正幸福。

3．真理的困惑是大学生走向人生危机的深渊

历史每向前推进一个里程，上层建筑领域就会形成冲击波，给人们带来各种各样的困惑。而对大学生来说，这种困惑就更显得突出。

近几年来，由于资产阶级自由化的泛滥，马列主义、毛泽东著作在高校遭到冷落，而尼采、萨特、弗洛伊德的著作却受到青睐，改革开放带来的社会政治生活的变化，新旧观念的交替，中外文化的交融，现代文化和传统文化的撞击，这些都把大学生推到了马克思主义和非马克思主义的十字路口，使他们对为追求什么样的真理而感到困惑。在这种历史背景下，尼采的“超人哲学”，萨特的存在主义，恰恰迎合了大学生的矛盾心理，并为他们所接受。在尼采的“重新估定一切价值”“扩张自我”“超人是历史的创造者”以及萨特的“人生在世，只有靠自己，在行动中，实现自己存在的人生”的思想渗透下，使大学生深受其害。他们把人生和社会对立起来，演奏的是一曲悲观失望的人生哀乐。据 1982 年抽样调查，迷恋尼采、萨特等西方哲学著作的达 55% 之多。特别是大学生在文化理论上，处于“断乳期”和“缺氧期”，尼采、萨特哲学观点的大肆宣扬，无疑是给大学生的自我意识火上加油，越烧越旺。塑造自我，越过课堂，跨出校园，去寻找实现自我的道路，使一些学生陷入了“以自我为中心”的泥潭，避开社会主义去谈人生价值，最后滑到利己主义，走进了“自我设计—自我拔高—自我放荡”的死胡同，葬送了自己宝贵的青春。

大学生活是人生最美好的春天，在这大好的春光中，有的学生在勤奋学习，播下知识的种子，而有的学生却去寻欢作乐，虚度时光。近几年在高校刮起的“厌学风”就是事实的写照。不少同学对专业不感兴趣，学习不认真，把“60 分万岁”作为学习的旗帜高高举起。“学不在精，及格就行；功不在深，

舞弊则灵”成了一些学生的治学原则。他们把学校视为恋爱、跳舞的“大乐园”，把课堂当作休养生息的“游乐厅”。有一个学生在黑板报上这样描述：“斯是教室，唯吾闲情，小说传得快，杂志翻得勤，琢磨下象棋，寻思看电影，可以打瞌睡，亦能写家信，教室虽非跳舞场，胜比游乐厅。”

大学生从哲学的“尼采热”“萨特热”延伸到文艺上的“武侠热”“琼瑶热”，发展到生活上的“消费热”。“人生几何，对酒当歌”的人生哲学为一些大学生所提倡，饮好酒、抽好烟、穿时装，成了一些大学生生活的时尚。高消费的潮流，把这些“穷”大学生推到了消费的最前沿。据北京市高校调查，学生的消费支出是直线上升的，由 1983 年的人均月支出 32.2 元，到 1987 年上升到每月支出 72.9 元，大大高出城市同期平均消费每月支出 45.3 元的水平。在校学生中，男性抽烟者占 25%，每月平均支出 30 元左右。这种高消费风随着改革开放越刮越大，把大学生刮得头昏眼花，造成弃学经商、聚赌偷盗、乱搞两性关系、卖身谋生等严重恶果。据上海市高校统计，仅 1986 年受到各种校纪处分的学生就达 1000 多人。上述情况表明，政治方向的偏离，真理的困惑，人生目标的模糊，对正在成长的大学生来说，其产生的消极影响是何等深远！

4．政治的狂热是大学生走向人生危机的悬崖

大学生的政治思维是敏锐的，但他们观察社会政治和经济的发展，带有强烈的主观意识和浓厚的理想色彩。中国革命历史证明，一个民族不可没有理论的思维，而理论的思维又不可脱离民族的实践。恰恰相反，大学生在理论思维时，缺乏对中华民族历史的了解，缺乏对中国革命实践的体验，缺乏对马克思主义基本原理的认识。也可以说，他们是处在政治和理论上“缺氧”时期，把马克思主义的理论当成“过时”的字眼，将西方的哲学观点奉为信条，大大偏离了社会主义的政治方向。特别是在学潮和“两乱”时期，大学生的政治狂热性和行为上的随意性，达到了令人惊奇的地步。

政治上的狂热性，容易使人失去理智，走上政治的歧途。大学生这种狂热性，在“两乱”中主要表现在以下 3 个方面。

（1）爱国热情情绪化。他们不懂得爱国的真正意义，也不懂得怎样去爱国，爱国之情缺乏理论思维和政治觉悟的基础。有的说：“不管什么主义，只要把中国搞上去，我们就爱这个国。”在动乱中，开始跟着感觉走，中间跟着情绪走，最后跟着谣言走，人云亦云，别人上街游行，我也跟着去，别人喊“爱国无罪”，我也跟着举手。把上街游行高呼口号看成是热忱的爱国行动。

（2）民主极端化。学生要求民主是学潮中的主旋律，但要什么样的民主，怎样去争取民主，都是非常模糊的。有的认为“民主就是以我为主”“自由就是我想干什么就干什么”。离开法制去讲民主和自由，用反民主的手段去追求民主，用反法制的手段去追求自由，走向了民主的另一个极端。

（3）有色自我化。以自我为中心，把党、国家和人民群众置于自己之下的心理表现尤为突出。大学生的社会地位是由他们所处的政治和经济地位所决定的。大学生是社会结构中不稳定的群体，其主要任务是学习，他们思维敏捷，知识丰富，朝气蓬勃，但在他们身上也存在着许多弱点。在动乱中，一些学生总想从配角走到前台，争当所谓“为民请愿唤起民众”的主角，个别学生把自己看成“救世主”“天之骄子”，以特殊的公民自居，凌驾于法律之上，成为动乱中的“精英”，最后走上了与人民为敌的道路。

当代大学生的思想是多结构、多层次的。他们有过沉默、有过激昂、有过迷惘、有过清醒；思想时起时伏，展现出巨大的可塑性。尽管他们在动乱中，表现那样狂热，一旦冷静反思之后，他们还是能够正确认识自我的。我院一个学生在反思之后，写了这样一首动人的诗，标题是《丑陋的我——< 观共和国卫士 > 顿感自己的形象》，内容如下：

我走来，昂首，
踏“缤纷路”，顶“骄子”球，
其实，我是飘飘然的“我”。
我走着，蹒跚，
涉“西方民主”研“黄色文明”，
总想，我是压抑失落的“我”。
有人出来利用，
我一腔热血，一颗爱国心，
游行、绝食、静坐、卧轨，
振臂自信，
“社会精英”“历史砥柱”，
看到，一个陌生的“我”。
我，醒来茫然，
几回梦乡，几行泪，
伴随只是一个“丑陋的我”。

由此可知，大学生思想的可塑性很大。在错误的舆论导向下，他们可以跟着错误的道路走，表现出很大的政治狂热性。一旦降温之后，通过学习中央文件精神，又能很快分清是非，总结教训，勇往直前。从大学生在学潮中的心理变化规律来看，共经历6个阶段：①萌动先兆阶段；②诱发启动阶段；③思想推进阶段；④冲突激化阶段；⑤降温失落阶段；⑥回归阶段。

我们对学生进行思想政治教育时，要准确把握他们的心理变化，采取有效措施，就能得到较好的效果。

三、青年期是大学生走向人生旅途的金光大道

青年期是大学生必经的人生阶段。在这个阶段中出现的困惑、曲折也是暂时的现象。大学生要想顺利走过青年期的里程，战胜人生危机的各种险阻，登上人生目标的光辉顶点，必须在中国共产党的领导下，努力学习马列主义和毛泽东思想，树立无产阶级的世界观和人生观，把党性、人性、个性融为一体，把事业、专业、学业融为一体，为祖国、为人民、为社会主义事业奋斗不息。一定要坚持走与工农相结合的道路，理论和实践相结合，正确处理与工人、农民和知识分子的关系，正确处理昨天、今天和明天的关系，努力把自己培养成为社会主义事业的接班人。青年一代的成长，正是我们事业兴旺发达的希望所在。

社会主义的未来是属于青年人的！

（原载《高教研究》1990年第1期）

加速教育大改革　加快学校大发展

——在学院第6次教学表彰大会上的讲话

在改革开放的大好形势下，我院第6次教学表彰大会开得非常成功，既是一次表彰先进的大会、经验交流的大会，又是一次深化改革、加快发展的动员大会。会议总结了我院近几年教学工作的成绩，表彰了一批先进个人，交流了教书育人的经验，这将对我院的教学工作产生深远的影响。现在我就学校的改革和发展讲3点意见。

一、思想大解放，必须落实到更新观念上

思想是行为的先导，更新观念是改革的前提。解放思想天地宽。思想解决，思路就广，办法就多。当前改革开放的最大障碍是“左”的思想和过时

的传统观念，现代改革必须从更新观念入手。首先，我们要从高度计划经济体制的观念中走出来，树立社会主义市场经济的观念。高校的统招统分的招生和毕业分配制度是计划经济体制在高校的集中反映。随着社会主义市场经济体制的建立，高校从专业设置到学科建设，从招生到毕业分配，从科学研究选题到科技成果推广，都必须适应社会主义市场经济的需要。要把优秀的人才、先进的科学成果、高新技术的产品投入市场，在市场竞争中，不断优化办学机制，提高教学质量，增强办学活力。其次，要从传统的教学观念中走出来，树立现代大教育的观念。高等教育应集大教育、大科技、大经济为一体，充分发挥高校的教育、科技和经济功能，不仅要出人才、出成果，还要出产品，使高校成为育人的摇篮，科学研究的基地，生产高新技术产品的前沿。行业办的高等院校，要从单科性向多科性、单一性向综合性转换，立足行业，面向社会，拓宽办学方向，满足社会主义事业的需要。再次，要从“等、靠、要”的观念中走出来，树立敢创新的观念。在计划经济体制下，学校缺乏一种活力，一切都依赖于政府，办什么事情都依赖于“等、靠、要”，其结果是“等”失去了机遇，“靠”失去了活力，“要”失去了主动。我们必须以市场为导向，建立面向社会，自主办学的机制，凡国家需要的要坚决地干，凡市场需要的要主动地干，凡有利于增强办学活力的要积极地干。敢字为先，干字为本。有条件要上，没有条件创造条件也要上，把学校办活办好。

二、教学大改革必须落实到转换办学机制上

面对经济体制改革的深化，社会主义市场经济体制的建立，教育改革不仅要改而且要大改，不但要改而且要快改，否则不仅不能超前，而且大大滞后经济体制的改革。所以，加快教育改革的步伐是我们当前的主要任务之一。我们要以“十四大”精神为指针，坚持社会主义办学方向，坚持改革开放的三条标准，充分发挥高校三大功能，改革基础课、专业基础课、专业课三段教学的格局，实现改革求质量、上水平、增效益的三大目标。

体制改革是关键，教学改革是核心。体制改革的主要标志是要建立面向社会、自主办学的机制，把学校推向经济建设的主战场，实行教育与经济、教育与科技、学校与社会的结合，实行校厂、校场、校企挂钩，达到目标共识、功能共振、合作共步、利益共享、兴校富企的目的。林科教相结合是高等林业教育改革的一大创新，这 5 年的实践表明，这是高校进入经济主战场的有效形式。它不仅是兴林富林的战略之举，而且也是兴校富校之道。我们要在巩固和发展双牌县林科教工程成果的基础上，搞好与鄠县、资兴市的全方位合作，不断创造新经验，取得更好的经济效益和社会效益。在校内管理体制改革方面，以人事改革和分配改革为突破口，能上能下，能进能出，建立一个自我约束、自我发展的机制，优化结构、优化人才，使人尽其能，把人才优势转化为智力优势，把技术优势转化为经济优势。

教学改革是教育改革的核心。教学不改革，办学机制就难以转换。所以教学改革必须有新的突破。专业的改革，是教学改革的主题。对原有的老专业要进行改造，拓宽方向，培养复合型人才。根据经济建设和人才市场的需要，增设一些新的专业。形成以林为主、理工结合、文管兼有、社会通用的专业格局。管理和流通是经济活动中重要环节，我们必须增设这方面的专业，以满足市场经济的人才需要。在课程设置方面，既要体现行为的专业性，又要体现学科的多样性和应用中的适应性，大开选修课，增设新课，使学生获得一专多能的知识。特别要增强学生的写作能力、组织能力和公关能力。

改革招生制度和分配就业制度是建立适应市场经济办学机制的需要。必须改革“统招统分”的办法，实现国家计划和调节性计划相结合的公费和自费生相结合，统招和定向招生相结合的多种形式招生。在分配就业制度改革方面，可以实行公费包分配、自费包分配、自费自主择业的3种办法，把毕业生推向人才市场，进行“双向选择”，改变“进了学校门，就是国家人”的旧观念，树立“能上能下、能进能出”的人才流动观。

三、学校大发展，必须落实到3个面向上

随着我国经济的大发展，高等教育也必须有一个大的发展。大发展的含义不仅包括数量上的扩大，而且包括质量的提高。发展的方向，必须面向经济，面向未来。21世纪将是高科学高技术的世纪，高等教育必须立足未来，紧紧抓学科建设、科学研究、校办产业这一主体，以改革开放为动力，不断推动学院的发展。我们初步拟定学生发展规模为4000人，研究生为200人，成人教育在校学生为3000人。在质量上要达到求质量、上水平、增效益、创特色、争一流的目标。为实现这一战略目标，我们必须把学科建设、科学研究、校办产业作为学院发展的3个基础，把它作为衡量办学整体水平的标尺。只有抓好学科建设办学才有实力，抓好科学研究办学才有活力，抓好校办产业才有凝聚力。

学校发展的基础，必须以学科建设为龙头。拓宽办学方向，调整专业，集中人力和物力，抓好一批重点专业、重点学科、重点实验室的建设，使其达到国际先进水平。拟将现有的10个硕士点扩大到20个，并争取增设多个博士点。人是学科建设最主要的因素，必须把加强师资队伍建设作为学科建设永恒的主题，建立一支面向21世纪的师资队伍。要特别重视青年教师的培养工作，使他们尽快挑起教学和科研的重担，成为办学的主力军。

科学研究的水平是衡量学科建设的重要内容之一。加强科学研究既是高校走向经济建设主战场的主要途径，也是教育为经济建设服务的有效形式。科学研究要实行基础理论和应用技术并重，要抢占高新技术的制高点，抓重点，抓难点，扭转一家一户搞科研的现象，组织集团军。打好阵地战和攻关战，在今后10年内，使我院的整体科研水平，争取达到全国一流水平。要深化科研体制改革，科研实体要企业化，科研商品化，科技推广要网络化，使科学技术真正成为第一生产力，成为高校发展的动力之一。

大力发展校办产业，这是高校发展的必然优势。它不仅是教学、科研、生产相结合的需要，也是教育与经济、学校与社会紧密相连的需要。校办产业越发达，办学越兴旺。校办产业既可提供教学、科研的基础，还可提高扩大办学的物力和财力，为学院的发展增强后劲。校办产业要本着“办厂为办校、办校为育人”的宗旨，以专业和技术优势为依托，以市场为导向，发展自己的拳头产品，即巩固和发展已有的计算机、家具、汽车、竹胶板等产业，扩大规模，提高效益。并且要立足于国内市场，走向国际市场。在今后10年内，力争我院的校办产业上一个新台阶，产值到1亿元，利润1000万元。

回顾过去成绩巨大，展望未来任重而道远。我们必须坚持党的基本路线，全面贯彻党的教育方针，加强党的建设，加强思想政治工作，团结一致，勇于进取，迎接中南林学院的美好未来！

（原载《高教研究》1993年第1期）

坚持毛泽东教育思想，端正社会主义办学方向

毛泽东教育思想是马克思主义理论宝库中的重要组成部分。它继承和发展了马克思主义的教育理论，是办好社会主义教育的根本指导思想。面对世

界科学技术的竞争和和平演变的挑战，深入学习毛泽东教育思想，坚持社会主义办学方向，对粉碎和平演变的图谋，具有深远的历史意义。

一、坚持毛泽东教育思想，必须坚持教育为无产阶级政治服务

教育为无产阶级政治服务，这是毛泽东思想的一个极其重要的论点。教育为无产阶级政治服务，是由社会主义教育的本质特征所决定的。教育和政治是不可分割的整体。人总是在一定的社会关系中生活。人们之间的物质经济交流活动总是和政治紧密联系在一起的。列宁说：“政治是经济的集中表现。”这句话精辟地概括了政治和经济的辩证关系。教育不仅是经济基础的重要因素，而且也是上层建筑的中坚力量。正如马克思在《政治经济学批判》的“序言”中指出：“物质生活的生产方式制约着整个社会生活、政治生活和精神生活的过程。不是人们的意识决定人们的存在，相反，是人们的社会存在决定人们的意识。”教育作为人们的一种社会实践活动，其活动内容和指导思想，同样不能离开人们物质生产的范围。在阶级社会里，生产关系的性质决定教育的性质。封建制度的生产关系，决定了封建统治阶级的教育性质和教育制度，资本主义制度的生产关系，决定了资产阶级的教育性质和教育制度。所以，教育的阶级属性，是私有制的产物。

教育具有阶级性，这是马克思主义教育思想的重要观点。而资产阶级却不愿意承认这一点，在口头上声称教育是高尚的全社会事业。所以列宁针对资产阶级否定教育脱离政治的流言时指出，“教育脱离政治，教育不问政治，都是资产阶级的伪善说法”“拒绝过问政治，这本身就是政治”。在有阶级的社会里，经济利益是各阶级的最根本利益。各阶级为了维护自身的经济利益，必然要开展激烈的阶级斗争。因此，处理各阶级之间相互关系的活动，也就成为政治的主要内容。也可以说，在阶级社会里，政治就是各阶级之间的斗争。阶级斗争的形式又主要表现为政治斗争。在阶级社会里，否定教育的阶级性，这是不客观的。回顾我国的教育史，各个朝代的教育思想都体现了一定的政治方向。如清朝政府光绪三十二年把“忠君、尊孔、尚公、尚武、尚实”作为教育的宗旨。1927 年国民政府把“三民主义”作为教育宗旨，这些教育思想都具有鲜明的阶级性和政治性。所以在无产阶级专政的社会主义国家里，否认教育阶级性对巩固和发展社会主义事业是非常有害的。

在阶级消灭之前，工人阶级的政党始终把坚持教育为无产阶级政治服务作为办学的宗旨，这是发挥社会主义教育的政治职能的具体体现。因为教育

不能脱离政治，教育必须服务于政治。这是由阶级斗争的属性所决定的。特别是在坚持四项基本原则和资产阶级自由化的尖锐对立的情况下，发挥教育的政治功能，为巩固无产阶级的政权服务是非常必要的。社会主义教育维护无产阶级的政权，也就是维护工人阶级和全体劳动人民的根本利益。工人阶级失去了政权，也就失去了一切，必然又重新回到受剥削、受压迫的社会。从这种意义上说，坚持教育为无产阶级政治服务，是由社会主义制度性质所决定的。教育如果离开了政治，学校就要偏离社会主义的办学方向。

坚持党的领导，坚持马克思主义、毛泽东思想的指导地位，这是社会主义教育阶级性的集中体现。党的领导是办好社会主义大学的根本保证。党委是学校的中心，处于领导地位。高校的领导体制是党委领导下的校长负责制。党委对学校在政治、思想、组织、教学、科研等方面实行全面的领导，对重大问题实行决策，确保社会主义办学方向。社会主义必须以马克思主义、毛泽东思想为指针，用马列主义、毛泽东思想占领学校阵地，反对资产阶级自由化，反对和平演变，抵制资产阶级世界观和人生观的腐蚀，把学生培养成为社会主义事业的接班人和建设者。

二、坚持毛泽东教育思想，必须坚持德智体全面发展

毛泽东同志早在 1957 年就提出："我们的教育方针，应该使受教育者在德育、智育、体育几方面都得到发展，成为有社会主义觉悟有文化的劳动者。"

德、智、体是一个统一的整体，德育和智育的关系是统帅和被统帅的关系。把德育摆在首位，这是教育本质的体现。自古以来，教育都是受政治经济和意识形态等因素所制约，具有鲜明的阶级性和政治性。社会主义制度的性质决定了高校的社会主义政治方向。为了坚持社会主义办学方向，必须加强思想政治教育，使学生确立正确的政治方向。理想要有航标，学习要有动力，成才要有方向。政治既是人生旅途的导师，又是人生前进的航标。我们要大力对学生进行马列主义、毛泽东思想的教育，坚持走与工农相结合的道路，把社会主义事业进行到底。20 世纪 90 年代的大学生处于一个特殊的历史坐标上，入学于世纪之末，就业于世纪之交，成才于世纪之初，确立正确的政治方向尤为重要。因为在国际上，当前共产主义运动正面临严峻的挑战。随着苏联的解体，资本主义对社会主义的包围圈正在紧缩。社会主义社会的阶级斗争具有长期性、曲折性、反复性。在世界历史进程中，社会主义代替资本主义必将是一个漫长的历史时代。我们今天

还是处在这个时代的开端。在资本主义统治薄弱环节率先实现社会主义革命、建立无产阶级专政的少数社会主义国家，必将受到处于优势的资本主义国家的包围和进攻之中。它们的对立和斗争，是成熟的资本主义和新生的社会主义的斗争。所以社会主义国家在前进的道路上，必然会充满艰难曲折，交织着胜利和挫折，不管世界风云发生什么变化，我们都必须坚定社会主义必胜的信念，迎着风浪阔步前进。在现阶段，我国社会主义事业处于改革开放的新时期。改革是社会主义制度的自我完善。我们要在坚持四项基本原则的前提下，深化改革开放，通过改革充分发挥社会主义制度的优越性，展示共产主义的美好前程。

作为新时期的大学生，首要的任务是必须努力学习文化科学知识，真正掌握为人民服务的本领，为实现社会主义现代化奋斗终生。正确的学习目的，是搞好学习的内在动力。要搞好学习，首先要端正学习态度，树立为实现四化、振兴中华而学习的理想，肃清“书中自有黄金屋”的封建利己思想的影响。有了为振兴中华而学的正确决心，就能激发强烈的求知欲望，如饥似渴地学习，不畏艰险地去攻克学习的难关，攀登科学的高峰。在当前，要排除“读书无用”的困扰，不要为金钱所动，要站在时代发展的高度，以为“四化”献身的大志，努力学习，掌握建设社会主义现代化的本领。其次要养成良好的学风。学习一定要有毅力，毅力是学习成功的保证。只要专以致志，勤奋用功，持之以恒，就能达到“攻城不怕坚，攻书不畏难，科学有险阻，苦战能过关”的目的。学习一定要认真，坚持高标准，严要求，理论联系实际，脚踏实地学深学精。马马虎虎，不求甚解，只求及格，是不可能把学习搞好的。学习一定要虚心，虚心使人进步，骄傲使人落后。这是人生哲理的科学总结。自满、自高自大、轻信是人生旅途中的三大暗礁。我们青年学生一定要养成虚心好学的作风，以“满招损、谦收益”作为自己的座右铭，学习再学习，直至到达科学的光辉顶点。

体育是社会主义教育体系中的重要组成部分。它是健全人的体质，增进人的健康，提高人的学习和工作效益的重要手段。体育可以促进人的价值观的形成，树立爱国主义和集体主义精神，养成勇猛顽强、坚决果断、勇于拼搏的坚强意志，增强举止文明、动作优美、体格健壮的审美意识，有助于学生德、智、体全面发展。所以我们必须把“发展体育运动，增强人民体质”作为学校的教育目标之一。积极组织学生参加各项体育活动，增强身体的素质，养成良好的作风，提高群众体育的水平，使学生成为品学兼优、体魄强壮的年青一代。

三、坚持毛泽东教育思想，必须坚持教育与生产劳动相结合

教育与生产劳动相结合，为社会主义建设服务，这是坚持社会主义办学方向的重要标志，是坚持马列主义、毛泽东思想，培养又红又专的接班人的根本途径，也是改变学校脱离社会，教育脱离生产，学生脱离工农的有效方法。

教育是一种社会现象，是一门社会科学，研究教育不能脱离历史。教育是历史发展的必然产物，是和人类社会同时发生并共同发展的。有了教育才能使人类的智慧长期继承和发展下去，推动社会不断地发展。教育从它产生的那一天起，就紧紧地和物质生产结合在一起。为了生存而进行的物质生产，是人类社会生活的第一需要。为物质生产服务，传授劳动技能，这是教育的首要目的。历史发展表明，教育与生产劳动的关系，是相互依存、相互促进的统一体，凡是两者结合得好的，生产就发展；反之，生产就缓慢。但自人类进入私有制社会，出现了正规的学校教育，就变成了少数人的特权。随着体、脑劳动的分离，教育重心转向意识形态，教育就越来越脱离物质生产劳动，成为维护统治阶级的剥削工具，走上了教育与生产相分离的道路。在奴隶制度建立的初期，这种分离还不十分明显，然而到了封建社会，这种分离现象就特别严重了。在我国从秦朝到清末长达2000年的封建社会的学校教育，基本是脱离生产劳动的，只有一般民众的社会教育还在承担传授生产技能的任务，从而延缓了整个生产发展的进程。学校教育与物质生产相脱离是直接影响社会生产力发展缓慢的重要原因之一。18世纪末期以后，随着资本主义制度的巩固，工业革命的兴起给教育带来了深刻的影响，技术的变革，生产力的发展，充分显示了教育的重要作用。西方各国普遍实施义务教育，加强技术教育，从而推动了工农业生产的迅速发展。人们从实践中体会到，资本主义的经济发展与教育必须保持直接的联系，才能加快经济发展的速度。所以，资本主义社会的教育与封建社会相比，有两个最根本的特点：一是教育的逐渐普及；二是注重科学技术教育。从某种程度上说，资本主义社会加强学校教育与物质生产的联系，是其经济发展迅速的主要原因之一。在社会主义条件下，教育与生产劳动相结合，不仅是一种方法，而且更重要的是社会主义教育的重要指导思想。因为教育是一种潜在生产力，是社会经济发展的强大动力。教育与生产劳动相结合是教育本质的一种体现，是历史发展的

客观规律。如果违背了这一客观规律，就要受到历史的惩罚，教育和经济都难以发展。

马克思认为，教育与生产劳动相结合，不仅是提高社会生产的一种方法，而且也是造就全面发展的人的唯一方法。人类的生产活动是最基本的实践活动，是决定其他一切活动的基础。人的认识，主要依赖于物质的生产活动，逐渐了解自然现象，掌握自然规律，由表及里，促进思维产生飞跃。通过教育与生产劳动相结合，使人在社会实践中能够全面发展。然而，在私有制的社会里，人的全面发展是受到限制的。长期以来，由于体力劳动和脑力劳动分工的差别，特别是资本主义生产内部的分工使体脑劳动进一步分离，使人的片面畸形发展走向极端。奴隶社会和封建社会体脑劳动的分离，一般表现在社会外层，而资本主义社会直接深入到生产过程的内部，使体力劳动和脑力劳动彻底分离，走向了片面发展的极端。针对这一历史现状，马克思提出了人的全面发展的理论学说，提倡教育与生产劳动相结合，这就为社会主义教育的发展指明了方向。社会主义制度，为人的全面发展创造了一个良好的条件，不仅是把全面发展作为教育的目标，而且作为整个社会发展的目标。为了实现人类全面发展，我们必须以德、智、体全面发展为目标，以教育与生产劳动相结合为桥梁，坚持正确的政治方向，积极参加社会实践活动，掌握现代科学技术，使学生成为社会主义事业的接班人和建设者，完成历史赋予青年一代的光荣任务。在现代社会里，人的全面发展不能离开生产劳动。因为生产劳动给每一个人提供了全面发展和表现自己全部（即体力和脑力）能力的机会。劳动不仅创造了人类本身，而且创造了人类社会。在共产主义制度下生产劳动将逐渐从过去的一种负担变成一种快乐，从过去的一种谋生手段变成人的生活第一需要。所以生产劳动教育，是社会主义教育的重要组成部分。教育学生树立正确的劳动观点，纠正轻视劳动的思想和习惯，自觉地与生产劳动相结合，在生产实践活动中不断增长才干。参加生产劳动实践活动，不仅是人获取知识的源泉，而且是知识分子走与工农相结合的必由之路。始终保持与工农紧密相连的联系，与人民同呼吸，与群众共命运。不管政治风云如何变化，都能经得起严峻的考验，沿着社会主义的方向前进。如果知识分子离开了工农，势必会扩大知识分子与人民群众的距离，扩大脑力劳动和体力劳动的差别。特别是当代的大学生，更需要与工农相结合，走与工农相结合的道路，今后才能真正成为国家的栋梁之材。

经济建设必须依靠教育，教育必须为经济建设服务。教育的重要功能是进行劳动力的再生产。物质资料的生产和再生产，是人类社会赖以生存和发展的基础。人类社会的延续，必须不断再生产它的劳动力。劳动力的再生产，必须对人进行教育和训练，通过教育活动，传授生产知识和劳动技能，不断提高劳动者的素质。劳动力创造社会财富的多少，同其受教育程度相关。我国农民人均收入是随着受教育年限增加而增加的，其中受过中等职业技术教育的农民收入明显高于未受过这种教育的人。国家统计局 1989 年对 67000 户农民调查，人均年收入与教育程度的关系是：文盲户 442.84 元，小学生户 542.96 元，初中生户 616.3 元，高中生户 639.85 元，中等职业教育户 740.9 元。由此可见，技术教育同经济建设密切相关，同人民的富裕水平密切相关。一个国家或一个地区，生产设备和某些技术可以引进，但劳动力的素质是难以引进的。今后 10 年，我们要把产品质量和经济效益搞上去，在很大程度上取决于我国劳动者素质的提高。我国的经济建设需要亿万高素质的劳动者，现在由于我国教育普及程度不高，同龄人中 50% 的人初中毕业，20% 的人高中毕业，造成我国劳动者文化水平普遍偏低。正是由于这个原因，许多先进的科技成果难以推广应用，影响了产品质量和经济效益，严重制约了我国现代化的进程。在农村这个问题尤为明显。我们有 70% 的现代农业科技成果得不到推广应用，这不仅影响农业生产水平的提高，也直接影响农民的收入。为了实现本世纪的战略目标，必须高度重视职业技术教育，提高劳动者的素质，这不仅是教育工作的重要指导思想，也是现代化建设的重要指导思想。要把发展职业技术教育，看成是造福国家、造福民族，加速社会主义建设的伟大事业，要把发展职业教育作为发展经济的组成部分，要像抓经济工作那样抓劳动素质的提高。

教育的过程是新的生产技能和新的生产力的再生产过程，教育是提高生产力的要素。提高劳动生产率是实现社会主义生产目标的重要手段。发展生产，增加产量，一般有两种办法：一是增加劳动量；二是提高劳动生产率。增加劳动量必将增加成本。只有提高劳动生产率，才能取得更多更好的经济效益。而劳动生产率的提高，就必须对劳动者进行培训，以提高其科技水平。现代生产发展的趋势，已经从单纯依靠增加劳动量为主要的外延型生产，转变到以依靠智力为主的内涵型生产。这就必须依靠教育，通过发展教育，达到推动经济发展的目的。

教育是把现代化科学技术引入生产的桥梁。现代生产的特征就是现代科学技术在生产上的广泛运用。工业现代化，农业现代化，国防现代化，必须依靠科学现代化。教育是连接科学现代化和经济现代化之间的载体。如果没有教育这个载体，是不可能实现国家现代化的。正如邓小平同志所说："我们要实现现代化，关键是科学技术要上去。发展科学技术，不抓教育不行。靠空讲不能实现现代化，必须有知识、有人才。"人是一切社会活动的主体。社会主义事业是一项崭新的事业。新的事业需要新的一代来创造。作为培养高级人才的高等院校，要造就新的一代，任务自然落在社会主义教育事业上。作为培养高级人才的高等院校，所肩负的重任更是引人注目了。所以在高等学校里，我们必须全面贯彻党的教育方针，高举社会主义旗帜，不断用马列主义、毛泽东思想和现代化科学技术武装学生，源源不断地为社会主义培养一代新人，使高校成为培养社会主义建设者和接班人的摇篮。我们无论是从政治角度看，还是从经济角度看，社会主义教育都必将成为彻底实现人的解放的锐利武器，成为发展社会主义经济的强大杠杆，是中华民族跻身于世界之林的强国之路。

（原载《高教新探》1992年第2期）

人生六十是神仙，老有所为度百年
——为湖南农业大学老科协成立10周年庆典致辞

今天冬阳高照，我们怀着满腔的热情和愉快的心情，参加湖南农业大学老科协成立10周年庆典，首先让我代表中南林业科技大学老科协和离退休处，向大会表示热烈的祝贺！

湖南农业大学是一所历史悠久、人才辈出、日新月异的著名高校，是湖南农业科学的最高学府，是湖南农业发展的人才库和知识库。湖南农业大学老科协是一个老年人才荟萃的精英团队，从湖南农业大学的老教授身上，看到了"老而不敢忘忧国，退而不求名和利"的高大形象，看到了在三湘四水的大地上留下了"莫道桑榆晚，为霞尚满天"的英豪壮举，看到了在高楼深院的校园里"老骥奋蹄，著书不辍"的春蚕精神。我们为农大老教授的敬业精神而感动，向你们表示崇高的敬意！

人生是一个大舞台。退休是人生新的里程碑。后退一步天地宽。退休之后人生的舞台更广阔。真是天高任鸟飞，海阔凭鱼跃。从台上到台下，从台前到台后，从年青到年老，刹那芳华，红颜弹指老，迎来了人生的第二个春天。在这盛世年华，我们对待人生，同样要解放思想，转变人生理念和人生方式。生命是有限的，明天会更老。这是自然规律。“万般皆下品，唯有血压高”；“白发拔不尽，春风吹又生”“头顶秀发脱落，地方支援中央”“青年看学历，中年看经历，老年看病历”……这都是老的种种表现。因此我们要从“知识退化、器官老化、思想僵化、等待火化”的无奈中解放出来，树立“80岁的年龄，70岁的智慧，60岁的时尚，50岁的身体，40岁的心态”的人生雄心，延长生命的长度，拓展生命的宽度，乐观向上，人老心不老。“60岁老人比较小，70岁老人满街跑，80岁老人不算老，90岁老人随便找，百岁老人精神好得不得了”。这就是当今老年人的现状。人的一生就如一盏点燃的灯，迟早都会熄灭的。但是死亡并不可怕，无非是生命的长眠。而在长眠之前，我们应该珍惜我们拥有的每一天，始终面带微笑，善待生命，享受生命，珍惜生命，超越生命，在生命中享受快乐。

老科协是改革开放中涌现出来的新型社团。它是集聚老年英才的人才库，是汇集人类知识的智慧库，是富民强省的科技大军。自它诞生之日起，老科协就展示了“科技精英的高地，科技成果的产地，创造知识的洼地，传承文明的圣地”的强大生命力，为老科技工作者提供一个广阔的英雄用武之地。湖南省老科协正在崛起，如日中天从三湘大地到四水之滨，晚霞映山河，山河更灿烂！

今天是湖南农业大学老科协成立10周年庆典，我们没有什么大礼可送，只送“两千万”。一是千万要保健康，有健康即有希望，有希望即有一切；二是千万要快乐，快乐是生命之源。“人生六十是神仙，烦事琐事不沾边，老有所为做贡献，快乐健康度百年”。祝湖南农业大学老科协欣欣向荣，越办越好！祝大家快快乐乐每一天，健健康康一百年！

（原载《中南林业科技大学老科协通讯》）

加快中南林学院发展的建议

面对高等教育大改革、大发展的机遇，如何乘势而上，扩大规模，办出特色，3月14日我院老科协邀请十多位离退休教授进行座谈，会上发言热烈，针对当前学校存在的一些问题，提出了很多建设性的意见。

一、处理好数量和质量的关系，以质量为主

数量和质量是相互作用的统一体。没有规模难以发展，没有质量支撑的规模，发展是难以持久的。

（1）扩大招生规模一定要考虑校舍条件和师资条件的承受力，特别是师资力量。教学和管理也一定要跟上去。

（2）树立“质量就是生命”的意识，对学生负责，对国家负责，上好每一堂课，教好每一个学生，不出次品，更不要出废品。当前要抓好教学管理，对教学不负责的教师要严格管理。

（3）加强素质教育，特别是思想政治素质和能力素质的教育。加强思想政治工作，建立一支强有力的学生思想政治工作队伍，改变涣散软弱无力的状况，提高政治辅导员的素质。

二、处理好教学和创收的关系，以教学为重

教学始终是学校的中心，从上到下，从领导到教师，都要把主要精力集中在教学上。

（1）要加大对教学经费的投入，保证二级学院教学能正常运转。

（2）学校和二级学院的领导，特别是二级学院的领导要把全部精力放在教学和科研上，深入课堂，深入教师，深入学生，掌握教学动态。

（3）教师要以教学为主，不能因第二职业而影响教学工作，上课不仅讲学时，更要讲质量、讲效果。

三、处理好师资和设备的关系，以师资为本

教育以人为本，学校以师为根。人才、教材、器材是学校的三大支柱，师资是关键的关键。

（1）加大师资队伍建设的力度，做到事业留人，感情留人，待遇留人。内部培养和外部引进并举。从学校出国人员中招聘，从社会上招聘，引得进，留得住，用得上。

（2）建立青年教师培养导师制，由资深教师任导师。实施退休教师交接制，退休时带好班，扶上马，送一程。

（3）发挥退休教师的作用。老教师具有承上启下的功能，对内对外仍有影响力，把身体好、有影响力的老教师返聘教学岗位是学校发展之所需。

（4）加强设备建设，特别是计算机网络建设，尽快上网。把互联网引进教室，引进家庭，迎接知识经济时代的到来。

四、处理好内部和外部的关系，以发展为先

发展是硬道理。要做到内求团结，外求发展。

(1) 加强学校内部的团结，增强凝聚力。调动一切人员的积极性(包括离退休人员和家属)，为学校发展出力，献计献策。

(2) 学校选择联合伙伴时，要全面地、长远地分析利润，不要匆忙决策，以免造成失误。联合对象不宜多，要有选择地联合。

(3) 学校争取改名为环境大学，这是一件好事，为学校的发展拓展了空间。但必须紧紧依靠中央、省、市 3 级领导，占领国内、省内、市内 3 个市场。不要忽略株洲市本身是一个大市场。要与株洲市各大企事业单位建立更密切的关系。

(4) 国内外的重要学术会议，要千方百计地派人参加，为教师提供必要的条件，在经费上单独列出预算。

(5) 加强对外宣传报道，特别是互联网宣传，树立学校的形象。重点宣传办学 40 年的成就；宣传国内外知名教授如蒋英、李凤苏、沈鹏飞等，以增强学校品牌的影响力；宣传学校的重大科研成果；宣传学校的特色专业。

(6) 建立学校发展委员会，以咨询为主，聘请资深的教授和专家为研究员，为学校领导决策当参谋。

五、处理好多学科和特色的关系，以特色取胜

我校是一个多科性的学校，并正在向更广泛的学科渗透。没有多科性学校就难以发展，没有特色的学校就没有竞争力。

(1) 学校要继续创办各种新专业，为知识经济造就人才。如信息网络专业人才就是市场急需的人才。

(2) 继续办好艺术设计、森林旅游、园林、生物技术、家具和室内装饰等有特色的专业，办出特色，办出水平，面向国内外。

(原载《湖南老科协通讯》2000 年第 4 期)

老有所为志不凡　甘为绿叶扶红花

中南林学院老科协走过了 4 个春秋。4 年的实践使我们加深了对“二·四”题词伟大意义的理解，看到了老有所为、人生价值的风范，展示了老科协事业的生命力。

一、老有所为是人生追求的最高境界

人是要有精神的。对于老者来说，老有所为就是精神追求的体现。当人们走过童年、少年播种的春天，走过青年、中年挥洒热情的夏天，进入了收获生命的金色秋天之时，才真正体会到人生价值的可贵，才能获得人生心灵上的最大自由。从某种意义上说，人生的真正胜负只有在暮年才能看出。保持人生晚节的真正意义就在于此。从工作岗位上退下来之后，对晚年人生价值的取向有两种态度：一种是消极态度，认为“人老万事休”“战争年代拼死拼活，建设年代苦死苦活，‘十年动乱’斗死斗活，退休之后不死不活”，对“老”表现出一种无奈。另一种是积极向上的态度，人老心不老，青春常在，理想常存。以矫健的步伐，迈入人生的第二个春天。人生如书，老年是一部博大精深的哲学著作，闪耀着智慧的光辉。老科技工作者具有四大优势：①阅历优势。他们经过战争年代生与死的考验，建设年代经过苦与难的拼搏，具有丰富的生活、经济、文化等方面的见识，在他们身上有书本上学不到的知识，更有正确的政治方向和坚定的立场。②知识优势。他们都是具有一技之长的专家。特别是高校的老教授，很多是学科带头人，集数十年的研究成果于一身，能够继续发挥再做贡献的作用，是一支“科教兴国”的重要力量。③威望优势。老教授、老专家德高望重，学识渊博，凭借这种优势能够做别人不能做的事，起到青年不可代替的作用。④时间优势。从60岁退休开始，人生还有20或30年的时间，在这样长的时间内，是可以有所作为的。退休之后，他们既没有经济生活上的忧愁，又没有培养抚育子女的负担，可以一心一意、无忧无虑地从事自己所喜欢的事业。江泽民同志顺应社会发展的规律，发表了“二·四”题词，与“三个代表”的重要思想一脉相承，像一盏指路明灯，照耀着老有所为的光辉大道，激励着老教授、老专家们焕发青春，为老科协事业的发展奋发工作，演出生命最有价值的戏，让生命更加辉煌。

二、老科协是落实“二·四”题词的组织保证

江泽民同志的“二·四”题词为老科协工作指明了方向。为了落实“二·四”题词的精神，必须把老科技工作者组织起来，化个体优势为群体优势，发挥团体的作用。因此老科协组织应运而生。老科协是社会上一种不可代替的社会团体。如果说，年轻人是一个民族的希望，那么老年人就是一个民族的根基。一个没有年轻人的民族，是没有希望的民族；一个没有老年人的民族，是没有历史深度的民族。没有老年人的付出，就没有今天我们的拥有。老年

人是社会的宝贵财富。他们的存在，对社会的发展不仅关系到昨天和今天，也关系到明天。老科协作为一个社会团体具有以下五大功能。

（1）凝聚功能。通过老科协这种组织形式可以凝聚老同志的人气，做到性格相通、感情相融、工作相悦，共处一个群体之中，度过幸福的晚年。

（2）导向功能。老科协以“二·四”题词为行动指南，把老科技工作者从失落中解放出来，积极从事对社会发展、改革、稳定有益的活动。通过老有所为，改善老有所养，减轻老有所医，促进老有所学，增添老有所乐。

（3）纽带功能。老科协是党和政府联系老科技工作者的桥梁和纽带。可以起到上情下达、下情上传的互动作用，真正体现体察民情、了解民意、集中民智、珍惜民力的群众路线。

（4）激励功能。老科协是汇聚老年人才的摇篮。它可以形成巨大的磁场效应，相互之间有一种吸引力和感染力。它能相互依存，相互作用，相互激励，可以不断激发老有所为的主动性和创造性。

（5）服务功能。老科协是为老科技工作者服务的团体，工作人员既不要国家的编制，又不要国家另发工资，完全凭着献身精神，全面地、热情地为会员服务，融“五有”为一体，享受老有所为、乐在其中的人生乐趣，使老科协成为其乐无穷的老科技工作者之家。

三、坚持“四为”是做好老科协工作的方向

江泽民同志在“二·四”题词中，号召我们团结起来，为科技进步、经济繁荣、社会发展和民族振兴再做贡献。中南林学院老科协成立4年来，紧紧抓住以“服务”为主线，以“特长”为优势，大力开展教书育人、智力开发、人才培养、科技服务等活动，取得了较好的效果，受到社会的好评。主要做了如下几项工作。

（1）教书育人立新功。退休之后一部分老教授仍然承担教学工作，共完成教学任务2万多学时。同时积极参与学校的教学督导、学科专业评估等活动，做了大量的工作。为使学生立志成才，一些老教授辅导他们开展科技创新活动，在2000年全省大学生科技杯竞赛中，获得全省团体成绩第3名。

老科协主办的“夕阳红花圃”，被学生称之为“功如山岳建花圃，德如湖海育桃李”。11位老同志，不辞辛苦，以种花为乐，搜集培育了200多个品种，为学生实习提供了良好的场所。

（2）科技开发谱新章。4年来，共开展科学研究54项，其中6项获省、市级科技进步奖，出版专著8本。2000年，我们组织12位老教授科技服务团，奔赴广西河池、桂林等地讲学，进行科技咨询，传授科学技术，受到当地领导的热烈欢迎。文定元教授，应山东、广西等地邀请，亲临30多个县，把森林防火技术送到第一线，在群众中引起了强烈的反响。谢宝多教授应贵州省林业厅森防站的邀请，赴贵阳讲授一星期，受到省、地、县森防技术人员的欢迎。张昌荣高级工程师退休后，马不停蹄地奔赴生产第一线，兴企富民，为西部大开发做出了新的贡献。他先后在西藏和四川办起了2个以松香为原料的加工厂，促进了当地的经济发展。万朝昆教授，身患残疾，妻儿又相继去世，他忍受着悲痛，应邀到社会上任技术顾问，负责组织培育，完成了20多种花卉的组培，培育了30多万株珍贵的花苗。

（3）社会办学添新秀。中南林学院振华科技学校，艰苦创业，从无到有，从小到大，凝聚社会的力量，集中社会的智力，出现了招生和就业两旺的局面，立足于社会力量办学之林，成为一枝新秀，多次受到株洲市和湖南省教委以及省老科协的嘉奖和表彰，被评为省、市社会力量办学的优秀学校。该校的毕业生100%能找到工作岗位。

（4）科技咨询献计策。我们抓住学校本身和社会发展的热点，经常进行科技研讨，集思广益，形成文字，印成简报，向有关单位提出建议，为决策者服务。我们办的《参考与建议》简报已发5期，其中关于“中南林学院加速发展的建议”受到湖南省唐之享副省长的好评，被省老科协授予优秀建议奖。20世纪40年代留学美国而回国任教的石明章教授，现年已85岁高龄，退休之后，仍出国参加国际学术会议，出版专著1本，最近被学校图书馆聘为顾问，通过他与国外的联系，引进很多有价值的学术著作，为学校的发展做出了贡献。

（原载《湖南省老科协通讯》2002年第5期）

莫道桑榆晚　为霞尚满天

——中南林学院老科协工作的启示

古代诗人关于暮年的论述颇多，其中唐代诗人刘禹锡的“莫道桑榆晚，为霞尚满天”一语道出了老者的心声。叶帅亦曰“老夫喜作黄昏颂，满目青山夕照明”。这就是中南林学院老科协工作的真实写照。回顾我们8年的活动历程，有以下5个方面的体会。

一、变散为聚，凝聚群体智力，为学校的改革和发展建言献策

老教授、老专家、老同志是国家的宝贵财富，是人才资源的重要组成部分。中南林学院老科协以江泽民同志“二·四”题词为指针，团结广大老教授老同志，已发展会员180多人。他们中大多具有高级职称，是中南林学院的创办者和开拓者，德高望重，影响颇深。把他们组织起来，集中集体的智慧，围绕学校的改革和发展，出主意，当参谋，是我们工作的重点。我们以“我为学校发展献一言”为主题，采取一般讨论和专题研究相结合、口头和书面相结合的方法，编辑《参考与建议》简报12期，其中关于进一步“办好中南林学院的建议”受到时任副省长唐之享的肯定。此外，校党委书记李红亲自指示学校主管领导落实执行“关于完善株洲校区校园绿化的建议”。为了把学校做大做强，我们总结经验、明确思路、提出对策，重点抓住师资队伍建设和特色兴校两大主题，组织专门班子，历时2年，写出3.8万字的专题调查报告。特别是“突出办学特色，争创特色优势”的专题调研，具有方向性、先导性、独特性、指导性的特色，既是过去办学经验的总结和升华，又是今后办学的思路和展望，为学校在2004年教学水平评估中被教育部评为“优秀学校”发挥了重要作用。

二、变短为长，激发人生活力，为教书育人著书立说

老同志从工作岗位上退下来后，失去了工作条件的优势，感到无奈、无能、无用，大有一种消极无为之感。“勿言年齿暮，寻途尚不迷”。我们发扬老当益壮的精神，不断激发人生活力，发挥自己的专长、阅历和时间优势，决心在暮年之际为人民继续做贡献。很多老同志又焕发了青春，继续走上了教学岗位，完成了数以万计的教学课时任务。由11位老教授组成的花卉组，自己筹集资金，艰苦创业办起了夕阳红花圃，收集花卉品种200多个，成为学生重要的实习基地。《中国绿色时报》曾以“11位老教授的花样年华”为题做了长篇报道。

总结经验，著书立说，更有优势。很多老同志仍然笔耕不止，认真撰写论文和著作。据不完全统计，先后发表论文100多篇，出版专著12本。我国知名森林防火专家文定元教授撰写的《林火管理学》长达70万字，内容丰富，是一本具有权威性的专业巨著。每年他还应邀到全国各地讲学，不辞辛劳，无私传授，深受欢迎。谢宝多教授撰写的《板栗病害防治》一书，是一本集

理论和实践于一体的专业书，对发展板栗生产具有很好的指导作用。院老科协会长谢朝柱撰写的《现代领导智慧》一书，是我校领导出版的第一本专著，出版上市后很快销售一空。

三、变虚为实，增强影响力，为社会发展立新业

“烈士暮年，壮心不已”。许多老教授不仅有雄心壮志，更有脚踏实地的精神，把理想变成现实，把语言变成行动，用自身的知识智慧，开创一片新天地。张俊才原是学校后勤处长，工作业绩突出，多次被评为先进。退休之后，主办振华科技学校。他以“不减当年勇”的劲头，精心策划，精心管理，学校越办越好，多次被省、市评为优秀学校，成为株洲市民办学校的一面旗帜。10 年来，学校坚持“以德为主，以能为本”的办学理念，严格管理，品学兼优，学生的就业率达 100%，受到用人单位的青睐。

张昌荣高级工程师，退休后一心扑在产品开发上，他为了把自己的科研成果转化为生产力，不辞辛苦，奔波于湖南、四川、西藏、广东等省（自治区），兴办工厂，开发新产品。其中，无毒保健油漆产品已正式建厂投产，畅销市场。据不完全统计，他新开发的产品效益达 1 亿多元。最近香港外商借助他的技术，开发松热熔胶树脂产品，在广东东莞办厂生产，前景更是喜人。

四、变远为近，构建亲和力，为建设和谐社会谱新章

老同志退下来以后与以前相比，在年龄、体力、待遇、工作条件、机会等方面，均处于劣势。与在岗者相比，更处于弱势。少数老同志感到心理不平衡，而采取远离社会的消极态度。老科协作为社会团体，为了缩小他们与在职者在心理上和实际上的差距，构建了一个和谐的社会群体，从三个方面做了工作：一是从精神上和心理上满足老同志申报高级职称的需要。35 位教师经省教育厅评审批准为正高职称，为他们老有所为搭建了平台，圆了他们一生追求的梦。二是加强自我保健的力度。“健康长寿永是春”，自己是最好的保健医生，命运掌握在自己手中。增强保健意识和知识，是搞好自我保健的关键。我们坚持在会员中开展“我为健康学保健”的群众活动，大力推广“三个一”：为每个会员订阅《中老年自我保健》一份；每年推荐一项保健知识；交流一次保健经验。不断提高自我保健的水平，增强家庭的自救能力。三是组织到外地学习考察。我们先后组团到广西河池、湖南攸县、宁远等地学习、参观、考察，扩大了视野，增长了见识，学到了经验，拓展了校县合

作的空间。

五、变老为新，提高驾驭力，为发展老科协事业闯新路

老科协是改革开放中诞生的新生事物。对老科协的组织者来说，可以说是老兵新传。老科协如何组织，如何定位，如何开展工作，都要重新思考、探索。把位定好，从转变角色、转变思路、转变工作方式入手，重在尊重、重在沟通、重在服务、重在协调，紧紧依靠党政领导，处处发动群众，本着“有所为、有所不为”的精神，扬长避短，量力而行，讲求实效。社团的生命力在于活动。活动要经常化、多样化、情感化，坚持以人为本，实行人性化的管理。祝寿、探望病号，处处体现一种亲和力。会刊《老科协通讯》是联系会员的纽带，又是对外宣传的窗口，我们一直坚持把它办好。8 年的实践表明，随着驾驭力的提高，老科协的凝聚力、生命力、影响力正在增强。老科协是一株参天大树，立于茫茫林海中，风景无限美好。

（原载《湖南老科协通讯》2006 年第 4 期）

建言献策要突出“四性”

一、建言献策要突出服务性

服务性是高校老科协的性质所决定的，也是现代服务业所必需的。就全省而言，就是要为“富民强省”服务；就全市而言，就是要为“保二争一”服务；就学校而言，就是要为“教书育人”服务。为了响应省委第 9 次党代会建言献策的号召，我们组织会员撰写了“建设生态湖南”等 10 篇建言。今年省委开展思想解放大讨论，我们又撰写了“以思想大解放，推动湖南大发展”的建议。为推动株洲市生态文明建设，我们撰写了“建设生态文明城市，发展生态产业”的建议。2000 年学校正处于发展关键时期，我们撰写了“加快中南林业科技大学发展的建议”，就学校发展的五大问题，提出了 18 条建议，受到时任副省长唐之享同志的好评。围绕中心，为领导决策服务，这是建言献策必须遵守的第一定律。

二、建言献策要突出前瞻性

建言献策的前瞻性是指科学的预见性、时空的长远性和发展的前沿性，要站在历史的新起点上，提出建设性对策意见。为了推动长株潭“两型”社会建设，我们撰写了“发展低碳经济，建设低碳社会”的建言，内容和观点

具有新意，被省老科协刊登在《老专家老教授建言献策专报》第6期，受到有关方面的关注。为了实现株洲市委提出的“保二争一，科学发展”的目标，我们撰写了“创新城市理念是株洲发展第一推动力”，提出“四大跨越”：由传统城市向现代城市跨越；由生产城市向生态城市跨越；由工业城市向商贸城市跨越；由经济城市向文化城市跨越。建立“以文化为高地，创造知识的工厂，积累财富的金矿，传承文明的名城”的新目标，把株洲建成“两型”社会的中国示范之都。为了建设生态文明，改善生态环境，提高人民生活质量，我们和石峰区老科协一起，深入九郎山考察，撰写了“关于开发株洲市九郎山森林公园的建议”，得到有关方面的好评。

三、建言献策要突出开拓性

建言献策不是一般地提意见，而是要具有开拓性和先导性，不断拓展视野。楠竹开发对于推进“富民强省”具有深远的战略意义。为了把湖南的竹业发展推向一个新阶段，我们撰写了“发展楠竹生态新型材料，推进竹业现代工业化”的建议，就竹质生态新材料的特点、竹产工业化发展的趋势及湖南竹产业新型工业化的思路和对策进行系统的分析，开创性地提出了对策，受到了省老科协领导高度重视，熊清泉、汪浩和朱东阳3位会长做出了重要指示。省老科协决定召开一次全省楠竹灾后重建科技开发研讨会。会前省老科协向省委、省政府写出了专题报告，并向周强省长做了专题汇报。周强省长当即做出5条指示，把竹业开发列入省长工程。2008年5月省老科协在桃江县召开了全省老科协楠竹灾后重建科技开发研讨会，我会谢朝柱同志在会上做了专题发言。会后衡阳、怀化、岳阳、永州等市专门召开会议，研究本地的竹业开发。最近，周强省长又指示省林业厅代省政府拟写了《湖南省人民政府关于进一步发展竹产业的意见》，就加速发展竹产业的关键性问题做出了明确决定。文件的出台，必将有力推动湖南省的竹业大发展。

四、建言献策要突出针对性

建言献策不是一般的学术论文，不要从理论到理论，而要抓住主要问题，加强针对性，提高有效性，切记不要空对空。为了中南林业科技大学的持续发展，近几年来，针对影响学校发展的主要因素，我会组织专门班子，进行专题调研，并写出专题报告。2002年我们组织6名老教授就中南林业科技大学师资队伍建设情况进行专题调研，分析了现状，找出了问题，提出了对策，撰写了长达4万多字的调查报告，得到学校的好评。2004年，我们以

“突出办学特色，争创特色优势”为题，组织9位老教授进行专题调研，总结了特色立校的经验，提出了特色强校的对策，以“办学有特色，学科有特点，学生有特长”为要求，做到以特取胜，以特夺冠，为把中南林业科技大学办成同类型的一流大学而努力。2006年，大学生就业难的矛盾日益显现，为了提高学生的就业率，我们组织7位老同志，对中南林业科技大学学生就业形势和对策进行研究，提出了“以政策促就业，以理念促就业，以改革促就业，以开放促就业，以质量促就业，以服务促就业”六大对策措施，受到学校主管部门的高度重视和认同，对学校的专业建设和质量建设起到了有力的推动作用。随着老龄社会的到来，离退休队伍日益扩大，我们以“加强老龄工作，建设和谐校园”为题，组织人员对我校老年人的现状进行调研，针对存在的问题，提出了6条做好离退休工作的建议，反映了老同志的心愿和要求，受到老同志的赞同。

（原载《湖南省老科协通讯》2009年第1期）

老科协是快乐人生之旅

老科协是中国改革开放涌现出来的新生事物，为老有所为再做贡献提供了一个大平台，为晚年的快乐人生注入了强大的活力。中国老科协20年的历史显示，老科协是科技精英的高地，科技成果的产地，知识创新的园地，传承文明的阵地，是凝聚老科技工作者的人生快乐之园。

老科协是人才之库。老科协汇聚了新中国成立以来各类人才，可谓人才荟萃。它具有6个特点：一是学科多。融社会科学、自然科学、管理科学为一体，涵盖了各行各业各类学科，是全国学科最多的大型综合性学会。二是领域宽。从理论学科到实践学科、从政治到经济、从工业到农业、从航天到海洋，研究的范围无所不包，无所不有。三是素质高。会员大多数是老科技工作者的精英，政治素质和专业素质以及敬业精神堪称一流。“老而不敢忘忧国，退而不求名和利”，这就是他们精神风貌的写照。他们价廉物美，经久耐用，是最成熟的生产力。四是组织面广。纵可以到底，横可以到边。从城市到农村，从中央到基础，覆盖全国各地。湖南老科协拥有会员11万多人，分布在全省各行各业，是一支可敬、可信、可用的编外科技大军。五是机制灵。会员之间志向相同，感情相亲，心理相通，心齐气顺，工作效率高，是一种行之有效的体制运行模式。六是效益好。人多力量大，投入少产出多，社会效益和经济效益产生乘数效应。

老科协是智慧之山。年龄本身就是智慧的象征。老科技工作者经历了新中国 60 年的洗礼，政治智慧之高，专业智慧之深，科学智慧之广，都是年轻人不可比拟的。他们在推进我国改革和发展的社会主义事业中，为富民强国、振兴中华仍具有不可替代的作用，是党和国家难得的宝贵财富。建言献策是老科协发挥智慧的最大优势之一。他们站在历史的高度，深入实际，围绕中心，以广阔的视野观察分析问题，具有很强的洞察力，向各级领导建言献策，很好地发挥了民间智慧宝库的作用。

老科协是老有所为之旅。退休是人生新的里程碑。退休后如何对待人生，同样要解放思想，转变人生理念和人生方式，要从“战争年代拼死拼活，建设年代苦死苦活，‘十年动乱’斗死斗活，退休之后不死不活”“器官老化，思想僵化，知识退化，等待火化”的无奈困境中走出来，不断拓展生命的长度和厚度，谱写人生的新篇章。其实，退休后的人生是最精彩的人生，日本学者称之为白金一代。白金（老年人）虽不能像黄金那样耀眼夺目，也不像白银那样朴素无华；但是，能像枯木逢春那样充满青春活力而华丽多彩。人从工作岗位上退下来之后，拥有的权力消失了，但自主支配的时间更多了，拥有的金钱少了，但拥有的自由多了。“天高任鸟飞，海阔凭鱼跃”。人生从 60 岁退休始，如果活到 90 岁，还有 30 年。退休前 60 年共为 21900 天，后 30 年还有 10950 天。在这 10000 多天的生命岁月里，还可以做很多事。老科协为退休老者营造了用武之地的大舞台，它具有化散为聚、化小为大、化弱为强的团队优势，你可以在这个团队里施展才华，或创办实业，或科技开发，或教书育人，或著书立说，或建言献策，或自我保健。通过老有所为，改善所养，促进所学，增添所乐，延年益寿，实现“人生退休是二春，老有所为度百年”的追求。

老科协是快乐健康之源。人的生命从生到死，是一个漫长的过程，大体可以分为谋生和乐生两个过程。人的前半生可称之为谋生，为事业而生，为生活而生，透支生命在所不惜。退休后的后半生，可称之为乐生。在生命中享受快乐，在快乐中延长生命，因快乐而生活，因生活而快乐，把乐字放在生活第一位。在夕阳之年，可以尽情去追求衣食之乐，文体之乐，旅游之乐，书画之乐，创业之乐，有为之乐。充分享受前半生没有享受到的快乐。老科协是老科技工作者的快乐之源、健康之源。“退而不求名和利，只求奉献寻快乐”就是我们共同的心愿。老科协的组织者，是老科协事业的志愿者和义工，他们既没有工资，也没有资金，只是一心想做自己喜欢做的开心事，播快乐之种，开快乐之花，结快乐之果。为了老科协的事业，他们忘记了年龄，忘记了病痛，忘记了烦恼。退休如神仙，烦事丢一边，开心度过美好的第二春。心理决定生命，快乐决定健康。老年生命要靠健康的心理去支撑，老年健康要靠快乐的心态去打造，老年长寿要靠自我保健去实现。乐观向上，笑对人生，是生命的灵魂。死亡并不可怕，无非是生命的长眠。而在生命长眠之前，我们应该珍惜拥有的每一天，在生命中享受快乐，在快乐中延长生命。现在，健康之星、健康老人不断涌现。“70 岁老人满街跑，80 岁老人随便找，90 岁老人精神好”都得益于积极参与老科协事业，“为”中有乐而产生的巨大力量。

（原载《湖南省老科协通讯》2009 年第 8 期）

山以竹竞秀，竹以文生辉

——写在《中国现代竹业概论》出版之时

由湖南省老科协领导策划，湖南省省长周强，湖南省委原书记、湖南省老科协第一会长熊清泉，湖南省人大常委原副主任、湖南省老科协会长朱东阳分别作序，国防科技大学原政委、湖南省老科协会长汪浩将军题写书名，赵世荣、谢朝柱为主编，中南林业科技大学老科协主笔的《中国现代竹业概论》正式出版发行，这是湖南省老科协服务“三农”，推进科技兴竹富民工程建设，具有历史意义的又一开拓之举，其影响是深远的。

《中国现代竹业概论》是一本集多学科、多产业为一体的学术著作，是一本集新理念、新技术、新产品为一炉的竹业专业著作，是一本集农业文明、工业文明、生态文明为一脉的文化科普著作。站在经济、社会、文化的高度，以小见大，由表及里，由近而远的文字表述，具有鲜明的特点。好在综合内涵全面，深在系统规律清晰，新在竹工贸一体化，特在展望前景无限，给以人耳目一新之感。竹文化是书的灵魂，竹经济是书的命脉，竹技术是书的脊梁，竹资源和竹产业是书的翅膀。站在文化角度看竹业，它是中华民族文化的瑰宝；站在经济角度看竹业，它是富民强国的命脉；站在产业角度看竹业，它是生态产业的明珠。

一、话文化，竹是中华民族文化的瑰宝

国民之魂，国家之神，以文铸之。文化是民族的灵魂，精神是民族的脊梁。文化是第一创造力，也是第一生产力。文化既是软实力，又是发展的硬实力。最近中国一个学者说得好："最终能救中国，一定是我们自己的文化。"中华文化博大精深，源远流长。中国竹文化是中华文化的缩影。华夏竹文化，上下五千年。诗词书画卷，卷卷有竹篇。第 2 章中国竹文化，从器物文化到观念符号文化，从物质文化到精神文化，从 13 个方面阐述了竹文化的起源和内涵。从竹文化的沿革，可以看到中国文字文化的演变，可以看到中国国画文化的兴起，可以看到中国文学文化的盛行，可以看到中国民族音乐文化的诞生，可以看到中国竹精神文化的恢宏……竹食品、竹工具、竹建筑、竹交通、竹文具、竹工艺、竹园林、竹医学、竹纺织，等等，历历在目，尽现眼前，令人震撼，难以忘怀。

种竹、用竹、咏竹是中国竹文化的集中展示。竹文化象征中华民族的道德情操和人格品质，闪耀着中华文化的光芒。"宁可食无肉，不可居无竹。无肉令人瘦，无竹令人俗。人瘠尚可肥，士俗不可医"。这是苏东坡咏竹的传世名言。"无竹令人俗"是中国竹文化的本质和核心。弘扬竹文化，这对当前加强精神文明建设，反对低俗、庸俗、媚俗之风具有现实意义。以竹为尚，以竹为韵，这是中华民族精神一贯倡导的。文化的功能在于修身养性，著名古代诗人白居易是这样咏竹的："竹木固，固以树德；个性直，直以立身；竹心空，空以载道；竹节贞，贞以立志。"他把竹的自然属性和做人的社会属性联系起来，把人的养德、养心、养神、养气、养智与竹融为一体，充分发挥竹文化启迪思想、引导精神，提升道德和激昂励志的功能，使竹成为一种巨大的精神力量。这是物质和金钱不能置换的，具有无限的影响力。

二、话经济，竹是富民强国的命脉

衣食住行用，处处竹相连。竹成为中华民族的生存之本。以竹为食，以竹为衣，以竹为居，以竹为行，自古至今，竹子成为民生不可缺少的生活资料和生产资料。所以苏东坡视竹为君："食者竹笋，居者竹瓦，载者竹筏，炊者竹薪，衣者竹皮、书者竹纸，履者竹鞋，真可谓不可一日无此君也。"人与竹到了密不可分的地步，从农业社会进入工业社会之后，竹的开发进入了全竹利用的时代，竹经济对国民经济的发展更具有不可代替的作用。从竹根到竹梢，竹的全身都是宝。以竹代木，以竹代钢，以竹代棉，成效特别显著。全国每年消耗竹材 2.5 亿立方米，相当于钢材和塑料消耗的总和。每年产竹 10 亿根，相当于 1000 万立方米木材，占全国木材产量的 1/6。竹元素无处不在，无时不有，产品达数千种之多，作用之广，效益之好，是任何一种自然之物无可比拟的。随着科学日益发展，竹以其特殊的生态及特有的功能，进入一个竹全生态利用的新阶段。竹元素已成为现代材料工业、现代医药业、现代纺织工业、现代国防工业、现代旅游业、现代环保业的生力军。在应对气候变化，发展低碳经济中具有特殊的地位，是富民强国的经济支撑力量。浙江安吉以全国 1% 的立竹量，创造了全国竹产值 20% 的奇迹，竹业年产值已达 112 亿元。从原竹到加工，农民平均增收 6000 元，占农民收入的 55%，可见竹业的支撑力和贡献率之大。以安吉亩产 1 万元计算预测，全国竹产值可达 1 万亿元以上，将成为国家的支柱产业，产生的经济效益巨大，发展空间无限。

三、话产业，竹是生态产业的明珠

竹产业是一种战略性的生态产业，发展前景非常广阔。第 4 章从 10 个方面介绍了竹产业开发的前景，突出新技术、新工艺、新产品，重点介绍了竹炭工业发展，扩大了视野，拓展了思路。竹的再生性，竹材加工的循环性，竹产品的传奇性决定了竹业发展的可持续性。从物理到化学的生产链，从第一产业到第三产业的产业链，从竹根到竹梢的产品链，链链相通，品品相映，琳琅满目。竹产品开发将进入竹炭工业新时代。竹炭产品传奇而魅力无穷。竹炭从 1990 年问世以来，以势如破竹之速，换代升级，已开发出七大系列 300 多种产品。正向食品工业、纺织工业、建材陶瓷工业、电子工业、航天工业挺进，蓬勃发展，势不可挡。竹炭的价值成倍增长非常抢眼。每个毛竹纳米竹炭由 3.5 元升值为 350 元，每吨竹炭由 0.48 万元升值为 2.6 万元。竹碳汇产品已成为稀缺的生态产品。竹林发展快，产量高，是发展森林碳汇产品最优良的树种。毛竹林每公顷吸收二氧化碳 12 吨，是桉树的 4 倍。竹林比树林多释放 35% 的氧气。工业减排成本 100 美元，竹木生物减排成本只要 5 ~ 15 美元。竹木在生产过程中消耗能量是最低的，如形成 1 吨干物质的耗水量，水稻为 640 吨、小麦为 540 吨，而竹只有 70 吨。在建筑房屋时，竹子消耗的能源仅为钢铁的 1/50, 混凝土的 1/8，木材的 1/3，而抗震强度是木材的 2 倍，素有“植物钢铁”之称。竹业是目前低碳经济的最优生态产业，可见竹业在生态产业中战略地位。从发展生态产业的意义上而言，"种竹就是种希望，造竹就是造福"。振兴竹产业，发展低碳经济，是一项利在当代、功在千秋的利国利民的伟大工程。《中国现代竹业概论》的出版，有助于中国竹业的崛起，使中国成为世界现代竹业之国，让竹业走向世界，造福全人类。

（原载《湖南省老科协通讯》2011 年第 1 期）

认真落实"三个代表"精神，切实搞好"三讲"教育

——在湖南大学"三讲"教育动员大会上的讲话（摘要）

一、站在落实"三个代表"的高度，深刻认识开展"三讲"教育的重要性和必要性

经过改革开放的 20 年历程，根据国际国内形势的深刻变化，江泽民同志提出了"三个代表"的思想，在全党开展以"三讲"为内容的党性党风的教育。这是全党全国人民政治生活中的一件大事，也是全党的共同心愿。

1．"三讲"教育是落实"三个代表"的需要

"三个代表"的提出是党建理论的新概括和新发展，是一切工作的指南。而"三讲"教育是落实"三个代表"的切入点。在新形势下，是党建工作的创新。讲学习，体现了时代发展的需要。学习 2 字，更赋有新的内涵。对个人而言，要树立终身学习的观念，学理论，学知识，生命不息，学而不止。

讲政治，是"三讲"教育的核心。什么是政治？政治就是要代表中国最广大人民群众的利益，实现好最广大人民群众的愿望要求，维护好最广大人民群众利益不受侵犯，这是政治内容的实质。讲正气，就是要弘扬立党为公，廉洁自律，不谋私利。风气正，人心顺，事业兴。古语说得好："天下顺治在民富，天下和静在民乐，天下兴在民趋于正。"只有风气正，才能天下兴。

2．"三讲"教育是办好高校的需要

湖南大学具有历史悠久、规模大、学科多的优势，为了使学校的发展速度更快、实力更强、地位更高、影响更大，必须以"三讲"教育为契机，通过"三讲"教育，凝聚人心，振奋人气，强化共识，为湖南大学新的腾飞打好思想、理论、组织建设的基础。所以要求大家克服"无关论"——高校不是党政机关，与开展"三讲"教育无关。扫清"怕影响工作、怕影响稳定、

怕影响威信”的“三怕”思想顾虑及“不想讲、不愿讲、不敢讲”的“三不讲”思想障碍，积极投入到“三讲”教育中去，出身汗，洗个澡，增强领导素质，提高领导水平，率领广大师生员工向一流大学的目标阔步前进！

二、站在“讲政治”的高度，准确把握“三讲”教育方向

“三讲”教育是一次落实“三个代表”的党性党风教育，具有鲜明的政治性。通过“三讲”教育，对党员干部进行马克思主义、毛泽东思想、邓小平理论的再教育，党性党风的再锻炼，以求在思想、政治、作风、纪律等方面有明显的提高。要着重从 4 个方面查找和解决问题。

1．理想信念问题

理想信念是“三讲”教育必须解决的第一问题。“一时之强弱在于力，千古胜负在于理”。理想是行为的指南，是实践的动力，是事业的支撑点。通过“三讲”教育，做到坚定马克思主义信仰不动摇，坚定建设有中国特色的社会主义信念不动摇，坚定社会主义办学方向不动摇。党员领导干部应该成为马克思主义信仰的坚定者和捍卫者。

2．办学方向问题

为谁办学，培养什么样的人，贯彻什么样的方针，这都是办学方向的大问题。我们必须坚持社会主义办学方向，以马克思主义理论为指导，全面推行素质教育。深化教育改革，培养德智体美全面发展的社会主义建设者和接班人。

坚决抵制各种错误思想和腐朽文化的侵蚀，捍卫社会主义精神文明的阵地。

3．党委领导下的校长负责制

党委领导下的校长负责制是保证党的领导的管理体制。通过“三讲”教育，进一步完善和加强党对高校的领导。高校党委的领导地位是高等教育法明确规定的。党委和校长的关系是领导与被领导的关系。校长要在党委领导下开展工作，党委要尊重和发挥校长在学校工作的重要作用。

4．全心全意为人民服务的宗旨问题

“三讲”教育要求领导干部增强群众观念，强化宗旨意识，改善干群关系；忠实代表人民群众的根本利益；一切从群众的愿望和需要出发；急群众之所急，想群众之所想，关心师生员工的生活。

三、站在政治家、教育家的高度，党委要切实加强“三讲”教育的领导

“三讲”教育是高校党建工作的重中之重，是事关高校发展的战略之举。

一方面要求校领导成员，用政治家、教育家的标准严格要求自己，不断提高自己的政治素质和业务素质；另一方面要以政治家、教育家的眼光和气魄领导好这次“三讲”教育，达到预期的目的。党委书记要当好第一负责人，以身作则，带头搞好“三讲”。

1．充分发挥党委和党员的作用

党委要全力以赴，开好局，起好步，带好头，做到组织“三讲”要精心，理论学习要专心，听取意见要虚心，整改要诚心。

整改是事关“三讲”教育成败的关键。未讲先改，边整边改，是开好局的重要标志。每个成员都要思想意识到位、精力到位、工作到位。

2．高标准，严要求，抓好“五个坚持”

“三讲”教育是一项非常严肃的思想政治和组织建设工作，不能马虎走过场。要把“五个坚持”贯彻到“三讲”教育的全过程，即坚持落实“三个代表”贯彻始终，坚持学习提高贯彻始终，坚持思想发动贯彻始终，坚持边整边改贯彻始终，坚持批评和自我批评贯彻始终。自我要求不怕严，查摆问题不怕丑，听取意见不怕刺，剖析自己不怕痛。

3．抓“三讲”，促工作，开创湖南大学办学的新局面

进行“三讲”教育，目的是推动学校发展，以“三讲”教育为推动力，把学校各项工作做得更好，做到“三讲”教育和工作两不误，双促进。通过“三讲”教育，达到方向更明、信念更坚、团结更紧、干劲更足，加快湖南大学办成国际上有影响、国内一流大学的进程。

4．掌握政策，保证“三讲”教育顺利进行

“三讲”教育是一项原则性、政策性很强的工作，一定要把握好政策界限。以整风精神，坚持开门搞“三讲”教育，但不能搞大民主，注意防止过去搞政治运动那种“左”的做法。正确行使民主权利，通过正常的渠道反映意见。这次“三讲”教育以处级以上干部为主，其他干部进行正面教育。这次“三讲”教育，主要是解决世界观、人生观、价值观等问题。对那些有不廉洁行为甚至违反党纪政纪的干部，只要主动讲清楚，认真纠正，有的可以不予追究，有的可以从宽处分。我们希望大家以“三讲”教育为契机，严格要求自己，当优秀的领导干部。

总之，“三讲”教育是一项严肃的政治任务，党中央和省委对高校“三讲”教育十分重视，广大师生员工寄予厚望，我们必须以高度的政治责任感，

集中精力，集中时间，开好局，起好步，带好头，脚踏实地做好每一段工作，通过“三讲”教育，大力推动学校的改革和发展，开创湖南大学办学的新局面，谱写湖南大学高等教育史上的新篇章。

（原载《湖南大学报》2000 年 10 月 30 日）

素质教育与科教兴林

——对中国林业教育改革和发展的思考

中共中央、国务院《关于深化教育改革全面推进素质教育的决定》，是科教兴国的战略之举，是启动知识创新工程、迎接知识经济时代挑战的英明决策，对建立有中国特色的社会主义教育体系具有跨时代的重大意义。

一、教育是科教兴林的基石

把教育放在优先发展的战略地位，这是历史发展的必然选择，也是由社会发展规律所决定的。21 世纪是知识经济时代，也是发展教育的时代。人才是知识经济发展的关键，教育是基础，因此，发展教育已成为世界各国优先关注的大事。发展林业高等教育，培养高素质的人才，这是科教兴林的当务之急。不管林业管理体制如何变动，教育在林业建设中的战略地位是永远不会改变的。

科教兴林，教育为本。高素质的人才资源是森林资源开发的必要条件。教育是国民经济的增长点，也是林业发展新的经济增长点。教育不仅是消费的大市场，也是举世竞相投资的大产业。目前，世界各国都在加大对教育产业的投入，以促进国民经济的持续发展。美国教育产业排在全国第 3 位，仅教育服务一年的收入就达 2000 亿美元。我国教育发展潜力巨大，全国每年大约有 730 万初中毕业生无法继续读高中，230 万高中毕业生无法继续读大学，有近千万的生源被挤在学校大门之外。教育在我国如能彻底面向市场，其“产品”就会供不应求，甚至可以断言：教育“产品”目前已成为唯一短缺的产品。有的中学生，为了到国外求学，花几十万元也在所不惜。因此，中央关于扩大高中和高等学校的办学规模，是势在必行的重大决策。科教兴林，教育是基础。没有高素质人才做依托，实现林业现代化是不可能的。加大林业教育的投入，这是林业改革和发展的必然选择。林业要持续发展，要面向未来，必须以坚持培养合格的林业建设人才为根本，以启动教育市场为动力，只有这样才能从根本上摆脱资源危机、经济危困以及生态危害的困境，进入一个知识经济发展的新时代。

二、产学结合是素质教育的杠杆

素质教育应以产业为依托，以产学结合为杠杆，才能有效地实现其预定目标。林业产业的系统性、效益的多样性、学科的综合性和功能的特殊性决定了林业教育的框架和内涵，为素质教育提供了广阔的天地，是培养学生具有创新精神和实践能力的场所。产学结合是由应试教育向素质教育转变的根本途径。长期以来，一直推行的应试教育是造成学校与社会、教育与经济相分离的直接原因。要使教育为经济服务，必须坚持以产学结合为载体。通过产学结合，调整教育方针和教育教学内容，建立新的素质教育模式，为产业输送高素质的人才资源；通过产学结合，以生产实践的重点和难点为课题，加大科技成果转化的力度，为产业的发展提供新信息、新理论、新技术、新成果。生产实践是教书育人的园地，产学结合是在素质教育条件下学生学习的最好课堂。林业素质教育的核心，是以提高从业人员的素质为根本宗旨，以培养学生的创新精神和实践能力为主题，从而造就一批德智体美全面发展的林业建设人才。产学结合是实现这一目标的最好形式。把师生融合在广阔的林业生产实践之中，坚持以实现自身价值和服务人民相统一，坚持以学习从业知识和投身社会实践相统一，坚持以树立远大理想和进行艰苦奋斗相统一，才能做到使学生学林、爱林、干林，激发学生投身林业的积极性和创造力，为再造山川秀美的中华大地而努力奋斗。

三、素质教育是面向未来的里程碑

中国教育正处于由应试教育向素质教育转变的关键时期，这是一个教育大发展的新时期。人类社会每一次重大变革，总是以思想的进步和观念的更新为先导，任何文明进步，都离不开教育的发展。素质教育是对应试教育的超越，是迈向21世纪的里程碑。从教育观念到办学模式，从规模到质量，都将产生革命性的变化，具有重大的现实意义和深远意义。

怎样去拓宽教育发展的空间呢？

1．要从思想观念上拓宽

树立新的教育观，重新认识教育的使命和作用，这是发展教育的前提。选择教育作为国民经济发展新的增长点和改革新的突破点，充分体现了教育优先发展的战略地位，是关系国计民生、安邦兴国的重大决策。通过教育的改革和发展，促进国内对教育消费的需求，对国民经济的持续发展，增强国家的综合实力，具有强大的推动力。为了实现素质教育的目标，必须在教育观念、教育体制、教育模式、教学内容和教学方法等各个方面进行一系列重大的改革，建立新的教育机制。要把教育的目标和对象放在全体国民和全体学生上，放在扩大高中和高等教育的规模上，放在德智体美全面发展上，实现教育终身化、全民化，以达到提高国民素质的目的。

2．要从时间上拓宽

21世纪是知识经济的时代，也是教育创新的时代。人才是知识经济的核心，教育永远是知识经济的主题。教育与人类共存，与人生同在。对个人而言，终身教育是社会对人生的必然要求。把教育扩展到每个人的终身，是教育部门重要的职责。面对要实现科技现代化的未来，每个人都要重新树立新的学习观，重新思考学习、工作和生活三者的关系。要认识到，学习可以决定个人、企业乃至国家经济的前途和命运，所以学习是生存的先决条件，是事业发展的支柱，是人生知识的积累。知识是生命的营养，没有知识的生命，是非常脆弱的。对领导者而言，在知识经济面前，第一任务就是学习，尤其是数字化时代的今天，不是下命令，主要是领导学习。因此，从时间上拓宽，使素质教育拥有巨大的活力。

3．要从空间上拓宽，使教育发展的空间更加广阔

未来的教育，是面向全体国民、面向世界的教育。在国内，大学要面向大众，要像高中一样普遍，提高适龄人群的入学率，满足公民上大学的需要。在国际上，高等教育向世界开放，这是世界经济一体化的需要。实现大学教育国际化，一是扩大与各国高等院校之间的学术交流，二是把世界上最优秀的学生招进来，提高生源的国际化比例，从而实现教育产业的国际化，增强我国教育产业在世界相关领域中的地位。高等学校要发挥自身的优势，拓宽办学的规模和形式，加大继续教育和职业教育的力度，满足社会对文化教育的迫切需求。我国经济的持续、快速和健康发展，为林业和林业教育的发展拓宽了空间，注入了强大的生命力。林业高等教育已进入一个新的发展时期。

为了适应国民经济和林业事业的发展，林业高等院校要乘势而上，加大改革的力度，从教育观念到教育发展战略，从教育模式到教学计划，从

教学内容到教学方法，从专业设置到办学形式，从招生制度到就业方式，都要以素质教育为主线，建立新的教育体制。高等林业教育改革应根据林业产业的特点和需要，确立新的知识框架系统，强化学科的多科性，突出创新性，用新理论、新信息、新技术武装学生。林业高校不仅要出人才，而且要出成果，成为林业系统的人才库、知识库、信息库，发挥生产知识、传授知识、利用知识的龙头作用。要建立投资的新渠道、行政管理的新模式、教书育人的新机制和招生就业的新举措，为林业建设服务，为中华民族的伟大复兴努力奋斗。

（原载《中国绿色时报》1999 年 9 月 16 日）

艰苦创业 特色办学

——记湖南九嶷职业技术学院（筹）

湖南九嶷职业技术学院（筹）的前身是湖南九嶷山学院，1980 年由我国著名农林学家、教育家、北京农业大学第一任校长乐天宇教授创办，是新中国第一所民办高校。23 年风风雨雨，该院从无到有，从小到大，先后培养学生 1 万多人，分布于国内外；现在又以矫健的步伐，进入了全国普通职业高等院校的行列。

一、敢为人先，首创民校

改革开放前，我国各级各类学校全部为公办，为“穷国办大教育”，教育事业的发展受到限制。著名教育家乐天宇教授，以超凡的胆略，冲破阻力，在湘南九嶷山舜帝终老之地创办了湖南九嶷山学院，开设医学、农林、中文等专业，第一年就吸引 400 多名来自湖南、广东、广西、湖北等省（自治区）的学生。随着学校影响扩大，全国各地有志青年纷纷慕名前来求学，使这所民办高校呈现出勃勃生机。

办学之初条件极其艰苦，乐天宇教授带领师生以石头为课桌，以大地为教室，以农舍为宿舍，开始了办学的艰难起步。在他亲力亲为运作下，学校聚民间力量越办越好，引起了社会各界的关注，尤其是萧克、李维汉、王首道等老一辈革命家及党和国家领导人的高度关注。萧克将军 1981 年 11 月为学校题词和书写校名。著名科学家钱学森、周培元等都非常关心学校发展。1985 年 7 月，时任团中央书记的胡锦涛同志给学生会写信，鼓励大家艰苦奋斗，把学校办好。新华社、中央电视台、《人民日报》《中国青年报》《羊城晚报》《湖南日报》以及香港《大公报》等众多新闻媒体先后大量报道了学校办学业绩。日本大使馆2次派人来校考察，并捐赠70万元修建了科技楼，在国际上产生了很大的影响，为民办高校闯出了一条新路。

二、专家治校，名师执教

九嶷山学院从办学第一天起，就遵照办学规律从严治校、从严管理，尽管没有宽敞的教学楼和先进的教学设备，但培养出来的学生却品学兼优，深受社会用人单位青睐。乐天宇教授不顾高龄多病，日夜操劳，病故于他心爱的岗位上，终年84岁，为民办教育事业树起一座丰碑。他去世之后，北京农业大学教授张仲葛继任院长，主持学校工作。以后由热爱和献身教育事业的永州市政府老领导主持学校工作，紧紧把握办学方向，继承了乐天宇的办学精神。学校主体从九嶷山搬迁冷水滩之后，原地区老专员杜殿魁同志全面负责学院工作，他以艰苦创业的精神，团结师生，积累资金，购地200亩，建起2.9万多平方米的教学用房，为学校的发展打下了坚实的基础。

学校的发展离不开一支名优教师队伍。虽然条件艰苦，但九嶷山学院独特的教学氛围却吸引来了中南林学院、湖南医科大学、湖南中医学院、湖南大学、武汉大学、湖南师范大学以及北京高校的专家教授。他们以渊博的知识精心施教，使学生受益匪浅，并帮助建起了具有很高教学水准的美术系，使之成为该院的一个品牌。

三、以德育为先，以特色为本

九嶷山因舜帝陵闻名华夏。九嶷山学院因办在九嶷山而知名国内外。乐天宇教授将中国传统道德文化和现代先进道德文化融为一体，他的办学理念体现在“贵自学，敦品德，勤琢磨，爱劳动”的12字方针上。乐天宇教授把学校办在舜帝陵附近，就是欲借重舜帝的道德文化之源，辅以他延安革命的经历和革命情操，以德立校，德育为先，在向学生传播知识的同时，教会学生如何做人做事，培养学生优秀的道德素质。

特色兴校是办学之纲。学校创办伊始，就坚持突出“以德育为先，以特色为本”的办学理念，把学生培养成思想过硬、业务精通的高素质人才。历届毕业的1万多名学生，大多成为各行业的骨干，他们中有党政领导干部、大学教授、专家、知名记者，也有成功的民营企业家，可谓桃李满天下。九嶷山学院也因此被誉为现代潇湘文化的一颗明珠。

四、艰苦创业，大展宏图

艰苦创业是九嶷山学院建校的法宝，它以延安“抗大”精神为榜样，艰苦奋斗，自力更生办学校。当时，乐天宇教授对工作人员说：“这里没有官做，只有事做；没有高薪，只有生活费；没有福享，只有苦吃。”在他的精神感染下，全校教师以苦为荣，以苦为乐，渡过了一个又一个难关，终于用自己的双手，建起了一座规划合理、环境优美的高等职业学院，进入一个崭新的发展时期。

百尺竿头，更进一步。在新的发展时期，九嶷职业学院的全体教职员工将继续高举艰苦创业的旗帜，以升级为新起点，以“新九嶷，新目标，新形象”为发展动力，以“立校育人，办学为民，以德为先，以能为本”为建校理念，实现由非学历教育向学历教育的转变，由书本型向能力型转变，由精英教育向大众教育转变，形成了学历教育和非学历教育并举的办学新格局。全体教职员工决心开拓进取，再续新篇，把九嶷职业学院办成一所真正的名校、强校。

（原载《湖南民办教育》）

学为人师　身正为范

教师是人类灵魂的工程师，必须以“学为人师，身正为范”为人生准则。佛争一炷香，人争一口气。气即气质，它是理想、信念、行为的综合体现，是人格力量的展示。人格是最高的学位。身为教师必须把人格修养作为主修课，不断提升人格的魅力。

一、靠骨气挺直脊梁

骨气即正义浩然之气。作为一个中国人，要把祖国视作母亲，热爱祖国，保卫祖国，为维护祖国的统一，头可断，志不移。台湾是中国的领土，这是世界所公认的。唯有“台独分子”，背叛祖先，不承认自己是中国人。国民党主席连战、亲民党主席宋楚瑜、新党主席慕郁明等爱国人士，高举反对“台独”的旗帜，向全世界宣示“我是中国人，也是台湾人”，展示了中国人的骨气，受到世人的称赞。

作为一名教师，要排除众议，热爱自己的岗位。教师是光荣的职业。在历史上，被排列天地君亲师之位，备受尊重。“一日为师终身为父”，充分体现了教师在社会中的地位。随着历史的变迁，科学技术的进步，教师的地位也受到挑战。客观来讲，教师的地位是由它自身的属性和对社会的贡献所决定的。在2004年十大经典金句中，就有这样的一句："教育了一个女孩，就是教育了一个家庭。"由此可见，教师的责任和贡献之大。所以把教师职业称为"太阳底下最光荣的事业"，这是名副其实的论断，毫无夸张之意。"百年大计，教育为本；百年树人，以师为本"，这是时代的呼唤。我们今天来到学校，走上教师岗位，任务既光荣又艰巨。我们要挺直腰杆，扬起理想人生之帆，开动人生之轮，奔波于教育事业的大道上，到达成功的彼岸。

二、靠正气树立形象

正气即是光明正大之气。不论职务高低，身在什么行业和岗位，都需要一身正气。形象是内在气质的外部体现。当今我国改革开放正在逐步深入，经济持续发展，人民生活富裕，市场繁荣昌盛。然而，就道德建设而言，面临严峻挑战。追求利益挑战诚信，竞争挑战关爱，现实功利挑战理想，邪气挑战正气。以"诚信漂流记"为例，可见社会道德滑坡的一面。当今不少有才之士经不起糖衣炮弹的攻击，被金钱、美女一个个击倒，"大楼建起来，干部倒下去"这是社会常见现象。"男人有钱就变坏，女人变坏就有钱"。"握着小姐的手，好像回到十八九；握着情人的手，一股暖流上心头；握着小姨的手，后悔当年握错手；握着老婆的手，好像右手握左手"。这些顺口溜，表达了某些人的内心黄色世界。有些人以喝酒为乐，虚度人生。"男人不喝酒活得像条狗""感情铁就不怕胃出血""感情深就不怕打吊针""不会喝酒，前途没有""一喝九两，重点培养""早上要喝少，因为上午有人找；中午喝好不喝醉，因为下午常开会；晚上喝醉不喝倒，免得老婆到处找"。这些言行大大损害了党和政府的形象，损害了自身的人格形象。人格是最高的学位，形象是人生素质的窗口。始终保持高大的形象，这是教师必备的素质。为人师表，首先是成为树立形象、维护形象、展示形象的典范，成为社会的形象大师。廉洁从教，坚守高尚情操，发扬奉献精神，不利用职权之便牟取私利。为人师表，遵守社会公德，举止文明礼貌，作风正派。

三、靠勇气增添力量

勇气即敢为人先之气。人生有顺境，也有逆境；有机遇，也有挑战。在逆境和挑战面前，要敢为人先，以气吞山河之势，开拓创新，超越自我，实现人生的最高境界。乐天宇教授80岁高龄，离开北京来到偏远的九嶷山创办大学，开创了新中国民办高校的先河，迎来民办教育发展的春天。77岁的江苏老太太，为追求夕阳恋，敢于登报征婚，经过一年的选择，终于喜结良缘。黑龙江的73岁老汉，为了孝敬99岁的老母，骑上人力三轮车，命名为“夕阳号特别慢车”，历时一年多，行程5000千米，从黑龙江出发，途经北京、杭州，直达海南天涯海角，饱享山川名胜眼福，实现了母子携手畅游大江南北的愿望。以上3个典型事例，一个共同点就是“勇”字当头不言老，为了实现人生的追求，表现出超人的勇气，令人感动。你们是我校列入普通高校序列之后的第一批新任教师，也是21世纪进入大学毕业走向社会的第一届毕业生，现在你们肩上的使命，既平坦又曲折，既光荣又艰巨，必须发挥百折不挠，勇往直前的精神，谱写自己的青春年华，对生活、对事业，都要表现出一身勇气。

四、靠志气实现理想

志气即顶天立地之气。人贵有志，有志者，事竟成。志气是大丈夫立天地之间的底气。一个没有志气的人是干不成什么大事的，“人穷志不短”“身残志不残”“退休不退志”都是有志气的表现。《改变命运一元钱》的故事给人们启迪颇深。重庆远足鞋业有限公司董事长何秋远，从农民到擦鞋匠，从打工到办厂成为一个公司的董事长，就是靠志气立业的。不要做大官，要做大事，不怕困难，不怕埋没，也许你们认为在这里工作就是埋没了才华，大材小用。埋没是成才的必然阶段，也是给你成才一种突破的力量。如果种子要发芽，不埋在土里，它就不会生根发芽，冲破土层，伸向空间，开花结果。如果大树没有树根的支撑，它就不可能长成参天大树。我们要像大树一样，把信念扎在地下，把理想伸向蓝天。

决心就像一粒勇于勃发的种子，会产生一股不可阻挡的力量，促使我们去实现远大的理想。决心有多高，你的目标就有多高。《3只小鸟》的寓言故事可以使我们深受启示。3只小鸟，一起出生，一起长大，一起从巢里飞出去。一只小鸟飞到树梢上，看到地上鸡鸭牛羊，觉得高高在上，便心满意足地停留在树梢上；一只小鸟继续飞向高空，到了云端，被五彩斑斓的云彩陶醉而停留下来；最后一只小鸟，心怀理想，决心飞向太阳。最后，停留在树梢的小鸟成了麻雀，停留在云端的小鸟成了大雁，那只决心飞向太阳的小鸟成了雄鹰。我们一定要有做一只雄鹰的决心，才能在社会中成大器。一般而言，富、贵、雅是人生追求的目标，富是生存的物质条件，贵是社会地位，雅是内心的精神愉悦。要实现集富、贵、雅为一身的目标，势必要有坚定的决心，超人的智慧，锲而不舍的精神，开拓进取，才能到达人生成功的顶点。

五、靠才气书写华章

才气即知识和智慧之气。知识从何而来，智慧从何而来，必须做到“学习要加，骄傲要减，勤奋要乘，懒惰要除”。学习是人的第一特点，第一长处，第一智慧，第一资本。学习是生命力的源泉，是人生成功的真正本领。人生所有的一切都是学习的结果。学习，再学习，永远学习，终身学习，才能使智慧之花常开不败。从政要有本事，从商要有智慧，从孝要有知识。这些都需要通过学习而得。学习要革命，学习要改革，工作学习化，学习工作化，这是学习革命的必然规律。改革学习，必须明确学习目标，强化学习精神，改善学习方法。因为学习动力来自学习目标，学习毅力来自学习精神，学习能力来自学习方法。学习力是生命力、创造力、竞争力的核心。有了学习力，从政可以驾驭政局，从商可以凝聚财富，从教可以著书立说，上天揽月，下海捉鳖，尽其之能，随心所欲也。《把专利卖给布什》是讲中国留学生黄姬，在美国大选中巧妙地赚了 270 万美元而成为美国的新闻人物的故事。22 岁的黄姬从武汉大学毕业，到美国佛罗里达州大学攻读工商硕士。她是一个自立自强的女孩，一切开支由自己解决。她善于捕捉商机。2004 年正是美国总统大选年，她策划为美国总统候选人布什和克里设计一顶头部卡通形象的帽子，以美国国旗为背景，上面有象征胜利的 V 形手势和一句话——“我要当美国总统”。又根据布什和克里的竞选纲领进行特色设计。布什的 V 形手势是用导弹和大炮的图案组成，展示他积极反恐的铁腕外交政策；克里的 V 形手势用橄榄枝组成，展示他重视和平的外交政策。由于设计新颖独特，布什和克里分别以 50 万美元和 85 万美元买下专利，从而使得黄姬获得了丰厚的收入。

人生如书。有的人像一张报纸，一时新奇，看过之后就失去新闻的价值；有的人像一本杂志，只要扫描目录一遍，毫无新意，无法引起阅读的兴趣；有的人像一本书，但品位不高，不久就成为纸浆。我们有志于教育事业的工作者，应把自己的人生，写成一本开卷有益的智慧哲学巨著，以酸甜苦辣、冷暖炎凉为导引，以人生少年的抒情诗、中年的风景散文、老年的智慧哲学为主题，描绘一生成与败，苦与乐、生与死的经历，揭示人生的真谛，展示人生的精彩，给后人启示，鼓舞其斗志。

六、靠朝气迎来希望

朝气即人生持之以恒的锐气。人有顺境和逆境，在逆境面前，做到刀刃不钝，朝气不馁。有没有朝气，是不分年龄，不分性别，不分职业的。朝气是人生始终如一地保持客观向上的精神气质。96岁的国学大师文怀沙，就是我们学习的榜样。他年迈高龄，依然鹤发童颜，精神矍铄，思维敏捷，谈吐自然，壮志不已。讲学照常，笔耕不停，处处闪耀人生的朝气。“0岁出场亮相，10岁天天向上，20岁远大理想，30岁基本定向，40岁处处吃香，50岁奋发图强，60岁告老还乡，70岁搓搓麻将，80岁晒晒太阳，90岁躺在床上，100岁挂在墙上”这是对人生现实描述的顺口溜，其中对60岁以后的描述过于消极，其实人生是永远的春天。“80岁不言老，90岁学舜尧”的豪壮语，正激励着老年人再创人生的辉煌。

人生的质量，不仅在于它的长度，更在于它的厚度。在死亡面前，敢于笑对人生。台湾著名人士高金素梅女士，身患肝癌，面对死亡，仍然乐观向上，深入台湾少数民族了解民情，积极参与台湾政务，为民办事。她雄心不已，今年报考中央民族大学人类学深造，对人生充满无限的希望。希望是人生的航标，不断指引人类前进。有了希望就有了生命，只有满怀希望的人才能攀上人生的顶峰。希望是一轮冉冉升起的红日，播撒的是温暖和曙光。

“学高为人师，身正为人范”言简意明，内涵丰富。要把它落实在每个人的身上，不是靠空谈，而是靠气质的磨炼和提升。气质是人的生命。没有气质，就没有生命。因为骨气是人的脊梁，正气是人的形象，朝气是人的希望，志气是人的理想，勇气是人的力量，才气是人的华章。失去了气质，就失去了生命。有了气质，人的生命之花就永远灿烂！事业就永远辉煌！

（2005年在九嶷山职业技术学院青年教师会上的讲话）

创新城市理念是株洲发展第一推动力

——关于“株洲市保二争一，科学发展”的建言

科学的理念决定科学发展的未来。经营城市的理念决定城市发展的方向。领导者的城市理念，决定领导的行为。解放思想，科学发展，保二争一，首先要从理念上创新，从规划中布局，从实践中探索，从发展中跨越，推动株洲由又好又快向更好更快的目标发展。

一、树立以人为本的理念，创建株洲城市发展新目标

用科学发展观看株洲城市发展的历史和未来，站在新的历史起点上，谋

划株洲发展的未来，要重新认识城市的本质和定位，明确为谁发展，怎样发展，由传统城市向现代城市跨越，由工业城市向商贸旅游城市跨越，由生产城市向生态城市跨越，由经济城市向文化城市跨越，确立以文化为龙头，以现代服务业和先进创造业为两翼，以“集聚人口的高地，创造知识的工厂，财富积累的金矿，传承文明的名城”为新目标，把株洲建成“两型”社会的中国示范之都。

科学发展观的核心是以人为本。什么是城市的本质？为什么要发展城市？有 3 种观点：第 1 种观点认为城市的本质是“生产”；第 2 种观点认为城市的本质是“市”；第 3 种观点认为城市的本质是“生活”。因为人们为了生活来到城市，为了更好地生活而居留城市。用现代观点的语言来表述，城市的本质，就是以人为本。城市发展为了人民，城市发展要依靠人民，发展成果要与人民共享。发展城市要把利民、裕民、养民、惠民作为出发点和落脚点，唤起更多的人到城市来，并让他们在城市安居乐业。以人为本是历史唯物主义的一项基本原则，“天地之间，莫贵于人”。人的生命是最宝贵的。在推进城市发展的进程中，必须把保护人的生命和健康作为至高无上的宗旨。回顾株洲发展的历史是一部光辉的历史，它给国家和社会创造了巨大的财富，为株洲的发展创造了奇迹，但也给环境和资源造成了巨大的破坏。因此，株洲被戴上城市污染严重的帽子。今天我们以史为镜，为了保护环境，为了保护人民的健康，要坚决关闭污染严重的企业，大力节能减排实行零排放，使株洲的天更蓝，地更绿，水更清，让更多的人向往株洲，让更多的人安居乐业在株洲。这就是我们发展城市的最大愿望。

二、树立生态文明的理念，创建株洲城市发展新模式

建设生态文明，是贯彻科学发展观，全面建设小康社会的必然要求。它是建设资源节约型、环境友好型社会，加快经济发展方式的必由之路，是实现速度和效益相统一，经济发展和人口资源环境相协调，使人民在良好生态环境中生产生活，保持经济社会持续发展的有效途径。我作为生活在株洲 30 年的市民，用我的视野看株洲，株洲最大的优势是交通和工业，最大的短板是城市环境污染和产业结构单一、不协调。创新发展模式是城市发展的关键。转变发展模式，要从第二产业带动第一、第二、第三产业协同发展做起，从粗放型向集约型转变做起，从高碳经济向低碳经济转变做起，建立“文化 + 生态 + 现代服务业 + 现代先进创造业”的发展模式，加强第一产业，提升第

二产业，做大第三产业，使株洲成为生态文明之都。

以拓展建设云龙新城为契机，集轨道装备业、现代物流业为主的服务业和高等职业教育科技园为一体，打造“株洲创造”的品牌，建造世界级的轨道制造企业航母，创建国家级的职业教育名城，使之成为“两型”社会的生态文明之都，再造一个新株洲的辉煌。创建云龙新城，要站在历史的高度，用国际的视野，定位于国家级的新城，主导产业是轨道制造业、风力发电制造业、现代物流业和高等职业教育科技园。发展高等职业教育，不仅是株洲的需要，也是湖南的需要，国家的需要。以产业为支撑，建立高等职业教育群，对高等教育改革是一种创新，对株洲的发展将产生战略性的历史转变。要把云龙新城建设成为培养高等职业人才的高地，轨道制造业、风力发电制造业的基地，以物流业为龙头的现代服务业的南方集散地，展示新株洲的现代城市风采。

发展低碳经济，建设低碳社会，这是应对全球气候变化、拯救地球的必然选择。近100年来，随着工业文明的推进，大量使用化石能源，推动经济的高速发展，形成高碳经济的世界。高碳经济产生的严重后果是全球气候变暖，其元凶是二氧化碳等温室气体大量排放，使地球的温度大幅上升，从而引发全世界一系列的灭顶之灾。防止气候变化迫在眉睫。株洲必须高度重视，采取应对措施，减少二氧化碳的排放，作为创新发展模式的战略之举。株洲的经济可以说是我国高碳经济的缩影，市内的主要企业都是高能耗、高污染的企业，成为全市经济的支柱。从现在起我们要对这些企业进行转型转轨、优化升级改造，重点抓好清水塘循环经济工业园的建设，使之成为全国零排放的示范区。服务业一直是株洲的弱项，要大力加强现代服务业的力度，提高服务业的比重和水平，使之成为株洲的主导产业。

三、树立文化是生产力的理念，创建株洲文化产业新品牌

没有经济的社会是原始社会，没有文化的世界是动物世界。经济发展的灵魂在文化，文化是取之不尽的资源。著名经济学家厉以宁见解精辟：“经济其实并非城市发展唯一需要考虑的因素；城市的未来最终以文化论输赢。”文化是城市的灵魂，文化决定城市的凝聚力，文化决定城市的繁荣。文化的沉淀给城市带来了产业的集聚和更替，带来了城市规模的升级和转型。世界城市的发展史给了我们很大的启示。英国的切斯特古城，依托古老文化的积淀形成著名的旅游商贸城市。世界教育名城剑桥，依托古老文化，吸取现代文

化成果，先建学校，再形成商贸服务城，留有足够的发展空间。剑桥教育名城建设的经验值得云龙新城借鉴。英国的伯明翰原来是以冶金、化工业为主的城市，经过改造转型，现在演变成商贸服务城，是世界城市改造的典范，也是株洲城市发展的一面镜子。

株洲地处湖南政治、经济中心，具有深厚的文化底蕴。例如，优美的山水文化、革命的红色文化、现代的工业文化，独一无二的炎帝文化，更具特色。炎帝又称神农氏，他开创了我国的农耕文化，缔造了中华古国最早的文明，被尊为农业之神、医药之神、太阳之神。炎帝不屈不挠的创业精神和追求文明进步的献身精神，一直激励中华儿女为中华民族的崛起而奋斗不息。炎帝文化是株洲最宝贵的精神财富，是最具有潜力的文化资源。炎帝不仅是中华民族精神的典范，也是时代精神的象征。谋划株洲发展，处处都要坚持以文化为先导，弘扬炎帝文化和时代精神，将潜在的文化资源优势转变为现实的产业优势，将文化软实力转变为经济硬实力，以文化大繁荣推动社会大发展，以开发炎帝文化为龙头，协同开发绿色文化、红色文化和工业文化，大打炎帝文化品牌，充分挖掘株洲的文化资源，以炎帝陵为载体，形成以中华古文化为特色的文化产业群，使炎陵县成为中华民族寻根问祖的国内外闻名的旅游城市，让株洲的文化品牌走向全国，走向世界！

（2008 年 10 月 23 日撰写于株洲）

五十春秋 灿烂辉煌

——回忆中南林业科技大学建校发展的历程

50 年弹指一挥间，我们以激动之心迎来了中南林业科技大学 50 华诞。中南林的 50 年是风雨飘摇的 50 年，是前进曲折的 50 年，是快速发展的 50 年，是难以忘怀的 50 年。从它的诞生到今天，每一步都可圈可点。学校经历了风风雨雨，分分合合，坎坎坷坷的旅程，历尽搬迁动荡之苦，饱受严冬之寒，终于迎来大发展的春天。在改革开放的大道上，实现了由大动荡到大发展，由单科性到多科性的跨越，一个日新月异、朝气蓬勃的中南林正在湘江河畔崛起。回顾 50 年的历史，令人难忘，令人感动，令人鼓舞。

一、在陶铸谋划中诞生

中南林学院的前身是湖南林学院和华南农学院林学系。华南农学院林学系的前身是广东林学院。湖南林学院和广东林学院同时于1958年成立。1958年是我国高等教育大发展的一年。全国各省都成立了林学院。随着20世纪60年代国民经济进行大调整，全国大多数林学院均被调整撤销建制。革命家陶铸时任中南局第一书记，他高度重视高等林业教育，以政治家的战略眼光、革命家的无穷智慧、教育家的无限情怀，向中央建议，在广州创办中南林学院。为了尽快成立中南林学院，他亲自组建筹备班子，由中南局常委、秘书长雍文涛任筹备委员会主任；他亲自为学校描绘发展方向，要面向世界，办成具有国际水平的大学；他亲自到校视察，检查筹备工作进展，为学校圈定基建红线；他亲自为学校题写校名；他亲自为学校基建提出要求，规划教授宿舍……由于陶铸同志的高度重视，经过短暂一年的筹备，中南林学院于1964年1月在广州正式挂牌成立，由林业部直属领导，为发展中南地区的高等林业教育树立了里程碑。

二、在大动荡中求生存

从湖南林学院到中南林学院的岁月里，是学校处于不稳定的高峰期。从南到北，从东到西，时间长达18年之久，学校年年为搬迁所困扰。在极“左”思潮主导下，掀起了农林院校大搬迁、大合并的热潮。可以说，中南林就是在又分又合、南搬北迁的困境中生存下来的。学校于1964年轰轰烈烈在广州成立，开局起步势头不错，但到1965年就受到中央内部通报，责令搬出广州，因此林业部1966年4月正式批准迁到乐昌林区办学。后因“十年动乱”开始而搁浅中止。1966年的“十年动乱”在全国兴起，中南林学院首当其冲，成为“十年动乱”的重灾区，深受其害。学校领导和广大知识分子受到冲击，成为运动的专政对象，含冤关进了“牛栏”。1968年，全校教师和干部举家老少，搬出校门下放到广东英德干校劳动改造，接受再教育，学校处于全部停办状态。1970年10月广东省一位主要领导一声令下，限7天之内全部搬出黄婆洞与华南农学院合并，改名为广东农林学院。中南林学院的撤销，是对学校又一沉重的打击，学校的校产一夜之间损失所剩无几，无偿留给了广东外语学院。从1970年到1975年与华南农学院合并的5年，中南林失去独立办学的主体，没有发展，只有停滞。1974年应湖南省委的要求，经与广东省委协商，通过国务院批准，同意将原湖南林学院的教职员工迁回湖南，恢复湖南林学院的建制。当时湖南省领导承诺，湖南林学院迁回原址长沙烂泥冲办学。承诺尚未兑现，就受到“四人帮”干扰，说林学院不能回长沙办学，于是省委领导在无奈之下发出命令——“兵发大江口”。大江口是指溆浦县一个兵工厂所在地，是一个远离县城 35 千米的大队驻地。1975 年 7 月学校领导带领师生共 400 多人无奈地从广州市搬到湘西大山沟办学。山区办学条件极其困难，交通不便，开门是山，出门爬坡，生活艰苦，教学条件简陋。为了学校的生存，没有实验室自己装，没有菜吃自己种，没有图书馆，就在学生宿舍自习。坚持艰苦办学 8 年。1976 年“四人帮”被打倒，拨乱反正，学校迫切要求恢复中南林学院管理体制，迁回城市办学。1978 年经湖南省政府同意，报请林业部批准，恢复中南林学院，由林业部直接领导。1979 年经国家计划委员会批准，同意中南林学院在株洲新建校址，从溆浦迁回城市办学，看到了中南林发展的曙光。1965 年到 1975 年是中南林处于大动荡的高峰时期，它所造成的人力和物力的损失是无法估计的，真是一场大灾难。

三、在改革中大发展

1979 ～ 1998 年，是中南林学院从大动荡转变为大发展时期。学校历经动荡漂泊之后，迎来了改革发展的春天。改革的春风吹绿大江南北，中南林学院从严冬走过来，沐浴着春天的温暖，师生热情高涨，斗志昂扬，精神焕发，投入到振兴中南林学院热潮之中。从此中南林学院获得了新生，进入了大发展时期。大发展的第一个标志是大搞基本建设，在株洲重新建校。1978 年恢复中南林学院的管理体制后，林业部和国家计划委员会立即批准在株洲新建校址，这是学校大发展新的里程碑。从 1979 ～ 1983 年国家共投入 2000 多万元，完成校内主体建筑 7 万多平方米，1983 年 7 月学校全部从大江口迁到株洲新校址办学，揭开了中南林学院发展的新篇章。大发展的第二个标志是专业建设大发展。1978 年前全校只有林学和森工 2 个系 6 个专业，之后发展到 6 个系 30 个专业，为扩大招生满足社会需要，迈出了历史性的一步。并开始探索专业设置由行业性、单科性向多科性、前沿性专业发展转变，在专业设置上敢于创新，走在全国高校的前列。我们率先在全国创办了家具设计和森林旅游专业，成为全国第一。这两个专业一成立，就展示了它的生命力，成为学校专业建设的亮点。大发展的第三个标志是学科建设大提升。硕士、博士学位从无到有，从少到多，大大提升了学校的学术地位。学校拥有硕士点 11 个，博士点 1 个。特别是 1993 年我们突破无博士点的历史，开创了博士教育的新篇章，为中南林学院发展获得了新的机遇，上了一个新台阶。学校大发展的第四个标志是科研成果大丰收。先后共有 130 多项成果受到国家和部、省的表彰。“六五”期间，我校获奖项目在全国高校中排名第七。中南林在动荡中仍然坚持科研并取得丰硕成果，实属不易。大发展的第五个标志是创办林科教工程办学新模式。从 1987 年起我们先后与双牌县、资兴市、炎陵县进行全方位合作，走出一条“目标共识、功能共报、合作共步、利益共享”的富民强校之路，获湖南省 1993 年度教育成果一等奖。为此，中央媒体的《中国科技日报》《中国教育报》《光明日报》等均在头版做了宣传报道，名扬全国。林科教工程成为我校办学特色的主要标志，所以在 2004 年被教育部教学水平评估评为“优秀”，把最高级别的荣誉授予了中南林学院。实践表明，改革开放是中南林学院发展的动力，只有坚持改革开放，学校才能加速发展。

四、在开放中大跨越

从 1998 年起，随着高等教育发展方向的转变，由精英教育转变为大众教育，为了满足社会的需求，高等学校大力扩招，给学校带来了历史性的发展机遇。到 2008 年，经过 10 年跨越式的发展，开放办学，大大提升了办学实力，学校在原有的基础上又发生了巨大的变化。

巨变之一，建设大投入。近几年长沙校区投资 10 亿多元，完成建筑面积 33 万平方米，学校占地面积 2023 亩，比原来增加 1 倍。教学设备快速增长，总价值达 7.6 亿元，大大改善了办学条件。

巨变之二，学校规模大扩张。为了扩大办学空间，先后与湖南林业学校、湖南林业技工学校、湖南农机研究所、湖南经济干部管理学院合并。现拥有各类学生 3.95 万人，59 个本科专业，27 个二级学院，办学实力大大增强。2005 年经国家教育部批准更名为中南林业科技大学。

巨变之三，学科建设大提升。学校拥有理、工、农、文、经、法、管、教等 8 个学科门类，3 个博士后流动站，14 个博士点，44 个硕士点，3 个国家重点学科，排在省属高校前列。2004 年通过国家教育部组织的教学水平评估，被授予“优秀”高校的称号。近几年共承担各级各类科研项目 600 多项，其中杉木林生态系统功能研究获得国家科技进步二等奖。

巨变之四，面向世界办学大开放。为了适应现代教育发展的需要，学校增设了国际学院，招收俄罗斯、韩国、泰国、美国等 13 个国家的留学生 106 人，扩大了学校的国际影响。先后与 20 多个国家的 50 多所高校建立了合作关系，为学校走向世界迈出了重要的一步。

悠悠岁月，一晃就是半个世纪。在50年的征途中，战风雨，跨坎坷，饱受折腾之苦，深知办学艰难。50年办学实践令人启迪：稳定是前提，改革开放是兴校的发动机，特色办学是强校的力量源泉。只有稳定，才能发展；只有改革，才能兴旺；只有开放，才能跨越；只有创新，才能超群。稳定、改革、开放、创新给中南林业科技大学注入了强大的活力，现正沿着科学发展观的道路，向全省高校“五强”目标挺进！中南林业科技大学，我们老一辈的中南林人向你致敬！在你50华诞之际，祝你高歌猛进，勇往直前，再创辉煌，桃李遍天下！

（原载《中南林业科技大学学报》）

没有新中国，就没有中南林

今年10月1日，是新中国成立60华诞，也是全国人民普天同庆的日子。没有共产党，就没有新中国；没有新中国，就没有中南林。从中南林业科技大学51年的建设发展看祖国的沧桑巨变，令人感叹。

一、社会主义祖国是立校之基

在旧中国，林业高等教育在政府中没有地位，在社会上学林的人没有前途。当时由于国民党统治者不重视高等林业教育，老师少，学生少，设备简陋，长期处于落后与停滞不前的状态。全国没有一所独立的林业高校，只在农学院内设森林系。湖南省的林业高等教育始于湖南克强学院的森林系，学生只有10名。多年来培养的学生只有90多人，学生毕业之后不是失业就是改行，社会地位非常低下。广东林业高等教育始于1923年的中山大学林学系，每年的学生都在10人以下。从1925～1949年共有毕业生123人，平均每年仅5人。新中国的诞生，为中南林的发展提供了肥沃的土壤。在中国共产党的英明领导下，林业高等教育迅速发展，欣欣向荣，学校从无到有，规模从小到大，学科专业从少到多。北京林学院、南京林学院、东北林学院率先成立。1958年，全国大多数省都成立了林学院，湖南林学院、广东林学院也应运而生。1964年，老一辈无产阶级革命家陶铸同志亲自创办了中南林学院，在湖南林学院和华南农林学院林学系的基础上，于1964年1月在广州挂牌成立，它是中南地区林业高等教育的里程碑。经过资源整合的中南林学院，师资力量雄厚，学科优势明显，一所新型的绿色高校在广州白云山下崛起，成为林业部直属的4所院校之一。

二、改革开放是强校之本

改革开放是体制机制的一种创新，也是促进学校做大做强的根本。1979年的改革春风，吹绿大江南北，使中南林获得新生。1983年，学校从溆浦县大山区搬到株洲办学，结束了长达8年在山区办学的历史。学校重新回到城市，教学条件大为改善，办学规模迅速扩大，教学水平不断提升。1993年，创建了第一个经济林博士点，教学、科研、产业同步发展，办学实力和办学优势显现。1998年国家实行扩招政策，由精英教育向大众教育转变，迎来了高等教育的战略发展机遇，大大加快了学校发展的步伐。在校学生由1978年的800人增长到3.8万人，学科专业由建校初的6个增长到62个，博士点由1993年的1个增长到现在的3个博士后科研流动站，2个一级学科博士点，17个二级学科博士点。对外开放的步伐越来越快，与世界50多所高校建立友好合作关系。一系列数字表明学校发生了天翻地覆的变化。改革开放的30年，把中南林业科技大学推到高等教育发展的前沿，一所以林为特色，多学科协调发展的绿色高等学府，正崛起在三湘大地，向世界大步走去。

三、特色办学是兴校之路

没有特色优势，就没有办学亮点。特色是兴校之本。中南林的诞生本身就是特色的创新，南方的地域优势就是一大特色。学校51年的历史，就是改革创新的历史。论资历、讲条件，我们不如北京、南京、东北3所林学院，所以必须选择“以新取胜，以特见长”的发展战略，在“新”和“特”字上下工夫。我们率先在全国创办第一个经济林、亚热带林、家具设计、森林旅游4个新专业，成为我校专业建设的特色和亮点，也是我校核心竞争力所在。4个新专业的创办，大大拓展了学科专业建设的空间，为产业的发展提供了智力和人才支撑。同时创新办学模式，打造“林科教工程”。1986年我们和林业重点县双牌县联姻合作办学，被国家教育部誉之为科教兴农的创举，成为当时主要媒体报道的热点。通过林科教工程的创建，形成了“目标共识、合作共步、利益共享”的机制，收到富校兴县的显著效果。2004年，在教育部本科教学水平评估中，专家组一致认为林科教工程是我校办学特色，并评为“优秀学校”。

四、林业支撑是学校发展之源

中南林业科技大学从诞生到今天，已年过半百，进入天命之年。它生在林业、长在林业、兴在林业。没有林业的支持，就没有学校办学的依靠。展望未来，学校发展的希望还是在林业。随着林业地位的提升，林业产业的崛起，生态文明建设宏伟目标的实施，中南林的发展前景更加广阔。温家宝总理最近在中央林业工作会议上明确指出："在可持续发展中，林业具有重要地位；在西部开发中林业具有基础地位；在生态建设中，林业具有首要地位；在应对气候变化中，林业具有特殊地位。"中央把林业提到这样的高度是前所未有的。我们要把"重要、首要、基础、特殊"4个地位作为时代赋予我们的四大使命，以它为动力，以它为目标，大力拓展林业高等教育的发展空间，高举生态文明大旗，万众一心把中南林业科技大学建成高质量、高水平的大学！

（原载《中南林业科技大学学报》2009年9月30日）

树木树人是中南林人的精神之韵

精神是人生观和价值观的集中反映，用什么样的文化和精神去培养人的问题，是由高等教育的性质和功能所决定的，是提高教育质量必须解决的核心问题。作为以服务林业为主的高等学校，应该以树的文化和精神去陶冶学生，读书首先从读树开始，以树为书，以树励志，以树育人，教育学生不要为名所累，不为利所扰，不为色所迷，不为官所惑，做一个讲国格、重人格、爱人民的大学生。

50多年的历史展示，将中南林人身上的"人韵如竹、人品如松、人境如柳"的精神风貌表现得淋漓尽致，令人感叹。竹之韵，在中华文化的历史上，是耀眼夺目的一章。众多的历史政要和文人无不咏竹、颂竹，留下了很多绝句佳作。竹是中华文化的象征，是中国人品质的结晶。古代著名诗人白居易咏竹："竹固本，固以树德；个性直，直以立身；竹心空，空以载道；竹节贞，贞以立志。"把竹的自然特性，用"固、直、空、贞"4个字概括，并和修身养性紧密结合起来，做人要像竹子一样做到"四个要"。为人要固，要像竹根一样，紧紧咬住青山，对事业坚定执著；为人要直，要像竹秆一样，刚劲挺拔，坚贞不屈；为人要空，要像竹心一样，虚怀若谷，淡泊宁静，无欲则刚；

为人要贞，要像竹身一样，洁身自好，高雅秀丽，不为低俗所叛。总之，竹的形象能全面衬托出中华民族的人格特征，是一种人化了的自然之物，文化的品位极高。

松之品，为人所敬佩赞叹。我校的缔造者陶铸有《松树的风格》一文，已成为现代的传世佳作。他在文中以精辟的观点歌颂松树："每一个具有共产主义风格的人，都应该像松树一样，不管在怎样恶劣的环境下，都在茁壮成长，顽强工作，永不被困难所吓倒，永不屈服于恶劣环境。每一个具有共产主义风格的人，都应该具有松树那样的崇高品质，人民需要我们做什么，我们就要做什么，只要为了人民的利益，粉身碎骨，赴汤蹈火在所不惜，而且毫无怨言，浑身永远洋溢着革命的乐观主义精神。"这就是松树品质的真谛。柳之境，这是雷锋同志生前所赞美的："人要像柳树那样，栽到哪里就在哪里生根发芽，听从祖国的安排和人民的需要。"

中南林人集竹、松、柳之品德于一身，表现出不凡的精神内涵。在政治风云中吓不倒，在困难面前不低头，在强手面前不示弱，历经风雨 50 年，书写了一个个感人的传奇故事。中南林学院第一任院长沈鹏飞教授，是中国现代林业高等教育的先驱。1921 年从美国耶鲁大学学成归来，以"弥尽全力为林业，年近九十仍攀高"的高尚精神，为高等林业教育无私奉献一生。1982 年，他年届九十，仍南北奔波，马不停蹄，战斗在教学科研第一线，并赋诗言志："古稀已过二十年，历尽风霜迈向前。幸喜顽躯强而健，欣逢国祚盛昌连。半生付与烽与火，余步犹留夕照天。植树营林酬老愿，畅观深感学尖端。"他的一生，展现了中南林"学为人师"的良好风貌。誉满中外的昆虫学家李凤荪教授，以深厚的学术功底，始终坚持求实求新，他撰写的《中国经济昆虫学》，内含 3000 多种昆虫，文字达 240 万，这部鸿篇巨著出版后在学术界引起轰动。潘维俦教授，以敢为人先的精神，深入湘西林区，建立了我国第一个野外生态观察站，开创了森林生态研究的新领域，受到国内外学者的关注，为我校的生态学研究做出了开创性的贡献。

50 多年来，我校培养的学子数以万计，桃李遍天下。他们在"学为人师，身正为范"的感召下，亦表现不凡。在 20 世纪 70 年代，中南林是一个规模不大的学校，但学生在体育竞赛场上，不畏强手，敢于拼搏，成为湖南高校的体育强校。中南林的男子排球队战胜湖南省内著名高校强手，连续 10 年保持冠军的地位，为学校争得了荣誉。中南林的学生会，从 20 世纪 70 年代开始，连续 3 届当选为全国学联副主席单位，使中南林的名气大振，知名度大为提高。2010 年，中央表彰的全国劳模中，我校的毕业生陈永忠等 7 人被评为全国劳动模范，这是我校 10 万毕业生的杰出代表，是中南林人精神的光辉典范。我们为他们的优秀成绩感到自豪，同时深感精神对物质的巨大作用，是育人的精神动力。

文化是灵魂，精神是脊梁。呼唤文化，呼唤精神，这是中国大学加强校园文化建设的当务之急。没有经济的社会是原始社会，没有文化的世界是动物世界。文化是中华民族之魂，是中南林之魂。历史表明，文化是教育的灵魂。文化决定教育发展的高度，决定学校的成败和教育的未来。学校兴旺，最后要以文化论输赢。用先进的文化加强“两型”社会建设，加强大学文化建设尤为重要。树文化是中华文化和现代文化、民族精神和时代精神的象征，是自然之趣和浩然之气融和的结晶。自然之趣是树的外在形象，浩然之气是树的内在本质，两者有机结合，形成了独特的生态文化。

我们要高举生态文明之旗，坚持以林为本，以竹韵之大气，以松品之大度，以柳境之大势，建设具有鲜明特色的中南林文化，把中南林办成知名于世的高水平大学。这是时代赋予我们的历史使命。让中南林的文化之旗，永远飘扬在中华大地上，中南林的精神永放光芒。

（原载《中南林业科技大学学报》2010 年 10 月 15 日）

竹产业在湖南省建设“两型”社会中的地位和作用

竹产业随着发展低碳经济时代的步伐，走进了上海世界博览会，共有 20 多个场馆应用了竹材料，竹的身影耀眼夺目。竹材应用已成为当今世界的时尚，更是我国建设“资源节约型、环境友好型”社会不可缺少、不可替代的要素。湖南是全国第二个竹业大省，在推进“四化、两型”的战略目标中，发展竹业具有独特的地位和作用。

一、湖南竹产业发展的新目标

湖南是竹业大省，竹子种类 19 属 136 种，其中湖南特有的竹种 19 种。全省现有竹林面积 83.2 万公顷，占有林地面积的 9.84%，立竹总株数 19.14 亿株。其中毛竹林面积 81.4 万公顷，立竹蓄积 18.49 亿株。竹业资源位居全国第二。楠竹每亩立竹由 20 世纪 90 年代初的 105 根上升到 156 根。湖南发展竹业有得天独厚的自然优势，竹产业已成为快速崛起的增长点，打造千亿竹产业，不但有丰富竹林资源的基础，而且有竹产业龙头企业的支撑。以科学技术为先导，快马加鞭，到2020年，湖南省竹林面积将发展到133万公顷，立竹总数40亿株，产值1000亿元以上。具体而言，湖南竹业发展的目标体现在以下三个方面。

1．高效竹经济

把竹子发展成为高效益的竹经济，使之成为建设“两型”社会的经济命脉。低碳经济的本质是高效环保。竹经济是发展低碳经济的优势产业，是建设“两型”社会的重要支柱。小竹子，大经济。特别是长株潭在建设“两型”社会中要突出竹元素，以竹为食，以竹为衣，以竹为居，以竹为行，以竹为文，渗透到人们生活的方方面面。竹业工程，既是富民工程、就业工程，也是政府的财源工程。发展竹经济是改变生产方式的科学选择。竹是一种珍贵传奇的植物，生产期短，效益高，是生态经济的优势资源。以桃江县为例，2005年全县竹产值11亿元，占全县GDP的25%；全县财政收入的17%，农民纯收入的33%来自竹业。岳阳县张谷英镇以10万亩竹林为依托，90%的劳力从事竹业，竹产值占GDP的52%。近几年涌现出的竹业专业户，已成为农村脱贫致富的典范。攸县竹农李梅春，身残志坚，大造楠竹13公顷，每年卖楠竹的钱达10多万元，实现了“赚竹钱、吃竹饭、住竹屋、坐竹车”的小康梦想，具有典型的示范作用。自古至今，竹是民生不可缺少的资源，在当代更是国民经济的命脉，是农民致富的法宝。

2．持续竹产业

把竹子发展成可持续的竹产业，使之成为建设“两型”社会的生态明珠。湖南省省长周强最近在《中国现代竹业概论》序言中指出：“竹子以其低碳环保的特征，越来越受到人们的青睐。湖南发展竹业具有得天独厚的优势。湖南是全国楠竹大省，培育发展了一批在全国有影响、有地位的竹业加工企业。同时，湖南竹文化底蕴深厚。积极推动竹产业、竹文化与竹生态的深度融合，不断提高竹业和经济、社会和生态效益，推动经济发展方式转变和‘两型’社会建设。”发展以生态为特征的竹产业，对湖南建设“两型”社会具有战略性的历史意义。竹的再生性、竹材加工的循环性和竹产品功能的独特性决定了竹产业发展的可持续性。从物理到化学构成的生产链，从第一产业到第三产业的产业链，从竹根到竹梢的产品链，链链相通，品品相映，琳琅满目，耀眼生辉。

竹业是低碳经济最优的生态产业，是应对气候变化、建设“两型”社会的战略选择。竹是发展森林碳汇的最优物种。毛竹每公顷吸收二氧化碳 12 吨，是桉树的 4 倍。工业减排每吨二氧化碳成本是 100 美元，竹子生物减排成本只要 3~5 美元。竹子在生产过程中消耗能量是最低的，例如，形成 1 吨干物质的耗水量，水稻为 640 吨，小麦为 540 吨，竹子只有 70 吨。在加工产品的过程耗能低，仅为钢铁的 1/50，混凝土的 1/8，木材的 1/3。而抗震强度是木材的 2 倍，素有“植物钢铁”之称，发展竹产业，是可持续发展的必由之路。

3. 高品位竹文化

把竹子发展成高品位的竹文化，使之成为建设“两型”社会生态文明的文化瑰宝，国民之魂，国家之神，以文铸之。文化是民族的灵魂，精神是民族的脊梁。文化是第一创造力，也是第一生产力；是软实力，也是硬实力。中国一个学者说：“最终能救中国的，一定是我们自己的文化。”中华文化博大精深，源远流长。中国竹文化是中华文化的缩影。华夏竹文化，上下五千年，诗词书画卷，卷卷有竹篇。湖南竹文化底蕴深厚，境内出土的文物有楚墓竹席、里耶奏简、走马楼吴简等，岳阳君山的斑竹更是名闻天下，有“湘妃竹”之美称。湖南竹工艺文化更是名扬世界。益阳水竹凉席是中国四大名席之一，享有“薄如纸、明如玉、平如水、柔如帛”的美誉，邵阳的翻黄竹刻是中国三大竹刻之乡。 它与中国画和金石书法有机结合起来，造型新颖，图案精致，色彩调和，雕刻的产品备受青睐，成为现代竹刻的珍品。国画大师齐白石的竹墨画，苍劲雄秀，金石气浓，画秆不勾节，叶有聚散，纵横驰骋，气魄宏伟，别具一格。把湖湘文化和竹文化、历史文化和现代文化进行深度融合，使其在湖南建设“两型”社会中为生态文明做出示范，尤其在长株潭城市群的大地上，让生态文化之旗高高飘扬，扬名国内外。

纵观中华五千年，竹子是中华民族相依为命的自然之物。时到今日，竹子更是人们共生共荣的伴侣。让我们用湖南的竹子撑起“两型”社会的大厦，使竹经济成为湖南崛起的新命脉，使竹产品成为湖南崛起的新产业，使竹产文化成为湖南崛起的新亮点，使竹生态成为湖南崛起的新景观。胸有成竹，快马加鞭，振兴竹业的目标一定能实现。

二、湖南竹业发展的新途径

思路决定高度，目标决定力度。要使湖南竹业崛起，必须以国际的大视野，以战略的大高度，以创新的大手笔，从五个方面突破。

1．培育竹林优势资源

资源是产业发展的基础。没有充裕的资源，也就没有强劲的产业。湖南省竹林面积由20世纪80年代末的56.6万公顷扩大到83.2万公顷，增幅147%；立竹总数由9亿根增加到19亿根，增幅211%，面积和蓄积量居全国第二，全省138县市区中有124个有毛竹分布，其中0.66万公顷以上的有42个县市，13万公顷以上的有23个。为了扩大资源，湖南省主要采取两项措施。第一，抓楠竹低改工程，提高现有竹林产量。湖南竹林按经营现状分为3类：一类竹林只占2%，每亩立竹250~300根，竹材年产量1000~1500千克；二类竹林占25%，每亩立竹150~250根，年产竹400~1000千克；三类竹林占70%，每亩立竹不到100根，年产竹100千克左右。由此可见楠竹低改潜力巨大。大力增加一类竹林资源，减少三类竹林资源，效益就十分可观。建议在全省范围内，开展亩产竹子万元丰产基地示范活动。竹区每个县66.6公顷，每个村0.6公顷作为万元丰产示范基地。以点带面，把竹林资源提高到一个新水平。第二，扩大竹林面积，每年扩种新增6.6万公顷，到2020年，全省竹林面积可达133万公顷。这样可为湖南竹业做大做强打下坚实的资源基础。

2．发展高端竹产品

竹产业集第一、第二、第三产业为一体，集多功能为一身，随着科技的进步，以竹代木，以竹代钢、以竹代棉的产品越来越多，竹成为新材料的生力军。只要坚持创新，不仅要“代”，而且要“胜”，竹胜木，竹胜钢，充分发挥竹材的独特功能。竹子作为一种新型的生态材料，在建设“两型”社会中特别引人注目，不管是从资源节约型，或环境友好型看，还是从现代材料发展的趋势看，它都是一种用途十分广泛又非常环保的材料。开发竹炭系列产品、竹建筑装饰系列产品、竹饮食系列产品、竹纺织系列产品等具有广阔的市场空间，特别竹炭产品的开发可谓无穷无尽。

竹炭以5年生的毛竹为原料，经高温热解而成。竹炭具有超强的吸附能力、穿透能力、阻隔电磁辐射能力，广泛用于工业、农业、军事、电子、医药卫生、食品加工、纺织、环保等领域，堪称炭中极品。纳米竹炭、竹炭陶瓷、碳素复合材料，正处于开发的前沿。炭复合材料将畅行世界。以不可再生的石油、煤炭为原料的碳素材料，将被竹类等可再生的生物碳素材料所代替，竹质材料将成为我国的尖端材料，竹迹可遍天下。竹炭开发，大有作为。

要组织力量，加大投入，走在开发的前沿。

3．构建龙头企业和品牌产品

规模决定效益，决定质量，决定竞争力。产业规模化转型升级是大势所趋。湖南省现有一定规模的竹企业1500多家，生产的产品2000多种，另有小型作坊2.5万户；年加工竹材1亿株。竹胶板厂、竹地板厂等是湖南省的优势企业。2004年，竹胶板年产量30万立方米。竹地板产量278万立方米，产品远销欧美。面对竹产品规模拓展转型升级的挑战，我们要整合企业，组建八大龙头企业，打造竹业航母，创建拳头产品。①胶合板以桃花江竹胶板为龙头，形成规模，产品升级。②竹地板以湖南建玲竹业有限公司为龙头，整合其他企业形成集团，做大做强，拓展国内外市场。③竹纺织品以株洲雪松麻业有限责任公司为龙头，发展竹纺织品。④竹浆纸以城步纸业有限公司为龙头，拓展造纸的规模和质量。⑤竹日用品以湖南壹亿竹制品有限公司为龙头，使竹凉席、竹砧板名牌产品占领更大的国内外市场。⑥竹工艺品以桃花江竹艺开发公司为龙头，把邵阳竹刻、双牌竹编等优势品牌做强，保持世界名牌产品的荣誉。⑦竹食品以湘南绿色罐头食品有限公司为龙头，在竹笋加工、竹汁饮料领域，拓展深度，推出新产品，以满足市场需要。⑧竹炭以湖南邦博科技发展公司为龙头，开发竹炭系列产品，使竹炭产业成为优势产业。龙头企业的产值必须在亿元之上，产品必须是精品。

4．坚持拓展战略，大力发展竹旅游

旅游业既是传统服务业又是现代服务业的重要组成部分，是拉动消费的杠杆。生态旅游方兴未艾，持续升温。竹旅游以特殊的生态、特有的功能、特好的效益推出市场，深受人们的青睐。旅游的本质是一种审美活动。竹景观是历代文人墨客审美的自然之物。山有竹则青，水傍竹则秀。形质之美、色泽之美、动声之美、变化之美，千姿百态，美不胜收。竹文化源远流长，内涵极为丰富，是中华民族精神的象征。以竹励志，具有丰富的内涵，是旅游资源文化品位高的珍稀资源之一。竹产品琳琅满目，新产品层出不穷，充满着时代感。看的、吃的、穿的、用的无所不有，无处不在。观竹景、吃竹食、购竹品、赏竹文、品竹韵，成为竹旅游的主题，是旅游者必然的选择。长株潭的浏阳、茶陵、攸县、炎陵等都是产竹大县，发展竹旅游潜力巨大，可以分别在竹区建设旅游基地。在长沙筹建竹博物馆，展示竹产品和竹文化，成为接待竹旅游的客厅，使它成为湖南旅游产品的亮点。

5. 推进竹贸易发展

消费决定生产，贸易决定发展。贸易是中国竹业走向世界的桥梁，贸易兴竹是改革开放的成果。对内贸易和对外贸易是推动竹业发展的两个车轮。我国竹产品出口增长迅速。2008年出口贸易额为13.77亿美元，竹地板3.24亿美元。美国为我国竹产品进口大国，2008年总额为3.16亿美元，其次是欧洲、日本。竹地板出口贸易形势更加看好，是世界畅销的环保产品，也是未被美国列入对华反倾销范围的唯一产品。2008年竹地板销量为2500万立方米，2010年可达4000万立方米，增长速度迅猛，出口贸易进一步加大力度，提高竞争力。竹地板是湖南的优势出口产品，要扩大规模，提高质量。竹笋、竹制品是传统的出口产品，但由于国际贸易壁垒封锁，必须采取应对政策。新开发的竹炭、竹炭纤维、竹叶黄酮系列精加工产品出口有很大的市场空间，要加紧研发扩大生产规模。商品贸易、技术贸易、服务贸易是国际贸易的三大主体，相互依存为一体。技术贸易、服务贸易在我国大有作为，要把它办成世界的集散地，保持世界的主体地位。

激活国内市场需求，建设完善市场体系，是推动国内贸易的当务之急。国内市场是世界最大的消费市场。把小企业与大市场、小区域与大经济、区域市场和国际大市场等相对接，高度融合，化散为聚，化小为大，化粗为精，培育跨国公司。在长株潭设立竹产品专业市场和竹产品超市，成为连接国内和国际市场的纽带和窗口。要加大竹产品的推销力度，要像浙江省林业厅那样，2011年由厅长楼国华亲自组团开展“浙江笋竹产品，东北行和中原行”促销活动，成效显著，反响强烈。实践说明，市场旺，竹业发展后劲大，激活了市场，竹业发展就大有希望。

（原载《世界竹藤通讯》2011年第4期）

老科协是社会管理组织创新的好形式

中国共产党以全球发展的大视野，走过了风风雨雨的90年，创造了人类发展的奇迹。实现工业革命，英国用了200年，美国用了100年，而中国只用了一代人的时间。中国共产党实现了有史以来国家的稳定，确定了在世界上的重要地位，迎来了中国历史上第四个盛世黄金时代，正在快速地和平崛起。面对国内外形势的变化，胡锦涛总书记站在历史的新起点上，提出要

“最大限度地激发社会活力，最大限度地增加和谐因素，最大限度地减少不和谐因素”的要求，维护人民群众权益，促进社会公平正义，确保社会既充满活力又和谐稳定。中国老科协是以科技性、社会性、稳定性为特色的老年社团组织。它自成立以来，以自己的无私奉献显现出了强大的生命力，它是中国社会管理创新的组织形式，是团结老同志充满活力，而又快乐有为的和谐之家，是中国共产党面对社会转型而推出的应对老龄社会的又一创举。

一、化散为聚，老科协是应对老龄社会集聚人才，富民强国的最大活力

老科协把分散在各行各业的老科技人员组织起来，以老有所为为平台，成为中国老科技工作者的核心力量。他们以“老而不忘责任重，退而不失公仆心”的胸怀，展示了“特别能敬业，特别能吃苦”的风采。湖南老科协形成了“纵可到底，横可到边”的组织网络，拥有会员 12 万多人，是一支可敬、可信、可用的编外科技大军。服务“三农”成绩显著，创造经济效益46.7亿元，是富民强省的一支重要力量。中南林业科技大学老科协是全省率先成立的高校老科协之一。14 年来，中南林老科协以壮志千里的气势，在教书育人、科技开发、建言献策、著书立说中显现出强大的活力。科技开发完成 35 项，取得专利 15 项，著书立说 37 部，发表论文 140 多篇。省老科协策划、中南林老科协主笔的《中国现代竹业概论》，由湖南省省长周强，原省委书记熊清泉，省老科协会长朱东阳分别作序，已由湖南人民出版社出版，受到社会各界的好评，填补了国内外竹业类书籍的空白，在理论和实践上对竹业发展具有方向标的意义。大智兴邦，莫过集众思。献睿智之言，建发展之策，始终是老科协工作的主题。学校老科协先后向省、市和校领导撰写了 46 个建言专题材料，其中“湖南竹业发展对策”“发展低碳经济，建设低碳社会”“建言献策要突出‘四性’”等，引起了省、市决策者和媒体的高度关注，成为老马识途、老智生辉的亮点。老科协是名副其实的人才库和智慧库，是推动我国发展不可忽视的力量。

二、化怨为和，老科协是应对老龄社会凝聚人心，增强和谐的最强元素

据《2011 年中国社会心态研究报告》显示，群体性怨恨成为中国最明显的社会心态。这种心态发展下去势必影响社会稳定，影响中共执政的地位，“培育奋发进取，理性平和，开放包容”的社会心态已纳入“十二五”规划纲要，列为国家发展战略。中国人口老龄化加速，进入“未富先老”的时代。由于老年人从工作岗位上退下来，社会角色转换，带来了心态的

变化，有些人产生了一种明显的失落感，普遍存在退休之后万事休的心态，怨气大，怨言多。老科协面对老龄社会挑战把“快乐、和谐、有为”作为办会宗旨，坚持以人为本，以为为乐，以和为贵，改善心态，强化精神，使老科协成为老同志之家，重新感到团队的温暖。中南林老科协以此为出发点，为老同志办实事，做好事，把人文关怀送到每个会员心上。每年为满70、80岁的长者举行隆重的祝寿庆典，颁发人生奉献奖，激励他们再做贡献。由于历史原因，许多老同志因当时名额有限，没有评上正高职称，成为他们一生中的遗憾。老科协想他们所想，使40位同志获得正高职称的荣誉，为老有所为增添了动力。在老科协这个团队里，老有所为的积极性空前高涨，涌现出很多身体力行，不为名利所动，不为金钱所惑，不为病痛所伤，不为苦难所惧，忘记病痛，忘记年龄，一心扑在工作上，劲头不减当年的先进人物。老科协成为促进和谐稳定的最强元素，为建设和谐社会又做出了新的贡献。

三、化病为健，老科协是应对老龄社会化解社会矛盾和风险的有效机制

我国正处于发展的战略机遇期，又处于社会矛盾凸显期。人民日益增长的物质文化需求和落后的社会生产之间的矛盾，仍然是社会的主要矛盾。“看病难，看病烦，看病贵”是当前人民群众利益最直接、最现实的问题，是社会最突出的矛盾之一。作为离退休老同志，看病是事关生存的头等大事。省老科协非常重视自我保健工作，成立了自我保健中心，创办了《中老年自我保健》杂志，大力普及自然疗法医学知识，有效改善了老同志的健康。实践表明，老科协是自我保健的大学校，是普及医学知识的播种机。中南林老科协从成立起就把自我保健工作列入重要议程，从推广足疗反射法开始到“312”经络锻炼法；从推广芦荟、纳豆食疗到自然疗法，通过举办培训班、报告会、订阅自我保健杂志、印发资料、介绍典型经验等多种方式，把自我保健的知识宣传到千家万户，收到明显的效果。张雪明副教授身患癌症，3年5次住院，锯掉了一条腿，不久癌细胞又扩散到另一条腿，医院说我们不能再把这条腿锯掉，只能靠你自己想办法医疗了。从此之后，她坚持进行自我疗法，吃中药，调养饮食，做保健操，以坚定的人生信念，忍受了剧烈的疼痛，终于战胜了癌症，艰难而又幸福地生活了将近20年，学校老科协特授予她“抗癌之星”的称号。她在会上高兴地说：“18年来，我经过与病魔的生死搏斗，终于走出了死亡之路，现在带病生活得很好，

除药物治疗、饮食疗法和体能锻炼外，靠的是心理保健，靠意志、毅力和信念战胜了癌魔。”

（原载《湖南老科协通讯》2009 年第 8 期）

林业是推动绿色发展的万世之基

——论绿色发展的林业观

【摘　要】绿色发展是应对经济社会发展模式转型的战略选择，林业是推动绿色发展的万世之基。该文介绍了林业产业的五大特征，阐述了林业是实现绿色发展战略大势之所趋，林业是实现强国富民造福人类之所需，林业观是推动现代林业发展理论根脉之所在，政策是加快林业发展之所求。最后，对发展绿色生态林业提出了几点意见和建议。

【关键词】绿色发展；林业观；绿色增长；自然资本

世界观亦称宇宙观。世界观是认识世界和改造世界的强大理论武器和科学方法。林业观是宇宙观的组成部分，是人们认识森林的望远镜。在绿色经济时代，用什么样的林业观去认识森林和开发森林，决定于林业发展的方向和道路，直接影响经济社会发展的走向。数千年来，人类经历了农耕社会和工业社会之后，步入后工业社会，正值经济社会发展模式转型之时，用传统的林业观还是用现代的林业观认识森林，是事关国家生态安全、人民福祉的重大战略问题。历史发展告诉我们：森林的兴废与国家的盛衰紧密相连，林业兴，国家盛，人民富。发展林业不仅是国家一个专业部门、一个地区的主业，而且是全社会共同为之的伟业；不是一时一年的战术之作，而是造福人类千秋万代的国家战略之举。

一、林业是实现绿色发展战略大势之所趋

绿色发展是应对经济社会发展模式转型的战略选择。发展绿色经济已汇聚成为世界巨大的潮流，波澜壮阔，势不可挡。世界近 200 多年的发展史揭示，世界经济社会走的是一条高投入、高能耗、高污染的灰色经济之路。亚当·斯密的《国富论》发表 200 多年以来，人们用人造资本、造机器、建工厂、挖矿山、伐森林，不惜以牺牲环境和生命为代价，向大自然索取。资源枯竭、环境恶化、生态危机，把世界经济发展推到了尽头。生态危机如

同第三次世界大战，给人类带来无数的灾难。正如鲁迅早有预见："林木尽伐，水泽湮枯，将来的一滴水，将和血液等价"（周建人，1930）。1992 年在里约召开的联合国环境与发展大会，各国首脑重新审视世界经济发展模式之后，绿色发展成为可持续发展的全新模式。要求在经济活动中要绿色化、生态化，以改善人类福祉，促进社会公平，降低环境风险，增强环境承载能力。绿色发展的本质是把生态和环境资源化，把自然资源资本化，大力发展自然资本，把自然资本列入国民经济预算体系，突出自然资本在经济增长中的价值，投资要从人造资本转到自然资本上来，这是经济规律和自然规律相互作用的历史必然。

森林是自然资本的基础。森林是哺育人类之母。不论是昨天还是今天和明天，人类一天也不能离开森林。人类在起源阶段，以森林为家，以果为食，以树叶为衣，日夜与森林相依为命。经过若干年的进化，人类从森林走出来，仍以采伐木材为生计，创造财富，推动社会文明进步，森林在历史进程中，发挥了独特的作用。在农耕社会，森林为人类的生活直接提供物质产品。在工业社会，森林为社会发展提供材料和能源。至今，全世界有 16 亿人依靠森林为主要生活资源，20 亿人依靠森林提供能源。在生态文明社会，森林将全方位为人类提供服务，除继续满足物质需要外，主要为人类提供生态产品和精神产品，使森林成为人类的精神家园。

林业是自然资本的主力，依托自然资本的功能，造就了自然资本的推动力，成为可持续发展的新型战略产业，林业大产业具有无与伦比的绿色发展特征。

1．*森林资源分布的普遍性*

森林分布世界五大洲，不存在有和无的问题，只有多和少的差别。只要有土地，都可以植树造林，荒地变绿洲，穷山变金山。森林资源不像石油煤炭资源分布地区所限，造成贫富不均，冲突四起，社会分裂。森林是人类共同的财富，为全世界的人所有，免费提供氧吧、负离子、碳汇等生态产品，促进社会的和谐，提高人类健康品质。

2．*森林产品生产的可循环性*

森林资源具有再生性和循环性，依靠自然的力量，通过光合作用，生产无以数计的产品，是世界上最大的无人无烟工厂，不要人造工厂，不要高温、高压，源源不断地进行再生产。沿着穷山恶水——青山绿水——金山银山之路，日复一日，年复一年，为人类提供物质产品和精神产品。"青山常在，永续利用”的资源特色尤为明显。

3．森林品种的多样性

森林生态系统、湿地生态系统、荒漠生态系统和生物多样性，构成森林生态系统的框架。森林是“地球之肺”，湿地是“地球之肾”，荒漠被称为地球的“癌症”。生物多样性是地球的“免疫系统”，保护着地球生命的健康，保护着自然资本的生产力。世界环境新闻服务社（ENS）2012 年 1 月披露，欧盟一年多样性的损失为 5900 亿美元，欧洲有 1/4 的动植物灭绝，自然破坏的代价相当于每年总量增长的 3%（丁洪美，2012），生物多样性的减少，直接影响经济的正常增长。森林融植物圈、动物圈、微生物圈、水圈、土壤圈、大气圈为一体，形成巨大的生物圈，拥有上千万种的生命，支撑环境的承载能力，维护地球生命圈的正常运转及生命圈内各种生命的安全。

4．森林产品投入产出的低碳性

低碳经济、低碳社会、低碳生活，这是当今世界的时尚，也是绿色发展的必然要求。而林业就具有低投入、低能耗、低碳产业的特征。据研究，木材作为三大材料之一，木材的低碳效应远比钢铁、水泥要好得多。每生产 1 吨材料，木材释放氧气 1070 千克，吸收二氧化碳 1470 千克；钢铁释放二氧化碳 2508 千克；水泥释放二氧化碳 2500 千克。森林是唯一释放氧气、吸收二氧化碳的材料，在应对气候变化中具有特殊的作用。从节能层次上看，以木材加工的单位能耗为 1，水泥为 5，塑料为 30，钢为 40，铝为 70，木材消耗能源为最低。从隔热度层次上看，在同样的厚度下，木材隔热值比混凝土高 16 倍，比钢材高 400 倍，比铝材高 1600 倍，木材是隔热性能最好的材料。

5．森林产品价值的珍贵性

森林蕴藏着很多价值连城的产品，黄金非宝，林为宝。在市场上有“红木论吨卖，黄花梨论斤卖，沉香木论克卖”之说，一点不假。这些是市场认同的产物，海南产的黄花梨木是世界上最贵重的木材之一，每千克卖 2 万多元。2012 年市场价为每吨 1700 万～1900 万元，比越南产的黄花梨木高出 1500 万元。国内钢材价每吨只有 4000 多元，相比之下海南黄花梨木是多么的珍贵。沉香木更是 1 克抵万金。2011 年的市场价为 50 万元 1 千克。沉香木是瑞香科的落叶乔木，当受到外伤时，从伤口流出一种“固体物”被称之沉香，它既是香料之王，又是珍藏的工艺品，艺术价值无限。野生山参是“百草之王，万药之首”，极度稀缺的“参黄金”，2012 年 5 月的市价为每克 1000

元，比 2005 年增值 5 倍，还有非常大的升值空间。

由此可见，绿色发展模式代替传统发展模式，是经济社会发展规律的必然。林业产业的五大特征，集中体现了绿色发展的本质要求。森林是绿色发展的稀缺战略资源。中国是一个人多林少的大国。中国最缺的资源是森林。全国森林面积为 1.95 亿公顷，森林总蓄积量 137.2 亿立方米，森林覆盖率 20.36%，居世界第 139 位。发展森林是中国发展的当务之急，大势逼人。我们必须以时代的紧迫感和民族的使命感，举全国之力，大力推进林业产业的快速发展。

二、林业是实现强国富民造福人类之所需

林业是集第一、第二、第三产业为一身的大产业，是最大的绿色经济体。其功能之好、产品之多、增速之快，是任何一个产业无与伦比的。森林是天然的绿色大工厂，产品之多令人震撼，2011 年中国第三届林业产业博览会暨第四届森林产品博览会展出的林产品达 170 万种之多，包罗万象，琳琅满目，书写了林产品的传奇。森林是巨大的生物能源库，是位于煤炭、石油、天然气之后的第四大能源，也是唯一可再生的能源。由麻黄树生产的生物柴油，已于 2011 年 10 月 28 日由我国民航 747 客机试航成功，开启了森林能源的新篇章。我国是第二大石油进口国，依赖度为 55%，开发森林能源对保证石油安全具有历史意义。森林是丰富的木本粮油库。发展木本粮油，保证我国粮油安全具有战略的意义。我国每年进口食油 687 万吨，进口大豆 5480 万吨，依赖度为 65%。我国人多地少，民以食为天，保证粮油需要这是第一位的民生工程。发展木本粮油大有作为。山区面积占 69%，人口占全国的 56%，在山区发展木本粮油潜力巨大。我国拥有 200 多种木本油料树种，种植面积为 1.4 亿亩，每年总产为 53 亿千克。2011 年全国油茶产值 245 亿元，比 2010 年增长 75%，发展势头很好。森林是地球上最大的碳储库。全球森林平均碳储量为 54.5% 吨 / 公顷，中国森林平均碳储量为 44.9 吨 / 公顷，森林总储碳 87.34 亿吨，为应对气候变化默默无闻地做出了贡献。

森林是世界上最大的绿色银行。山是聚宝盆，树是摇钱树，年复一年地为社会创造巨大的财富。据学者研究显示，中国每公顷的森林立木价值为 3000 元左右，经过 30 年的科学经营之后，可形成总产值 160 万亿元，变成原材料加工后，产值增值为 3000 万亿元，平均每年财富流量为 60 万亿元，具有巨大的创造财富的功能。从实践来看，林业财富增长的速度惊人。

2011年我国林业总产值为3.06万亿元，是2001年的7.5倍。10年平均增长22.39%，大大高于全国9.8%的增速。我国林业第一个1万亿元的产值，历时57年。第二个1万亿元用了4年，第三个1万亿元，只用了1年。一年增长1万亿元，展示了林业发展巨大的活力，勃勃生机，潜力无限。森林的生态价值，更是无价之宝，数十万亿元的财富尚未计算其内。树木是自然资本，按照自身的力量自然增值，不受社会人为因素干扰，小树变大树，聚少成多，财富自然增长，没有贬值的风险。成为市场投资的优先选择，受人青睐。

森林是一座博大精深的文化库。森林记载了自然进化的历史，书写了中华文化的辉煌，从文字的结构到诗歌文学闪耀着文化的光辉。森林生物之谜，蕴藏着无穷的知识奥秘。建筑学的结构造型，树叶发电的机理，都可以从树木机理中找到答案。森林之美，彰显着艺术的魅力。以树言志，以树抒情，成为文人的重笔浓墨。高大挺拔的白杨，傲雪凌霜的红梅，坚贞不屈的青松，刚柔相济的翠竹，能倾情激发斗志，陶冶情操，催人奋进。生态文明是继工业文明之后诞生的一种新型文明形态，将营造更多的精神产品，满足人类高层次的精神需要，使森林成为人类精神享受的乐园。

森林集三大产业、四大地位于一身，充满发展的无限生机。国家4代领导人都高度重视林业建设，把发展林业作为富民强国的重大举措，建设生态文明的首要任务。开国元勋毛泽东1956年3月18日远见卓识地论断："林业真是一个大事业。"1958年11月6日、9日两次在郑州中央工作会议上强调："林业将成为根本问题之一。要发展林业，林业是一个很了不起的事业"。胡锦涛总书记站在时代的新高度，在2011年9月亚太经合组织林业部长级会议上，面向世界阐述发展林业的历史意义："森林是陆地生态系统的主体和维护生态安全的保障，对人类生存发展具有不可代替的作用。森林是重要而独特的战略资源，具有可再生性、多样性、多功能性。承载着潜力巨大的生态产业、可循环的林产工业、内容丰富的生物产业。森林是陆地上最大的碳储库，减少森林损毁，增加森林资源是应对气候变化的有效途径。……让森林永远造福人类，为亚太和世界人民创造更加美好的明天"。2009年，党中央第一次召开全国林业工作会议，做出了集体林权制度改革的部署，把27亿亩集体林地和价值数万亿元林木的所有权落实到户，是农村生产力的一次大解放，使4亿农民直接受益。"山定权，树定根，人定心。"激发了数亿农民发展林业的积极性。这是"百年大计，千年伟业"的富民之举，人心所向，战略所趋。胡锦涛总书记的号召，党中央的战略部署，是时代的呼唤，人民的声音，把中国林业发展推到了历史的新高度，使中国林业沿着生态林业、民生林业、文化林业、幸福林业的方向大步前进，为富民强国、绿色发展谱写新的篇章。

三、林业观是推动现代林业发展理论根脉之所在

认识是行为的先导，理论创新是实践创新的指南。认识高度决定发展高度。理论决定发展的方向和道路，科学发展观集中体现了马克思主义发展的世界观和方法论，是建设中国特色社会主义的大政方针。林业观是科学发展观在林业发展中的新思想、新论断、新目标的集中展现。深刻回答了中国林业在新形势下如何发展的重大问题，不断指明前进方向，成为引领中国林业发展的强大力量。

传统林业观，从本质上讲，就是以木材利用为主的林业观。在这种理论指导下，无限度地砍伐森林，造成人类发展最大的生态危机，使人类生存受到严峻的挑战。现代林业观，是以生态建设为主的林业观。主张林业发展以生态建设为主，发挥森林多种功能，生产更多的生态产品和文化产品，全面满足人类物质和精神的需要。这种新思想、新理论是时代发展的产物。随着人类文明的高度发展，人与社会，人与自然之间的矛盾日益凸显，引起了世界的学者和政要的高度关注，重新审视对林业发展的认识和定位。1991 年 9 月 130 多个国家和地区的专家聚集法国，以“巴黎宣言”的形式向世界呼吁:“重建地球植被。”1992 年在世界各国元首聚集的世界环发大会上，把森林作为主题，以“没有任何问题比林业更重要了”的共识，提出鲜明的可持续发展的新理论。近几年来二氧化碳排放的急剧增加，应对气候变化，增加森林碳汇，成为世界发展的当务之急。碳交易成为国际政治和经济斗争的焦点。碳政治、碳经济推动林业进入一个新时代。人们以前所未有的态度，重新审视对森林的定位，全面反思林业发展的政策，重新树立林学的新概念。林业在不同时代的需求下，林学概念的内涵各有不同。由采掘林业到生态林业，由碳汇林业到低碳林业，都打下了时代发展的烙印。低碳林业集中体现了绿色发展、循环发展时代的新元素，新林学概念，更具有时代性、科学性和前瞻性。

面对世界经济社会和林业发展的挑战，中国以敏锐的战略视野，审视我国林业发展的历程和经验，重新为林业定位，明确林业在全局发展中的地位。提出了建设生态文明战略和林业以生态建设为主的战略，为经济社会发展和林业发展指明方向。生态文明发展战略，是涉及我国生产方式和生活方式根

本性变革的战略任务，把生态文明的理论、原则、目标深刻融于我国经济、政治、文化、社会建设的各个方面，坚持节约资源和保护环境的基本国策，着力推进绿色发展、循环发展、低碳发展，为人民创造良好的生产生活环境，将产生历史性的变化，成为推动人类文明前进的巨大力量。国家重新明确地为林业定位：林业在可持续发展战略中具有重要地位；在生态建设中具有首要地位；在西部大开发中具有基础地位；在应对气候变化中具有特殊地位。“两个战略”、“四个地位”的确立，是科学发展观的新思想和新论断的集中体现，凸显了林业在整个国民经济发展大局的地位，林业发展是“功在当代，利在千秋”的宏伟事业。“两个战略”“四个地位”的确立，为林业发展提出了新方向和新目标，注入了强大的活力，成为林业发展的第一推动力。目前我国林业产业转型升级在加速，新的产业群正在崛起，发生了前所未有的历史性变化。变化表现在由主要保障木材林产品供给向生态保障而开发生物产业、森林观光、保健食品多元化发展；由主要防风固沙、水土保持向森林固碳，除尘减少可吸入颗粒物、生态疗养新领域延伸；由着眼经济向改善人居、传承文化、提升形象高层次推进。森林能源业、木本粮油业、森林碳汇业、林下经济业、竹产业、生态文化业、林业金融业亦在悄然兴起。从砍树到看树，从卖木材到卖生态，从种树到文化，从一元到多元，从低端到高端，不仅是形式的变化，而且是观念的变化，不仅是数量的变化，而且是质的变化。中国的林业观，由旧而新，由浅而深，由表及里，发生了历史性的变化，推动中国林业以前所未有的规模和速度向前发展，开创中国林业发展的新天地。

四、政策是加快林业发展之所求

政策是林业发展的生命，是推动林业发展决定性的力量。林业发展经验显示，林业政策是保证林业观落实的前提，决定林业发展的成败。我们要举全国之力，坚持以科学发展为主题，以转型为主线，以战略的眼光谋划林业发展，以政策的威力推动林业发展，把生态建设安全保障作为林业发展的首要任务，把发展绿色产业作为主攻方向，把深化重大林业改革作为强大动力，全力推进林业发展现代化的进程，为此提出了三点建议：

1. 用林业观凝聚共识，把共识提升为国家意志

林业在推动科学发展、转变经济发展方式、建设“两型”社会中的作用日益突出，在经济社会全局中的战略地位越发凸显，已成为建设生态文明的战略所需，实现生态良好的民心所向，应对气候变化挑战所求，解决“三农”

的根本所在。13亿人民必须以更加坚定的意志，更加有力的举措，更好的政策和制度，贯彻落实科学发展观，把科学林业观作为指导林业发展的灯塔，把它转化为巨大的物质力量，推动中国林业大发展、大繁荣。

2. 用政策凝聚人气，把政策提升为国家力量

用什么样的政策引领林业发展，是事关林业兴衰的关键。要用政策改变人们轻视林业的观念和偏见，用政策的力量，改变林业发展的形象，用政策的力量调动全国人民发展林业的积极性和创造性。扬弃不利于林业发展的法规和机制，建立和完善科学发展的政策体系。森林是绿色发展的基础，是自然资本发展的重点。国家发展要把林业发展作为战略基础，重点发展，优先发展。要特别重视林业教育和林业科技的发展，林业教育和林业科技与其他产业相比，处于落后的局面。加强林学学科建设，建立林业生态学科群、林业产业学科群、林业社会科学群的体系，以适应林业的全面发展。培养林业人才，是林业发展的百年大计。要制定优惠的招生和就业政策，吸引社会优秀的学生报考林业高等院校，扭转学生不爱林不学林的传统偏见。国家要把林业高等学校列入“985”发展规划，现在有的39所“985”高校，但没有一所林业高等院校，我们热切希望改变这种局面。科学研究国家要把开发绿色技术、发展林业科学技术，列为国家重点课题，大力加强林木培育和林产品的研究，加强生态产业和生物产业的研究，加强应对气候变化的研究，把科学技术迅速转变为第一生产力，推动林业向更高更深的层次发展。

3. 要加大资金投入，提升林业在国家发展中的地位

森林是生态之基、国家之宝、人民之福。国家要像投资能源、交通、汽车建设一样，舍得大投入，以重金投入，大力推动发展。林业发展要以大工程带动，全面推动林业大发展、大繁荣。要在建设好六大工程的基础上，另立新的大工程，推动林业向新的领域快速发展。建议把森林碳汇工程、森林能源工程、木本粮油工程、生物产业工程、竹业工程、城市森林工程、生态文化工程，作为国家林业发展的重大项目。国家要继续加大加快对林业建设资金的投入，在现有每年2000亿元的基础上，增加到每年投资5000亿～10000亿元，可以大大提升林业的实力，使林业成为绿色发展的主力军，为建设中国特色社会主义做出新的贡献。

（原载《中国绿色时报》2012-09-14004）

齐心共筑特色崛起路

——关于中南林业科技大学办成高水平大学的思考和建议

习近平总书记“五四”发出号召：“敢于有梦，勇于追梦，勤于圆梦。”为实现中华民族复兴的中国梦，是国家的梦，民族的梦，也是中南林崛起的梦。

中南林自成立日起，在动荡中求生存，在改革开放中求发展，历尽艰辛搬迁和撤并，现在已成为一所多层次、多学科、规模大、规格高的教学科研型大学，近30年的发展取得了前所未有的成就，进入了一个大建设、大扩张到大提高的发展关键时期。面对世界各国竞争的挑战，大学在社会经济发展的使命越来越重了。美国的发展史就是美国大学发展史的写照。在北美的大地上，首先是有哈佛大学，后才有美利坚合众国。所以美国总统奥巴马将教育列为美国发展的四大核心要素之一。美国学者路德指出：“没有市长、王公和贵族，我们也能过下去，没有学府则不行，因为必须由学府来治理世界。”我国学者胡适也说：“一个国家可以没船坚炮利，但不可以没有大学。”历史展示，世界一流的国家，必须拥有一流的大学。中南林风雨兼程走到今天实属不易。在当今学校发展转型的关键时刻，中南林走向何方，办成什么样的大学，已成为中南林人关注问题的焦点。中南林的领导者、管理者、教师、学生必须站在历史新的起点上，以大视野、大手笔描绘中南林发展的蓝图，找准定位，突出特色，提升质量，为社会提供优质服务。把提高质量作为教育改革发展的核心任务，把促进人的全面发展、以适应社会需要作为衡量教育质量的第一标准。把学校办出特色、办出水平，出名师、育英才作为历史第一使命和第一责任，坚持走“办学模式有特色、学生素质有特长、学科建设有特点、特色强校有特项”的特色崛起之路。使中南林越办越有特色，越办越有名气。为此提出四点建议：

一、绿色立校办成具有中国鲜明特色的大学

大学不是工厂、超市，必须具有地域特色和学科特色。准确立校定位，形成定位特色，优势是办好大学的首要前提。即明确学校姓什么，为何而来，为何而去，干什么的问题。在数千所高校中找到自己合理而合适的位置，这是学校发展第一起点。定位就是要“错位发展”，形成独特优势。中

南林从1958年成立起，姓林，名称林学院，开初称湖南林学院，然后易名中南林学院，2006年重组改名为中南林业科技大学。从名称上就可以一目了然明确了中南林的定位，它是以生态文明为引领，服务林业大产业的高等学府。五十多年为国家培育了十多万人才，为中国林业发展提供了强有力的支撑。随着林业产业四个地位的确立，林业高等教育的发展更具有生命力和影响力，发展空间越来越大。绿色立校，这是学校的第一定位，它是从事绿色、生态的人才培养的行业高校，我们要始终坚守这个定位不动摇。其二，办学模式定位，是一所教学型科研型的多科性大学，这是学校在发展中的必然趋势。由教学型向科研型转变为教学科研并重发展，由单科性向多科性转变，实施以林为特色，理、工、农、文、经、法、管八大学科门类协调发展的多科性大学，博、硕、本、专层次齐全的高规格学府，打造中南林发展转型新的升级版。其三，明确错位发展定位，突出在同类同地高校中的比较特色优势，错位发展，解决“人无我有，人有我优，人优我特，有所为，有所不为”的问题。改革开放前全国四大林业高校，形成北京林业大学以园林专业为特色、东北林业大学以采运专业为特色、南京林业大学以林化专业为特色、中南林以经济林专业为特色的格局。改革开放以来，中南林在经济林学科领先的基础上，森林生态学科、家具设计学科、木材学科、森林旅游学科、环境法学科处于全国的领先地位，我们要巩固错位发展的现有特色优势，还要继续拓展新的特色优势，不断提高在同类高校中的地位和学术的影响力。其四，拓展体制定位特色优势。90年代末，学校领导体制发生历史性变化，由中央下放到地方，由湖南省主管，和国家林业局共建。我们要充分运用纵向共建的机制，大力争取国家林业局和湖南省林业厅以及中南各省林业主管部门的资源和资金，还要拓展横向共建的机制与大企业联合办学，加快学校发展。总之，要把中南林办成绿色经济的地域性的教学科研型大学，成为国家用之不尽的人才库、知识库、生命洋溢的思想库，可持续开发的科技库。

二、人才强校办成具有中国人才特长的大学

办校要形成人才优势特色，有名师，育英才，这是强校的基石。人才是第一资源第一资本，人才是决定一切事物的第一因素。什么是大学？清华大学创始人梅贻琦有一句名言“所谓大学者，非有大楼之谓也，有大师之谓也。”大师是学校的主要旗帜，一流的大学要有一流的教师，才能培育出一流的学生，这是大学发展的定律。历史显示，当年的西南联大教学设备与今天相比相差十万八千里，但它是中国乃至世界的一流大学，共培养出中国科学院和中国工程院院士 151 人，“两弹一星”奖章获得者邓稼先等 7 人，诺贝尔物理奖获得者杨政宁、李政道曾是西南联大的学生。社会科学方面更是群星荟萃，人才辈出。西南联大之所以成为一流大学，是因为它拥有一流的大师，如陈寅恪、金岳霜、陈岱孙、冯友兰、闻一多、朱自清、沈从文、钱钟书、王力、吴有训、周培源等三十多位名师，扬名于国内外。中南林与西南联大不能同一而比，但中南林在办学历史中，也书写了闪光的一章。中南林的学子遍及国内外，成为培养高级人才的摇篮。以北京市为例，中南林的学生分布在中央国家机关及各行业的学子达数百名之多，很多人已成为国家政要、大学教授、企业家，其中部长级以上干部 3 人，有全国政协副主席罗富和，中华全国妇联副主席赵东花，国家环保部副部长祝光跃。司局级干部达 50 多人。文剑平、李建伟是北京的知名科学实业家。北京大学等名校都有毕业于中南林的知名教授。在人才荟萃的首都，在高端的中央党政机关岗位上中南林学子能够拥有一席之地实属不易，是学校难得的荣耀。这些学子大都毕业于地处大山区的大江口，在非常艰苦的条件下，能够培养这样多非常优秀的学子十分可贵。但至今我们没有培养出一名院士，这是我们最大的短板。我们要以此为新的起点，下大力气培养一批名师，破“官本位”回归“学本位”，解决师资建设人才结构“有山无峰”的问题。要有华罗庚式的教师教数学，丁肇中式的教师教物理，居里夫人式的教师教化学，钱钟书式的教师教英语，冯友兰式的教师教哲学……培养出中南林的“牛顿”、“爱迪生”、“爱因斯坦”、“比尔盖茨”式的学生，使中南林成为培养杰出人才的高地，用人单位争先恐后地来学校挖人才。这是一个很长远的梦想，只要我们一步一步脚踏实地走下去，这个美好的梦、艰巨的梦是可以实现的。具体而言，从今日始，举全校之力，大刀阔斧地改革教学内容和方法，创建专业教育、通识教育、生涯教育融为一体的人才培养模式，构建知识宽、能力强、素质高的知识框架，从根本上改变重招生、轻培养、重进口、轻出口的现状，增强学生的就业能力、创业能力和创新能力，使每一个学生具有与众不同特长的能力，在竞争中处于强势的地位。加强专业体系、课程体系和教材体系的建设，强化专业建设，优化课程设置，改大班为小班上课，提升教材质量和教学效果，把理论和实践的统一，教和学的统一，贯穿教学的全过程，培养出品格好、能力强、素质高的人才，使中南林成为人才辈出的摇篮。

三、科研兴校办成具中国力量特点的大学

科研是一种知识创新的过程，是人类认识世界、建设世界的一种巨大力量。科技的开发力是一个国家综合实力的标志，也是一个高校实力的集中表现。科研是高校的主要职能之一。出人才是大学的深度，出成果是大学的高度。从大学历史沿革来看，大学的功能逐步完善，世界大学发展的重心也在不断转移。现代世界大学起源意大利，重心转到英国以教学为主，转到德国突出了科研，转到美国突出了社会服务。通过大学重心转移的演变，功能更加完善，大学已成为社会的人才库、知识库，科技开发的集散地。现在美国是世界大学教育的中心，四分之三的一流大学在美国，支持美国的高新技术处于世界领先地位，美国发明了互联网改变了人类交流的方式，现在美国又发现大数据，将改变人类思考的方式，展示了科学技术认识世界和改造世界的巨大能量。科技力是中国力量的展示。中国很多重大科技课题，起步晚，落后于发达国家。但我们的后发优势特别明显，赶超能力尤为突出，强手面前不示弱。在“两弹一星”、“宇宙航天”、国防尖端等技术领域，我们一跃成为世界一流。时间短，效益好、技术优，这就是科技中国力量的最大特点。

高校不仅是传授知识的学府，而且是科学研究的主战地。教师是科研的主力军。著名学者钱伟长指出“不搞教学不能称为教师，不搞科研不能称为一个好教师。”教师没有科研无法进入更高层次的教学，取得高质量的教学效果。没有科研成果的大学，无法展示大学的综合实力。大学不仅是研究自然科学和人文社会科学，还要研究大学本身，研究教育教学的规律。作为一个大学的领导者，不研究大学，不研究教学，是办不好大学的。大学的教师，首先要教好学成为传授知识的教授，还要积极参与科研成为学者，成为具有专业专长的专家。学生不仅是学习者，还是学习的管理者，科研的参与者。

中南林在办学的历程中，在林业产业领域内形成了自己的优势领先全国水平，涌现出很多教学研究型的优秀教师，展示了科技实力的风采。如首创世界森林生态定量研究的潘维俦教授，专注索道理论研究的单圣涤教授，树木分类研究的祁承经教授，经济林研究的胡芳名、何方教授，林业系统工程研究的徐国桢教授，均是科研成绩优秀的代表，是全国科研的排头兵。最近涌现出来的，有森林生态研究的田大伦教授，经济林研究的谭晓风教授，木材学研究的吴义强教授，吴晓芙教授，他们的研究成果都获得了国家大奖。来势喜人，但就整个学校科研现状而言发展不平衡，极需扭转正教授主要搞科研、青年教师主要搞教学的偏向，影响教学科研型大学的建设和发展。建议学校以超前的视野，以生态文明建设、建立两型社会为契机，以发展绿色经济为平台，以教学科研一体化为机制，大力培育新品种，开发新产品、新技术、新工艺，在珍贵用材林、森林碳汇、生物能源林、木本粮油、油茶业、竹产业、生态材料、生物药用开发取得新的突破，在应对气候变化和生态安全等重大课题取得显著成绩，把发展林业绿色经济作为战略目标，攻坚克难，打阵地战、持久战，为国家提供强而有力的技术支撑，使中南林科大成为绿色技术开发的洼地。

四、文化亮校办成具有中国精神特质的大学

纵观世界，除宗教外大学是最有生命力的机构。因为宗教有一本经久不衰的《圣经》，大学具有深厚而生命不息的文化。“一流大学靠文化，二流大学靠制度，三流大学靠人治。”指明了大学文化的持久力和影响力。文化是大学的灵魂，是照亮大学前进的灯塔。精神是大学的脊梁，是大学文化的集中体现。展望未来，大学的重心将转移到中国，文化中国将成为世界大学发展的旗帜。中南林，要用文化引领作为头等大事来抓，构建黄色文化、红色文化、绿色文化为一体的文化体系，用文化统领改革和发展，用文化力重塑高校是学府不是官府的形象。传承中华传统优秀文化是加强文化建设的首要任务。中华文化博大精深，是世界各个民族文化的经典。正如美国学者所言：“世界上没有一个民族像中国人一样具有伟大的文化感，没有一个国家比你们更具有深刻丰富的文化，没有一个民族具有比你们更伟大的充溢所有生活的精神。”我们要大力继承和弘扬中华文化，使它成为学校资产的无价之宝。绿色生态文化是当代最先进的文化，继工业文明之后涌现出来的新文化。它更是林业高校文化建设的指南。切实加强校风和学风建设，让红色高雅文化进校园，把所有宣传栏办成宣传正能量去商业化的宣传阵地。让绿色生态文化染透每一个人的心灵，覆盖校园每一寸土地，使校园成为四季有景的大花园。让良好的校风吹遍校园每一个角落，从繁华韶山路一踏进校门，就感到学风扑鼻，身处大学学习殿堂的浓浓氛围之中，耳目一新。

精神是大学的脊梁。用大学精神托起这座巍巍的绿色学府尤为重要。当前大学精神呈现沉落之势，弥漫着官场化和学术道德异化的不良倾向。精神不振、学风不浓、管理不力在我校表现突出。要把学校做特做强，必须弘扬中南人几代人造就的中南林人精神。它是中南林文化的集中展示，是树文化的升华。松竹柳梅品质人格化，为文学家反复吟咏，为社会学家所赞誉，为众多百姓所喜爱，就是因为松竹柳的精神寄寓着中华民族的审美情趣和审美观念，象征着中国人的道德情操和人格品位，闪耀着中华文化的光芒。“人韵如竹、人品如松、人境如柳”的中南林精神，在五十多年风雨中表现得淋漓尽致，它是“树木树人”的真实写照。以树为书，以树励志，以树育人，不为名所惑，不为利所扰，不为难所阻，始终保持昂首向上的精神。像竹一样坚强挺拔正直，如古代诗人白居易所颂：“竹固本，固以树德；个性直，直以立身；竹心空，空以载道；竹节贞，贞以立志。”像松树一样的风格，善待环境，顽强生存，正如我校创始人革命家陶铸所指：“每一个具有共产主义风格的人，都应该像松树一样，不管在怎样恶劣的环境下，都能茁壮成长，顽强工作，永不被困难所吓倒，永不屈服于恶劣环境。”像柳树一样具有顽强的生命力，正如雷锋所讲：“人要像柳树一样栽到哪里，就在哪里生根发芽，听从祖国的安排和人民的需要。”中南林人历经了各种政治风暴和各种艰难险阻的考验，受尽搬迁、合并到再搬迁，再合并之痛，从大城市到大山沟，求生存，求发展。经过8年奋战，又从大山沟站起来，回到大城市，书写了中南林“大山压顶不弯腰、困难面前不低头、强手面前不示弱”的精神风貌，托起中南林这面旗帜在困难中崛起，取得今天前所未有的大发展。

齐心共筑特色崛起梦。我们要以凌云之志一如既往勇往直前，以竹韵之大气，以松品之大度，以柳境之大势，横扫无作为的暮气，挺起腰，提起神，把中南林打造成为绿色学府的航母，扬起浩然之气的巨帆，向崛起成功的彼岸破浪前进，实现中南林人强势崛起之梦。

已发表的论文名录

1. 森林的兴废和国家的盛衰 《中南林学院学报》1982 年第 2 期
2. 湖南林业发展战略初探 《林业经济》1984 年第 6 期
3. 产值翻番，潜力在山，优势在林 《农林辩证法》1985 年第 2 期
4. 生态农业是我国农业发展的方向 《水土保持通报》1985 年第 5 期
5. 让城市绿树成荫，风景如画 《科普创作》1985 年第 5 期
6. 城市生态是现代城市发展的目标 《发展战略报》1985 年 12 月 9 日
7. 努力实现后勤管理化和科学化 《中国林业教育》1986 年第 3 期
8. 森林能源开发展望 《林业经济》1986 年第 4 期
9. 整治洞庭湖必须遵循生态规律 《农林辩证法》1987 年第 1 期
10. 锐意改革　努力开创思想政治工作新局面 《高教研究》1987 年第 1 期
11. 林科教结合是富林兴教的必由之路 《林科教之路》1988 年
12. 论生态经济学的功能 中南林学院《论文选编》1988 年
13. 抓住机遇，发展成人教育 《中国林业成人教育》1988 年第 1 期
14. 初论高校思想政治工作的作用和规律 《高校思想教育研究》1988 年第 1 期
15. 把握高等学校改革的矛盾和对策 《高教研究》1988 年第 1 期
16. 试论发展成人教育的功能和对策 《林业职工教育通讯》1988 年第 3 期
17. 科教兴林，振兴双牌 《林科教之路》1989 年
18. 严峻性、科学性、有效性 《中国林业教育》1989 年第 3 期
19. 论凝聚力和影响力 《高教研究》1989 年第 3 期
20. 从溆浦县看湖南农业发展的前景和对策 《湖南自然辩证法研究论文集》1990 年
21. 青年期是人生旅途中的一个危机点 《高教研究》1990 年第 1 期
22. 必须坚持社会主义办学方向 《中国林业报》1990.3.20
23. 把德育真正摆在首位 《高教研究》1991 年第 1 期
24. 坚持毛泽东教育思想，端正社会主义办学方向 《高教新探》1991 年第 2 期
25. 加强和改善党的领导，充分发挥工会的支柱作用 《中国林业报》1991.4.30
26. 保护森林，造福人类 《自然信息》1991 年第 6 期
27. 迎接两个挑战，加快高校发展 《中国林业教育》1992 年第 1 期
28. 加强思想政治工作　深化后勤改革 《广西高校后勤研究》1992 年第 2 期
29. 面向经济建设，开创办学新路 《高教研究》1992 年第 2 期
30. 把握新机遇，跃上新台阶 《广西高校后勤研究》1992 年第 4 期
31. 加速教育大改革，加快学校大发展 《高教研究》1993 年第 1 期

32. 完善党合作的政治协商制度　发展新时期的统一战线　《株洲政协》1993 年第 2 期
33. 试论森林生态经济系统的平衡　《生态经济》1993 年第 2 期
34. 齐心合作　科教兴市　在资兴市校市合作会议上的发言 1993 年 4 月 3 日
35. 高校思想政治工作要适应新的形势要求　《党建理论研究》1993 年 6 月
36. 高校思想政治工作要适应新形势的要求　《中国林业报》1993 年 6 月 8 日
37. 加强三大教育，努力开创高校思想政治工作的新局面　《科教战线》1993 年第 8 期
38. 加强和改善党的领导，做好新时期的统战工作　在省高教统战会议上的发言 1993 年 10 月 22 日
39. 审时度势，抓住机遇，开创林业成人教育新局面　《中国林业成人教育》1994 年第 1 期
40. 扩大开放，发展绿色产业　《开放导报》1994 年第 1 期
41. 校县挂钩　兴教富民　《科教战线》1994 年第 1 期
42. 加强三大教育，培育“四有”新人　《科教战线》1994 年第 2 期
43. 生态家具展望　《家具与室内装饰》1995 年第 4 期
44. 家具与室内设计的心理透视　《家具与室内装饰》1996 年第 3 期
45. 大力发展旅游业　《株洲经济》1996 年第 3 期
46. 改革开放　科教兴林　富民强县　《湖南林业》1996 年第 11 期
47. 加快竹林大开发，发展竹子大产业　《竹子研究会刊》1997 年第 3 期
48. 室内装饰的误区与发展态势　《家具与室内装饰》1997 年第 3 期
49. 旅游业是资兴富有活力的增长点　《湖南林业》1997 年第 9 期
50. 展望 21 世纪中国家具工业发展趋势　《家具与室内装饰》1998 年第 6 期
51. 知识经济与知识林业　《中国绿色时报》1999 年 1 月 7 日
52. 发展都市林业，创建绿色文明　《湖南林业》1999 年第 9 期
53. 素质教育与科教兴林　《中国绿色时报》1999 年 9 月 16 日
54. 绿色的书笺——读《烟河柳文选》有感　《湖南林业》1999 年第 11 期
55. 绿色颂　《湖南林业》1999 年第 11 期
56. 中国家具工业发展纵横谈　《家具与室内装饰》2000 年第 3 期
57. 中南林老科协关于加快中南林学院发展的建议　《湖南老科协通讯》2000 年第 4 期
58. 资源为根，效益为本　《湖南林业》2000 年第 5 期
59. 认真落实“三个代表”要求 切实搞好“三讲”教育　《湖南大学报》2000 年 10 月 30 日
60. 西部大开发应从恢复生态开始　《中国绿色时报》2000.12.29004
61. 绿色营销与可持续发展　《中国绿色时报》2000 年 12 月 29 日
62. 发展生态产业，建设生态文明城市　《株洲日报》2002 年 3 月 9 日
63. 老有所为志不凡，甘为绿叶扶红花　《湖南老科协通讯》2002 年第 5 期
64. 艰苦创业　特色办学　《湖南民办教育》2003 年第 3 期
65. 株洲市城市园林发展战略研究　株洲园林绿化局专题研究成果 2003 年 10 月

66. 创新拓展国有林场发展之路　《中国绿色时报》2004 年 5 月 28 日
67. 打鼓坪林场第二次创业成绩斐然　《湖南林业》2005 年第 1 期
68. 学为人师　身正为范　在九嶷山职业技术学院青年教师会上的讲话 2005 年 8 月
69. 莫道桑榆晚　为霞尚满天　《湖南老科协通讯》2006 年第 4 期
70. 建设生态湖南　《晚霞映青山》2007 年
71. 发展民族特色旅游，振兴湖南民族经济　《晚霞映青山》2007 年
72. 关于湖南竹业工业发展的思考和对策　《湖南科协》2007 年第 4 期
73. 发展低碳经济，建设低碳社会　《老专家 2008 年建言献策选编》2008 年
74. 思想大解放　湖南大发展　中共湖南省委《建言献策材料专集》2008 年
75. 革命家的智慧，教育家的情缘　《中南林业科技大学学报》2008 年 3 月 20 日
76. 湖南竹业发展的现状、目标及对策　《经济林研究》2008 年第 4 期
77. 湖南竹产业发展思路和目标　《世界竹藤通讯》2008 年第 5 期
78. 五十春秋　灿烂辉煌　《中南林业科技大学学报》2008 年 10 月 6 日
79. 创新城市理念是株洲发展第一推动力　给株洲市委的建言 2008 年 10 月 23 日
80. 沧海桑田看巨变　《中南林业科技大学学报》2008 年 11 月
81. 建言献策要突出“四性”　《今日科苑》2009 年第 3 期
82. 高度关注应对气候变化中的森林　《北京林业大学学报》2009 年第 3 期
83. 建设生态文明，构建“两型”社会　《中南林业科技大学学报》2009 年第 5 期
84. 老科协是快乐人生之旅　《湖南老科协通讯》2009 年第 8 期
85. 绿满校园生态秀　中南林业科技大学老科协课题研究报告 2009 年 9 月
86. 没有新中国，就没有中南林　《中南林业科技大学学报》2009 年 9 月 30 日
87. 建设森林城市，发展林业碳汇　《长株潭城市蓝皮书》2010 年
88. 三湘四水翠竹竞秀　《湖南老科协通讯》2010 年第 8 期
89. 树木树人是中南林人的精神之韵　《中南林业科技大学学报》2010 年 10 月 15 日
90. 人生六十是神仙，老有所为度百年　《湖南老科协通讯》2011 年第 1 期
91. 竹产业在湖南省“两型”社会中的地位和作用　《世界竹藤通讯》2011 年第 4 期
92. 打造千亿竹产业，建设绿色湖南　中共湖南省委《专报》2011 年第 60 期
93. 论绿色发展的林业观　《中南林业科技大学学报》2012 年第 5 期
94. 建务实之言，献有用之策　《株洲市老科协通讯》2012 年 6 月
95. 林业是推动绿色发展的万世之基　《中国绿色时报》2012.09.14004
96. 关于长沙实施绿色发展崛起的思考　《中南林业科技大学学报》2013 年第 4 期
97. 老有所为天地宽　夕阳老翁立丰功　《湖南老科协通讯》增刊
98. 围绕经济建设　加强党的建设